八宗綱要

上

八宗綱要　上巻

目次

解　題 11

八宗綱要抄　上

本文解説 53

目　次

題字　谷村憙齋

解題

一　書名について

本書は、一般に『八宗綱要』と呼ばれているが、詳しくいえば『八宗綱要抄』、あるいは『八宗綱要鈔』となっている。『抄』のあるなしは、それほど重要なことではないが、しかし著者の凝然がそのどちらを用いたか、決めておく必要があろう。ともかくこの点を少し見ておきたい。

まず「綱要」とは、大綱要領の意味で、教理の骨格を示す意味である。故に、ここにすでに「要点を取り出す」という意味が含まれている。次に「鈔」(抄は鈔の略字)とは、抜き書きの意味であり、要点を抜き書きすることをいう。したがって「綱要鈔」には、いくぶん意味の重複があるように思う。したがって『八宗綱要』で十分意味が現われているように思うが、しかし実際はどうなっていたであろうか。

『八宗綱要』は、凝然(一二四〇—一三二一)の著作であるが、文永五年(一二六八)、彼が二十九歳の時著わしたことが、巻末の「跋文」によって知られる。しかし彼の著作は、これ以外にも多数あったが、それらが彼の没後どのように流伝したかは明らかでない。東大寺が平重衡によって焼かれたのは、治承四年(一一八〇)である。これは凝然の生まれる前であるが、東大寺の戒壇院は文安三年(一四四六)にも焼けており、その時戒壇院の金堂・講堂・三面僧房・方丈・食堂・鐘楼・経蔵などが焼け、わずかに三重戒壇と千手堂のみが残ったという。これは凝然の没後一二五年である。さらに永禄十年(一五六七)には、松永久秀の来襲によって、大佛殿をはじめ多数の堂宇が灰燼に帰している。

その間にも小さな火災や破壊は多い。そして凝然の著作も、これらの再三の火災の際に多くが焼失したらしい。そのために彼の著作には端本のものが多いのである。

『八宗綱要』は上下二巻の小さな著作であり、いちおう完全な書物である。しかし長い間伝写で伝えられていたために、写誤による誤りも多いと考えられる。現在知られている最も古い写本は、華厳宗の成実が元亀二年（一五七一）に写得したものである。この写本は、その後、承応二年（一六五三）に中野小左衛門によって開板されているが、その識語に、次のごとくいっている。

或る人云う、凝然大徳の述するところの八宗綱要は、浅学の指南、尤も至要なり、云云と。年来これを欣求《ごんぐ》する処、今度、慮《はか》らずも披見せしむる間、万障を抛《なげう》ってこれを写す。佛天の告詫か、神明の感応か、歓喜するに余りあり。義学の君子これを翫《もてあそ》べ。

元亀二年未九月廿二日　　　　華厳末葉大法師成実

この成実の伝記は不明であるが、「華厳末葉」と名乗っているから、東大寺に関係のある僧であろう。そういう僧でも『八宗綱要』が入手し難かったというのであるから、当時はまだ刊本はなく、写本で伝っていたのであろう。彼が写得したのは、凝然自筆の原典か、あるいは後人の写本か、いずれとも判定し難いが、ともかく、ここに「八宗綱要」と呼んでいることは注意してよい。この識語は、「承応二年本」に載せられているのであるが、成実が写得した天亀二年（一五七一）と、板行された承応二年（一六五三）との間には、八十余年の隔りがある。しかし、おそらく「承応二年本」が最初の刊本であろう。成実が写得した時に、直ちに板行したという証拠はない。承応二年は徳川初期である。

この識語は、その後の文政十年（一八二七）の刊本や、明治十八年に黒田真洞が出版した『標註八宗綱要』にも転載されている。ただし「文政十年本」は、豊後（大分県）華光院の円解が、三本の異本を校合して出版したものである。黒田本はこれによっている。この承応本・文政本・黒田本などにおいて、表紙の外題にはすべて「八宗綱要」と標されているが、しかし本文の初めの内題には、すべて「八宗綱要抄」となっている。承応二年本にもかくなっているから、すでに成実の写本にも、かく題されていたのであろう。しかし成実の識語には「八宗綱要」と呼ばれており、刊本にも外題では、八宗綱要（承応本）、校訂八宗綱要（文政本）、標註八宗綱要（黒田本）、冠導八宗綱要（旭雅校閲本）などと、すべて「八宗綱要」と題している。なお、最後の「旭雅校閲本」とは、杉原春洞と瀬辺恵燈とが註を施し、旭雅が校閲し、明治二十一年に出版したもので、内題には「八宗綱要鈔」となっている。昭和四十二年に龍谷大学が出版した『講本八宗綱要鈔』も、これによったのであろう。

ただし大正三年に刊行された『大日本佛教全書』第三巻に収められた「八宗綱要」では、単に「八宗綱要」となっており、「抄」の字はない。ともかく通名は「八宗綱要」が用いられていたが、正確な書名は『八宗綱要抄』であったらしい。なお、成実本よりも成立の古い『碧山日録』巻二（『史籍集覧』二五、二二三頁、一四五九―一四六八成立）に、凝然について述べるが、その中に「又、八宗綱要・三国伝通縁起を作る。今、世に行わるるを見る」といっており、ここでも「八宗綱要」と呼んでいる。次に、貞享元年（一六八四）に重慶が著わした『伝律図源解集』下（佛全一〇五、一〇九頁）にも、凝然の著作を一五三部挙げているが、その中に「八宗綱要二巻」がある。同じく、元禄二年（一六八九）に慧堅が著わした『律苑僧宝伝』巻十四（佛全一〇五、二七九頁）にも、凝然の伝記を示すに際し、彼の著作を出すが、その中にも「八宗綱要二巻」がある。これらは、本書が「八宗綱要」の名で広く親しまれていたことを示している。しかし、先の「承応本」などでも、外題では「八宗綱要」と題しながら、内題では「八宗綱要抄」としているのであるから、これだけで、本書の書名が古くは「八宗綱要」であったと決めることはできない。

しかし「八宗綱要抄」には、いくぶん意味の重複があるし、古くから「八宗綱要」と呼ばれているために、ここにも「八宗綱要」の書名を用いることにした。

二　テキストと解説書

『八宗綱要』のテキストは多いが、ここには主なるものについて考察しておきたい。

八宗綱要　二巻　行空所覧　承応二稔季春吉旦　中野小左衛門開板

上述のごとく、『八宗綱要』の最初の出版は「承応二年本」であると思うが、これは成実の写得したテキストを、そのまま板行したものらしい。書肆《しょし》の中野小左衛門の名はあるが、校訂者の名は見あたらない。外題にある「行空所覧」とあるのが、それに関係があるのかもしれない。ともかく、巻末に成実の識語をそのまま載せて出版しており、しかも出版者の名を欠くから、これは成実の写得本をそのまま開板したもののようである。そのために、本書には、文章に誤字や脱字、余分な字（衍字）などが多い。さらに文章の顚倒も多い。たとえば、その最初のページの七行目に「各八万四千法門立也」とあるが、これは「各立八万四千法門也」とすべきであろう。「各〻八万四千の法門を立つる也」と読むのであるが、写得者が漢文の語順を熟知しないために、「法門立也」と書いてしまったのであろう。

承応本にはこのような誤りが多いために、その後に板行された『校訂八宗綱要』の「凡例」において、校訂者の円解は、「八宗綱要の世に行われるや久し。しかるに其の文辞の脱闕・顚倒・羨衍・訛謬は、凝然大徳の他の著撰に比して、大いに軒輊あり」といっている。「輊」は「軽」の同音かと思うが、軒輊は上下の差の激しいことをいうのであり、すなわち凝然の他の著作には、それほど誤りがないのに『八宗綱要』には誤りが非常に多いというのである。しからば何故『八宗綱要』のみに、そのように誤字が多いのかといえば、『八宗綱要』はもっぱら初学者が学習したので、筆写も初学者がすることが多かったためであると考える。テキストが開板される前には、学習は写本によるしかないのであるから、聴講者は筆写によって、自己のテキストを用意しなければならない。しかし、初学者は漢文の語順などを熟知しないから、筆写の際に文を顚倒したり、あるいは同音をもって、文字を誤る。たとえば、密と蜜とを誤るごとき。あるいは形が似ているので書き誤る。たとえば、未と末、輿と奥のごとき。これらのことを、円解は「凡例」で注意している。このような理由で、『八宗綱要』には伝写の間の誤りが多い。したがって、テキストの選択には配慮が必要である。

なにぶん、承応本は、成実が一本を見つけて、急いで写得したものであるから、本文の校訂などをする余裕はなかったのであろう。承応本に誤りが多いことは、承応本の底本が、凝然自筆の原本でなく、初学者の伝写した不完全本であったことを示すであろう。承応本が、著者を「凝然大徳述」としている点も、著者以外の人の筆写本であることを示していよう。

校訂八宗綱要（八宗綱要抄）　豊後州華光院円解　文政丁亥三月

文政丁亥三月は文政十年（一八二七）である。本書には出版書肆の名はない。本書の「凡例」によると、円解は三本の異本を入手して、テキストを校合したという。一本は栂尾の高山寺の経蔵から得、一本は同学某から、一本は書店某から入手したという。もしこれらが刊本であれば、承応本（一六五三）から、円解が開板した文政本（一八二七）までの間に、『八宗綱要』の出版があったことになろう。しかし円解は自己の入手したものが版本であるとはいっていない。承応本から文政本までには、一七四年の間があるから、その間に『八宗綱要』のテキストの出版があってもよいと思うが、現在残っているものはないようである。ともかく『八宗綱要』の校訂本は、この文政本が最初である。そして文政本の底本になったものは、承応本であったようである。それは、文政本の巻末の「校異」で、原本の丁数や行数の示し方が、承応本と一致しているからである。

文政本は、巻初に「凡例」を示し、次に本文を置き、巻末に凝然の跋文と、成実の跋文とを置き、次に改行して、

承応二稔季春吉旦開版
文政十丁亥正月中旬校訂

と二行に書いている。前者は、承応本の識語を取ったもの（板を版に変えている）であり、次のは、文政本の出版年月を示したものであろう。そして、これを「校訂」といっているのは、前者を校訂したという意味であろう。さらにその後に「校異」を載せ、その後に「跋」を出し、次いで「捨財名録」として、開板費用援助者名十二名を出している。

ともかく、文政本は校訂本であるために、内容がよく整備されており、読み易い。しかも異本によって訂正した文字には点を附し、欠字を補った場合には丸を附し、衍字を削る場合にはその字を方囲で囲み、削除することを示しながらもその字を残している。そのために校訂の実際がよくわかるようになっている。訂正の仕方も穏当であり、善本のテキストである。

八宗綱要　二巻　大日本佛教全書第三巻所収　大正三年十二月二十五日

この佛教全書本は、前の文政本の校訂の結果をそのまま採用したテキストのごとくである。すなわち、文政本で訂正した字は、そのまま訂正され、削除を指示した字は、大部分削除されている。そのために文章はすっきりしており、文意もよく通り、読み易いテキストになっている。しかし、註記がないために、どこを訂正したかという点はまったく不明である。しかも文政本では、削除せんとする文字も、四角に囲んで残しているから、文政本の校訂者に従わないで本文を読むこともできる。しかし佛教全書本ではこのことは不可能である。そして佛教全書本は、文政本の校訂に全部従っているのではない。文政本で削除を示している字を、そのまま残している場合も、一再にとどまらない。しかも稀《まれ》には「㊂乗下一本有幾字」というような校異を割註で、文中に挿入しているために、まったく校異を施していないのではないし、しかもこれがあるために、これを施していない部分は、すべて底本と同じであるという誤解を読者に与えかねない。実際には、佛教全書本は承応本を随所に訂正しているのであるから、このような仕方は適切とはいえない。

そしてまた、訂正し過ぎであると思われる点もないとはいえない。たとえば、著者名を「凝然述」と出しているが、これは他本の「凝然大徳述」を訂正したものである。しかし、承応本をはじめ、他本ではすべて「凝然大徳述」となっているのであるから、佛教全書本の訂正には根拠がないといわねばならない。しかもこのように訂正したことによって、テキストの評価が変ってくるといわねばならない。「凝然大徳述」とあれば、これは凝然以外の人が加えた字であることを示すが、「凝然述」とあれば、必ずしもそうとはいえないからである。

このように佛教全書本には、訂正し過ぎと思われる点もあるが、しかしそれだけに、文章は整っており、読み易い。しかしこのように訂正したことが、凝然の原典に近づいたことを示す証拠はないと思うので、今回の『講義』のテキストの底本には用いないことにした。

標註八宗綱要　二巻　黒田真洞　明治十八年刊

明治時代には『八宗綱要』のテキストは数種類出版されているが、ここには広く行われた黒田本と旭雅校閲本とについて簡単に見ておきたい。黒田本は『標註八宗綱要』といい、上欄に重要な語句について註釈を施している。簡にして要を得た「註」がついており、『八宗綱要』のテキストとしては最も広く用いられたものである。本文の訂正については、「凡例」の中に、「異同を校正するは、唯義の通ずるを以て先要となすが故に、その善なるものを取りて、煩わしく校異を附せず、疑わしきは闕如するも妄りに改竄《かいざん》せず」と述べており、明らかに誤りであるもののみを訂正するという態度をとっている。そのために、漢文としては不適当な文章でも、意味が通ずれば、改めないでもとの文章を保存するという仕方をとっている。なるべく古い文章を保存するという仕方は、凝然の原典が不明な現在としては、すこぶる穏当な方法であると考える。

冠導八宗綱要　四巻　旭雅校閲　杉原春洞　瀬辺恵燈冠導　明治二十一年

本書は、杉原春洞と瀬辺恵燈とが、『八宗綱要』に詳しい註釈を附したものを、佐伯旭雅が校閲して出版したものである。註釈の詳しいのが、本書の特色であるが、註釈が詳しいのは、深く研究する人には便利であるが、初学者にとっては、これだけの註釈を消化するのは容易でない。その意味では詳し過ぎるといわねばならない。本文の校訂は、先の黒田本とほぼ同じである。

明治から、大正・昭和にかけて、多くの『八宗綱要』の講義が著わされているが、それらに用いられているテキストは、佛教全書本、あるいは黒田本である場合が多い。

講本八宗綱要鈔　龍谷大学編　昭和四十二年

本書は、その「凡例」によると、龍谷大学出版部から昭和七年に刊行された『講本八宗綱要鈔』の改訂版である。そして「昭和七年本」は、円解の校訂した「文政本」を主として、異本を校訂したものであるという。そして「昭和四十二年本」は、この「昭和七年本」をさらに異本と校合し、不適当な点を改めたものであるという。本書では『八宗綱要鈔』として「鈔」の字を用いているが、これは「旭雅校閲本」を踏襲したものであろう。それ以前のテキストでは、すべて「抄」が用いられている。しかしどちらを用いても、意味に違いはない。本文の校訂についていえば、漢文の語順の誤りなどは訂正されている。これは、初学者に漢文体の佛教文献に親しませることが、本書の講読の目的の一つであるとする立場からである。その他の点については、なるべく古い文章が保存されている。

今回の講義のテキストには本書を採用することとした。そして上記に挙げた諸本を参照しつつ、このテキストを校訂して、講義を進めることとした。なお、承応本・文政本・黒田本・旭雅校閲本などには、章節は分けられていないが、諸学者の『八宗綱要』の講義においては、適当に章節が分けられており、しかもそれらに合致が見られるため、今はそれらに随って章節を設けた。

国訳八宗綱要　勝又俊教訳　国訳一切経和漢撰述部六十八、諸宗部二十五所収　昭和三十五年
国訳八宗綱要　昭和新纂国訳大蔵経　日本支那聖道門聖典、宗典部第十巻所収　昭和四年

この二つは『八宗綱要』の国訳である。いうまでもなく『八宗綱要』は漢文であるが、これを述べ書きにしたものがこれらである。前者は、佛教全書本を底本となし、他の異本を参照して国訳したもの。解題を附し、本文には章節を設け、重要な語句には下段に註釈をつけている。

後者の国訳大蔵経本は、訳者は示されていない。解題もなく、どのテキストを底本としたかも不明である。しかし、重要な語句には上欄に頭註がつけられており、本文の漢字にはすべて振り仮名がついている。振り仮名のあることは、佛教語の読み方を知る上で、初学者には便利であろう。昭和五十二年に覆刻版が出ている。

次に『八宗綱要』の講義は、これまでに多数著わされているが、最近は入手できないものが多い。『佛書解説大辞典』第九巻に挙げているものを示すと、次のごとくである。

八宗綱要略録　一巻　円解（一七六七―一八四〇）写本
八宗綱要講述　一巻　聞号（一七七一―一八三一）写本
八宗綱要講義　三巻　義譲（一七九六―一八五八）写本

八宗綱要聞記　二巻　義譲　写本
八宗綱要記　二巻　蜂屋良潤　明治二十三年、写本

以上の他に、著者不明の写本がなお数点伝っている。

次に、刊本には次のごときものがある。

八宗綱要講解　六巻　福田義導　明治十一年刊
八宗綱要鈔啓蒙録　五巻　楠潜龍　明治十一年・十三年・二十九年刊
八宗綱要攷証　二巻　闡号（一七七一—一八三二）述　藤井玄珠補　明治十四年刊
科本八宗綱要鈔　二巻　酒井最正　明治十五年刊
啓蒙八宗綱要　二巻　町元呑空述　明治二十一年刊
八宗綱要講義　二巻　柳沢迎存　明治二十一年刊
八宗綱要私記附分科　四巻　勤息義城　明治二十二年刊
八宗綱要鈔講述　三巻　吉谷覚寿　明治二十七年刊
八宗綱要講義　一巻　織田得能　明治三十年刊
八宗綱要講義　一巻　境野黄洋　明治四十二年刊
八宗綱要講義　一巻　佛教学会編　大正二年、昭和二年刊

八宗綱要講義　一巻　和田龍造　大正五年刊
八宗綱要講話　二巻　境野黄洋　大正五年、同十三年刊
八宗綱要問題講述　一巻　日野安住　大正六年刊
八宗綱要講義　一巻　富井隆信　大正十三年刊
八宗綱要解説　一巻　柏原祐義　昭和二年刊

以上の中、織田得能の『八宗綱要講義』、境野黄洋の『八宗綱要講話』などは、長期にわたって学徒の要望を満たした書であるが、最近は入手困難になった。ただし佛教学会編の『八宗綱要講義』のみは、現在も覆刻されており、かろうじて『八宗綱要』学習者の要望を満たしている。該書は、八宗をそれぞれ専門家が執筆しているので、内容解説も行き届いている。

三　著者の経歴と業績

『八宗綱要』の下巻末に著者凝然の跋文があることは有名である。「承応二年本」によってそれを示すと、次のごとくである。

文永五年戊寅正月二十九日、与州円明寺西谷に於て之を記す。予、一宗の教義、尚お軌とする所に非ず。余宗の教観、一として知る所無し。唯だ名目を挙げて、聊《いささ》か管見を述ぶ。仍お錯謬極めて多し、正義全く闕けり。諸の識見有る者、之を質《ただ》せ。

華厳宗沙門凝然 生年廿九

とある。ここで「与州」とあるのは、予州のことであり、伊予（愛媛県）をいう。凝然の消息の中にも「与州下向ハ如何」とか、「伊与国」、または「与州新居系図」などと「与」の字を用いている（東大寺刊『凝然大徳事績梗概』参照）。したがって、ここに「与州」と書いている点は問題ないが（ただし「文政本」以後では「予州」と訂正している）、問題は、文首の「文永五年戊寅」である。文永五年（一二六八）は「戊辰」であり、これに近い「戊寅」は、弘安元年（一二七八）である。『本朝高僧伝』などによれば、凝然は仁治元年（一二四〇、ただし彼は三月に生まれたというから、仁治は七月から始っており、彼の生まれた時は延応二年になる）に生まれているから、彼の「生年廿九」は、文永五年にあたる。そして文政本が校訂に用いた異本や、並びに東大寺所蔵の八宗綱要の写本の奥書（『凝然大徳事績梗概』二七〇頁）には「文永五年戊辰正月二十九日」とあるというから、「成実本」の「戊寅」は「戊辰」の写誤と見るべきであろう。

ともかく、この跋文によって『八宗綱要』は、凝然が二十九歳の時、伊予の円明寺西谷において著わしたことがわかる。したがって『八宗綱要』は、凝然の著作である。凝然が講義をして、弟子がこれを筆録してできたというものではない。したがって巻首の「凝然大徳述」とあるのは、事実に合わないわけである。この点は跋文を正しいと見るべきである。凝然は東大寺戒壇院の円照（一二二一―一二七七）の弟子となり、十八歳の時東大寺の戒壇に登って具足戒を受け、その後、もっぱら戒壇院に住して修行している。しかしその後も時々伊予に帰っている。『凝然大徳事績梗概』の年譜によると、三十七歳の時にも伊予に行き、四十六歳の時にも伊予円明寺で『華厳五十要問答』に加点している。五十一歳の時にも予州にいたという。五十四歳の時に伊予の道前久妙寺興法院で『倶舎論頌疏』を書写している。七十歳の時にも伊予に帰らんとしている。このように伊予は彼の郷里であったために、時々帰っているのである。たまたまそのように伊予に帰っていた時に、彼は『八宗綱要』を著わしたわけである。

しかし、凝然がいつ頃出家したかは明らかでない。凝然の伝記は、貞享元年（一六八四）に重慶が集記した『伝律図源解集』巻下（佛全一〇五、一〇七下―一〇九下）、元禄二年（一六八六）に慧堅が著わした『律苑僧宝伝』巻十四（佛全一〇五、二七八下―二七九下）、さらに元禄十四年（一七〇一）に義澄の撰した『招提千歳伝記』巻上二（佛全一〇五、三二九上―三三〇上）、元禄十五年（一七〇二）に師蠻が著わした『本朝高僧伝』巻十六（佛全一〇二、二四六下―二四七下）などにあるが、内容に大きな違いはない。さらに凝然の六百五十年御遠忌記念に東大寺から出版した『凝然大徳事績梗概』（昭和四十六年刊）

に、凝然の年譜が載せられているので、今はそれらによって凝然の伝記を簡単に見ることとする。

これらの伝記によると、凝然（一二四〇—一三二一）は伊予国高橋郷の生まれで、俗姓は藤原氏、仁治元年（延応二年）三月六日に生まれたという。出家して諱は凝然、示観と号した。凝然が七十二歳の時著わした『華厳五教章通路記』巻二十七の奥書に「延暦寺不共菩薩戒登壇五十七回」といっているので、これから逆算すると、凝然は十六歳の時、比叡山で梵網の菩薩戒を受けたことになる。『高僧伝』などにはこのことをいわないが、ともかく彼が菩薩戒受戒以前に出家したことは明らかである。しかし出家の時期はわからない。ただし東大寺の僧が、まず比叡山に行って大乗戒を受けるのは不自然であるから、凝然は最初は比叡山に登って出家したのではなかろうか。

しかし、同じくこの奥書に「別受登壇五十五回」といっているので、これから逆算して、彼が東大寺の戒壇で別受戒、すなわち三聚浄戒の中の律儀戒（二五〇戒）を受けたのは、彼の十八歳の時であったことがわかる。彼が十八歳の時、すでに東大寺にいたことは、彼の「羅雲講式」の奥書にも示されている。ともかくこの時には、戒壇院の円照の弟子となっていたのである。凝然の多数の自筆記録の中に、自己の出家のことを具体的に語っていないのは、最初は東大寺でなしに、他の寺で出家をしたためではなかろうか。しかし、ともかく十八歳以後には、もっぱら戒壇院に住し、円照を師として律を学んだのである。さらに凝然は唐招提寺の証玄（一二二〇—一二九二）からも律を学び、南都律宗の中興となる。凝然はさらに東大寺真言院の聖守（一二一九—一二九一、聖守は円照の兄）から天台と密教を学び、同じく東大寺尊勝院の宗性（一二〇二—一二七八）から華厳を学んだ。南都では、倶舎や唯識を学ぶ機会にも恵まれていたであろうから、十年後に彼が『八宗綱要』を著わす学的環境は整っていたのである。当時すでに、八宗をまとめて学ぶことが行われていたらしい。凝然が七十七歳の時著わした『戒壇院定置』にも、本寺を指して「本是八宗兼学之寺」といっている。しかし、彼が特に戒壇院に住し、もっぱら律を学んだことと、華厳宗の本山である東大寺に住し、宗性のごとき一流の華厳の学僧に就いたことが、将来彼が八宗の中でも特に、律と華厳に秀でた理由がある。

東大寺は治承の兵火（一一八〇）によって焼失したが、その後復興が計られ、大佛殿は再建された。しかし戒壇院までは及ばなかった。当時、戒壇院では金堂と廊宇はできていたが、他の建物はなかった。その後、戒壇・講堂・三面僧房などの建立に大功のあったのは、西迎上人蓮実（一一六三—一二五六）であった。凝然の『西迎上人行状』や『円照上人行状』巻上などによると、西迎は伊勢の出身で、出家の後、栂尾の明慧上人に従った人である。しかし明慧（一一七三—一二三二）の寂後、奈良に来て、東大寺に住み、勧進僧として、大佛殿に燈油を燃すことや、大佛殿に楽器や種々の道具を整えることなどに努めた。同時に諸人に勧進して、戒壇院の再興に努力したのである。そして僧房や講堂が出来上った後に、彼は円照を請じて戒壇院に住せしめた。そこで円照は真空や浄因などを招いて、律規を行じ、講席を張ったので、学徒が四方より雲集し、盛大になったのである。故に戒壇院の復興には、円照の力が大であるが、凝然は十八歳以後、戒壇院に住し、二十歳の時、円照を戒師として、戒壇院で通受戒を受けた。通受戒とは、三聚浄戒を全部受けることである。そしてその後九年間、円照の複師として、師の講律を助けている。

凝然は二十二歳の時、京都の九品寺に住した長西から浄土教の教えを受け、特に善導の『観経義疏』を学んだ。この時長西は七十八歳であったという。後年、凝然は七十二歳の時、『浄土法門源流章』一巻を著わしているが、名著の誉れが高い。特に法然滅後の浄土教団の動静は、本書を措いて述べているものがないので、その点でも重要である。なお、凝然は二十二歳の時、聖徳太子の三経義疏を習学しており、その結果、これらの義疏の釈書を作成せんとの念願を起している。彼のこの念願は晩年に達成している。すなわち、彼は六十歳を過ぎてから『勝鬘経疏詳玄記』十八巻を著わし、七十歳を過ぎてから『法華疏慧光記』六十巻を著わし、さらに『維摩経疏菴羅記』四十巻を著わしたのは、彼の八十一歳になってからである。八十一歳の一月二十九日に第一巻を著わし、同年九月十一日にはすでに第三十巻を撰述している。彼はこれによって、みずからを「三経学士」と呼んでいる。太子の三経義疏に関する研究は、明治以後にも多いが、しかし全文を註釈したものは、凝然のこれらの三種の註釈以外には存在しないのであり、これがいかに困難な仕事であるかがわかる。同時に、凝然の学殖が他に抜きんでていたことが明らかである。

凝然は三十一歳の時、円照の命により一年を通じて『戒疏』を講じている。三十三・四歳の時には、師命により洛東鷲尾の金山院に住して、『毗尼討要』『業疏』を講じている。三十五歳の時にも、円照の命により長日連続律部を講じている。三十七歳の時、『梵網戒本疏日珠鈔』五十巻の撰述を戒壇院で始めている。『日珠鈔』は、古来「八十巻」と伝えられているが、最近の研究では、五十巻が正しいようである。この『日珠鈔』は、法蔵の『梵網戒本疏』六巻の註釈であり、天台の『菩薩戒義疏』とは関係がない。その後、凝然は講席や著述に多忙な活動をなすが、三十八歳の時、師の円照が遷化し、その譲りを受けて戒壇院の長老となった。その翌年、凝然が華厳を学んだ宗性が七十七歳で入寂している。凝然は六十三歳の時、戒壇院で『円照上人行状』三巻を撰し、先師円照の行徳を讃じ、師恩に報じている。

凝然は一生の間に「百二十五部千二百余巻」の著作を撰したというが、なお、それ以上の著述が知られている。残存せる著作の奥書などで著作の年次の知られるもの二・三を示したい。四十一歳の時、華厳別教一乗の宗義を顕揚するために、『華厳二種生死義』三十巻の著作を開始している。四十七歳の時には、『華厳孔目章発悟記』二十三巻の著述を始めている。これは四十八歳で完成している。同時に、この頃『南山教義章』三十巻の著述を始め、これは五十二歳で完成している。これは南山律宗の教義に関するものである。五十三歳の時、『華厳十重唯識瑺鑑記』七巻、『同円鑑記』二巻、『同瓊鑑章』一巻を撰している。五十六歳の時、『華厳法界義鏡』二巻を撰している。これは華厳宗の教理と歴史を巧みにまとめたものであり、後世よく読まれた。六十一歳の時、『華厳五教章通路記』五十二巻の撰述を始めている。六十五歳から『華厳探玄記洞幽鈔』百二十巻の大著の撰述を開始している。これは七十歳の時に完成し、書写して東大寺尊勝院経蔵に施入している。なお、六十七歳頃に『律宗綱要』二巻を撰している。これも律宗の教理と歴史を巧みにまとめたものであり、名著である。特に日本では伝教大師が比叡山に大乗戒壇を建立して、南都の律宗を小乗として斥け、独自の大乗戒観を主張したので、それに対抗するために、本書における律宗の教理は、中国の道宣の教理よりもはるかに進んだものになっている。

七十一歳の時には、『四分戒本疏賛宗記』二十巻の撰述を始めている。これは南山律宗の書物ではなく、相部宗の定賓の『四分戒本疏』の註釈である。中国にも相部宗関係の著述はきわめて少ないから、その点でも本書の存在は貴重である。これは、日本大蔵経に収載されている。なお、六十八歳の時、後宇多法皇が東大寺戒壇院に臨幸し給《たま》い、凝然を戒師として受戒し給うた。この時、凝然に国師の号を賜わったという。凝然は七十二歳の時、『三国佛法伝通縁起』三巻を撰して、後宇多法皇の叡覧に供している。

凝然は七十七歳の夏頃から、唐招提寺の長老となり、牟尼蔵院に止住している。そして七十七歳の時、『戒壇院定置』を制し、凝然滅後の戒壇院の住持は、禅爾円戒房、実円禅明房と次第《しだい》すべきこと、並びに華厳を本となし、先師の定置を堅持し、一事たりとも違背することなく、精進和合すべきことを定めている。凝然はその後にも多くの著作を撰しているが、特に『法華疏慧光記』や『維摩経疏菴羅記』の完成に努力している。しかも八十二歳の時には、弟子の実円禅明房のために『五十要問答加塵章』一巻を、中風によって不自由になった病手を励ましつつ、戒壇院において著述している。そして凝然はその年（元亨元年、一三二一）九月五日に戒壇院において入寂した。そして円照の墓のある洛東鷲尾山に葬られた。凝然の一生は実に講義と著作に費やされたといってよいが、すべてこれ護法の赤心に出ずるものであった。しかも多数の名著を残し、特に華厳と律に関しては、わが国第一ともいいうるほどの功績を残しているのである。

四　金剛欣浄と浄土信仰

次に、実践家としての凝然について考えるに、彼が戒律の厳しい実践家であったことはいうまでもない。さらに華厳の宗旨を奉じていたことも疑問の余地はなかろう。凝然はすでに『八宗綱要』の述作の時から、自己を「華厳宗沙門」と呼んでいる。しかし華厳宗の教理は深淵であり、容易にその涯底には到達しえない。その点で、凝然には浄土教の信仰があったようである。凝然より少しく前の解脱上人や明慧上人などには、浄土教への反撥があり、南都には弥勒浄土の信仰が強かったが、わずかの間に時代環境も変ってきたのである。晩年に凝然が浄土信仰を持っていたことは種々の点から知られる。第一に、彼は七十二歳の時、『浄土法門源流章』一巻を撰している。これは彼が浄土教に傾斜していることを示すものである。第二に、凝然が七十七歳の時制した『戒壇院定置』に、戒壇院で学ぶべき学問として、「三大律部、菩薩戒諸章、華厳円宗、所有大小諸部派章疏、浄土諸文、太子三経疏、及声明等諸雑芸」を挙げている。すなわち、戒律と大乗戒、華厳、浄土、三経義疏、声明などを挙げており、浄土教が加えられている。律と大乗戒は戒壇院の立場より当然であり、華厳は東大寺の宗旨である。三経義疏は凝然が個人的に力を入れたものであるから、浄土教はそれらと並んで重要視されている。同じく『戒壇院定置』の中に、戒壇院を譲るべき禅爾の学んだところとして、「学律大部、学華厳、浄土教、学諸雑芸」を挙げている。ここには太子の三経義疏はないが、他の点は同じである。このように戒壇院で浄土教を学ぶべきことは、凝然に浄土教の信仰があったと見てよい。

第三には、凝然は七十四歳頃から、著書の奥書に「華厳兼律金剛欣浄沙門　凝然」と署名することが多くなっている。この署名は六十四歳・六十七歳にも一回ずつ見られる。しかし上述のごとく、若年以来、彼の署名は「華厳宗沙門　凝然」であった。それが七十四歳以後には、ほとんどすべて上記の署名に変っている。さらに「華厳兼律三経学士金剛欣浄沙門　凝然」という署名も見られる。これは先の署名に「三経学士」を加えたものである。これらの署名の中で、「金剛」というのは明らかでないが、先の『戒壇院定置』にも密教を学ぶことはいっていないから、この金剛は、密教には関係ないであろう。凝然には密教に関する著作は少ない。空海の『十住心論』を批評した書物かと思われる『十住心論第四巻義批』などの「義批」が、『十住心論』の第四巻・第五巻・第六巻・第九巻について書かれている。この「義批」がどういう内容のものか、実物を見ることができないので推定のしようがないが、ともかく特異な題名である。この外には、凝然には、真言に関しては二・三の著作があるのみである。このように凝然は、密教にはあまり力を注がなかった。故に、密教を示す意味の「金剛」を、ここに用いたとは考え難い。

しからば、この金剛は何を意味するかというに、『梵網経』の「金剛宝戒」の「金剛」に関係するのではないかと思う。『梵網経』下巻（大正二四、一〇〇三下）に「我が本盧《る》舎那《しゃな》佛心地中初発心中に常に誦する所の一戒光明を説く。金剛宝戒は是れ一切佛の本源、一切菩薩の本源、佛性種子なり」の語があり、ここに「金剛宝戒」の語がある。凝然は『戒壇院定置』の中にも、菩薩戒諸章を学ぶべきことをいうているし、『梵網戒本疏日珠鈔』五十巻をはじめ、梵網戒・菩薩戒に関する著作は多い。したがって、彼が菩薩戒を受持する自覚を持っていたことは確かであろう。したがってこの場合の「金剛」は、『梵網経』の「金剛宝戒」であって、菩薩戒を指す語であるかもしれない。もしそうであれば、「華厳兼律金剛欣浄沙門　凝然」という署名は、華厳と律と菩薩戒・浄土教を、凝然が自己の立場としていたことを示すものである。これが『戒壇院定置』の示すところとも合致する。特に「欣浄《ごんじょう》」とは、浄土往生を願う意味であり、単に浄土教を研究するというだけの意味ではない。その点からも、彼が浄土往生の信仰を持っていたことが知られる。しかし彼の浄土信仰は、長西に師事したために、「諸行往生義」であり、法然の浄土教とは若干異なる（浄土教の項参照）。これは、戒律を受持しつつ、浄土信仰を持つとすれば、諸行往生義になるのは避けられなかったであろう。

五　凝然の著作目録

次に、凝然の著作について一言しておきたい。先に凝然の年譜に即して、彼の著作の若干を示したが、しかし凝然の著作はそれらに尽きるものでない。凝然の著作を枚挙したものとしては、重慶の編した『伝律図源解集』巻下の凝然の事績を述べる中に出るもの。ここには「一五三部」の著作を挙げている。次は、謙順が寛政二年（一七九〇）に著わした『諸宗章疏録』巻二（佛全三、一一六上―一一八下）に挙げる「戒壇院国師凝然集」である。ここには凝然の著作を、華厳部（三二部）・法相部（八部）・律宗部（三四部）・浄教部（一六部）・密教部（五部）・雑述部（二八部）の六部に分類して挙げた後に、「按ずるに、已上百二十五部は、戒壇院製作録に出ず。後記に云う、応安己酉年九月二十一日、戒壇院において之を感得す。臨終の歳、遺弟目録、一千二百余巻と云う。招提寺沙門道玄」とある。謙順はこの後に、目録二本を得て、これを考訂したといっている。ともかく以上によって、謙順の目録の基づくところは、戒壇院製作録であり、これは、応安己酉年（一三六九年）に何人かが戒壇院で感得したものである。これは凝然滅後五十八年であるから、かなり信憑性が高いわけである。すなわちこの時代に、凝然の著作は一千二百余巻と見られていたわけである。

もう一つの目録は、東大寺三論宗沙門崇憲が、明和三年（一七六六）に書写した目録である。これは「戒壇院凝然所述書目」と呼ばれており、『凝然大徳事績梗概』に転載されている。この書目には、「九八部九一八巻」を挙げた後に、「臨終の歳、遺弟目録一千二百余巻云々、招提寺沙門道玄」の語を挙げている。これは、先の謙順の拠り所とした目録と同系統のものであろう。しかし、ここには九十六部しか挙げていない。しかしこの書目には、この後にさらに四部を出し、その後に「凝然国師伝」などを述べた後で、「目外御述作」として、二十四部を挙げている。これらを合計すると、一二六部一〇一八巻になる。

上述のごとく『伝律図源解集』には、凝然の著作を一五三部も挙げているから、謙順本や崇憲本より数が多い。しかしここには、これらの目録の詳しい比較は省略したい。詳しく検討すれば、凝然の著作はさらに数が多いようであり、『凝然大徳事績梗概』には「考訂・凝然大徳撰述目録」として、華厳部三七部、律部四五部、浄土部二三部、その他の佛書部二一部、記録・縁起・伝記・講式の部四四部、外典部一二部、合計一八二部挙げている。しかし「種々の観点より、二百部を超える著述類があったように推量することができる」とも述べている。

このように凝然の著作は数が多いことと、その多くが焼失していて実物を調べえないために、彼の著作を確定することは困難である。しかもこれまで『梵網戒本疏日珠鈔』は八十巻と見られていたが、実際は五十巻であったようであり、さらに『律宗瓊鑑章』も古来六十巻といわれていたが、実際は六巻ではないかと見られている。

ともかく凝然の著作の残っているものは、大正大蔵経・日本大蔵経・大日本佛教全書、その他に公刊されている。しかしそれらも、すべてではないようであり、まだ写本のままで残っている著述も多いようである。このような文献的不備もあって、凝然の教学の全体的研究は、まだ手が付けられていない。しかし鎌倉時代の南都の教学を知るには、彼の著作の研究を避けることはできない。これまでは『三国佛法伝通縁起』や『律宗綱要』の歴史を説く部分などが、必要に応じて利用されていたにすぎない。しかし今後は、厖大な著作を残した宗性の研究などと並んで、凝然の著作の研究が是非なされねばならないと考える。

六　本論の組織と成立

『八宗綱要』は、上記の目録では「一巻」と出すものと、「二巻」と出すものとがあり、一定しないが、現伝本では「承応本」以来すべて「上下」の二巻に分れている。そして内容は、鎌倉時代の佛教書に例の多い「問答体」の形式をとっている。そして特に章や節を分っていない。しかし最初に、教理の大綱と、佛教がインドに起り、インド・中国・日本と発展した経過を概説している。故に、この部分は「総論」といってよいものである。そして「総論」の最後に、八宗とは何かを取り上げて、本論を述べる伏線としている。

次に、倶舎《くしゃ》宗・成実《じょうじつ》宗・律《りつ》宗・法相《ほっそう》宗・三論《さんろん》宗・天台《てんだい》宗・華厳《けごん》宗・真言《しんごん》宗の八宗を、歴史と教理の両方面から説明し、最後に禅宗と浄土宗とを簡単に述べている。したがって、倶舎宗を始めとする八宗を説く部分が「各論」であり、禅宗と浄土宗とは「附説」といってよいものである。本書は『八宗綱要』とて、八宗を説くのを目的としたものであるから、巻末の禅宗と浄土宗の説明は、「本論」には含めない方がよいであろう。ともかく『八宗綱要』の原典には、章節の区別はないが、ここには内容を明らかにするために、全体を総論・各論・附説の三部分に分けた。そして総論と、各論の中で、倶舎宗と成実宗・律宗までが上巻に説かれ、法相宗以下の五宗と附説とが下巻に説かれている（ただし、本書では、下巻の「法相宗」を上巻に収め、上巻と下巻の大いさのバランスを計った）。

それならば、倶舎宗などの八宗を、どうしてここに取り上げたかといえば、当時この八宗が佛教学徒の学ぶべきものとして、一般に承認せられていたためであろう。『八宗綱要』の「総論」の終りに「日域所伝の佛法は、総じて幾許《いくばく》有りや」と問いを起し、「日域の教えは、昔自《よ》り翫《もてあそ》ぶ所は、本只《もと》八宗なり。今に至るまで改めず」と述べ、八宗が所学の対象であることを示している。さらに、凝然の『戒壇院定置』にも、「当寺の惣宗、三論・華厳なるは、専ら後代の所学となす。本、是れ八宗兼学の寺なり」と述べ、東大寺は本来八宗兼学の寺であったことを標榜している。しかし、それが後に三論と華厳になったのは、学ぶべき人を欠いて減少したのだと見ているのである。したがって当時は、佛教を学ぶということは、八宗を学ぶことであるという理解が確立していたのである。これは南都佛教としては当然のことであろう。すでに奈良時代に「南都の六宗」として、倶舎宗・成実宗・律宗・法相宗・三論宗・華厳宗が日本に伝えられていた。これが奈良佛教の代表であるわけである。したがって、平安時代になって都は京都に移り、新しく天台・真言の二宗が移入されたが、奈良としては古来の六宗を捨てることはできなかったであろうから、これに新来の二宗を加えて「八宗」としたのであろう。

しかし、現実には平安時代には、天台・真言両宗がますます盛大となり、奈良の佛教は衰亡の一路をたどった。それだけでなく、奈良佛教にも密教の導入は避けられなかった。当時の有力な檀越《だんのつ》である貴族階級が、密教の持つ修法・祈禱の力に帰依していたから、南都の僧たちも寺院を維持していくためには、密教の修法を採り入れざるをえなかったのである。東大寺にも空海によって真言院が作られており、法隆寺の道詮も密教を採用し、法相宗の護命の弟子源仁、さらにその弟子益信や聖宝は、南都の僧としてよりも、密教僧としての活躍の方が有名である。それほどに南都佛教と密教とのつながりは深くなっている。しかもその後の鎌倉時代になれば、新興佛教としての禅宗と浄土教とが興って、日増しに盛大になってきた。この時代には、倶舎宗・成実宗はもとより、三論宗も勢力を失っていたのである。それでもなおかつ八宗を立てるのは、南都佛教の伝統を重んじたためであろうし、同時に「佛教学」としては、倶舎や成実の研究も重要であることを認めていたためであろう。

『倶舎論』の研究が、佛教の基礎学として重要なことは、現代でも『倶舎論』の研究が盛んである点から多言を要しない。これに対して『成実論』は、佛教の基礎学としての重要性は、『倶舎論』ほどに強くない。ただ、中国の南北朝の時代には『成実論』の研究が盛んであり、成実宗が天下を風靡していた。後、隋の時代に三論・天台が興って、成実を小乗と断定したために、成実宗の力は急速に衰えたのであるが、日本にはそれ以前の成実宗が伝ったのである。南都六宗の内では、三論宗の伝来が一番早いといわれる。高句麗《こうくり》の僧・慧灌が入唐して、吉蔵（五四九—六二三）に就いて三論を学び、推古三十三年（六二五）に来朝して元興寺《がんごうじ》に住し、三論宗を弘めたという。法相宗は白雉四年（六五三）に元興寺の道昭（六二九—七〇〇）が入唐し、玄奘に従って法相宗を学び、帰朝したのが初伝である。その後、二伝・三伝・四伝と続き、法相宗は奈良佛教で最も有力な宗となった。成実宗は百済《くだら》の道蔵（—七二一—）が『成実論』を講じ、『疏』十六巻を作ったというが、その後は三論宗の附宗となり、独立しなかった。このように成実宗は、日本では始めから一宗としての力を持たなかったのであるが、それをも一宗として立てるのは、中国佛教を範としたためであろう。倶舎宗も事情は同じであり、法相宗の伝来につれて伝ったのであろう。これは、『倶舎論』の研究なしには、法相宗の教理は十分にわからないからである。そのために倶舎宗は法相宗の寓宗であり、独立しなかった。

華厳宗は古くは道璿《どうせん》（七〇二―七六〇）が華厳の章疏を伝えたが、華厳宗としては金鐘寺の良弁《ろうべん》（六八九―七七三）が新羅《しらぎ》から来た審祥《しんじょう》（―七四二）に請うて、『華厳経』を講ぜしめたのが最初であるという。審祥は入唐して、法蔵（六四三―七一二）から教えを受けたという。律宗は、天平勝宝六年（七五四）に来朝した鑒《がん》（鑑）真《じん》（六八七―七六三）によって伝えられた。それより早く崇峻《すしゅん》天皇の時代に、善信尼などが百済に行って受戒している。さらに華厳を伝えた道璿も、華厳の章疏と共に律宗の章疏をもたらし、律の講義を大安寺で行っている。しかし正式に受戒の儀式が伝えられたのは、鑒真によってである。

以上のように奈良時代までに六宗が伝えられたのであるが、しかし天台宗は、三論宗と同じ時代に中国に栄え、法相宗や華厳宗よりも成立が古いのであるが、どうして天台宗が奈良時代に伝わらなかったのか、この点は明らかでない。しかし律を伝えた鑒真は天台宗の人であり、この時、天台の典籍をも将来しているのである。しかし正式の伝来は最澄（七六六―八二二）によってであり、彼が三十九歳の時入唐して、天台宗を伝えた。この時、同時に空海（七七三―八三五）も入唐して、真言宗を伝えたのである。

このようにして、南都の六宗と、平安の二宗とが伝わり、いわゆる八宗が揃ったのである。そして平安から鎌倉時代にかけて、八宗の研究がなされたのであろう。しかし真言宗は、東大寺に真言院が作られたほどであるから、真言が南都で修学される理由はあったであろう。しかし、天台宗は比叡山の佛教であり、南都の法相宗とは対立していたから、この天台宗が南都で修学せられた理由は明らかでない。天台は華厳と同じく一乗佛教であったから、その点で、東大寺で学習されるようになったのであろうか。高僧伝などによれば、凝然は東大寺真言院の聖守から天台と真言とを学んだという。ただし、当時の比叡山は密教を濃厚に加味した天台宗であり、いわゆる「台密」であった。これは最澄の伝えた天台宗とはかなり異なるが、しかし、最澄の天台宗も純粋の天台宗ではなく、北宗禅と大乗戒・密教をも同時に伝え、円・密・禅・戒を合一した天台宗であった。しかし凝然が『八宗綱要』で説く天台宗は、もっぱら天台智顗《ちぎ》の示した天台宗であり、最澄の四宗合一の天台宗ではない。智顗の説く、蔵・通・別・円の四宗判による天台の教理である。

次に、真言宗も『八宗綱要』では非常に簡略である。黒田真洞の『標註八宗綱要』によって、八宗の説明の分量を示すと、次のごとくである。

倶舎宗	一〇七行
成実宗	三六行
律　宗	二一二行
法相宗	一八六行
三論宗	九六行
天台宗	一二五行
華厳宗	一一六行
真言宗	五五行
禅浄土	二三行

以上によって、最も分量の少ないのは成実宗である。これは教理が倶舎宗と重複する点もあるので

やむをえない点もあるが、成実には説くべき独自の教理が少ないのである。次に少ないのは真言宗であり、天台や華厳の半分以下である。しかし真言宗に関しては、説くべき内容がないのではないから、この点、凝然は真言宗を簡単に扱ったといわねばならないであろう。次に三論宗が少ない。これは空宗であって、法相宗のごとき組織的な教理を持たないのであるからやむをえないであろう。次は倶舎宗。そして次は華厳宗・天台宗である。法相宗はそれらより多く、そして律宗が最も多い。これは凝然が律宗を宗としている点から、当然ともいえよう。華厳宗は天台宗よりも分量は少ないが、しかし内容はよくできており、豊富な内容が盛られている。これに対して、天台は分量は多くても、蔵教や通教などは他宗の説明であるから、天台独自の教理の説明は少ないのである。倶舎宗や法相宗の説明は、簡にして要を得ており、よくまとまっている。

禅と浄土とは、合せて二十三行であり、分量の点からも、これらが附説であることがわかる。しかしこれは、凝然が禅宗や浄土宗を軽視したためではない。凝然は『八宗綱要』を著わす前に、すでに二十二歳の時、京都に行って九品寺長西から、浄土宗の教理を聴講している。彼自身、浄土宗の信仰を持っており、『浄土法門源流章』を著わしている。おそらく『八宗綱要』を著わした時にも、浄土宗を重視していたであろう。そして禅の研究もしていたであろうから、二宗には深い理解を持っていたであろう。『八宗綱要』にも、八宗を述べた後に、「然るに八宗の外に、禅宗と及び浄土の教ありて、盛んに弘通す」といっており、浄土宗の説明にも、「浄土宗の教は日域に広く行わる」と述べ、この教の盛んなことを認めている。そしてこれらの二宗を述べた後に「若し此の二宗を加うれば、即ち十宗を成ず。然るに常途の因る所は、其れ啻《ただ》八宗已《のみ》」と述べ、二宗の重要性を認めながらも、この二宗を独立の宗とは認めていない。しかしこのことは、当時の宗教界の状況から見て当然であったであろう。禅宗も浄土宗も、当時は比叡山から烈しく反対されていた時代であるから、凝然がこの二宗を八宗と同列に扱うようなことをすれば、あるいは比叡山から非難を受けるようなことが起ったかもしれない。それを考えるならば、凝然が二宗に関説しながらも、これらを加えて十宗となしえなかった理由がわかると思う。

ともかく佛教の教理を、これだけ巧みに簡略にまとめた書物は、『八宗綱要』以外にないのであり、本書が古くから注目せられて、よく研究せられたのも故なしとしない。現代においても、佛教の入門書としての価値を失っていない。それは理由のあることであり、凝然がそれぞれの宗派の、確実な資料に基づいて本書を述作しているからである。

七　八宗の順序

『八宗綱要』では、八宗の順序を、倶舎宗・成実宗・律宗・法相宗・三論宗・天台宗・華厳宗・真言宗の順序としている。この順序においては、天台宗の上に華厳宗を置いているが、もしこれが価値的序列を示すとするならば、おそらく天台宗から異論が出たであろう。それを慮《おもん》ばかってか、凝然は八宗と禅・浄土二宗の説明を終った後に、「以前に列する所の諸宗の次第は、是れ浅深の次第に非ず。唯だ、言に随いて列する爾《のみ》。何れを列するも得べきが故に、且《しばら》く上の如く之を列する耳《のみ》」と述べ、これが浅深の次第でないことを断っている。

この浅深の次第でないことは、ある点では確かであろうが、しかし、天台・華厳の順序は、華厳を宗とする凝然としては、価値的にもこの順序であると見たのではなかろうか。すでに弘法大師の『十住心論』において、天台の上に華厳を置いており、これは明白に価値的順序と見ているのである。『十住心論』は教相判釈に立って述べているのであるから、当然そのようになるわけである。しかし凝然には、八宗の順序を定めるに際し、教相判釈的な考えはなかったであろう。そのことは『八宗綱要』の説明の仕方から見て明らかであるが、また真言宗を最後に置いている点からもいいうるであろう。上述のごとく、『八宗綱要』において、真言宗の説明は簡略であり、凝然は真言の説明に力を注いでいない。これは密教を重要視しなかったためであろう。したがって、八宗の最後に真言宗を置いたのは、顕教《けんぎょう》・密教と分けることが、当時一般に行われていたので、それに従ったにすぎないであろう。

顕教は数が多く、その間には浅深の次第が認められるが、密教は真言宗のみであるので、これを最後に置いたのであろう。たまたまその順序が、『十住心論』と合致することになったが、しかしその意味は同じではないと思う。

しかし顕教の七宗においては、明らかに浅深の順序が認められる。まず初めに大乗と小乗とを分け、倶舎宗と成実宗とを小乗として前に置いている。倶舎と成実とでは、成実の方が大乗に近い。『成実論』は羅什《らじゅう》によって訳され、法を「仮《け》」と見る立場に立っており、空《くう》の思想とも融合しうる論である。そのために中国の南北朝の時代には、『成実論』は大乗の論であると見られていた。しかしその後で、嘉祥大師《かじょう》（吉蔵）が『三論玄義』を著わして、『成実論』が小乗論である理由を十挙げて、『成実論』を小乗であると断定した。故に、それ以後は小乗論となっているが、しかし、ともかく思想的に大乗に近い。『倶舎論』は世親《せしん》の著作であり、世親は経量部の立場に立って『倶舎論』を書いた。経量部の立場は、法を仮と見る立場であるが、しかし『倶舎論』は説一切有部の教理を材料にして説かれている。そして説一切有部は、法を実有と見ている。法が縁起によって成立すると見れば、法は相対的存在者となり、仮法となる。縁が集まるところに法が成立し、縁が散ずれば法も消滅するからである。しかしここで「縁」といわれているものも、法以外のものではないことを注目すべきである。他の法が集って新しい法を生ずるのである。したがって、法が先か、縁起が先かという問題は、論理によっては解決できない。しかるに説一切有部は、縁起よりも法に優越性を認めるために、法は自性を持つ、自性がそのまま法であると主張する。この有自性の法が縁起の世界を成立させると見るのである。

故に、説一切有部は、法は「有《う》」であると主張する。この考えは空の思想に遠いので、倶舎宗を小乗の最初に置き、次に成実宗を置く。第三に律宗を置くが、律は大乗・小乗に通ずるものである。天台宗でも華厳宗でも、僧になれば具足戒を受けて、二五〇戒を守るのである。日本の天台宗では、大乗戒を受けるだけで大僧になれるとするが、しかし小乗戒を仮受することを説いている。中国の天台宗ではこのようなことはなく、二五〇戒を受けて僧となるのである。ともかく戒律は、小乗・大乗に共通であるので、律宗を大乗と小乗の中間に置いたと見てよい。四分律宗の確立者である道宣《どうせん》（五九六—六六七）は、「五義分通」を説いて、四分律の中に説いている五種の教理は、そのまま大乗にも通ずるものであると主張している。そして「四分宗は義は大乗に当る」とも説いており、四分律宗そのものは『成実論』と同じ立場に立っているので、小乗であるが、しかし思想的には大乗と部分的に通じているとなしている。

以上の意味で、律宗を小乗と大乗との中間に置いたと見てよい。

次に、大乗佛教は、法相宗・三論宗・天台宗・華厳宗の順序になっている。これは、空海の『十住心論』でもこれと同じ順序になっている。一般に佛教では、法相宗と三論宗を「三乗教」、天台宗と華厳宗とを「一乗教」と判別し、あるいは、法相宗と三論宗とを「権大乗」と呼び、天台宗と華厳宗とを「実大乗」と見るのである。このような見方がいつ頃から定着したか明らかでないが、華厳宗が成立した後に主張されるようになったのであろう。

法相宗と三論宗とを三乗教というのは、これらの教理は、声聞乗・縁覚乗（独覚乗）・菩薩乗の三乗の修行者に役立つ教理であるという意味である。法相宗の所依の経典である『解深密経』には、三乗を容認する教説があるので、法相宗は三乗教であるといわれる。そしてまた、法相宗の「五位百法」

は、『俱舎論』の「五位七十五法」を採用し、これを大乗の空の思想で解釈しなおし、百法に増広したものである。その点で法相宗の教理は、大乗佛教の中では「有」の立場に立つと見る。それ故に、法相宗を「通三乗」(三乗に通ずる教え)と見ることは、一般に異論はない。これに対して、三論宗を三乗教と見るのは事実に合わない点もある。三論宗は、『中論』・『百論』・『十二門論』の三種の論に基づくので三論宗というが、これらの三論の根底には『般若経』の空の思想がある。しかるに『般若経』には「声聞乗の修行をする者は般若波羅蜜を習学せよ、縁覚乗の修行をする者は般若波羅蜜を習学せよ、菩薩乗を修行する者は般若波羅蜜を習学せよ」という教説がある。これは般若波羅蜜が三乗の修行者に妥当する教えであることを示すものであり、これを「共般若」というが、ここに三乗教の意味があろう。しかし『般若経』にはなおこの外に、声聞乗と縁覚乗に堕すべきではなく、菩薩乗に発趣すべきであり、これが般若波羅蜜の修行であると説く「不共般若」の教説もある。この点では、『般若経』を通三乗というのは適当でない。したがって『中論』に立場を持つ三論宗を一方的に三乗教となすのは、適当ではないのである。しかし『法華経』に一乗の教えを説いているのを解釈して、声聞乗・縁覚乗・菩薩乗の三乗の中の菩薩乗が、そのまま一乗としての菩薩乗であると解釈する説を「三車家」というが、三論宗の嘉祥大師や法相宗の慈恩《じおん》大師は、この三車家に属する。これに対して、天台大師は、一乗としての佛乗は三乗の外にあると見る。これを四車家というが、この点で三論宗は法相宗と同じ立場に立つので、三乗教に含まれるようになったのであろうかと思う。

ともかく、三乗教にそれぞれ修行の価値を認める大乗佛教は、小乗を容認する大乗であるので、真の大乗佛教ではないとして、権《ごん》大乗(仮りの大乗)と貶《けな》されるのである。これに対して、天台宗・華厳宗を実《じつ》大乗という。

次に、天台宗と華厳宗とは共に一乗を説くが、しかし天台宗の所依の経典である『法華経』には、舎利弗《しゃりほつ》・目連《もくれん》などの声聞でも、心を入れ替えて佛乗に進むことができるという「三乗誘引」の一乗を説いている。これに対して、華厳宗の所依の経典である『華厳経』は、舎利弗・目連などの声聞や縁覚は、『華厳経』の説法の会座《えざ》にあっても、佛陀《ぶつだ》の説法をまったく理解しえず、如聾如唖であったと説いている。故に、『華厳経』の説く一乗は、三乗に同じない一乗であるとして、華厳宗では、天台宗を同教一乗、華厳宗を別教一乗として、華厳を天台の上に置くのである。なお、天台宗を実相論宗、華厳宗を縁起論宗となす分け方もある。ただしこの場合には、縁起論が実相論より勝れているという意味はない。

以上を図示すれば、次頁の図1のごとくなろう。

以上のように見てくると、この八宗の順序は、先に小乗教を置き、後に大乗教を置き、あるいは大乗の中では三乗教と一乗教と分けている点などは、教理の浅深の次第に配列してあると見るのが無理のない見方であると思う。しかし律宗については、凝然にはこれは自己の宗旨であるから、これを法相宗よりも低く見ていたとは考え難い。凝然の『律宗綱要』には、律宗を華厳宗と同等に見んとする考えすら見られる。しかし『律宗綱要』は凝然六十七歳頃の作であり、『八宗綱要』は二十九歳の作であるから、両者を同一に取扱うことはできないが、ともかく、律宗を機械的に低く見ていたとは考え難い。そしてまた、八宗それぞれに対する凝然の説明を見るに、小乗はともかくとして、大乗の場合には、どの宗派の場合もその宗を最高の教えであるという風に説明している。たとえば、法相宗に

図1

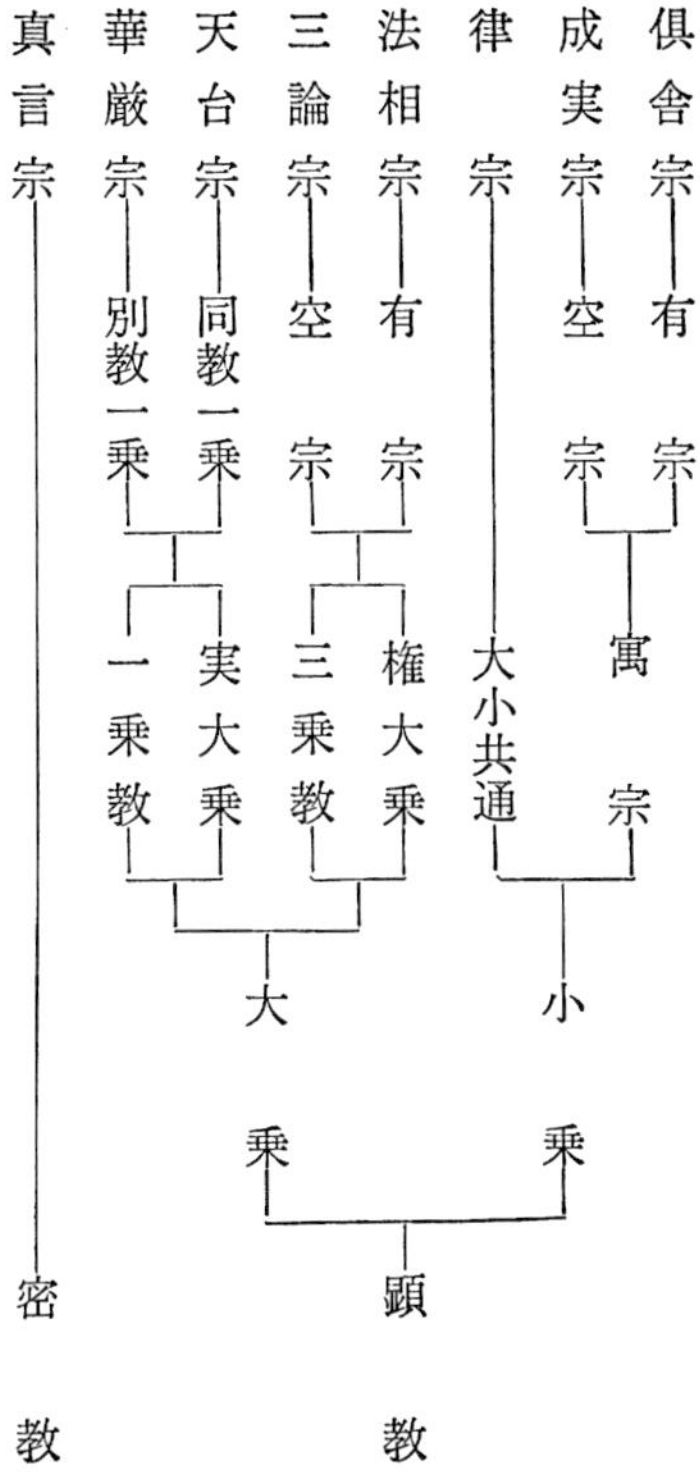

ついては、「性相の決判は此の宗に如《し》くは無し。義理の極成《ごくじょう》、何《いず》れの教か此れに及ばん。云々」と述べて、法相宗の教理を極成としている。

さらに三論宗については、「教理の甚深《じんじん》なること、何れの宗か此れに及ばん。布貴《ふき》の道詮《どうせん》の言う有り、四河流れを派《わか》つも同じく無熱に出で、七宗鑣《くつわ》を分つも倶に三論に出ず。当に知るべし、諸宗は是れ三論の末にして、三論は是れ諸宗の本なり。云々」と述べ、三論宗を諸宗の根本としている。天台宗についても、「諸教の中、此の教最長なり。諸宗の中、深奥と為す。超八の極円、厥《そ》の旨深高なり。云々」と述べている。華厳宗については、「華厳海会の善財童子は一生証入す。後会に寔《まこと》に明らかなり。速疾の大果を得んと欲せば、此の経に過ぐるは無し。教理の甚深なること、何れの宗か此れに及ばん」

と述べている。密教については、「唯だ此の密教のみ明らかに実理を見、深く心城に入る」などと説き、密教が顕教に勝れていることを説いている。

以上のように、『八宗綱要』では、八宗の特色ある教理を示して、それぞれの教理の立場に立って、その教理の勝れた点を強調している。そのために凝然の八宗の取扱いは公平であるというのが、一般の学者の評価である。凝然は学者であったので、宗派的偏見が少なかったのである。したがって、八宗の順序は、教相判釈に立つ価値的順序ではなく、凝然の組織佛教学の立場に立つ配列であるということができよう。

以上で「解題」を終る。

本文解説

八宗綱要抄　上

凝然大徳述

書名と著者名

最初に書名と著者名を挙げる。『八宗綱要抄』は本書の内題である。内題は、本書の最古の開板である「承応本」以来、すべて『八宗綱要抄』となっていることは、すでに「解題」で示した。次に「上」とは、本書は上下二巻に分れており、その上巻であることを示す。『上巻』には、「総論」と、「各論」の中の、倶舎宗・成実宗・律宗の三宗を含めている。

次に「凝然《ぎょうねん》大徳述」とは、著者を示すが、しかし、これは後人の書き入れと見られる。そのこともすでに「解題」で論じた。

八宗綱要抄

凝然大徳述

第一編　総　論

『八宗綱要』の原典には、章節は立てられていないが、ここには読者の理解を助けるために、章節を分け、全体を、総論・各論・附説の三段に分けた。まず「総論」には、教理の大綱と佛教の歴史の概要とを明らかにしている。本書はすべて問答体で記述されているが、「総論」の段には十三問答がある。

第一章　教理の綱要

第一節　八万四千の法門

問。佛敎有二幾門一耶。
答。薄伽敎法、總有二無量門一。且擧二大途一、則八萬四千。釋尊一代五十箇年所レ説法、莫レ不二攝盡一。

問う、佛教に幾ばくの門有りや。
答う、薄伽《ばが》の教法に総じて無量の門有り。且《しばら》く大途を挙ぐれば、則ち八万四千なり。釈尊一代五十箇年に説く所の法は、摂尽せざること莫《な》し。

《門》　入り口をいう。佛教に入る門を法門という。佛教に入るには「教え」によって入るので、教えのことを「法門」という。《薄伽》　薄伽梵（ばがぼん）の略。これはサンスクリット語の bhagavat の音訳であり、世尊と訳す。あらゆる徳を具えており、世間から尊重恭敬せられる者の意味で、佛の尊称である。婆伽婆（ばがば）というのも同じ。《八万四千》　佛陀の説いた教えを、八万四千の法門という。法門を法蘊ともいう。佛の説法は衆生の煩悩に対するものであるから、衆生の迷いが千差万別であるのに対し、佛の説法も無量であるが、しばらく衆生の煩悩に八万四千あるとして、それに応ずる佛の法門も八万四千であるとなす。これは、『維摩経』巻下、『大智度論』巻二十二などに見られる。これに対して『倶舎論』巻一には、「佛の法蘊の数は八万」であるとして、「八万の法蘊」を説いている。これは『大毘婆沙論』巻七十四の説を受けたものである。「八万の法蔵」ともいう。凝然は『智度論』の説によったのであろう。

《五十箇年》 これは佛の成道以来を五十箇年と見る説。『長阿含経』巻四の『遊行経』に「我れ年二十九にして出家し、善道を求む。須跋よ、我れ成佛して、今巳に五十年なり」という語がある。この系統の説によったのであろう。しかしパーリ佛教では、佛の出家は二十九歳、それより六年苦行をして、成道は三十五歳、入滅は八十歳となす。この説では成道以来四十五年になる。故に、パーリの『長部』の『大般涅槃経』では、「須跋よ、我れ出家してより已に五十有一年なり」と説き、出家から数えている。さらに『過去現在因果経』巻二には、十九歳出家としており、三十歳で成道したという説もある。三十歳成道説なれば、成佛以来五十年になる。このように諸説があり、一定しないが、凝然の「釈尊一代五十箇年」は、出家してから五十年の意味ではなく、成佛してから五十年の意味であろう。

佛教に幾許《いくばく》の法門があるかというに、佛陀・世尊の教法には無量の門がある。門とは入口のことであるが、佛教にはどこからでも入りうる。佛教には、自己の迷い・煩悩を滅することによって入るから、衆生の煩悩が無量であるのに応じて、佛の説法も無量である。しかし、今その大凡の教えを挙げれば、八万四千の法門がある。釈尊が成道してから五十箇年の間に説かれた法門は、すべてこの八万四千の法門の中に収まって、一つも漏れることはない。

問。何故法門數量必爾。

答。爲レ欲三對二治一切衆生八萬四千諸塵勞一故。所以法門必有二八萬四千數一。

問う、何《いか》んが故に法門の数量、必ず爾《しか》るや。
答う、一切衆生の八万四千の諸の塵労を対治せんと欲するが為の故に、所以《ゆえん》に法門に必ず八万四千の数有り。

《対治》　原意は「反対」（プラティパクシャ）の意味であったが、後に煩悩を断ずる意味になった。**《塵労》**　煩悩の異名。『維摩経』巻下には「八万四千諸煩悩門」といい、『大乗本生心地観経』巻四には「八万四千諸塵労門」というが、意味は同じ。「塵労」を「心を労する塵」とも解釈する。煩悩は、われわれの心を悩ますものだからである。八万四千の煩悩とは、煩悩の多いことを示したものであろうが、『倶舎論光記』巻一余には、真諦三蔵の説として、十随眠を三世に分ち、さらにそれを互具するなどの方法で八万四千の煩悩を導出する説明をなしている。

なぜ、佛教の法門は八万四千と定まっているかといえば、一切衆生の煩悩が八万四千あり、それを対治せんとするからである。煩悩を対治するために法門が説かれる。そして所断の煩悩が八万四千あるので、能断の法門も八万四千になるのである。

問。此等法門、爲三唯約二大乗一、爲ㇾ通二小乗一乎。
答。大小二乗各立二八萬四千法門一也。如二倶舎云一。牟尼説二法蘊一數、有二八十千一。已上。加之諸小乗經多、説二法有二八萬四千一。此等並是小乗所ㇾ立。如二大乗教中一、盛談二此義一。文據甚多。不ㇾ待二言論一。故大小兩乗皆各立ㇾ有二八萬四千一也。

問う、此等の法門は、唯だ大乗に約すと為《せ》んや。小乗にも通ずと為《せ》んや。

答う、大小の二乗に各〻八万四千の法門を立つるなり。倶舎《くしゃ》に云うが如し。牟尼《むに》の法蘊《ほううん》を説きたもう数に八十千有りと。已上。加之《しかのみならず》諸の小乗経に多く、法に八万四千有りと説く。此等は並びに是れ小乗の立つる所なり。大乗教中の如きは、盛んに此の義を談ず。文拠甚だ多し。言論を待たず。故に大小の両乗に皆各〻八万四千有りと立つるなり。

《大乗》 大きな乗物の意。マハーヤーナ（mahāyāna） 摩訶衍（まかえん）と音訳する。「マハー」は大、「ヤーナ」は乗。佛の教えは、衆生を迷いの岸から涅槃の都へ運ぶので乗物に譬える。大乗とは、第一に自利利他の教えであるから大乗という。自己を救うと共に他をも救う。第二に賢愚善悪の別を立てない。賢い人も愚かな人も、善人も悪人も共に救済しうる教えを持っている。第三に成佛、すなわち佛になることを目的とする教えであり、一切衆生に平等に佛性を認める成佛の教えである。人間の本性に差別を見ない教えである。以上によって「大乗」という。**《小乗》** 小さな乗物の意。ヒーナヤーナ（hīnayāna）の訳語。ヒーナには卑しいという意味があり、下劣乗ともいう。小乗佛教は自利のみの教え。自己の解脱だけを計り、他を救うことを考えない。出家の修行を第一となし、在家者は完全な修行はできないとする。佛になることを考えず、阿羅漢になることを最上の理想とする。理想が低く、自利のみの立場をとるから、小乗と呼ばれる。これは、大乗佛教が興った時代の部派佛教を、大乗教徒が卑しんで呼んだ呼称である。部派佛教がみずからを小乗といったのではない。部派佛教を声聞乗（声聞の教え）といい、この外に、縁覚乗（独覚乗）を立てて、この二つを小乗と称した。

《倶舎》『倶舎論』のこと。倶舎とは「コーシャ」（Kośa）の音訳語で「蔵」という意味。詳しくは『阿毘達磨倶舎論』といい、阿毘達磨の教理がすべてこの論に含まれているので、『阿毘達磨倶舎論』と呼んだ。小乗佛教の代表的な論である。世親（ヴァスバンドゥ、四〇〇―四八〇頃）の著作である。世親は天親とも訳す。**《牟尼》** ムニ（muni）の音訳。寂黙者と訳す。詳しくは「釈迦牟尼」のこと。釈尊が解脱を得て、心が寂静となり、常に沈黙していたから。**《法蘊》** 法の集り。一一の教法が、さらに小さな教法を集めて成立しているので、教法を法蘊という。**《八十千》** 八十に千を掛けた意味で、八万のこと。八万の法蘊とか、八万四千の法門とかは、大数（およその数）を挙げたものであり、厳密に数えて、八万四千の教えがあるというのではない。『倶舎論』には、教化さるべき衆生に八万の煩悩があるので、八万の法蘊があるという。

《小乗教》　小乗の経典、一般には、『長阿含経』・『中阿含経』・『雑阿含経』・『増一阿含経』などの阿含経を小乗経典という。ただし明治以来、パーリ佛教の研究が進歩し、阿含経は佛陀の教えを最も濃厚に保存している経典であることが判明したため、阿含経を「原始佛教経典」と呼ぶようになり、小乗教とは呼ばなくなった。ただし部派佛教時代に、阿含経を研究して成立した「アビダルマ佛教」を小乗佛教と見る学者はある。

先にいうた「八万四千の法門」ということは、ただ大乗佛教だけでいうのであるか、あるいは小乗佛教にも通ずることであるかといえば、大乗・小乗共に、それぞれ八万四千の法門を立てているのである。小乗でいえば、『倶舎論』巻一に「釈迦牟尼佛が教法を説かれたその数は、八万ある」と説いている。『倶舎論』では、八万四千ではなく八万の法蘊《ほううん》であるが、これ以外にも小乗経典に八万四千の法門を説いている。たとえば、『大方便報恩経』巻六に「八万の法」を説いており、『撰集百縁経』巻十にも「如来の八万四千の諸法蔵門を受持す」と説いている。『大毘婆沙論』巻七十四にも「世尊、ために八万の法蘊を説きたもう」と述べ、さらに『成実論』巻九にも「又略説すれば、八万四千の法蔵中のあらゆる智慧は、皆無明を除く」と述べている。

以上はすべて小乗佛教で立てる八万四千の法門である。故に、小乗佛教で「八万四千法門」を立てることは明らかである。次に、大乗佛教でも、盛んに八万四千の法門を説いている。たとえば、『妙法蓮華経』巻四に「若し八万四千の法蔵・十二部経を持し、人のために演説すれば、云々」と説いており、さらに『大集経』巻二十八にも「八万四千の法聚」といっている。『大悲経』巻二にも、阿難が「我れ佛所において八万四千の法宝蔵を親承面受して、受持し忘れず」と述べている。さらに『大智度論』にも随処に「八万四千の法聚」を説いている。これ以外にも八万四千の法門の典拠は、大乗経典には非常に多くあり、一一それを取り出して示すことはできない。

このように、大小両乗それぞれ八万四千の法門を立てているのである。

第二節　教法の分類

問。此等法門、如何攝束。

答。法門雖レ多、不レ過ニ二藏及一以三藏一。取ニ攝諸教一皆悉窮盡。厥之五藏十藏十二分教等門、亦不レ出ニ三藏一焉。

問う、此等の法門、如何が摂束《しょうそく》するや。

答う、法門多しと雖《いえど》も、二蔵及《および》以三蔵に過ぎず。諸教を取り摂《おさ》むるに、皆悉く窮尽す。厥《そ》の五蔵・十蔵・十二分教等の門も、また三蔵を出でず。

《二蔵》　声聞蔵と菩薩蔵のこと。蔵とは、「ピタカ」のことで、容れ物をいう。英語では「バスケット」(籠)と訳しているが、中国に佛教が伝来した時、蔵(くら)と訳した。声聞に関する法門を蒐集したものが声聞蔵。菩薩、すなわち大乗に関する法門を集めたものが菩薩蔵である。中国佛教では、蔵には、含摂・蘊積・出生の三義があるという。《三蔵》　経蔵・律蔵・論蔵のこと。説明は後に出る。《五蔵》　以上の三蔵に雑蔵や菩薩蔵を加えるもの。すなわち『三論玄義』によると、法蔵部は三蔵の外に呪蔵と菩薩蔵を持っていたという。さらに玄奘の『大唐西域記』巻九には、大衆部が三蔵の外に雑蔵と禁呪蔵を加えて、五蔵を集めたという伝承を載せている。《十蔵》　教法を十蔵にまとめる説は見あたらない。『旧華厳経』巻十二に、信蔵・戒蔵・慚蔵・愧蔵・聞蔵・施蔵・慧蔵・正念蔵・持蔵・弁蔵の「十無尽蔵」を説くが、教法の分類とは関係がない。

《十二分教》　佛の教法を十二種に分類したもの。十二部経ともいう。すなわち、1契経（sūtra）・2応頌（geya）・3授記（vyākaraṇa）・4伽陀（gāthā）・5憂陀那（udāna）・6尼陀那（nidāna 因縁）・7本事（itivṛttaka）・8本生（jātaka）・9方広（vaipulya）・10未曽有法（adbhūtadharma）・11譬喩（avadāna）・12論議（upadeśa）である。第一の「契経」とは、短文の中に多義をまとめたもの。「応頌」は重頌ともいい、散文で説いた内容を偈文にまとめて繰返したもの。「授記」とは、未来の佛の予言、特に成佛の予言。「伽陀」とは、偈文のことで韻文体の経文。「憂陀那」とは、無問自説ともいい、佛陀が宗教的な体験を問われないのに語った教え。「尼陀那」とは因縁譚で、特に破戒の比丘の前世の因縁。「本事」とは、現世の果報に対する過去世の事績。「本生」とは、佛陀の前世の修行譚。「方広」とは方等ともいい、深い哲学的な教説。大乗経典が作られた時、『大方広佛華厳経』とか、『大方等大集経』とかなどと、みずからを方広経典であると主張した。「未曽有」とは希法ともいい、かつてない不思議な出来事。「譬喩」とは、業報の物語を教訓に用いたもの。「論議」は、問答論議体の経文。以上の中、尼陀那・譬喩・論議の三を除いたものを「九分教」といい、この方が十二分教より成立が古いという。佛の教法の分類として、九分教は、上座部や大衆部が用い、十二分教は、説一切有部や法蔵部・化地部などが用いた。大乗経典も大部分は十二分教を用いている。

しからば、八万四千という多量の法門を、どのようにまとめ、分類するかというように、確かに法門は多いが、しかしこれをまとめると、声聞蔵と菩薩蔵の二蔵、あるいは、経・律・論の三蔵に収ってしまうのである。佛の教法は種類が多いが、ことごとくこれに収ってしまって、残るところがない。さらにこれらより詳しく分類して、経・律・論・雑・菩薩の五蔵とする説や、十蔵・十二分教という分類もあるが、それらも三蔵の中にすべて入ってしまい、それを出るものではない。

問。且二藏者何。

答。一聲聞藏、是小乘也。二菩薩藏、是大乘也。大小兩乘、各立レ有二八萬四千一者、即此義也。此二藏義、出二智度論及莊嚴論一。諸家咸引以判二大小一。

問う、且《しばら》く二蔵とは何《いか》んぞ。

答う、一には声聞蔵、是れ小乗なり。二には菩薩蔵、是れ大乗なり。大小の両乗、各ゝ八万四千有りと立つるは、即ち此の義なり。此の二蔵の義は、智度論、及び荘厳論に出ず。諸家、咸《みな》引きて、以て大小を判ず。

《声聞蔵》 声聞の教理に関する法門を集めたもの。声聞（śrāvaka）とは、佛の声を聞いた人という意味で、佛陀の直弟子をいう。彼らは阿羅漢（arhat）の悟りを開くために修行する。転じてこの系統の佛教を声聞乗といい、その教法をまとめたものを声聞蔵という。**《菩薩蔵》** 菩薩の修行に関する教法を集めたもの。菩薩とは、菩提薩埵（bodhisattva）の略で、佛の悟りを得る目的で修行する人をいう。声聞の修行は六十劫で完成するが、菩薩の修行は三阿僧祇劫百劫という長時間の修行を必要とする。そのために堅固な決心を必要とする。故に、菩薩のことを「大心ある衆生」（摩訶薩）という。

《智度論》 『大智度論』のこと。『大品般若経』（二万五千頌般若経）の註釈で、龍樹（ナーガールジュナ）が著わした。漢訳では、百巻あり、大乗佛教のあらゆる問題が説明されてある。大乗の百科全書といってよい。鳩摩羅什の翻訳。略して『大論』・『智論』・『釈論』などという。『大智度論』巻四（大正二五、八五上）に「声聞道・菩薩道」の語はあるが、二蔵の語は見あたらない。**《荘厳論》** これは、無著造『大乗荘厳経論』巻四を指す。『同論』巻四（大正三一、六〇九下）

に「三蔵とは、修多羅蔵・毘尼蔵・阿毘曇蔵を謂う。……復次に声聞蔵、及び菩薩蔵となす」と説いている。声聞蔵・菩薩蔵の二蔵に分けることは、『大乗阿毘達磨集論』巻六（大正三一、六八六中）、及び『大乗阿毘達磨雑集論』巻十一（大正三一、七四四中）などにあり、声聞蔵と菩薩蔵のそれぞれに、経・律・論の三蔵があるといっている。《諸家》中国の佛教者を指す。たとえば、浄影（じょうよう）寺の慧遠の『大乗義章』巻一（大正四四、四六八下）、嘉祥大師吉蔵の『三論玄義』（大正四五、五下）、賢首（げんじゅ）大師法蔵の『華厳経探玄記』巻一（大正三五、一〇九下）、慈恩大師窺基の『大乗法苑義林章』巻一本（大正四五、二七一上）などに、三蔵・二蔵の説を引いて経論の摂束を論じている。特に『義林章』は詳しい。

八万四千の法門をまとめれば、二蔵・三蔵に収まるが、その中、まず二蔵とは何かといえば、声聞蔵と菩薩蔵とであり、声聞蔵は小乗の経律論を収めたもの。第二に菩薩蔵とは、大乗の経律論をまとめたものである。大小両乗にそれぞれ八万四千の法門があるというたのは、この二蔵にそれぞれ三蔵があることをいうたのである。この二蔵のことは、『大智度論』巻四や『大乗荘厳経論』巻四などに、二蔵のことが説かれている。ただし凝然はこのようにいうが、『智度論』には「声聞道・菩薩道」とか、「三蔵是れ声聞法、摩訶衍《まかえん》是れ大乗」などといっており、三蔵は声聞法であると説いている。まだ龍樹の時代には、大乗の経典は豊富であったが、大乗の律や大乗の論はあまりできていなかった。大乗の論といえば、龍樹の著作が最初だからである。ただし大乗経典をまとめて、「菩薩蔵」ということは、『菩薩蔵経』をはじめ、多くの大乗経典に出てくる。大小乗の経論を二蔵にまとめることは、瑜伽行派《ゆがぎょうは》になってからである。この時代には、大乗の論もたくさん作られており、大乗律・大乗戒を説く経典も現われているので、大乗の経律論をまとめて、小乗の経律論と対置して論ずることができるようになった。そのために『瑜伽論』巻二十五・三十八・八十一・八十五、『顕揚聖教論』巻六・

二十、世親『摂大乗論釈』巻一、及び『大乗阿毘達磨集論』や『大乗荘厳経論』などに、一切経を声聞蔵と菩薩蔵とにまとめる説が述べられるに至ったのである。

そして大小を対立して説くには、経論を声聞蔵と菩薩蔵とに分類する説が便利であるので、中国でも、浄影寺《じょうようじ》の慧遠《えおん》や、三論宗の吉蔵、華厳宗の法蔵、法相宗の窺基《きき》などがこの説を援引して、大乗・小乗の判定に用いている。

問。次其三藏者何。

答。一素坦覽藏、古云㆓修多羅㆒ 此翻㆓契經㆒。古單云㆑經 二毘奈耶藏、古云㆓毘尼㆒ 此云㆓調伏㆒。古云㆑律 三阿毘達磨藏、古云㆓阿毘曇㆒ 此云㆓對法㆒、古云㆓無比法㆒ 是論義也。此云㆓三藏㆒。如㆑次詮㆓於定戒慧學㆒。三藏是能詮教、三學卽所詮義。以攝㆓法義㆒無㆑有㆓遺餘㆒。

問う、次に其の三蔵とは何《いか》んぞ。

答う、一には素坦覧《そたらん》蔵（古に修多羅と云う）、此に契経《かいきょう》と翻ず（古に単に経と云う）。二には毘奈耶《びなや》蔵（古に毘尼と云う）、此に調伏《ちょうぶく》と云う（古に律と云う）。三には阿毘達磨《あびだつま》蔵（古に阿毘曇と云う）、此に対法と云う（古に無比法と云う）、是れ論義なり。此に三蔵と云う。次《つ》いでの如くに定戒慧学《じょうかいえがく》を詮《あら》わす。三蔵は是れ能詮の教、三学は、即ち所詮の義なり。以て法義を摂するに、遺余有ること無し。

《三蔵》 三つの蔵、梵語でトゥリ・ピタカ（tri-piṭaka, パーリ語でティ・ピタカ ti-piṭaka）。**《素坦覧蔵》** 梵語でスートラ・ピタカ（sūtra-piṭaka, パーリ語でスッタ・ピタカ sutta-piṭaka 経蔵）という。スートラは修多羅（しゅたら）

と音訳し、意訳して契経となし、単に経とも訳す。梵語のスートラも、漢字の経も、共に「縦糸」の意味。糸に花をさして、華鬘を作ると、たくさんの花をつなげることができる。芯となるたて糸がたくさんの花を維持する。それと同様に、短い文章にたくさんの意味を含めたものを、スートラと称した。後には、短いスートラを集めて作った長いスートラも現われ、総じて教法を盛った文章をスートラと呼ぶようになった。後には、スートラーンタ (sūtrānta, パーリ語 suttanta) という言葉もできた。そして多数のスートラを集成したものが経蔵（スートラ・ピタカ）である。

《毘奈耶蔵》　梵語ヴィナヤ・ピタカ (vinaya-piṭaka, パーリ語も同じ) という。ヴィナヤは毘尼とも音訳し、毘尼・鼻奈耶・毘那耶などとも音訳する。意訳して、律・調伏・離・滅などとする。毘尼は旧訳で、玄奘以後の新訳では毘奈耶が用いられる。調は善事を調えること、伏は悪事を制伏することで、生善止悪せしめることがヴィナヤであるという。梵語のヴィは「種々に」という意味で、ナヤは「導く」という意味。規則を設けて、人々をその規則にあてはめて、曲った心を矯正するのが、調伏の意味であるという。ヴィナヤは規則を持っているので、戒律になる。原始佛教の出家教団（僧伽）の規則が律であり、それを集めたものが律蔵である。

《阿毘達磨蔵》　梵語でアビダルマ・ピタカ (abhidharma-piṭaka, パーリ語ではアビダンマ・ピタカ abhidhamma-piṭaka) という。阿毘達磨、あるいは阿毘曇と音訳する。阿毘曇は旧訳、阿毘達磨は玄奘の新訳である。アビには、勝れるという意味と、対するという意味がある。ダルマは法、前者より、勝法の意味があり、後者より、対法の意味となる。無比法も前者の意味である。アビダルマは佛説、すなわち佛陀の説いたものであると考えられており、その点からアビダルマを勝法と解釈する。パーリ上座部の『アッタサーリニー』や説一切有部の『大毘婆沙論』などにこの解釈がある。次の対法と解釈するのは、アビダルマを「法の研究」と理解するのである。この場合は、ダルマを佛の説いた教えと解し、弟子がそれを研究したものが、アビダルマになったと解釈する。『大毘婆沙論』や『俱舎論』にこの解釈が示される。そして経蔵がまだ固定しない時代には、弟子の法の研究（アビダルマ）もダルマに含められて、経の中に含められたが、経が固定し、経蔵が成立した後には、アビダルマは経蔵から別にまとめられるようになった。それがアビダルマ蔵である。アビダルマは経と異なるために「論」と呼ばれる。ためにアビダルマ蔵を「論蔵」ともいう。紀元前三世紀のアショーカ王の時代には、まだ経蔵・律蔵は固定しておらず、その後百年位の間に成立したと思われる。そして紀元前二世紀に盛んにアビダルマが述作され、紀元前一世紀にはアビダルマ蔵が成立した。しかし、紀元前二世紀頃から上座部の枝末分裂が起ったため、アビダルマは各部派ごとに作られた。パーリ上座部の論蔵は七種の論から成立し、説一切有部の論蔵は、『発智論』を身論とし、他の六種の論を足論とし、同じく七種の論から成立する。他の部派の論としては、法蔵部のアビダルマといわれる『舎利弗阿毘曇論』三十巻がある以外にまとまったものは伝わらない。

《論義》 アビダルマは「問答分別」といって、問答を重ねることによって問題の理解を深めるようになっているので、論義といったのであろう。一般には「論」という。**《定戒慧》** 三学という。増上心学・増上戒学・増上慧学である。戒学は戒律の実践で、それを説いているのが律蔵である。定学は禅定の実践のことで、これは経蔵に説かれると解釈する。ただし経蔵には智慧も説かれるが、次のアビダルマ蔵に慧学を配当するので、定学を経蔵に配当したのである。戒の実行によって身心の平安を得、それに基づいて心が定を得る。心が定を得たところで法を観察し、智慧を得る。アビダルマは法の研究であるので、慧学に配当する。パーリ佛教は律蔵・経蔵・論蔵の順序とするから、戒定慧の三学に順序が合致するが、北伝佛教では経律論の順序とするから、三学も定戒慧の順序になる。**《能詮教》** 所詮の義に対する語で、能詮は言い表わすこと。教は意味を言い表わすものだから能詮という。**《三学》** 戒定慧の三学。**《所詮義》** 教えによって言い表わされる意味。**《法義》** 法はここでは教法の意味で、能詮の教えをいう。能詮の三蔵と、所詮の三学とで、法と義がすべて含まれるという意味。

以上の「二蔵」は、佛教の経論を大乗と小乗に分けて判定する仕方であるから、成立が新しい。大乗佛教が興ってから、かなり経ってからこの分類が現われた。これに対して「三蔵」の分類は成立が古い。釈尊がクシナガラで入滅された時、大迦葉《だいかしょう》は、今にして佛陀の教法を結集《けつじゅう》しておかなければ、教法は煙のごとくに滅してしまうであろうと考え、佛陀の教法を結集することを僧伽に提案し、ついに五百人の比丘が王舎城に集って、三ケ月の雨安居の間に、佛の遺法を結集した。これを第一結集という。パーリ律や四分律では、この時、阿難（アーナンダ）が法を誦出し、ウパーリ（優波離）が律を誦出して、法と律とを結集したと伝えている。この時は釈尊入滅直後であるから、まだ経典や律蔵などというものはできていなかったであろうから、佛陀の成道から入滅までに、求めに応じて佛陀が説かれた法（教法）と律（戒律）とが雑然と集められたのであろう。したがって、その時にはまだ「蔵」（ピタカ）はできていなかったであろう。しかし大衆部の伝持した『摩訶僧祇律』には、この時「法蔵」と「比尼蔵」とを結集したといっている。『五分律』では、この時「律蔵」と「経蔵」を結集したといっている。これは後世、蔵が成立した後で、最初からこれができていたと見たのである。しかるに、説一切有部の『十誦律』や『根本説一切有部律』では、この時、経蔵・律蔵・阿毘曇《あびどん》蔵の三蔵が結集されたと説いている。これらは、三蔵が成立した後で、それを権威づけるために、第一結集ですでに三蔵ができていたとなしているのである。阿毘達磨《あびだつま》蔵が成立したのは、紀元前一世紀の後半であると考えられる。経蔵と律蔵とはそれより古く、紀元前二世紀の中頃には成立していたと考えられる。しかし、ともかく経蔵と律蔵とは、佛陀の四十五年間（あるいは五十年間）の説法を母胎にして成立したものであるから、釈尊の思想を知ろうと思えば、この経蔵と律蔵とを重視しなければならない。

経蔵の内容は、長い経典三十余経を集めた『長阿含経』、中くらいの経典一五二経（漢訳は二二〇余経）を集めた『中阿含経』、雑多な短経を集めた『雑阿含経』（パーリは相応部という）、一法・二法、乃至、十法・十一法と、法数に関係のある教法を集めた『増一阿含経』（パーリは増支部）と、四種の阿含経からなっている。阿含《あごん》とは、アーガマ（āgama）の音訳で、伝来聖典という意味である。以上の四阿含《しあごん》に漏れた経典を集めたものが「雑蔵」である。パーリでは「小部」と呼んでいる。

なお、現在、セイロン（スリランカ）・ビルマ・タイなどに流布している佛教を南方佛教というが、これはアショーカ王の時代に、西インドにあった上座部の佛教が、紀元前三世紀にアショーカ王の息子のマヒンダによってセイロン島に伝えられたものである。紀元前三世紀に西インドにはパーリ語が行われており、佛教もパーリ語で説かれていた。それがセイロンに伝わり、現在もパーリ語で伝承されている。パーリ語では経蔵のみでなく、律蔵も論蔵も完備しており、原始佛教から部派佛教の研究のためには、パーリ語の学習が重要である。経蔵には、この外に漢訳の阿含経がある。『長阿含経』は法蔵部の伝持した阿含、『中阿含』と『雑阿含』は説一切有部の伝持した阿含、『増一阿含』は古来大衆部の伝持したものといわれてきたが、内容から見ると、むしろ大乗教徒の伝持したものと思われる。パーリの「小部」に相当するものは、漢訳には『法句経』『生経』『本事経』などの若干の経がバラバラに翻訳されているにすぎない。

経蔵 (sutta-piṭaka)	四阿含
五ニカーヤ (Pañca-nikāya)	
ディーガニカーヤ (Dīgha-nikāya 長部三四経)	長阿含経　三〇経
マッジマニカーヤ (Majjhima-nikāya 中部一五二経)	中阿含経　二二二経
サンユッタニカーヤ (Saṃyutta-nikāya 相応部二八七二経)	雑阿含経　一三六二経
アングッタラニカーヤ (Aṅguttara-nikāya 増支部二一九八経)	増一阿含経　四七一経

クッダカニカーヤ（Khuddaka-nikāya 小部一五部）　漢訳は部分訳

次に、律蔵は経蔵と共に紀元前二世紀中頃には編集されていたと思う。律蔵の中心は、出家者の教団であるサンガ（saṃgha 僧伽）の規則である。出家者は具足戒を受けた比丘と比丘尼、並びに比丘・比丘尼になる前の年少の沙弥と沙弥尼、及び沙弥尼から比丘尼になる中間の正学女《しょうがくにょ》との五衆よりなる。しかし、僧伽としては比丘僧伽と比丘尼僧伽の二つであり、それぞれ自治によって独立に運営された。僧伽の規則には、比丘・比丘尼が個人で守る戒律と、僧伽の運営の規則との二種類がある。比丘の守る戒律は、いわゆる二五〇戒で、これを集めたものを「波羅提木叉《はらだいもくしゃ》」（プラーティモークシャ prātimokṣa 戒経）という。この二五〇戒はアショーカ王時代までに成立したであろう。この一一の条文の解釈を「経分別」という。次に、僧伽運営の規則を「羯磨《こんま》」という。この羯磨の実行の仕方を解説した部分を「犍度部」という。この経分別と犍度部の説明に漏れた部分を集めたものを「附随」という。パーリ律はこの三つの部分から成立しているが、他の部派の伝持した律蔵も、内容はほぼ同じである。

律　蔵（Vinaya-piṭaka）

Ⅰ　経　分　別（Sutta-vibhaṅga）
- 比丘戒経分別（Mahāvibhaṅga）
- 比丘尼戒経分別（Bhikkhunīvibhaṅga）
  - 波羅夷章（Pārājikā）
  - 波逸提章（Pācittiyā）

Ⅱ　犍　度　部（Khandhaka）

大　品 (Mahāvagga) 十章に分れる

小　品 (Cullavagga) 十二章に分れる

Ⅲ 附　随 (Parivāra)

以上は、パーリ律の組織を示したが、漢訳には、法蔵部の伝持した『四分律』、化地《けじ》部の伝持した『五分律』、大衆部の『摩訶僧祇律』、説一切有部の『十誦律』、根本説一切有部の『根本説一切有部毘奈耶』などがある。これらは部派佛教になってからの増広や改変があるために、これらの諸律の比較研究によって、部派分裂以前の原形を探る必要がある。

次に、阿毘達磨蔵（論蔵）は、以上の二蔵に比べて成立が遅い。しかし、紀元前一世紀には成立していたであろう。上座部の論蔵は七種の論からなり、説一切有部の論蔵も七種の論からなっている。

上座部論蔵

1 Dhammasaṅgaṇi（法集論）
2 Vibhaṅga（分別論）
3 Kathāvatthu（論事）
4 Puggalapaññatti（人施設論）
5 Dhātukathā（界説論）
6 Yamaka（双対論）

説一切有部論蔵

1 発　智　論　二十巻
2 品類足論　十八巻
3 識身足論　十六巻
4 法蘊足論　十二巻
5 施　設　論　七巻
6 界身足論　三巻

7　Paṭṭhāna（発趣論）

7　集異門足論　二十巻

上座部と説一切有部の論蔵を対照して挙げたが、両者に内容の上での対応はない。パーリでは『人施設論』の成立が古く、次いで『法集論』『分別論』が続き、中期の論書に『界説論』『双対論』『発趣論』などがあり、『論事』の成立は最も新しい。説一切有部の論書では、『集異門足論』や『法蘊足論』の成立が古く、次いで『識身足論』『界身足論』『施設論』などが続き、『品類足論』と『発智論』とは成立が新しい。ただし、有部では『発智論』を最も重視するので、これを「身論」となし、残りの六論を「足論」となし、「六足発智」と称する。

以上、三蔵の成立を概説したが、この三蔵が戒定慧《かいじょうえ》の三学を示すという凝然の説は必ずしも事実に合わない。三学の説は、すでに『長阿含経』の『大般涅槃経』に説かれている。故に、阿毘達磨蔵が成立する前に、すでに三学の教理はあったのである。その場合の慧学が阿毘達磨を指すはずはない。しかし、三蔵を三学に配当するならば、凝然の説にも見るべき点はあるであろう。ともかく三蔵によって、佛教のすべての文献が含まれ、さらにすべての教理が含まれるので、「法義を摂するに、遺余有ること無し」と述べているのである。しかし、三蔵は本来は原始佛教や部派佛教の文献の分類であったのであるが、後に大乗佛教が興ると、大乗佛教にも三蔵を分類するようになった。その意味では、三蔵に佛教のすべての文献が含まれるという主張は正しいのである。先の『大乗荘厳経論』巻四（大正三一、六〇九下）には、三蔵は三学のために説かれたことをいっている。

問。云何攝哉。
答。如來一代、對レ機授レ法。有レ機卽授、處處散說。然說敎分齊、不レ過二三藏一。故結集之時、諸聖者等結爲二三藏一、悉結集已、以傳二世間一。

問う、何《いか》んが摂するや。
答う、如来の一代は、機に対して法を授く。機有れば、即ち授けて、処処に散説す。然るに説教の分斉《ぶんさい》は、三蔵に過ぎず。故に結集《けつじゅう》の時、諸聖者等、結して三蔵と為《な》す。悉く結集し已《おわ》りて、以て世間に伝う。

《如来》 梵語タターガタ（tathāgata）の訳語。如とは真理のこと。衆生を救済するために、如から来生した人の意。佛のこと。**《機》** 根機のことで、衆生の能力を指す。利根・鈍根などである。如来は聴者の機根に応じて説法した。これを応病与薬ともいう。**《分斉》** 区別、区切りのこと。説法は三蔵のいずれかに収まること。**《結集》** 梵語サンギーティ(samgiti)の訳語。合誦とも訳す。原始佛教時代には教法を書物に書かないで、すべて暗記によって伝持していたので、全員で教法を誦出すれば、合誦になる。各自の暗記していた教法の確認が結集である。**《諸聖者》** 第一結集の時集った聖者は五百人であったという。大迦葉をはじめ、すべて阿羅漢であったが、阿難のみはまだ阿羅漢になっていなかった。しかし、結集の日までに悟りを得ようと努力したので、その前日についに阿羅漢になったという。第一結集は佛滅直後であったが、その後、佛滅百年余に、僧伽に戒律に関して諍いが起り、ために第二結集がなされた。この時は、ヴェーサーリーに七百人の比丘が集った。

三蔵にすべての佛教を含むというが、どのように摂するのかといえば、如来の成道以来の説法はすべて応病与薬で、聴者の能力や好みに応じて説法をなさった。佛は一ケ所に定住することなく、雨期以外は絶えず旅行をなし、中インドの各地を遊行《ゆぎょう》しつつ、集ってくる人々の求めに応じて、法を説かれた。そのために、八万四千の法門というほどに多くの法門が成立したのである。しかし、それらの説教の区分は、三蔵にすぎないのであり、三蔵のどれかに収まる性格のものであった。故に、第一結集の時、結集に集った聖者たちは、釈尊一代の教法をすべて蒐集し、これを三蔵に分類整理して、経蔵・律蔵・論蔵にまとめて、後代に伝えた。それが世間に伝ったのである。釈尊が涅槃に入られたのは、紀元前三八六年であったといわれ、あるいは四八三年であったという。ここに百年の違いがあるが、ともかく釈尊は紀元前五世紀頃に活動されたのであり、その入滅直後の雨安居《うあんご》において、第一結集がなされ、それによって佛陀の教えが後代に伝わる基《もとい》ができた。

問。此之三藏、通二大小乘一哉。
答。爾、通也。如二荘嚴論等、具明一レ之。故於二聲聞菩薩二藏一各有二三藏一。經律論是也。

問う、此の三蔵は、大小乗に通ずるや。
答う、爾《しか》り、通ずるなり。荘厳論等に具《つぶ》さに之《これ》を明かすが如し。故に声聞と菩薩との二蔵に於て、各ゝ三蔵有り。経・律・論、是れなり。

《荘厳論》　『大乗荘厳経論』巻四（大正三一、六〇九下）を指す。しかしここには、二蔵にそれぞれ三蔵のあることを明言していない。ただし『大乗阿毘達磨集論』巻六（大正三一、六八六中―下）には、十二分教と三蔵との相摂を説いて、声聞蔵・菩薩蔵にそれぞれ三蔵があることを示している。『大乗阿毘達磨雑集論』巻十一（大正三一、七四四上―中）にも、同様に説いている。

以上の三蔵と二蔵との関係について述べるに、この三蔵は、大乗にも小乗にも通ずるのである。そのことは『大乗荘厳経論』などに詳しく明かしているとおりである。声聞蔵と菩薩蔵とに、それぞれ経律論の三蔵があるのである。『大乗阿毘達磨集論』巻六には、三蔵と二蔵の相摂を、次のごとく説いている。すなわち、十二分教の内の契経《かいきょう》・応頌・記別・伽陀《かだ》・憂陀那《うだな》の五は、声聞蔵中の経蔵の摂である。次に、縁起・譬喩・本事・本生の四は、声聞・菩薩二蔵中の律蔵とその眷属《けんぞく》の摂である。方広・希法の二は、菩薩蔵中の経蔵の摂である。論議の一種は、声聞・菩薩二蔵中の阿毘達磨蔵の摂であると。これを図示すれば、次の図2のごとくなる。

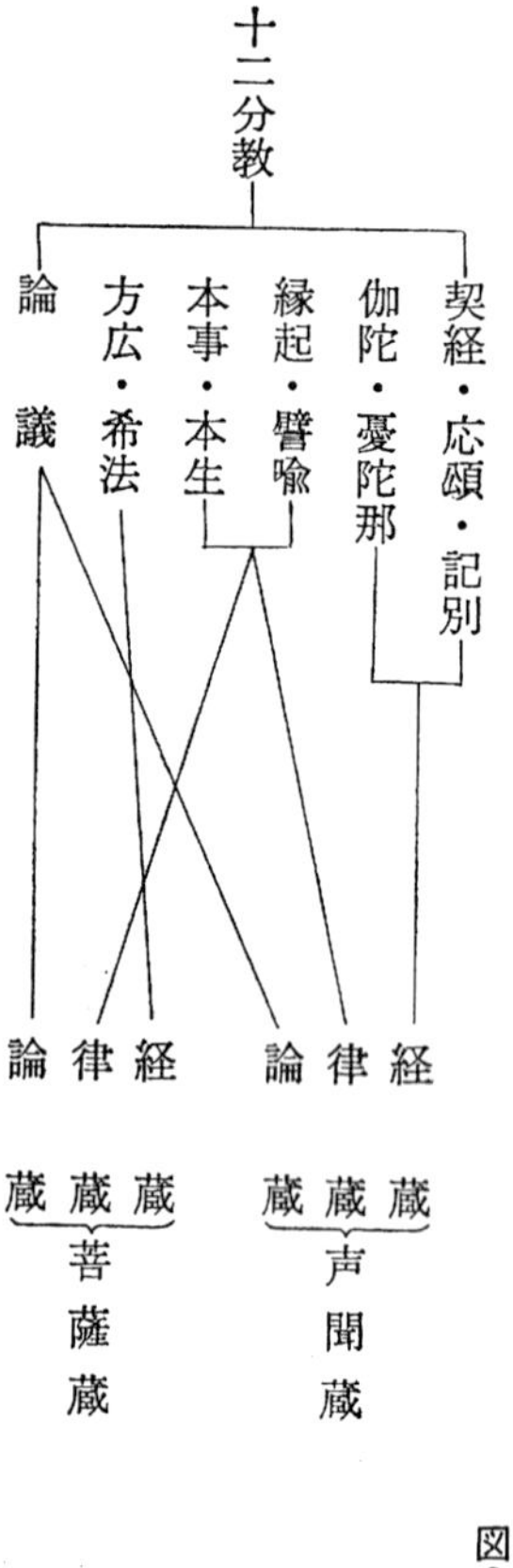

図2

以上『大乗阿毘達磨集論』には、大乗にも律蔵があるように説いているが、しかし、実際には大乗には律蔵はないというべきであろう。十二分教の縁起・譬喩・本事・本生などは、いわゆる小乗佛教に属するものであり、大乗経典の中に、これらに相当するものを見出すことはむずかしい。『瑜伽論』「菩薩地」には、三聚浄戒を説いて、菩薩の律儀戒は声聞の七衆の別解脱戒と同じであるといっていることは有名である。これは菩薩でも、出家をする時には、声聞蔵の律蔵の規定によって具足戒を受けることをいうのである。したがって『瑜伽論』が成立した時代には、戒律の実践に関しては、声聞も菩薩も同じであると考えられていたのである。しかし『瑜伽論』「菩薩地」には、この外に「大乗戒」が説かれている。これは大乗経典の中に散説されていた大乗戒を、瑜伽論主が抜き出して、編集したものである。したがって大乗戒は、大乗経典に説かれている。特に『優波離問佛経』や『無尽意菩薩経』『菩薩内戒経』などには、大乗戒がまとめて説かれている。おそらく初期の大乗の菩薩たちは、大乗の戒を実行していたが、大乗律を持たなかったのであろう。本来、菩薩は在家修行者であった。そのことは、菩薩像がすべて在家者の姿をしている点からも明らかである。もし初期の大乗佛教に律があったのであれば、そのことが初期の大乗経典に説かれていてよいのであるが、まったく見あたらないのである。

次に『大乗阿毘達磨集論』で、菩薩の経蔵を十二分教の方広と希法にあてていることは、理由がある。『華厳経』『大集経』『涅槃経』など、多くの大乗経典が、「方広」「方等」を冠しているのは、みずからを方広経典と認めている意味であり、大乗経典は十二分教の方広部において発展してきたのである。「方広」は、深義を説く経という意味に理解されている。

次に大乗の論蔵を、十二分教の「論議」に比定するのも適切である。論議は「ウパデーシャ」であるが、大乗の論はウパデーシャと呼ばれているものが多い。「論」といえば「シャーストラ」(śāstra)と考えがちであるが、大乗の論は『大智度論』にしても、『浄土論』にしても、「優波《うば》提舎《だいしゃ》」と呼ばれており、『法華論』も優波提舎である。すなわち、大乗の論の多くは、シャーストラではなしに、ウパデーシャと呼ばれていた。このように大乗論はウパデーシャとして述作されたから、菩薩蔵の論蔵を論議と見るのは適切である。部派佛教では論蔵をウパデーシャとはいわなかったようである。

以上で、佛教の教法と、それを分類整理した典籍(三蔵)とについて示したので、次に、斯《か》くして成立した佛教が、インド・中国・日本にどのように伝来したかを概観する。この部分を詳しく説けば、凝然の名著『三国佛法伝通縁起』三巻となる。

第二章 歴史

第一節 概説

問。此等敎文、古今傳通、其相如何。

答。如來在世不レ用二典籍一。隨レ聞依行、卽得二證益一。如來滅後始有二典籍一。傳通以開二衆生眼目一。依レ之迦葉波等、結二小乘三藏於畢鉢之窟塲一、阿逸多等、集二大乘敎法於鐵圍之中間一。

問う、此等の教文、古今の伝通《でんずう》、其《そ》の相如何ぞ。

答う、如来の在世には典籍を用いず。聞くに随い、依りて行い、即ち証益《しょうやく》を得たり。如来の滅後に始めて典籍有り。伝通して以て衆生の眼目を開く。之に依りて迦《か》葉波《しょうは》等は、小乗の三蔵を畢鉢《ひっぱつ》の窟塲《くつじょう》に結し、阿《あ》逸多《いった》等は、大乗の教法を鉄囲《てつい》の中間に集む。

《迦葉波》 カーシュヤパ（Kāśyapa）。詳しくは、マハーカーシュヤパ（大迦葉、摩訶迦葉）という。佛陀の十大弟子の一人。頭陀第一といわれ、厳しい修行を行った。佛入滅の時、舎利弗・目連などの大弟子はすでに入滅していたので、大迦葉が第一の上座であった。 **《畢鉢之窟塲》** ピッパラグハー（Pippala-guhā）。王舎城附近の山にあった岩窟。ここに五百人の弟子が集って結集をしたという。ただし『異部宗輪論』は、結集の場所は七葉窟（Saptaparṇa-guhā）であったという。しかし、律蔵の第一結集の記事には、王舎城で結集したことをいうが、場所を示していない。《阿逸多》アジタ（Ajita）。「征服されない」という意味。弥勒のこと。弥勒は将来佛であり、今は兜率天に住しているが、この土にも自由に往来し、釈迦の正法が滅した後、この土に下生し、龍華樹の下で成佛し、有縁の衆生を度するという。《鉄囲》大鉄囲山のこと。インド佛教の宇宙論によると、須弥山を中心に四方に四大洲がある。われわれの住んでいるのは南方の南贍部洲（せんぶしゅう）である。四大洲の外側は海であるが、その外側には、さらに陸によって囲まれる。その外側は再び海があり、このようにして九山八海があるが、最も外側の環状の陸地を大鉄囲山という。これによって海の水を支持しているのである。

以上のごとく、佛教の教文は、教は戒定慧の三学、文は経律論の三蔵、並びに声聞蔵・菩薩蔵の二蔵であるが、それらは、昔から現在まで、どのように伝来したのか。ちなみに凝然は、大乗経典も釈尊によって説かれたと考えているから、その立場で彼の文章を解釈する必要がある。

この点について、釈尊の在世には、上述のような大乗小乗の三蔵があったのではない。釈尊は経典を著作したのではなく、説法をしたのである。聴者は眼のあたり佛陀の説法を聞いて、そのとおりに修行して、証《さと》りを開き、法益を得たのである。これが佛在世の有様であった。しかし、如来の滅後には、佛陀の説法を集めて保存しなければ、佛陀の教法は烟滅してしまうので、ここに典籍を作る必要が生じた。そこで如来の滅後に初めて典籍が現われた。経典や律蔵が編集されて、これが伝播弘通して、衆生の智慧の眼を開くようになった。経典編集とは、すなわち「結集」のことである。迦葉波《かしょうは》などの大弟子が小乗の三蔵を畢鉢羅窟《ひっぱらくつ》で結集し、弥勒菩薩などが大乗の三蔵を、鉄囲《てつい》山《せん》の中間で結集したのである。これによって大小の三蔵の経文が成立し、これが世間に伝通《でんずう》するようになったのである。

佛教の経典は結集によって成立したのであるから、結集の事実を正しく理解する必要がある。最も信頼すべき結集伝説は、律蔵の「五百人犍度《けんど》」に説くものである。これは、佛陀の入滅直後に、大迦葉が長老たちに提案して、賛成を得、五百人の長老が王舎城《おうしゃじょう》に集って、佛陀の法と律を結集したと説くものである。この時、阿難《あなん》が法を誦出し、優波離《うばり》が律を誦出したという。阿毘達磨の誦出については、いわないので、この時、論の誦出はなかったと見られている。この時結集した「法」が整理されて経蔵となり、律が整理されて律蔵となった。

この結集を説くのは、律蔵の「五百人犍度」であり、『パーリ律』(*Vinaya-piṭaka* vol. II, p. 284 *ff.*)、『四分律』巻五十四(大正二二、九六六上以下)、『五分律』巻三十(大正二二、一九〇中以下)、『十誦律』巻六十(大正二三、四四五下以下)、『根本説一切有部毘奈耶雑事』巻三十九(大正二四、四〇二上以下)などに説かれる。以上は上座部の諸律であるが、『摩訶僧祇律』巻三十二(大正二二、四八九下以下)は大衆部系の律蔵であるため、結集記事が少しく異なるが、しかしこの時、五百人の比丘が集って結集をしたとなす点は、上座部系の諸律と一致する。

ともかく、以上の律蔵では、経律二蔵が結集されたとなすものと、さらにアビダルマ蔵も結集され、三蔵ができたとなす説とがあるが、ともかく、声聞乗の三蔵の結集のみをいう。

次には、この第一結集において、窟内と窟外とで、それぞれ結集がなされたとなす伝承がある。すなわち大迦葉が選んだ五百人は、畢鉢羅窟の中で三蔵を結集したが、しかし、五百人の選に漏れた佛弟子たちは、窟内に入ることを許されなかった。そのために窟外の比丘たちも、佛恩を報ずるために結集をなしたという。慈恩《じおん》大師は『異部宗輪論述記』の中で、真諦《しんだい》三蔵の伝えるところとして、七葉窟内で五百人の結集があり、窟外で大衆の結集があったという。この時、人に諍いがあったのではなく、法に異説があったのではないが、界内は長老が多く、界外は年少が多かった。そして両処に結集がなされたという。これは佛滅百年に、上座部と大衆部とが分裂したために、それを第一結集に押し上げて、このような伝説が生じたのかもしれない。しかし、釈迦の弟子は五百人に限ったわけではないから、それ以外の弟子たちも、結集に類する会議を持ったかもしれない。それがかかる形で後世に伝ったのかもしれない。この伝説は、慈恩の『異部宗輪論述記発軔』上（三五右—三六左）の外に、吉蔵の『三論玄義』（大正四五、八中）にもあり、ここでは、窟外では婆師波羅漢《ばしはらかん》が主となったと伝える。さらに、玄奘の『大唐西域記』巻九（大正五一、九二三上）にも伝える。これらは窟内・窟外二箇所の結集をいうが、しかし共に小乗の三蔵の結集であるとなすわけである。

第三に、『菩薩処胎経』巻七の「出経品」には、佛入滅後、大迦葉が中心になって結集したことを説くが、この時、菩薩蔵を一処に集著し、声聞蔵もまた一処に集著し、戒律蔵をも一処に集著したとして、菩薩蔵・声聞蔵・戒律蔵の結集をいっている（大正一二、一〇五八中）。これは、大乗経典が成立した後に、かかる伝説を生じたのであろう。

第四は、小乗三蔵と別に大乗経典の結集があったとなす説である。『大智度論』巻百（大正二五、七五六中）には、有人の説として、摩訶迦葉が諸比丘を率いて、耆闍崛山《ぎじゃくっせん》中で三蔵を集めたように、佛滅度後に、文殊師利《もんじゅしり》・弥勒・諸大菩薩が阿難を率いて、この摩訶衍《まかえん》を集めたといっている。ここでは、「この摩訶衍」といっているだけで、大乗の三蔵を集めたとはいっていない。次は、『金剛仙論』巻一（大正二五、八〇一上）に説く説である。『金剛仙論』は、天親の『金剛般若経論』の註釈であるが、この中に、如来滅後に三時の結集があったとして、第一は、王舎城因陀羅窟《いんだらくつ》中に五百の比丘が法蔵を結集したもの。第二は、悪国王が佛法を壊滅した時、七百の比丘が重ねて法蔵を結集したもの。この二つは共に小乗人の法蔵の結集である。第三は、如来が鉄囲山の外にあり、しかし、余の世界には至らず、余の世界との中間で、大乗の法蔵を結集せんとして、無量の羅漢《らかん》と大菩薩とを集めて、結集をなしたものであるという。ここには、第三回目として大乗の法蔵の結集をいっている。凝然が出すのは、この『金剛仙論』の説である。

この結集伝説は、いうまでもなく大乗教徒の主張である。しかし、これは大乗経典を権威づけるための主張であることは明らかである。なお、結集伝説には、第一結集の外に、佛滅百年に毘舎離《びしゃり》で行われた第二結集（七百人結集）、並びにパーリ上座部が説く説で、阿育王《あいくおう》の時パータリプトラに千人の比丘が集ってなしたという第三結集、さらに説一切有部の説で、カニシカ王の時、カシュミールに五百の阿羅漢《あらかん》が集って三蔵を結集したとなす説などがある。

于レ是摩訶迦葉秉二聖法一而繼二玄綱一。阿難尊者持二契範一而利二群生一。末田商那各提二義綱一、優婆毱多獨彰二美號一。佛滅百年、瀉瓶無レ遺。法匠五師傳持有レ功。

是《ここ》に摩訶迦葉《まかかしょう》は聖法《しょうほう》を秉《と》りて玄綱《げんこう》を継《つ》ぎ、阿難尊者《あなんそんじゃ》は契範《かいはん》を持して群生《ぐんしょう》を利す。末田《までん》と商那《しょうな》とは各〻義綱《ぎこう》を提げ、優婆毱多《うばきくた》は独り美号を彰わす。佛滅百年、瀉瓶《しゃびょう》して遺すこと無し。法匠の五師、伝持に功有り。

《**摩訶迦葉**》 マハーカーシュヤパ (Mahākāśyapa)。大迦葉、迦葉波と同じ。佛滅後に遺法を結集し、佛法を後世に伝えるのに大功があった。十大弟子の一人。付法相承の第一祖とさる。《**玄綱**》 玄は深い教え、綱は綱要。佛教の綱要をいう。《**阿難尊者**》 アーナンダ (Ānanda)。釈尊の従兄弟。提婆達多の実弟。出家して釈尊の常随侍の弟子となる。『大般涅槃経』には、阿難が釈尊に二十五年間随侍したことをいう。最も多く釈尊の教えを聴聞していたので、第一結集の時、教法の誦出者となった。多聞第一といわれ、十大弟子の一人。大迦葉の後を継いで、教団を統理した。付法相承の第二祖。《**契範**》 契は正理にかなうこと。範は模範。佛の経典が真理にかない世の模範となるので、佛経を契範といった。《**群生**》 衆生というも同じ。《**末田**》 末田地 (マドヤーンティカ Madhyāntika) の略。阿難の晩年の弟子。北インドのカシュミール地方に佛教を弘めた。それにより、この地方に説一切有部の強固な教団ができた。付法相承の第三祖。《**商那**》 商那和修 (シャーナカヴァーシー Śāṇakavāsī) の略。阿難の弟子でマッラーを開教した。付法相承の第四祖とさる。《**義綱**》 大義綱要で、佛教の重要な教理の意味。《**優婆毱多**》 ウパグプタ (Upagupta)。マッラーの出身で、香商の息子。商那和修がマッラーに佛教を弘めた時、商那和修の弟子となる。付法相承の第五祖。《**瀉瓶無遺**》 一つの瓶の水を、他の瓶にすっかり瀉(うつ)し、一滴も漏らさないこと。以上の五代は、佛の遺法を完全に伝持し、後世に伝えたので、かくいう。優婆毱多の時、悪王が現われ、国が乱れ、経律の多くが滅したという。説一切有部では、このウパグプタが阿育王の師であったという。

佛陀滅後の教団では、すでに舎利《しゃり》弗《ほっ》や目連《もくれん》は入滅していたので、大迦葉が僧伽の長老であった。彼が佛滅後の教団の頭梁となり、聖法を結集し、佛教の深い教えを継いで、次代に伝えた。これを付法相承の第一祖とする。その後を継いだのが阿難尊者《あなんそんじゃ》であり、真理にかなった佛の経典を維持して、多くの人々を利益した。その後に、阿難の弟子である末田地《までんち》と商那和修《しょうなわしゅう》とが現われ、それぞれ佛教の大義綱要を伝持し、世に弘めた。商那和修の後を継いだのが優婆毱多《うばきくた》であり、当時独りウパグプタの名が有名であった。佛滅後百年間は、この五人が順次に法を伝持し、順次に教法を伝え、その間に少しの遺漏もなかった。これはまったく法の師匠である五師の教法伝持の功績である。

佛滅度後の教団がどのように維持発展したかは明らかでないが、『達摩多羅禅経』巻上（大正一五、三〇一下）には、佛滅度後に、大迦葉・阿難・末田地・舎那婆斯《しゃなばし》・優波崛《うばくつ》・婆須蜜《ばしゅみつ》・僧伽羅叉《そうぎゃらしゃ》・達摩《だつま》多羅《たら》と持法者が次第したことをいっている。『阿育王経』巻七（大正五〇、一五二下）にも、大迦葉・阿難・末田地・舎那婆私《しゃなばし》・優波笈多《うばぎゅうた》と法蔵を付したことを伝える。しかし、末田地と商那和修は共に阿難の弟子であり、末田地は罽賓《けいひん》（カシュミール）を開教した人であり、商那和修は摩偸羅《まちゅうら》（マツラー）を開教した人である。しかも、末田地は阿難の晩年の弟子であったらしいので、末田地—商那和修と次第するのは無理な点がある。そのために『阿育王伝』巻六（大正五〇、一二六中）では、法の付嘱を、大迦葉・阿難・商那和修・優波毱多・提多迦《だいたか》と次第し、末田地を除いている。おそらく、法の相承に末田地を加えるのは、カシュミール教団の主張であり、彼を除くのはマツラー教団のなすところであろう。

そのために『出三蔵記集』巻十二（大正五五、八九上—中）に載せる「薩婆多部記目録序」の「五十三祖相承」には、大迦葉から達摩多羅までの五十三祖を挙げ、その中に末田地を加える、そして同所に続いて挙げる「長安城内斉公寺薩婆多部佛大跋陀羅師宗相承略伝」も同じであるが、しかし『付法蔵因縁伝』（大正五〇、二九七—三二二）の二十三祖や天台の『摩訶止観』巻一上（大正四六、一）の二十四祖、『景徳伝灯録』（大正五一、二〇四—二一六）の二十八祖説などには末田地を加えないか、あるいは「傍出」として載せている。

以上は、北伝の相承説であるが、パーリ上座部（セイロン『島史』『大史』『善見律』など）はウパーリ・ダーサカ・ソーナカ・シッガヴァ・モッガリプッタ・ティッサの律の相承を伝え、このモッガリプッタが阿育王の師であったとする。また、大衆部系の『摩訶僧祇律』巻三十二（大正二二、四九二下―四九三上）には、優波離・陀娑婆羅《だしゃばら》・樹提提婆《じゅだいだいば》・耆哆《ぎた》・根護《こんご》・法高《ほうこう》などと次第する説を出している。原始佛教教団は部派に分裂したために、それぞれの部派によって相承の系譜が異なるのである。

百歳已後、諸聖亦出、互傳二聖典一各秉二大法一。然隨二諸聖隱沒一、法義非レ無レ滅。如二阿難入定胎衣不レ測、商那入滅衆經隨隱一。雖レ然遺餘不レ少。殘教寔多。故正法千年、乃至二末法一、隨レ時秉持、隨レ處流傳。至三于流二傳諸處一者、五印諸國、乃至二日域一、其餘諸國不レ可二稱計一。各弘二聖典一竝興二佛事一。

百歳已後、諸聖また出でて、互いに聖典を伝え、各〻大法を秉《と》る。然るに諸聖の隠没するに随いて、法義滅することと無きに非ず。阿難入定して胎衣《たいえ》測《はか》らず。商那入滅して衆経随いて隠《かく》るるが如し。然りと雖も遺余少なからず。残教寔《まこと》に多し。故に正法千年、乃《いま》し末法に至るまで、時に随いて秉持《へいじ》し、処に随いて流伝す。諸処に流伝するに至りては、五印の諸国、乃《いま》し日域に至る。其の余の諸国、称《あ》げて計《はか》うべからず。各〻聖典を弘め、並びに佛事を興す。

《諸聖》 優波毱多までの五代を百年と見る。それからも聖者が次々に出たことをいう。**《阿難入定》** 阿難が入滅の時が来た時、滅後に舎利分配の諍いがないようにと、ガンジス河の中洲に至り十八神変を現じて、自身を荼毘し、さらに風奮迅三昧に入り、舎利を四分して、一分を忉利天と帝釈天に、一分を海中の莎竭羅龍王に、一分を阿闍世王に、一分を毘舎離のリッチャヴィー族に与えたこと。『阿育王伝』巻四（大正五〇、一一六中）、『付法蔵因縁伝』巻二（大正五〇、三〇三上—中）などに出る。

《胎衣不測》　商那和修（シャーナヴァーシー）のシャーナ（śāṇa）は麻衣のことで、ヴァーシー（vāsī）は着ること。彼は生まれる時、衣を着ていたので「胎衣」と訳す。商那和修は阿難が入滅の時入った風奮迅三昧を十分には知らないこと。『付法蔵因縁伝』巻二（大正五〇、三〇四下）参照。　**《正法千年》**　佛の教法が正しく行われ、悟りが得られる時代を正法といい、千年続くといわれた。正法・像法・末法、それぞれ千年ともいい、正法五百年、像法千年、末法万年ともいい、一定しない。像法は佛法の形式だけが行われる時代。末法は佛教の滅びる時代。鎌倉時代は末法の時代と見られていた。　**《五印》**　中インドと、東・西・南・北の四インドのこと。

佛滅百年以後にも多くの聖者が現われて、次々に佛教の聖典を伝え、佛の大法を受持し、後世に伝えた。しかし、代々の聖者が入滅するたびに、その聖者の伝持していた法義も、したがって滅することがなくはなかった。たとえば、阿難が入滅の時入った「風奮迅三昧《ふうふんじんざんまい》」は、その弟子の商那和修には十分には知られなかった。その商那和修の入滅の時にも、彼と共に多くの教法が失われた。このように、時代が下ると共に、正法の伝持は減少したが、しかし、残された経典も決して少なくはない。残経も実に多い。故に、正法の時代一千年から、次の像法の時代、さらに末法の時代へと、その時代時代に、教法を伝持して、時と場所とに随って、教法が伝ってきた。教法が流伝した場所としては、中インドと東西南北の四インドの諸国、それから中国に伝わり、さらに朝鮮を経て、日本に伝った。その他、西域の諸国やチベット、さらに南方のセイロン、ビルマ、タイなど、佛教の弘まった国を一一数え上げることはできない。そして、それぞれの国で、佛教の聖典が弘まり、寺や塔が建てられ、僧が出家して、修行がなされ、盛んに佛事が行われたのである。

第二節　印　度

1　小乗二十部の分派

今且述㆓天竺震旦日域三國弘傳之相㆒者、傳聞、如來滅後、四百年間、小乘繁昌、異計相興。大乘隱沒、納㆓在龍宮㆒。就中一百年間純一瀉瓶、百餘年後異計競起。是以摩訶提婆、徒吐㆓五事之妄言㆒、婆麤富羅、未㆑捨㆓實我之堅情㆒。正量經量諍㆓大義㆒而紛紜。西山北山起㆓異見㆒而猥綸。遂使㆘四百年間、二十部競㆓起五印土中㆒、乃至五百交諍㆖。

今且《しばら》く天竺《てんじく》・震旦《しんたん》・日域《にちいき》三国の弘伝《ぐでん》の相を述ぶれば、伝え聞く、如来の滅後、四百年間は小乗繁昌し、異計相い興る。大乗は隠没《おんもつ》して龍宮に納在せり。就中《なかんずく》、一百年間は純一に瀉瓶《しゃびょう》し、百余年の後、異計競い起る。是れを以て摩訶提婆《まかだいば》従《いたず》らに五事の妄言を吐き、婆麁富羅《ばそふら》未だ実我の堅情を捨てず。正量《しょうりょう》・経量《きょうりょう》、大義を諍って紛紜《ふんうん》たり。西山・北山、異見を起して猥綸《わいりん》す。遂に四百年間に二十部をして五印土中に競い起らしめ、乃至、五百交〻《こもごも》諍わ使《し》む。

《天竺》　インドのこと。シンドゥ（Sindhu）が転化して天竺となった。身毒ともいう。　《震旦》　昔、インドから中国を呼んだ言葉。震はCina（支那）を意味し、且はsthāna（国）の意で、Cīnasthānaからきたとなす説がある。**《日域》**　日本のこと。　**《龍宮》**　龍王の住む宮殿、海底にあるという。あるいは、ナーガ族（龍種族）の宮殿であるともいう。龍樹は龍宮の宝蔵を開いて大乗経典を得たという。　**《摩訶提婆》**　マハーデーヴァ（Mahādeva）の音訳、大天と訳す。『異部宗輪論』では、上座・大衆の根本分裂の原因となった人とする。　**《五事之妄言》**　大天が主張した五つの問題、これを貶して妄言といった。五事とは、1余のために誘われる、2猶無知あり、3また猶予あり、4他によりて悟入せしめらる、5道は声によりて起る、の五であり、阿羅漢もまだ完全でないことを述べた説。佛滅百年頃のマガダ国の首都パータリプトラの鶏園寺の統領となった大天は、以上の五事を主張し、これを認める比丘たちは人数が多かったので大衆部となり、これに反対した長老たちは上座部となった。しかもパータリプトラは大衆部が占拠したので、上座たちはカシュミールに移った。そのために佛教の教団が初めて分裂した。これを「根本分裂」という。これは佛滅百年、阿育王の時代である。以上は『異部宗輪論』の説であるが、パーリの『島史』などによれば、根本分裂の原因になったものは「十事非事」であったという。　**《婆麁富羅》**　ヴァートシープトリーヤ（Vātsiputriya）の音訳、犢子部と訳す。上座部から分派した部派。**《正量》**　正量部、これは犢子部から分派した部派。　**《経量》**　経量部。これは説一切有部から分派した。経量部は、論よりも経を重んじた。　**《西山・北山》**　西山住部と北山住部。南インドの中部、キストナ河の中流地方に栄えた部派。大衆部から分派した。

以下、インド・中国・日本に佛教が伝播した概要を述べる。

その中、まず最初に天竺《てんじく》、すなわちインドに佛教が弘まった次第を示す。インドの古い時代のことは明らかでないが、伝聞によれば、如来の滅後四百年間は、小乗佛教が盛んであり、小乗佛教の中に異説が相い次いで起り、たがいに勢力を張ったが、その間、大乗佛教は龍宮に隠れていて、現われなかったという。

小乗佛教の分派のことは、世友の著わした『異部宗輪論』に詳しい。これは説一切有部系統の記録であるが、パーリ上座部には『島史』があり、分派のことを述べている。さらに『論事』にも諸部派の教理を取り上げて、批判している。しかし凝然はパーリ佛教のことは知らないので、部派分裂については、もっぱら『異部宗輪論』によっている。以下、これによって概説する。『異部宗輪論』によると、佛滅百年までは教団は平和で、教法は師から弟子へと、異説なく、純一無雑に伝えられた。しかるに、百年を過ぎた頃から、教団に異説が競い起り、それが原因で僧伽の分裂が起った。この時、中インドのパータリプトラ（華子城）に大天という比丘がおり、阿育王が建てた鶏園寺《けいおんじ》に住し、弁舌に巧みで、ついに僧伽の統領となった。彼は進歩的な考えを持っており、阿羅漢《あらかん》の位を高く困難なものとは考えなかった。阿羅漢にも不完全な点があるとして、五事（五つの不完全な点）があっても阿羅漢であると主張した。そのために、これに反対した長老たちと諍いが起り、ついに阿育王の裁定により、多数決で正邪を決したが、大天の説に賛成する比丘が多く、上座たちは敗北した。そのために長老たちは華氏城《けしじょう》を避けて、北インドの迦湿弥羅《かしゅみら》国に移住した。中インドは大天の伴党が占拠し、彼らは人数が多かったので大衆部と称した。北インドに移住した長老たちは上座部を称した。これが根本分裂と呼ばれるものである。

　次に、かくして分裂した上座部と大衆部とは、それぞれ枝末分裂を起し、本末合せて二十部になった。すなわち、大衆部は百年から二百年までに、四回の分裂を起し、八部を分出し、本末九部になった。これに対して上座部は、最初の百年は平穏であったが、二百年を過ぎて、三百年目の初めから四百年の初め頃までに、七回の分裂を繰返し、十部を分出し、本末十一部となった。両者を合し、本末合せると二十部となり、枝末部派だけでいえば十八部となる。故に、これを十八部の分裂ともいう。

これを図示すると、次の図3・図4のごとくである。

図3

大衆部 (Mahāsaṃghika) 本末九部

- 大衆部
  - 第一次分裂 第二百年中
    - 一説部 (Ekavyāvahārika)
    - 説出世部 (Lokottaravādin)
    - 雞胤部 (Kukkuṭika)
  - 第二次分裂 第二百年中
    - 多聞部 (Bahuśrutīya)
  - 第三次分裂 第二百年中
    - 説仮部 (Prajñaptivādin)
  - 第四次分裂 第二百年終
    - 制多山部 (Caitika)
    - 西山住部 (Aparaśaila)
    - 北山住部 (Uttaraśaila)

図4

上座部（Sthavira）本末十一部

- 上座部
  - 第一次分裂 第三百年初
    - 本上座部（雪山部 Haimavata）
    - 説一切有部（Sarvāstivādin, 説因部 Hetuvādin）
      - 第二次分裂 第三百年中 犢子部（Vātsīputrīya）
        - 第三次分裂 第三百年中
          - 法上部（Dharmottarīya）
          - 賢冑部（Bhadrayānīya）
          - 正量部（Saṃmatīya）
          - 密林山住部（Ṣaṇṇagarika）
      - 第四次分裂 第三百年中 化地部（Mahīśāsaka）
        - 第五次分裂 第三百年中 法蔵部（Dharmaguptaka）
      - 第六次分裂 第三百年中 飲光部（Kāśyapīya, 善歳部 Suvarṣaka）
      - 第七次分裂 第四百年初 経量部（Sautrāntika, 説転部 Saṅkrāntika）

以上の中で、上座部系の部派に犢子《とくし》部（Vātsīputrīya 婆麁富羅）がある。この部派は非即非離蘊我を主張したことで有名である。佛教は無我を説くが、しかし無我では、業の担持者・輪廻の主体などがなくなる。そのために犢子部は、心身を我《が》と見る即蘊《そくうん》の我や、個体と離れた離蘊《りうん》の我は立てなかったが、そのいずれにも属しない「非即非離蘊我」を立てたのである。そしてこれを輪廻の主体と見た。そのために、機械的に無我を主張する説一切有部と烈しく対立した。このことは『倶舎論』の「破我品」に詳しい。この点をここに「婆麁富羅《ばそふら》未だ実我の堅情を捨てず」といったのである。次に「正《しょう》量《りょう》・経量《きょうりょう》、大義を諍って紛紜《ふんうん》たり」という点は、何を指したのか明らかでない。正量部は犢子部から派生したから、同じく非即非離蘊我を認めていた。経量部は説一切有部から分派して、有部の機械的無我観を批判し、種子（習慣性）で心身の活動を説明した。しかし、正量部と経量部とが論諍したという記録はないようである。次の「西山・北山、異見を起して猥綸《わいりん》す」という点も明らかでない。『異部宗輪論』にも両者の異説を説かない。碑文の研究によれば、西山住部や北山住部の名を示す碑文は南インドのキストナ河中流の山から多く出ている。しかし、両部派の対立を示す資料はない。

ともかく、佛滅百年から四百年頃までは、部派佛教の盛んな時代であり、部派に種々の教理が説かれ、原始佛教と異なる、いわゆる部派佛教・小乗佛教の教理が形成せられた。そして小乗二十部が競い興ったのである。「乃至、五百交々《こもごも》諍わ使《し》む」とは、『大智度論』巻六十三（大正二五、五〇三下）に、「五百歳を過ぐる後に各々分別して五百部有り。是れ従り已来、諸法の決定相を求むるが故に、自ら其の法を執す、云々」と説いているのを指す。五百部とは、異説の多かったことを示す意味である。五インドに実際に五百部があったという意味ではない。

2 大乗の興起、馬鳴と龍樹

五百年時、外道競興、小乘稍隱。況大乘耶。爰馬鳴論師、時將二六百一始弘二大乘一。起信論等、是時則造。外道邪見、卷レ舌皆亡、小乘異部、閉レ口咸伏。大乘深法、再興二閻浮一、衆生機感已趣二正路一。次者有二龍樹菩薩一、六百季曆七百初運、紹二于馬鳴一獨三歩五印一。所有外道、無レ不二皆摧一。所有佛法、皆悉傳持。三本華嚴、獨含二胸藏一、四辯文河、妙控二江海一。廣造二論藏一、而青二於藍一。深窮二佛法一、而寒二於氷一。凡斯二大論師、竝是高位大士也。馬鳴則古之大光明佛、今則示二迹於第八地一。龍樹則昔之妙雲相佛、今則寄二位於初歡喜一。倶本佛也。竝垂迹也。智辯超レ倫其事宜哉。

五百年の時、外道《げどう》競い興り、小乗稍《やや》隠る。況んや大乗をや。爰《ここ》に馬鳴《めみょう》論師、時、六百に将《なんなん》として始めて大乗を弘む。起信論等、是の時に則《すなわ》ち造る。外道の邪見、舌を巻きて皆亡じ、小乗の異部、口を閉《とざ》して咸《あまね》く伏す。大乗の深法、再び閻浮《えんぶ》に興り、衆生の機感已《すで》に正路に趣く。次に龍樹《りゅうじゅ》菩薩有り。六百の季暦、七百の初運に、馬鳴に紹《つ》いで五印に独歩せり。所有《あらゆる》外道、皆摧《くじ》かずということ無く、所有《あらゆる》佛法、皆悉く伝持す。三本の華厳独り胸蔵に含み、四弁の文河妙《たえ》に江海を控《ひ》く。広く論蔵を造りて藍《あい》より青く、深く佛法を窮《きわ》めて氷よりも寒し。凡《およ》そ斯《こ》の二大論師は、並びに是れ高位の大士なり。馬鳴は則ち古《いにしえ》の大光明佛にして、今は則ち迹《しゃく》を第八地に示す。龍樹は則ち昔の妙雲相佛にして、今は則ち位を初歓喜に寄す。倶に本《もと》佛なり。並びに垂《すい》迹《じゃく》なり。智弁倫《ともがら》に超ゆ、其の事宜《むべ》なるかな。

《外道》　佛教を内道というのに対し、佛教以外の異学を外道という。　**《馬鳴》**　アシュヴァゴーシャ（Aśvaghoṣa）の訳。馬鳴はカニシカ王の時代（西紀二世紀前半）の人で、中インドのサーケータの人（東インドの人ともいう）で、婆羅門の出身。初めは外道の法を学んだが、北インドから来た脇尊者のために論破せられ、佛教に帰依した。『佛所行讃』『ラーシュトラパーラ』その他の勝れた詩を作り、人々を佛教に導いた。後、カニシカ王が中インドを征服するに及んで、王に伴われて北インドに移り、そこでも大いに佛法を宣揚し、衆生を利益した。羅什の訳した『馬鳴菩薩伝』一巻、『付法蔵因縁伝』巻五、『雑宝蔵経』巻七などに伝記が出る。　**《六百》**　佛滅六百年。『摩訶摩耶経』巻下（大正一二、一〇一三下）には、馬鳴の出世を佛滅六百年とする。ただし、僧叡の伝える羅什の説は佛滅三五〇年とし、その他、異説が多い。　**《起信論》**『大乗起信論』のこと。『起信論』は、真諦が訳し、著者を馬鳴とする。しかし、この馬鳴は世親と同時代の出世であり、『佛所行讃』を著わした馬鳴とは別人である。ただし、凝然は両者を同一の馬鳴と見ている。　**《閻浮》**　閻浮提（ジャンブドゥヴィーパ Jambudvipa）のこと。須弥山の南にある国で、われわれの住する国土。　**《機感》**人間の能力と性向。

《正路》　正しい道、ここでは大乗佛教を指す。

《龍樹》　ナーガールジュナ（Nāgārjuna）。南インドの婆羅門の出身。初めは婆羅門教を学んだが、隠身の術を得て王の後宮に忍び入り、欲楽をほしいままにしたが、そのために命を失わんとし、欲は苦の本であることを悟り、佛教に帰依した。初めは小乗を学んだが満足できず、さらに大乗を求めて天下を周遊し、雪山の老比丘より大乗経典を与えられたといい、また、大海中の宮殿にて大龍菩薩から大乗経典を与えられたともいう。大いに大乗を弘め、外道・小乗を伏し、大乗を明かして著作をなし、『中論』『十住毘婆沙論』『廻諍論』『大智度論』などをはじめ多数の論を造り、大乗佛教を確立した。晩年は南インドのシャータヴァーハナ王家（引正王）に帰依せられ、キストナ河上流の吉祥山（黒蜂山）に住したという。彼の生存年代は、学界では西紀一五〇―二五〇年頃と見られている。羅什の訳した『龍樹菩薩伝』一巻がある。　**《六百季曆・七百初運》**　龍樹の出世を、佛滅六百年の終りから七百年の初めと見る。『摩訶摩耶経』巻下（大正一二、一〇一三下）に「七百歳巳、有一比丘、名曰龍樹」とあり、龍樹の出世を七百歳の終りと見ている。凝然はこれによったのであろう。『大唐西域記』巻十二（大正五一、九四二上）にも、馬鳴・提婆・龍猛・童受の四人が同時に活躍していたことをいう。しかし、龍樹の出世年代には異説が多く、僧叡は『大智度論序』に、馬鳴を正法の余、龍樹を像法の末の出世と見ている。

そのために「佛滅九百年」の出世の説もある。**《三本華厳》**『華厳経』に大中小の三本の華厳があり、中国に訳されたのは、その小本十万頌をさらに要略したものと見る。「華厳宗」の項参照。**《四弁》**四無礙弁のこと。一切諸法の名字に通達する法無礙弁。一切諸法の義理に通達する義無礙弁。一切衆生の言語に通達する詞無礙弁。一切衆生の能力性格に通達して、自由に説法する楽説無礙弁。四弁文河とは、教法を説くのに無礙の弁舌をもって、弁舌滔々として、河流の江海に注ぐがごとくであること。**《論蔵》**アビダルマ蔵、ここでは大乗の論蔵を指す。龍樹は世親と共に著作が多く、千部の論主といわれる。**《青於藍》**次の「寒於氷」と対句で、『荀子』の「勧学篇」に「青は藍より出でて、藍よりも青く、氷は水より出でて、水よりも寒し」とあるのによったもので、弟子が師匠より勝れていることを形容したもの。**《高位大士》**馬鳴は第八地、龍樹は初地の菩薩で、いずれも位が高い菩薩。菩薩の位には、十信・十住・十行・十廻向・十地の五十位があり、その上に等覚・妙覚がある。大士はマハーサットヴァ(Mahāsattva)の訳で、大望を持つ人、菩薩のこと。**《大光明佛》**『釈摩訶衍論』巻一（大正三二、五九四下）に、馬鳴菩薩の本地は大光明佛であり、因地としては第八地の菩薩であるといっている。**《迹》**本地の佛が垂迹して世間に現われること。**《妙雲相佛》**『三宝感応要略録』巻下（大正五一、八五六上）に『金剛正智経』に、馬鳴は過去に成佛し大光明佛と号し、龍樹は妙雲相佛と号したと説いているとなす。同じく『大荘厳三昧経』中には、馬鳴は過去に成佛し、日月星明佛と号し、龍樹は妙雲自在王如来と名づけたという。**《初歓喜》**十地の最初、初地を歓喜地という。この位に入って真如を見て歓喜を得る故、この名がある。『入楞伽経』巻九（大正一六、五六九上）に、龍樹は南インドに出世し、有無の見を破し、大乗無上の法を説き、歓喜地を証して、安楽国に往生する」と説く。

佛滅四百年までは小乗佛教が盛んであったが、五百年になると外道《げどう》が競い起り、外道の教えが盛んになった。そのために小乗佛教もやや衰えた。したがって、大乗が盛んにならなかったことはいうまでもない。凝然は大乗が最初は存在しなかったことを、大乗経典は釈尊によって説かれていたのであるが、しかし時期が来なかったために龍宮に隠れていたのであると解釈した。そして、佛滅六百年に至って、馬鳴《めみょう》が現われて、大乗を弘めたので、ようやく人々が大乗佛教に向うようになったと解釈するのである。

凝然は、『佛所行讃』を著わして佛伝を明らかにした馬鳴が『大乗起信論』をも著わし、この『起信論』によって、大乗佛教が盛んになる端緒ができたと見ているのである。しかし、『起信論』は如来蔵思想と唯識思想との融合の上に教理を展開しているから、『楞伽経』や世親《せしん》の『唯識論』より後の成立であると見られている。『起信論』の著者も馬鳴であるが、この馬鳴は六百年出世の馬鳴と同一人ではない。この馬鳴は世親と同時代頃の人である。『起信論』を除くと、『佛所行讃』などの馬鳴の著作には、特に大乗的な思想は見あたらない。故に、馬鳴を大乗の論師と見ることには問題があろう。しかし、『佛所行讃』のような勝れた佛伝文学を著わし、佛徳讃嘆をなしている点で、大小乗の中間にいる佛伝文学者・譬喩師《ひゆし》と見てよい。童受《どうじゅ》も譬喩師であるが、彼ら二人と、龍樹・提婆《だいば》は同時代の人と見られている。佛の入滅を紀元前三八六年頃（あるいは四八三年）と見れば、馬鳴は西紀二世紀頃に活躍したことになろう。

ともかく、馬鳴が勝れた著作を著わしたので、邪見を主張していた外道も、舌を巻いて沈黙し、小乗の諸部派の論師たちも、口を閉《とざ》して降伏したのである。それによって龍宮に隠れていた大乗の深い教法が、再び閻浮提《えんぶだい》に興ってきたのである。そして、衆生の素質や関心が再び大乗佛教に向ってきた。この馬鳴の後を継いで、さらに大乗を盛んにしたのは龍樹《りゅうじゅ》である。凝然が龍樹を佛滅六百年の末、七百年の初めと見たのは、『摩訶摩耶経』に従ったのであろうが、龍樹を馬鳴より少し後の人と見たのである。当時、龍樹に匹敵する人はなかったので、馬鳴に次いで五印に独歩すというたのである。龍樹は有無の二見を破することによって、あらゆる外道を破斥し、すべての佛法を伝持した。大乗の諸経典に通暁していたが、特に三本の『華厳経』を深く胸中に領得しており、加うるに無礙《むげ》の弁舌を具え、雄弁は流れるごとく、滔々《とうとう》として河流の江海に注ぐがごとくであった。広く論蔵を述作し、佛法の秘奥を明かして余すところなく、出藍《しゅつらん》の誉《ほま》れが高かった。

以上の二論師が勝れていたのは当然である。すでに成佛している佛を本地としており、その佛が衆生救済のために、この土に垂迹《すいじゃく》したのが、二論師であったからである。故に、二論師は位の高い菩薩大士である。『釈摩訶衍論』や『感応録』によれば、馬鳴菩薩の本地は、古《いにしえ》の大光明佛であり、この土の垂迹としては第八地の菩薩である。そして龍樹の本地は、昔の妙雲相佛であり、この土の垂迹は初地の菩薩である。故に、二人は共にその本地は佛であり、この土の菩薩は垂迹である。それ故に、智慧と弁才とが同僚と比較を絶しているのは、理由のあることである。

以上、この一節の解釈であるが、以上の凝然の説明では、大乗佛教の興起はまったく不明である。凝然は、大乗経典も佛陀の説いたものと考えているが、実際は、大乗は佛滅後に新しく現われた佛教である。だいたい紀元前後の頃に無名の菩薩たちによって述作されたものであり、『般若経』の出現が最も早いであろう。『般若経』は般若波羅蜜《はんにゃはらみつ》の実践を説く経典であるが、「般若」とは智慧の意味である。空《くう》の智慧の実践が般若波羅蜜である。最初の『般若経』は紀元前一世紀に出現したであろう。それから種々の『般若経』が述作せられた。『小品般若経』『大品般若経』『金剛般若経』などが有名である。それから『華厳経』や『維摩経』『首楞厳経』『法華経』『阿弥陀経』『宝積経』などをはじめ、多数の大乗経典が現われた。これは、小乗佛教が余りにも煩瑣《はんさ》な教理に没頭して、人間の救済・解脱から遊離してしまったので、それに対する批判・反動として、衆生救済を旗印として興された佛教である。

大乗佛教の特色は「菩薩佛教」である。菩薩とは、成佛の修行をする修行者のことである。みずから佛になろうと決心し、また佛になりうる佛性が自己にあることを信じて、修行するのである。この自覚は小乗佛教徒にはない。大乗経典が現われてから百年余り経った時に、馬鳴や龍樹が出現したのである。特に龍樹は、文学的に説かれている大乗経典の教理的意味を探って、諸多の大乗経典に盛られている大乗の思想を、理論的に基礎づけた人である。その意味で、龍樹は大乗佛教の確立者であるといってよい。大乗佛教は後に種々の宗派に分れたが、しかし、それらの宗派の源をたどれば、最後は龍樹に行きつく。そのために龍樹を「八宗の祖」ともいうのである。

しかし、特に龍樹は『般若経』の空の思想を理論的に解明して、『大智度論』を著わした。さらに大乗佛教の根底は「空」(Śūnya) の思想にあることを明らかにし、原始佛教の根本教理である「縁起」の思想を、空の立場で解釈して『中論』を著わした。この方面の龍樹の思想は、弟子の提婆《だいば》(Āryadeva 聖提婆)に受け継がれ、ここに「中観派《ちゅうがんは》」が成立することになる。この系統は、龍樹・提婆・羅睺《らご》羅《ら》と次第し、これが羅什によって中国に伝えられて、三論宗となる。提婆には『百論』『四百観』などの著作がある。提婆は西紀二百年頃の人である。

龍樹や提婆の後に、唯識《ゆいしき》系統の経典や如来蔵系の経典が現われる。これらを受けて、その次の時代に無著《むじゃく》や世親が現われ、「瑜伽行派《ゆがぎょうは》」が興る。如来蔵系統の経典としては、『如来蔵経』『勝鬘経』『大乗涅槃経』『楞伽経』などが有名であり、唯識系統の経典としては、『解深密経』や『大乗阿毘達磨経』が重要である。これらの経典が現われた後に、如来蔵系統の教理を組織した人が『宝性論』の著者である堅慧《けんね》である。唯識系統の教理を組織した論師は、弥勒《みろく》・無著・世親などである。無著や世親は西紀四百年前後の人である。

3　無著と世親

爰大聖應現、化縁已盡、息レ化歸レ本。衆生業縁、亦復雜起、邪見還深。依レ之九百年時、無著菩薩。出二於世間一、利二益衆生一。夜昇二都率一現稟二慈氏一、晝降二閻浮一、廣敎二衆生一。然衆生執深、尚不レ從レ化。故卽請二慈尊自降說レ法。慈尊應レ請降二中天竺阿瑜遮那講堂一、說二五部大論一。如二瑜伽論一卷軸一百、八萬法門、深談二奥義一、一代敎文、莫レ不二皆判一。故名二廣釋諸經論一矣。是時、衆生邪見悉伏、正路同趣、進入妙麗。慈尊昇レ天之後、無著繼化二閻浮一。

此時代中、世親施レ化。始弘二小乘一廣制二五百部論一、後學二大乘一、亦造二五百部論一。故世擧號二千部論師一。加之訶梨跋摩之成實論、衆賢論師之順正理、此時製矣。

爰《ここ》に、大聖の応現、化縁《けえん》已《すで》に尽き、化《け》を息《や》めて本《ほん》に帰す。衆生の業縁《ごうえん》もまた復た雑起して、邪見還《ま》た深し。之《これ》に依りて九百年の時、無著《むじゃく》菩薩世間に出でて、衆生を利益《りやく》す。夜は都率《とそつ》に昇りて、現《まのあた》り慈《じ》氏に禀《う》け、昼は閻浮に降《くだ》りて、広く衆生を教う。然《しか》れども衆生の執深くして、尚《な》お化に従わず。故に即ち慈尊《じそん》自ら降りて法を説かんことを請う。慈尊請に応じて、中天竺の阿瑜遮那《あゆしやな》の講堂に降りて、五部の大論を説けり。瑜伽《ゆが》論の如きは巻軸一百、八万の法門は深く奥義《おうぎ》を談じ、一代の教文、皆判ぜずということ莫《な》し。故に広釈諸経論と名づく。是の時、衆生の邪見悉く伏し、正路に同じく趣き、進入妙《たえ》に麗《うる》わし。慈尊天に昇るの後、無著継ぎて閻浮を化す。

此の時代の中、世親《せしん》化を施す。始め小乗を弘め、広く五百部の論を制し、後に大乗を学び、また五百部の論を造る。故に世挙げて千部の論師と号す。加之《しかのみならず》、訶梨跋摩《かりばつま》の成実《じようじつ》論、衆賢《しゆげん》論師の順正理《じゆんしようり》、此の時に製す。

《大聖応現》 馬鳴・龍樹の二大士は、大聖、すなわち佛陀が本地から、衆生の機に応じて世に出現したものと理解する。
《化縁》 化導すべき機縁、衆生のこと。 **《帰本》** 本地の佛に還帰すること。 **《業縁》** 善悪業の因縁。それによって衆生に邪見や迷いが起ること。 **《無著》** アサンガ (Asaṅga) 無障礙とも訳す。瑜伽行派の祖。世親の肉身の兄。北インド犍陀羅国(ガンダーラ)に生まれ、中インドの首都アヨーディヤーにおいて唯識の教理を弘めた。彼の伝記は、弟の世親と共に『婆藪槃豆法師伝』(大正五〇、一八八上以下)、及び『大唐西域記』巻五(大正五一、八九六中)などに出る。
《都率》 都率天(ツシタ Tusita 天、喜足という意味)兜率天とも訳す。世界の中心に須弥山があり、須弥山の頂上に兜率天の宮殿がある。これを兜率の内院といい、弥勒菩薩が住するという。 **《慈氏》** マイトレーヤ (Maitreya) の訳語。弥勒と訳し、慈尊ともいう。弥勒は一生補処の菩薩で、次生にはこの土に下生して、龍華樹の下で正覚を成じ、有縁の衆生を度するという。しかし無著の師の弥勒は、一生補処の菩薩ではなしに、弥勒論師であり、著作もあると考えるのが最近の学説である。これに対して、弥勒は、無著が禅定に入って、その禅定中に見て、その教えを受けた人であり、この場合の弥勒は実在の人物ではないと解する解釈もある。 **《阿瑜遮那》** アヨーディヤー (Ayodhyā) のこと。中インドにあり、グプタ王朝の首都。無著や世親はグプタ王朝の君主に尊敬帰依せられ、アヨーディヤーに住して、活動した。 **《五部大論》** 『瑜伽師地論』・『分別瑜伽論』・『大乗荘厳経論』・『弁中辺論』・『金剛般若経論』をいう。チベット佛教にも「弥勒の五法」

が伝えられるが、それは上記の五論から『瑜伽論』と『分別瑜伽論』・『金剛般若経論』を除いて、『法法性分別論』・『現観荘厳論』・『宝性論』を加えたものである。

《世親》 ヴァスバンドゥ（Vasubandhu）のこと。天親とも訳す。音訳して婆藪槃豆という。無著の弟で、初めは小乗の説一切有部で出家し、盛んに大乗佛教を破斥したが、後に無著に導かれて大乗佛教に転向し、唯識思想を大成した。

《訶梨跋摩》 ハリヴァルマン（Harivarman）、師子鎧と訳す。中インドの婆羅門の家に生まれ、初めは数論派を学んだが、後に佛教に転じ、説一切有部の教理を学んだ。後に大衆部に転じ、大乗をも学んだという。西紀三五〇年頃の人。『成実論』十六巻は彼の著作。アビダルマの法の教理を仮（prajñapti）の立場で解釈し、その立場で中道を明かしている。提婆の『四百観』を引用し、童受の中道の偈も引用している。内容的には経量部の思想があり、大乗と小乗の中間の論である。

《衆賢》 サンガバドラ（Saṅghabhadra）の訳。北インド迦湿弥羅の人。説一切有部で出家し、悟入を師とする。世親が『倶舎論』を著わして、説一切有部の説を批判し、経量部の立場を主張したので、衆賢は『倶舎論』を論破して、有部の教理を輝かすことをもって終生の事業となし、ついに『倶舎雹論』（くしゃばくろん）を著わした。この論を持って、世親と対論せんとして、北インドから中インドのアヨーディヤーに行ったが、世親は老齢の故をもって彼を避けた。衆賢は目的を達せずして死んだので、彼の弟子がこの書を世親に見せたところ、世親はこれは正理に順ずる書であるとして『順正理論』の名を贈った。『順正理論』八十巻として現存する。

佛陀の応現であった馬鳴と龍樹とが、この土における教化の縁が尽きたので、教化の活動をやめて、本地の佛に還帰されると、この土に聖者がいないために、衆生を導く人がなく、衆生は欲望のままに行動し、悪業の因縁を次々に作り、邪見がいよいよ盛んになった。

このように世が乱れている時、佛滅九百年の時、無著《むじゃく》菩薩が世間に現われ、衆生を教化し、世間を利益するようになった。無著は夜は都率天《とそつてん》（兜率天）に昇って、弥勒《みろく》菩薩から直接教えを受け、昼はこの閻浮提《えんぶだい》に降りてきて、広く教えを説いて、衆生を教化した。しかし、衆生は邪見への執著が強く、無著の教化に従おうとしない。そこで無著は師の弥勒に、都率天から下降して、法を説いていただくようにお願いした。弥勒尊は無著の請いを容れて、中インドの国都アヨーディヤーの講堂に下降して、五部の大論をお説きになった。五部の大論とは、『瑜伽師地論』・『分別瑜伽論』・『大乗荘厳経論』・『弁中辺論』・『金剛般若経論』である。この中、『分別瑜伽論』は中国に翻訳されなかったが、残りの四部の論は漢訳に存する。これらはいずれも唯識大乗を明かし、瑜伽行派の根本聖典であるが、特に『瑜伽論』は百巻という大部の論であり、八万の法門すべてが説示されている。唯識佛教の奥義を開示しており、佛一代の教文について、説明をなし、その価値を判定している。あらゆる経典を取り上げ、解釈しているので、一名『広釈諸経論』とも呼ばれている。このように弥勒と無著とが、人々を佛の正教に導いたので、衆生の邪見はすべて降伏《ごうぶく》され、衆生がすべて正しい道に進むようになり、世間が美しくなった。弥勒菩薩は五部の大論を説かれた後、都率天に帰られたので、その後は無著がこの世界を教化した。

この無著と同時代に、無著の肉弟である世親《せしん》があり、無著の後を継いで、衆生を教化した。世親は無著の弟で、北インドのガンダーラ国に生まれ、婆羅門《ばらもん》の出身であるが、佛教に帰依し、小乗の説一切有部で出家した。そして『倶舎論』をはじめ『五蘊論』や『成業論』など、盛んに小乗の名著を著わして、大乗佛教を破斥した。小乗の論五百部を製作したという。世親があまり大乗を破斥するので、兄の無著が心配し、自分が重病であると偽って、世親をガンダーラから中インドのアヨーディヤーに呼びよせた。そして無著の弟子が夜、『十地経』を誦するのを聞いて、世親は大乗に転向したという。

そして大乗に転向した後にも、『唯識三十頌』・『唯識二十論』をはじめ、多数の論書を作って、五百部に達したという。そのために世間では彼のことを「千部の論師」といった。

このように無著と世親とが活躍した時代に、小乗佛教には、『成実論』を著わした訶梨跋摩《かりばつま》や、『順正理論』を著わした衆賢《しゆげん》があって、世に知られる。『成実論』は経量部の立場に立って、大乗の空《くう》の思想を加味して、小乗の教えを改革せんとした名著である。『順正理論』は逆に説一切有部の教理を弁護した書物であり、世親の『倶舎論』が、経量部の立場に立って、有部の教理を批判し、破斥したので、この『倶舎論』の批判を破斥し、有部の教理を弁護し、その正意を明かさんとした書物である。

この一段は、瑜伽行派の成立を述べたものである。前段に龍樹を説いたが、その年代は龍樹一五〇—二五〇年、提婆一七〇—二七〇年、羅睺羅二〇〇—三〇〇年頃と見られている。これに対して瑜伽行派の年代は、弥勒二七〇—三五〇年、無著三一〇—三九〇年、世親三二〇—四〇〇年頃と見る説と、弥勒三五〇—四三〇年、無著三九五—四七〇年、世親四〇〇—四八〇年頃と見る説とがある。これらは弥勒を実在の論師と見て、その年代を考えるのである。グプタ王朝は中インドに興り、三二〇年にインドを統一した。しかし、最初は中インドのパータリプトラに首都を置いていた。その後にアヨーディヤーで活躍したが、これはグプタ王朝の首都である。いずれにしても無著はアヨーディヤーに都を移したのであるから、無著が活躍したのは三五〇年以後であろう。

そして、龍樹や提婆の後に、如来蔵系統の経典や唯識系統の経典が現われ、その後で弥勒・無著・世親の瑜伽行派の学派が成立したのであろう。凝然はここには、無著や世親の著作を示していないが、それらは法相宗を説くところで出すからここでは略したのであろう。なお、この時代の小乗の著作として、『成実論』と『順正理論』のみを出すが、しかしこれのみに尽きるものではない。五世紀の初めにインドを旅行した法顕《ほっけん》の『佛国記』一巻や、七世紀の前半にインドに留学した玄奘《げんじょう》の『大唐西域《さいいき》記』十二巻、さらに五〇年遅れてインドに行った義浄《ぎじょう》の『南海寄帰内法伝』四巻などによって見るも、その時代を通じて、インド佛教では小乗佛教が盛んであった。しかし、義浄の時代には、いくぶん大乗小乗の区別はなくなっていたという。それだけ佛教の勢力が弱まっていたのである。

4　大乗教の分派

如來滅後一千年間、大乘宗義、未レ分二異計一。千一百年之後、大乘始起二異見一。故千一百年、護法清辨、諍二空有於依他之上一、千七百歲、戒賢智光、論二相性於脣舌之間一、如三金剛與二金剛一、似三巨石與二巨石一。厥餘諸大論師、龍智提婆青目羅睺羅陳那親勝火辨智月等、竝是四依大士、衆生所歸。古今挺出、蘭菊諍レ美。諸宗各取以爲二祖匠一、衆生互憑以爲二上首一。如レ此論師、古來繼出、照二燭五印一、拔二濟衆生一。是爲二天竺弘通之相一也。

如来の滅後一千年の間は、大乗の宗義、未だ異計を分たず。千一百年の後に大乗始めて異見を起す。故に千一百年に護法《ごほう》・清弁《しょうべん》、空有《くうう》を依他《えた》の上に諍い、千七百歳に戒賢《かいけん》・智光《ちこう》、相性《そうしょう》を唇舌《しんぜつ》の間に論ず。金剛と金剛との如く、巨石と巨石とに似たり。厥《そ》の余の諸大論師、龍智《りゅうち》・提婆《だいば》・青目《しょうもく》・羅睺羅《らごら》・陳那《じんな》・親勝《しんしょう》・火弁《かべん》・智《ち》月《がつ》等、並びに是れ四依《しえ》の大士にして、衆生の所帰なり。古今に挺出し、蘭菊美を諍う。諸宗各ゝ取りて以て祖匠と為《な》し、衆生互いに憑《よ》りて以て上首と為《な》せり。此の如きの論師、古来継出して五印を照燭《しょうしょく》し、衆生を抜済《ばっさい》せり。是れを天竺弘通《ぐずう》の相と為《な》すなり。

《宗義》 宗とは教理の本質、教理によって現わさんとする理念をいう。その意味が宗義。**《護法》** ダルマパーラ(Dharmapāla)、五三〇—五六一年。若くしてナーランダー寺の学頭となり、瑜伽行派の教理を理世俗の立場で組織した人。彼の教理は玄奘により中国にもたらされ、法相宗となった。**《清弁》** バーヴァヴィヴェーカ (Bhāvaviveka)、四九〇—五七〇年頃の人。南インドの駄那羯磔迦国に住し、護法と同時代の中観派の学僧で、論理学を重視する立場で、中観派の教理を組織した。主著は『中観心論』、並びにその『思択炎』であるが、一部分梵本、並びにチベット訳に完本がある。漢訳には『中論』の註釈である『般若燈論釈』十五巻と、『大乗掌珍論』二巻などがある。**《依他》** 依他起性のこと。唯識教理の一つである「三性説」の中心思想。法相宗の章を参照。**《戒賢》** シーラバドラ (Śīlabhadra)、五二九—六四五年。護法の弟子で、玄奘はナーランダー寺で戒賢について唯識を学んだ。**《智光》** 戒賢と同時代のナーランダー寺の学僧。中観派の教理に立っていたらしい。しかし、玄奘によれば、智光は戒賢の弟子であったという。**《金剛》** ヴァジラ (vajra)、金剛杵のこと。これはインドラ天の武器であり、あらゆるものを打ち砕くという。同時に、ヴァジラは堅いものであるので、ダイヤモンドを意味する。**《青目》** 龍樹の『中論』に註釈を著わした。婆羅門であったので、「梵志青目」という。これが羅什によって漢訳せられて『中論』となった。三〇〇年頃の人。**《羅睺羅》** ラーフラバドラ(Rāhulabhadra, 羅睺羅跋陀羅)、二〇〇—三〇〇年頃の人。提婆の後を継いだ中観派の論師。『讃般若波羅蜜偈』などの讃頌を作ったというが、事績は明らかでない。**《陳那》** ディグナーガ (Dignāga)、四八〇—五四〇年頃の人。世親の没後を代表する唯識の学僧。特に佛教論理学の確立者として有名。主著は『集量論』である。チベット訳がある。漢訳は義浄訳があったが失われた。**《親勝・火弁・智月》** 共に唯識の十大論師。親勝・火弁は世親の直後の人。火弁の系統は、陳那・無性・護法・戒賢・玄奘と次第し、親勝の系統は、徳慧・安慧と次第し、真諦によって、その思想が中国にもたらされたという。智月は護法の弟子。**《四依大士》** 大士は菩薩のこと。四依とは、衆生が依り処とする四種類の菩薩のこと。五十二位の中、十信を初依、十住・十行・十廻向を第二依、十地を第三依、等覚・妙覚を第四依とする。妙覚は佛陀である。

別説では、地前の菩薩を初依、初地より六地までを第二依、七地より九地までを第三依、第十地を第四依となす。ともかく、衆生の依怙となる菩薩を四種に分けたもの。

佛滅一千年以後、大乗教にも諍論・分派が起った時代を述べる。

如来滅後一千年間は、大乗の宗義に分派はなかった。しかし、一千百年以後に、大乗佛教に初めて異見が起り、分派が生じた。一千百年に、瑜伽行派の護法《ごほう》と中観《ちゅうがん》派の清弁《しょうべん》とが、依他起《えたき》の法は空《くう》であるか有《う》であるかを議論した。唯識説では、存在を三種類に分けて、衆生が虚妄分別《こもうふんべつ》をなして「有る」と思っているものは、実体のないものであり、虚無《こむ》であるとする。これを遍計所執性《へんげしょしゅうしょう》という。次は、縁起によって成立している法は、存在すべき理由があって成立したのであるから、これは有であるといい、これが依他起性である。これは縁がなくなれば消滅するから、仮有である。しかし、空無ではなく、存在としての力を持っている。第三は、あらゆる現象の根底となっている実在をいい、これを真如《しんにょ》と称する。これを円成実性《えんじょうじつしょう》といい、覚《さと》った人のみがそれを知りうるという。今ここで依他起の法を、唯識では、縁起によって成立するから有であると見るが、中観派では、縁起によって成立するものは本性空であると見る。このように、因縁生の法を、有と見るか空と見るかについて、中観と瑜伽では見解が分れる。『大唐西域記』巻十（大正五一、九三一上）によれば、清弁は南インドの駄那羯磔《だなかったく》迦《か》国にあり、中観の義を宣説していたが、依他起性の法について、護法を論難せんとして、パータリプトラ（華子城）に行ったが、護法はすでにナーランダー寺を退き、菩提樹下に隠棲しており、論諍を欲しなかったので、会見しなかったという。華厳宗の法蔵は『華厳五教章』巻四（大正四五、五〇一上）などに、この問題を取り上げて、両者の主張は相破相成であると評した。後世これを「護法清弁空有の諍い」と称する。

その次に、佛滅千七百年の時に戒賢《かいけん》と智光《ちこう》とが諍ったというが、これは千二百年の誤りであろう。ここでいう戒賢・智光の諍いは、戒賢は護法の直弟子であり、智光は戒賢の弟子であるともいい、あるいは、戒賢と同時にナーランダー寺に住した学匠であるともいうから、千七百年では護法から離れすぎる。故に、千二百年頃のことであろう。『大慈恩寺三蔵法師伝』巻七（大正五〇、二六一上―中）によれば、智光は戒賢の弟子で、玄奘と同時にナーランダー寺に住しており、玄奘は智光を論難したという。しかし、法蔵の『華厳経探玄記』巻一（大正三五、一一一下）には、中インドの三蔵地婆訶羅《じばから》（日照）から聞いたところとして、近代ナーランダー寺に戒賢・智光の二大論師がおり、戒賢は唯識中道を了義とし、智光は心境倶空を了義となしていたという。凝然はこの説によって、戒賢・智光が相性を唇《しん》舌《ぜつ》の間に論じたといったのである。唇舌の間とは、実際に論諍をしたことをいう。護法と清弁の場合は論諍するまでに至らなかったが、戒賢と智光の場合には実際に論諍があったと見て、唇舌の間に論ずといったのである。「相性」とは、法の相と性のことで、法相《ほっそう》宗は法を相の側面から見て、法を有と立てるのであるが、相は現象のことであり、現象世界は多様性であり、多様性が区別できる点に、現象を構成する個々の法の有が主張される。これに対して、性は本性のことであり、これは変らないものである。現象（相）は千差万別に変化してやまないが、変化する現象を成立させている法の性は変化を超えている。唯識ではこれを真如と見るが、中観ではこれを空《くう》となすのである。あらゆるものに変化する実在は、それ自身特定の性を持たないと見るからである。ともかく、存在の理解について、中観と唯識との間には相違があるために、相性を唇舌の間に論ずといったのである。

これらの論諍は、あたかも金剛と金剛がぶつかり合うように、また大石と大石とがぶつかり合うように、容易に勝敗は決しなかった。ともかくこのようにして、大乗佛教の中に、中観派と瑜伽行派の分裂が起った。凝然がこのようにいうのは、義浄《ぎじょう》（六四五―七一三）の『南海寄帰内法伝』巻一（大正五四、二〇五下）に、大乗には中観と瑜伽の二つの学派があるといっているのによったのであろう。これは、護法・清弁の時代よりも少しく後である。

以上、護法・清弁、戒賢・智光の四大論師を挙げたが、これ以外にもインド大乗に論師は多いのであり、中観派には龍樹の弟子の龍智《りゅうち》と提婆《だいば》、さらにその後に『中論』に註を付けた青目《しょうもく》、および提婆の後を継いだ羅睺羅《らごら》などがある。さらに瑜伽行派には、世親直後の火弁《かべん》と親勝《しんしょう》、火弁の系統に佛教論理学を確立した陳那《じんな》、その弟子無性《むしょう》、次いで護法、その弟子智月《ちがつ》などがある。いずれも真正の菩薩であり、衆生の帰依処となりうる四依《しえ》の菩薩たちである。彼らは、衆生の帰依讃仰《さんごう》するところであるだけでなく、古今に挺《ぬきん》でており、蘭と菊とが美を競うように、誉れの高い大徳たちである。中国や日本に興った諸宗は、それぞれ取ってもって彼らを祖師と崇《あが》めている。一切衆生は彼らを憑《よ》り所とし、上《じょう》首《しゅ》として信仰している。このような勝れた論師たちが、古来より次々と現われて、五インドの精神界を照らしたのであり、煩悩の闇に苦しむ衆生を、輪廻の苦海から抜済《ばっさい》したのである。

以上が、インドに佛教が弘通《ぐずう》しただいたいの相である。

凝然のインド佛教の概説は以上で終っているが、実際は、インド佛教はさらにそれより五百年以上も続いている。護法や清弁は西紀六〇〇年までに活躍した人々であるが、それ以後にも中観派や瑜伽行派の学匠は多い。中観派の中には、佛護《ぶつご》（一五四〇年頃）と清弁とによって、プラーサンギカ派とスワータントリカ派との二派が分れ、プラーサンギカ派には月称《げっしょう》が現われて、清弁を攻撃している。月称の後には、寂天《じゃくてん》やプラジュニャーカラマティが現われている。清弁の系統には、観誓《かんぜい》や寂護《じゃくご》・蓮華《れんげ》戒《かい》・ハリバドラなどが現われている。

瑜伽行派には陳那の後を継いで佛教論理学を発展させたのは法称《ほっしょう》であるが、その後、佛教論理学者にも有名な人が輩出し、特に十一世紀頃に現われたジュニャーナシュリーミトラとラトナキールティは有名である。さらに十二世紀の終りにはモークシャーカラグプタが出て『タルカバーシャー』を著わしている。インド佛教の滅亡時代まで、佛教論理学は盛んであった。論理学に進まない瑜伽行派もあったが、彼らは中観派と融合して、瑜伽行中観派として発展したらしい。

さらに周知のごとく、インド佛教は最後には密教になった。大乗も小乗もすべて密教になり、瑜伽行派や中観派の論師であると同時に、密教者であった人が多い。論理学者も一方で論理学を研究しつつ、同時に密教の修法《すほう》もしていたらしい。十世紀に現われ、チベットに密教を伝えたアティーシャは中観派の学匠としても有名であった。インドの密教は、大乗佛教の中に含まれて、初めは「雑密」として発展したが、七世紀頃に『大日経』や『金剛頂経』が現われるに及んで、密教として独立した。その後、『秘密集会』や『ヘーヴァジラ』『サンバローダヤ』などの「無上瑜伽タントラ」が現われるに至って、密教の黄金時代を現出した。しかし、七世紀頃からイスラム教徒がインドに侵入を開始したが、十世紀の終りにはガンジス河の中流までもイスラム教徒に支配せられ、一二〇三年にはヴィクラマシラー寺がイスラム教徒に破却されて、インド佛教は滅亡したのである。しかし、それでインド佛教がまったく滅したのではなく、その後も佛教徒が残存したことは、種々の記録によって知られる。

第三節　中　国

1　佛教の伝来と経論の翻訳

如㆓震旦國㆒者、如來滅後一千年末、迦騰始來、竺蘭次至。始傳㆓三寶㆒、漸弘㆓五乘㆒。自㆑爾已來、漢魏晉宋齊梁陳隋唐宋、此等朝中、三藏諸師、各傳㆓佛敎㆒、互弘㆓聖法㆒。至㆑如㆓翻經三藏㆒、或從㆑西至㆑此、或從㆑此往還。大小三藏、皆悉翻傳、顯密二宗互各弘通。是以羅什玄奘之窮㆓翻經妙㆒也、果感㆓韋陀之天告㆒矣、覺賢曇無之稱㆓傳譯美㆒也、遂得㆓海龍之神護㆒矣。

震旦《しんたん》国の如きは、如来滅後一千年の末、迦騰《かとう》始めて来り、竺蘭《じくらん》次いで至る。始めて三宝を伝え、漸《ようや》く五乗を弘む。爾《そ》れ自《よ》り已来、漢《かん》・魏《ぎ》・晋《しん》・宋《そう》・斉《せい》・梁《りょう》・陳《ちん》・隋《ずい》・唐《とう》・宋《そう》、此等の朝《ちょう》の中に、三蔵の諸師各ゝ佛教を伝え、互いに聖法を弘む。翻経の三蔵の如きに至りては、或いは西従《よ》り此《ここ》に至り、或いは此従《ここよ》り往還す。大小の三蔵、皆悉く翻伝し、顕密《けんみつ》の二宗、互いに各ゝ弘通す。是れを以て羅《ら》什《じゅう》・玄奘《げんじょう》の翻経の妙《みょう》を窮《きわ》むるや、果して韋陀《いだ》の天告を感じ、覚賢《かくけん》・曇無《どんむ》の伝訳の美を称するや、遂《つい》に海龍の神護《じんご》を得たり。

《震旦》 前出。中国のこと。 《迦騰》 迦葉摩騰（カーシュヤパ・マータンガ Kāśyapa-mātaṅga）の略称か。彼は大月氏国の僧といわれる。後漢の明帝（五七―七五年在位）の請いに応じて洛陽に来たという。 《竺蘭》 竺法蘭の略。

《三宝》 佛宝・法宝・僧宝。 《五乗》 人乗・天乗・声聞乗・縁覚乗・菩薩乗。 《三蔵》 経律論の三蔵に通じた学者の意味で、後には経律論を翻訳した人を三蔵法師と呼ぶようになった。 《翻経》 経典を翻訳すること。 《顕密二宗》 顕教と密教。顕教に大乗と小乗とを含める。 《羅什》 鳩摩羅什（クマーラジーヴァ Kumārajīva）の略。三四四―四一三年頃の生存。父は鳩摩羅炎、インドの人であったが宰相の位を捨てて出家し、中国に佛法を伝えんとして、亀茲国まで来た時、国王に厚遇せられ、留まって王女と結婚し、羅什を生んだ。鳩摩羅炎は亀茲にて没したので、王女は子供に夫の遺志を果さしめんとして、羅什を七歳にて出家せしめ、共にカシュミールなどに留学して、佛教を学ばしめ、後、中国に渡って大訳経僧となった。 《玄奘》 六〇〇―六六四年。唐代の大訳経僧。六二九年、国禁を犯して西遊を決行し、非常な苦難の末、中インドのナーランダー寺に達し、唯識佛教を学び、あまねくインドを旅行し、佛像・経巻その他をもたらして、六四五年に長安に帰米。それより没するまでの二十年間に一三三〇巻の経論を訳出した。さらに、東洋における最大の旅行記『大唐西域記』十二巻を撰す。『大慈恩寺三蔵法師伝』に詳しい伝記がある。 《韋陀之天告》 唐の道宣が韋陀天に、羅什の訳経のみが世間でよく読誦される理由を問うと、韋陀天は盛んに羅什を讃嘆し、彼の訳は翻訳が勝れており、梵本の意と相違せず、彼の訳に過ぐるものはないと告げたということが『道宣律師感通録』（大正五二、四三七下）に伝えられている。玄奘についても同じ話が伝えられている。『大慈恩寺三蔵法師伝』巻十（大正五〇、二七七中―下）。 《覚賢》 佛陀跋陀羅（Buddhabhadra）のこと。意訳して覚賢という。中インドの出身、四〇六年長安に来て、羅什と親交を結んだが、後に盧山に行き、さらに建康に行って、『華厳経』六十巻などを訳した。四二九年七十一歳寂。 《曇無》 曇無讖（ダルマクシェーマ Dharmakṣema）のこと。中インドの人。初め小乗を学び、後に大乗に帰し、西域を経て中国に至り、四一二年姑蔵に入った。そして河西王蒙遜の優遇を受け、大乗の『涅槃経』四十巻、その他を訳す。四三三年刺客のために四十九歳にて寂す。 《海龍之神護》 覚賢が『華厳経』を訳していた時、龍神が二童子となり、訳場の道場寺の池より現われて、覚賢の左右に侍し、これを守護したという伝説。『大方広佛華厳経感応伝』（大正五一、一七三下）参照。

この一段は、佛教が中国に伝来し、翻訳がなされるようになったことを明かす。震旦《しんたん》（Cināsthāna，中国）に佛教が伝ったのは、佛滅一千年の末である。凝然の『三国佛法伝通縁起』上には「如来の滅後一千十六年を経て、天竺の佛法創《はじ》めて震旦に伝わる。即ち後漢の永平十年丁卯なり」と述べている。すなわち後漢の明帝が永平十年（西紀六七年）に、夢に金人を見て、使を大月氏《だいげつし》国に遣わし、佛像・経巻を求め、それに応じて摩騰迦葉《まとうかしよう》・竺法蘭《じくほうらん》が洛陽に来て、『四十二章経』を訳したのが、佛教の初伝であると見ているのである。これを佛滅一千十六年とするのは、佛滅を紀元前九四九年と見るわけである。

佛滅年代に関しては、費長房《ひちようぼう》の『歴代三宝紀』巻一（大正四九、二三）に、数説を挙げている。第一は、『法顕伝』に出るもので、佛の生誕を殷世武乙二十六年とする説で、それから費長房が『歴代三宝紀』を完成した「開皇十七年（五九七）までに、一六八一年経っているという。佛滅はこれより八十年後であるため、紀元前一一〇五年が佛滅にあたる。

第二説は、沙門法上《しやもんほうじよう》の説で、周の昭王二十四年を佛生誕とする説である。これは、開皇十七年までに一四八六年経っているという。昭王は紀元前一〇五二から一〇〇二年まで王位にあったというから、佛誕は紀元前一〇二九年になる。これによると、永平十年は佛滅一〇一七年になり、凝然がいう一千十六年とほぼ合する。ただし、費長房が、開皇十七年までに一四八六年というているのは、計算が合わない。

費長房はそれ以外にもいくつかの説を挙げており、みずからは佛の生誕は周の荘王（前六九六―六八二在位）の九年（前六八八）であったという説を採用している。しかしこの説でも佛滅は紀元前六〇九年となり、現在一般に承認せられている説よりもはるかに早い。

ともかく、凝然がこのように早い佛滅年代論を採っているのは、鎌倉時代にすでに末法に入っていると考えていた当時の時代観とも関係があると思う。

ともかく、中国への佛教伝来は、後漢の明帝の永平十年というのが、一般に承認せられている説である。これは僧祐《そうゆう》（四四五―五一八）の『出三蔵記集』巻二（大正五五、五下）に出ている。しかし、僧祐が経録を作るのに依用した道安《どうあん》（三一四―三八五）の『綜理衆経目録』には、摩騰が『四十二章経』を訳出したことは載っていなかった。そのことは僧祐のいうところである。しかも現存の『四十二章経』は訳文のスタイルが新しいので、最初の訳出経典とは見難い。それからまた、明帝が夢に金人を見たという「金人」は、佛像と考えられるが、西紀六七年では、まだガンダーラでも佛像は作られていなかったであろうと見られている。さらに西紀六七年頃には、匈奴《きょうど》のために西域の交通路は閉ざされていたので、摩騰などが来たとは認めがたいという説もある。種々の理由で、学界では永平十年佛教伝来説は否定せられている。

しかし、明帝の伝説以外にも、当時佛教が中国に伝っていたことを示す逸話がいくつか伝えられており、西紀一世紀には佛教は中国に伝っていたことは確かである。ともかく本書によれば、迦葉摩騰が洛陽に来て、白馬寺において『四十二章経』一巻を訳したのが、佛教の初伝であると見、その後に竺法蘭が来たと見ているのである。そして彼らが経典を翻訳したのみでなく、佛像も伝来し、したがってそれを祀《まつ》る佛殿も建立され、僧も出家し、佛・法・僧の三宝が揃ったと見ているのである。そして次第に経典の数も増え、大乗の経典だけでなく、小乗の経典や、道徳（人乗）を説く教えや、生天思想（天乗）を説く教説も伝わり、五乗の教えが揃ったというのである。

佛教が伝ったのは後漢（二五―二〇〇）の時代であるが、それから三国の魏《ぎ》（二二〇―二六五）、晋《しん》（二六五―三一六）、東晋《とうしん》（三一七―四二〇）、宋《そう》（四二〇―四七九）、斉《せい》（四七九―五〇二）、梁《りょう》（五〇二―五五七）、陳《ちん》（五五七―五八九）、隋《ずい》（五八一―六一八）、唐《とう》（六一八―九〇七）、宋《そう》（九六〇―一二七九）など次第して、それぞれの王朝において、多くの三蔵法師が佛教を中国に伝え、そして教えを弘めた。

佛教の経典を翻訳する僧を三蔵法師というが、これには、インドや西域から中国に来た僧と、中国からインドに法を求めて行き、中国に帰来した中国人の僧とがある。前者には、安世高《あんせこう》や支婁迦讖《しるかせん》、竺《じく》法護《ほうご》・真諦《しんだい》・羅什《らじゅう》などをはじめ、多くの三蔵がある。後者には、法顕《ほっけん》や玄奘《げんじょう》・義浄《ぎじょう》などが有名である。彼らによって、大乗・小乗の経律論や、顕教・密教の経論が訳出せられた。そしてそれらが、中国から朝鮮・日本などに弘まったのである。

翻訳僧の数は多いが、それらの中で最も抜きんでているのは、鳩摩羅什《くまらじゅう》と玄奘とである。羅什の翻訳によって、漢文の経典のみで佛教が理解できるようになった。それ以前の支謙《しけん》や竺法護などの訳文は流暢でないので、訳文だけではその意味が十分に理解できなかった。しかるに、羅什の翻訳は文章が流暢で、文意が明晰であるので、漢訳で佛教が理解できるようになったのである。経典のみでなく、論書や律蔵なども羅什は翻訳している。すなわち、経典としては『般若経』・『妙法蓮華経』・『維摩経』・『阿弥陀経』などをはじめ、多数の経典を訳したが、読誦や研究にはすべて羅什の翻訳が用いられている。さらに論としては、『中論』・『百論』・『十二門論』・『大智度論』・『十住毘婆沙論』・『成実論』などを訳したが、これらは中国で佛教研究の重要な論書となっており、これらの翻訳が出ために、中国の佛教理解は長足の進歩をしたのである。さらに律蔵では、『十誦律』を訳している。それまでは完全な律蔵は存在しなかったのであり、『十誦律』の出現によって、中国人が佛教の戒律を直接に知ることができるようになった。ともかく、羅什が難解な佛教の術語に巧みな訳語を与え、訳文のスタイルを確立したので、それ以後の翻訳家は、彼の訳文を模範として翻訳をしているので、訳文が理解容易になっている。その意味で羅什は中国訳経史上、不朽の功績を果した人である。

次に、玄奘も佛教経典翻訳において、前人未踏の功績を残した。後漢以来、宋代までに訳出せられた佛教の経論は約六千巻であるが、その中で千三百余巻は玄奘が訳したものである。訳経家の数は百人を超えるであろうが、しかし、訳経の五分の一以上は玄奘一人の訳出である。その点だけでも玄奘が非凡な翻訳家であることがわかる。しかもその中には、『大般若経』六百巻、『大毘婆沙論』二百巻、『瑜伽論』百巻などをはじめ、他人の容易に訳しえない重要な経論が含まれている。特に唯識関係の論書と、説一切有部関係の論書が漢訳に完備したのは、まったく玄奘の功績である。「倶舎・唯識」と呼び慣わせるように、両者は佛教研究の基礎学である。それを可能にしたものが、玄奘の訳経である。

このように羅什と玄奘とは翻訳において特別の功績があったので、韋駄天《いだてん》が特に彼らの功績を道宣《どうせん》に称揚して語ったと伝えられるのである。

さらに『華厳経』を訳した覚賢《かくけん》（佛陀跋陀羅《ぶつだばだら》）と、『涅槃経』を訳した曇無讖《どんむせん》の功績も見落すことはできない。両経は共に、中国佛教形成に重要な役割を果している。『涅槃経』は『法華経』のように、中国佛教の表面に現われることは少ないが、しかし、中国の佛教者が等しく注目したところであり、重要な影響を与えた。覚賢が『華厳経』を訳す時、道場寺に突然池ができ、その池から龍が青衣の姿で現われて来て、覚賢の両側に侍して、彼の翻訳を助けたという。曇無讖もしばしば神通《じんずう》を現わし、河西王蒙遜《もうそん》に尊敬された。『涅槃経』を翻訳したが前半のみであったので、一度は残りを得るために西域に帰ることを許されたが、しかし蒙遜は、彼が敵国である北魏に行くのではないかと疑い、二度目の西域行の時に、刺客を送って彼を殺した。彼は『涅槃経』のために命を落したのである。

ともかく、これら以外にも訳経僧は多い。そして彼らの苦心によって、中国の佛教経典は次第に増大し、唐の時代には、それをまとめて「一切経」「大蔵経」と称するようになった。そして経論の訳者や訳時などを記録した「経録」が、すでに道安（三一四―三八五）の時代から作られている。

2　諸宗の成立

其餘高僧崇二佛法一之者、或金陵淨影月、澄二于八不顯實之水一。或南岳天台花、鮮二于一心三觀之薗一。慈恩淄洲風、涼二于三草二木之梢一、香象清涼玉、明二于十玄六相之臺一。加之光寶二師、窮二對法一而明明。礪宣兩家、瑩二戒律一而歷歷。況於二成實之大義一、惠影獨麗、眞言之密敎、行果倶朗乎。自外諸德、不レ可二稱計一。竝弘二大道一互通二佛敎一。威德巍巍歟感二天給一、妙解蕩蕩、頻見二心佛一。如レ此高僧、古今之間多哉大哉。豈言語之所レ及乎。此謂二震旦弘傳之相一也。

其の余の高僧の佛法を崇《ちが》むる者は、或いは金陵浄影《きんりょうじょうよう》の月、八不顕実の水に澄《す》み、或いは南岳天台の花、一心三観の薗《その》に鮮《あざや》かなり。慈恩淄洲《じおんししゆう》の風は三草二木の梢《こずえ》に涼し。香象清涼《こうぞうしょうりょう》の玉《ぎょく》は十玄六相の台《うてな》に明らかなり。

加之《しかのみならず》、光宝二師は対法を窮《きわ》めて、而《しか》も明明たり。礪宣《れいせん》両家は戒律を瑩《みが》いて、而《しか》も歴歴たり。況んや成実の大義に於ては、恵影《えよう》独り麗《うる》わしく、真言の密教は行果倶《とも》に朗らかなるをや。自外の諸徳、称計すべからず。並びに大道を弘め、互いに佛教を通ず。威徳巍巍《いとくぎぎ》として、数ゝ《しばしば》天給を感ず。妙解蕩蕩《みょうげとうとう》として、頻《しき》りに心佛を見る。此の如きの高僧、古今の間に多なるかな、大なるかな。豈に言語の及ぶ所ならんや。此《こ》れを震旦弘伝《ぐでん》の相と謂うなり。

《金陵》 現在の南京のこと。嘉祥大師吉蔵は金陵の出身であるので、金陵で三論宗の吉蔵（五四九—六二三）を示す。《浄影》 浄影寺慧遠（五二三—五九二）を指す。浄影寺は長安にある。慧遠は地論宗の人であるが、金陵の月というために、浄影を加えたのであろう。文飾語と見られる。地論宗の慧遠を、三論宗に加えようとしたのではなかろう。《八不顕実》 八不は不生不滅・不常不断・不一不異・不来不去で、縁起を示す。縁起を八不で解釈して、そこに中道の真実を示すのが三論宗の教理。故に「顕実」といった。三論宗の項参照。《南岳天台》 南岳は洞庭湖の南にある衡山のこと。晩年慧思禅師（五一五—五七七）はこの山に住したので、慧思のことを南岳慧思禅師という。法華三昧を発得して、これを智顗に授けた。天台は天台山のことで、智者大師智顗はこの山に住したので、智顗（五三八—五九七）を天台大師という。天台宗の開祖。《一心三観》 天台宗の教理の要義。三観は、従仮入空観、従空入仮観、中道第一義観。これが同時に一心に具わるので「一心三観」という。存在は無常で変化するから、個存の本性を持たない点を空という。しかし、それが個々のものとして成立することを妨げない。個々の存在は無常であるから仮という。存在は空でありつつ仮である。両者を妨げなく見うるのが中道観であり、この三種の見方が一心に具わる時、中道の実践が可能となる。天台宗の項参照。《慈恩淄洲》 慈恩大師窺基（六三二—六八二）。玄奘の教えを受けて、法相宗の祖となる。淄洲は淄洲大師慧沼（六五〇—七一四）のことで、法相宗第二祖。《三草二木》 『法華経』の「薬草喩品」の教理で、三草は小草・中草・大草、二木は大樹・

小樹で、小さな草も大きな木も、同一の雨によって潤されて、それぞれに生長する。一切衆生が同一の佛陀の教えを聞いて、それぞれ利益を得ることに譬えたもので、法相宗はこれを「五性各別」思想の典拠となしている。法相宗の項参照。**《香象清涼》**　香象は賢首大師法蔵（六四三—七一二）のことで、華厳宗第三祖であるが、華厳宗の教理の確立者。清涼は清涼大師澄観（七三八—八三九）で華厳宗の第四祖。大統国師と呼ばれ、七帝の師として尊敬された。**《十玄六相》**　華厳宗の教理で、事事無礙法界の深義を明かす。華厳宗の項参照。**《光宝二師》**　普光と法宝。普光（—六六四—）は玄奘の弟子で、『倶舎論』に詳しく、註釈『倶舎論記』三十巻を著わす。法宝（—七〇〇—）も玄奘の弟子で、『倶舎論』の註釈『倶舎論疏』三十巻を著わす。両書は『倶舎論』研究の指南書であるので、両者で倶舎宗を示す。**《対法》**　アビダルマ佛教のこと。**《礪宣》**　法礪（五六九—六三五）と道宣（五九六—六六七）。共に律宗の人で、法礪は相部宗を立て、道宣は南山宗の祖。この外に、懐素の東塔宗があるが、ここには言及していない。**《恵影》**　慧観と曇影の二人と見る。共に羅什の弟子。曇影は『成実論』の翻訳の筆受を勤め、『成実論』を五聚に分けたことで有名。僧叡がこれを講義したことをいうが、慧観は涅槃宗の学者で、成実には特に関係はないようである。次に「独り麗わし」とあるために、恵影は二人ではなく、一人で、恵影は『成実論義章』二十三巻を著わした人であるという説もあるが、下の「成実宗」の項でも、恵影に言及せず、事績不明である。**《行果》**　一行（六七三—七二七）と恵果（七四五—八〇五）。一行は『大日経』の註釈を作り、中国の真言宗の教理的確立の功労者。恵果は不空の弟子で、弘法大師空海に密教を授けた人。行果を因行と佛果の意味にも解しうる。真言宗は即身成佛の教理を立て、因行と佛果を即一に見る。真言宗の項参照。**《天給》**　天より下す奇瑞、天の給物（たまもの）を感受すること。

この一段は、中国における八宗の要義を明かした一段である。

以上、訳経僧の功績を述べたが、これ以外にも佛法を崇《あが》めた高僧は多い。三論宗の吉蔵《きちぞう》は金陵《きんりょう》に生まれ、浄影寺《じょうようじ》の慧遠《えおん》と共に、心月を八不中道の水に澄まし、南岳慧思《えし》や天台大師智顗《ちぎ》は、美しい天台の教理の花を一心三観の花園に咲かせている。慈恩大師窺基《きき》や淄洲《ししゅう》大師慧沼《えしょう》は、法相宗の五性各別の教理のさわやかな風を、『法華経』の三草二木の教えの梢《こずえ》に涼しく吹かせている。また華厳宗の賢首《げんじゅ》大師法蔵や、その弟子澄観《ちょうがん》は、心の玉《ぎょく》を磨《みが》いて、十玄六相の教義の台上に輝かしめている。このように勝れた学者があるだけでなく、さらに普光《ふこう》・法宝《ほうほう》の二師は『倶舎論』を研究して、難解なアビダルマの教理を、掌《てのひら》を見るがごとくに明らかに説明している。さらに法礪《ほうれい》や道宣《どうせん》の二家は、戒律を清らかに実行して、二百五十戒の義を明らかにすることは、あたかも美しい玉を磨いて輝かしめるがごとくである。いわんや、『成実論』に説く人法二空の大義は、慧観《えかん》と曇影《どんよう》のみがその奥義を麗《うる》わしく示している。さらに真言宗の即身成佛の教義は、一行《いちぎょう》と恵果《けいか》が共に精通していた。その他にも勝れた大徳が多数輩出しており、それらを一一挙げて示すことは不可能であるが、共に佛教の大道を弘通し、その徳行が高く、その智解が深いことは、高山が巍々《ぎぎ》とそびえるごとくであり、天神もその高徳に感じて、奇瑞を現わし、その徳行を讃えている。彼らの佛教の深い理解は広大で、限りがなく蕩々《とうとう》としており、常に心に佛を見ているのである。古《いにしえ》より今に至るまで、このような高僧の多く現われていることは、とうてい言葉で表現できるものではない。

以上が、中国における佛教弘通の概況である。

第四節　日　本

1　佛教の伝来と聖徳太子

至レ如二日本國一者、人王第三十代、欽明天皇御宇、第六年乙丑（當二梁大同八年一）十一月、從二百濟國聖明王一、獻二金銅釋迦像一軀、及幡蓋若干經論一。天皇歡喜、卽見崇レ之。于レ時臣下雖レ不レ敬レ之、遂建二寺宇一安二置佛經一、其後漸漸三寶興建。第三十一代、敏達天皇、元年壬辰正月一日、聖德太子誕二生和國一、更弘二佛法一、廣滿二天下一。伽藍諸處、度レ人無量。守屋逆臣、被二定慧弓箭一、高麗兩僧、得二弘通稱譽一。降二伏邪見一、紹二隆三寶一、拔二濟衆生一、施二作佛事一。千古百來、何處過レ之。偏是上宮太子、善巧之力也。

日本国の如きに至りては、人王第三十代、欽明《きんめい》天皇の御宇《ぎょう》第六年乙丑《きのとうし》（梁の大同八年に当る）十一月、百済《くだら》国の聖明王《しょうみょうおう》従《よ》り、金銅の釈迦像一軀《く》、及び幡蓋《はんがい》、若干の経論とを献ず。天皇歓喜して、即ち見て之《これ》を崇《あが》めたもう。時に臣下之《これ》を敬せずと雖も、遂に寺宇《じう》を建て、佛経を安置せり。其の後、漸漸《ぜんぜん》に三宝興建す。第三十一代、敏達《びんたつ》天皇の元年壬辰《みずのえたつ》正月一日、聖徳太子《しょうとくたいし》和《わ》国に誕生して、更に佛法を弘め、広く天下に満つ。伽藍《がらん》は諸処に、人を度すること無量なり。守屋《もりや》の逆臣は定慧《じょうえ》の弓箭《きゅうせん》を被り、高麗《こうらい》の両僧は弘通の称誉を得たり。邪見を降伏《ごうぶく》し、三宝を紹隆《しょうりゅう》し、衆生を抜済《ばっさい》し、佛事を施作《しさく》す。千古百来、何処《いずこ》か之《これ》に過ぎん。偏えに是れ上宮太子《じょうぐうたいし》の善巧《ぜんぎょう》の力なり。

《人王第三十代》　三十代とあるが、欽明天皇は第二十九代。したがって、次の敏達天皇は第三十代。**《第六年》**　欽明天皇御宇第六年乙丑（五四五年）は、佛教伝来年時の一説である。割註の大同八年とあるのは、十一年の誤り。佛教公伝の年代については、異説があり、『上宮聖徳法王帝説』と「護命等上表文」は、宣化戊午十月（五三八年、欽明天皇の即位を訂正し、これを欽明天皇七年と見る）とし、『日本書紀』・『元亨釈書』などは、欽明天皇十三年（五五二）となす。**《臣下雖不敬之》**　これは物部尾輿や中臣鎌子などが崇佛に反対したこと。**《寺宇》**　向原寺を建立したこと、朝廷の大臣の問に排佛・崇佛の両派が分れたので、天皇は佛像などを崇佛派の蘇我稲目に賜った。稲目はこれを向原の寺に安置した。これが向原寺で、わが国最初の寺である。《敏達天皇元年》西紀五七二年。これを聖徳太子の生年となすも、正確には、敏達天皇三年（五七四）であり、推古天皇三十年（六二二）四十九歳にて薨去さる。《伽藍》僧伽藍（サンガーラーマ saṃghārāma）の略。僧園と訳す。そこに精舎が建てられ、出家の佛弟子の修行と生活の場所となる。《度人》度は渡すという意味、迷いの岸から悟りの岸に渡すこと。ここでは、人を出家せしめること。《定慧弓箭》『大智度論』巻二に、禅定を良弓となし、智慧を好箭となすとあるごとく、定慧を弓矢に譬える。ここでは、物部守屋が佛教に反対し、穴穂部皇子を皇位に即け奉らんとして反逆を謀り、事露顕して戦敗れて射殺されたことを、佛罰を被ったためと解し、定慧の弓箭を被るといった。《高麗両僧》高麗の慧慈と百済の慧聡のこと。この二人は来朝して、法興寺に住し、聖徳太子の師となり、大いに佛法を弘め、三宝の棟梁と崇められた。《千古百来》千年百年の古より。《上宮太子》聖徳太子の異名。用命天皇が太子を愛して、池辺宮南の上殿に居らしめ給うたので上宮太子という。

この一段は、佛教の初伝と聖徳太子の三宝興隆を明かす一段である。

日本に佛教が伝来した次第はどうかというに、欽明《きんめい》天皇第六年十一月に百済《くだら》の聖明王《しょうみょうおう》が、金銅の釈迦像と、幡《はた》と天蓋《てんがい》、並びに若干の経論を献上したことに始まる。佛教の初伝を欽明天皇六年とする説の外に、『日本書記』や『扶桑略記』・『元亨釈書』などでは「欽明天皇十三年十月」（五五二年）としている。しかし、『上宮聖徳法王帝説』には「欽明天皇戊午年十月十二日」となっており、『日本書記』の記載に錯簡のあることが明らかにせられ、欽明天皇の即位は「辛亥年」（五三一年）であることが明らかになり、佛教の公伝は「欽明天皇七年戊午」（五三八年）と見るのが、最近の学界の趨勢である。しかし、これ以前から、朝鮮からの帰化人は多くあったし、彼らの中には佛教を私的に信奉していた者もあったであろうし、朝鮮との国交はすでに早くから開けていたから、朝鮮に遣わした使臣などには、佛教に触れた者もあったであろう。したがって、この当時、多くの日本人がすでに佛教を知っていたのであり、聖明王の佛像などの献上は、佛教の公伝というべきである。この時、欽明天皇はこれを見て、たいそう喜こばれ、佛教を崇《あが》めようとされたが、物部尾輿《もののべのおこし》や中臣鎌子《なかとみのかまこ》などが反対したので、崇佛派の蘇我稲目《そがのいなめ》にその佛像を賜った。稲目は向原《むくはら》の家を寺として、そこに安置した。これが日本における寺の初めであり、それから後、だんだんと佛教を信ずる者が多くなり、三宝が興隆した。

しかるに、敏達《びんたつ》天皇元年正月一日（実際は敏達天皇三年）に聖徳太子が和国、すなわち日本に誕生されて、さらに広く佛教が天下に弘まることになった。寺院は諸所に建立され、僧尼の出家も非常にたくさんになった。そして佛教を祀《まつ》ることに反対していた逆臣守屋《もりや》が、佛教の威力によって誅罰《ちゅうばつ》され、高麗から来た慧慈《えじ》と百済から来た慧聰《えそう》とは、聖徳太子と力を合せて、佛教の弘通に努め、世間の称讃を得たのである。佛教が弘まるにしたがって、邪見を抱く者は降伏《ごうぶく》されて、正見に帰し、佛法僧の三宝はますます盛んになり、衆生を迷いから抜済《ばっさい》し、説法・読経・礼拝などの佛事がますます熱心に行われるようになった。このように佛教がたちまち盛んになったことは、昔よりこの方、いずこにもかつてなかったことであるが、これはひとえに聖徳太子の善巧方便《ぜんぎょうほうべん》の力によるものである。

2　八宗の伝来

自レ爾已來、高僧頻出、廣傳二佛法一。大聖垂迹遍弘二三寶一。慧灌僧正傳二三論深義一、玄昉僧正弘二法相大乘一。華嚴圓宗、道璿律師傳レ之。戒律天台、鑒眞和尚弘レ之。傳敎大師重興二天台、弘法大師盛開二眞言一、倶舎成實各有二傳承一。此等諸徳、或従レ唐至レ此、或従レ此往還。

爾《そ》れ自《よ》り已来、高僧頻《しき》りに出でて広く佛法を伝う。大聖垂迹《すいじゃく》して遍く三宝を弘む。慧灌《えかん》僧正は三論の深義を伝え、玄昉《げんぼう》僧正は法相の大乗を弘む。華厳円宗《えんしゅう》は道璿《どうせん》律師之《これ》を伝う。戒律と天台は鑒真和尚之《がんじんわじょうこれ》を弘む。伝教大師は重ねて天台を興し、弘法大師は盛んに真言を開けり。倶舎・成実も各〻伝承有り。此等の諸徳、或いは唐従《よ》り此《ここ》に至り、或いは此従《ここよ》り往還す。

《垂迹》　本地の佛が菩薩などに姿を変えて、この土にあとをたれること。《慧灌》　高句麗の僧で、入唐して吉蔵について三論を学び、推古天皇三十三年（六二五）来朝し、元興寺に住して三論宗を弘めた。《僧正》　僧官の一種。推古天皇三十三年、僧尼が増え、親を殺した僧が出たために、僧侶統制の必要を生じ、僧正・僧都・法頭の役を置いて、僧尼を取締った。最初に観勒が僧正に任ぜられた。《玄昉》　（ー七四六）。養老元年（七一七）入唐して、智周に学び、天平七年（七三五）帰朝。一切経を将来し、興福寺に住し、法相宗を弘めた。彼は法相の第四伝であるが、法相宗の主流となる。《道璿》　（七〇二ー七六〇）。唐の人で、聖武天皇天平八年（七三六）天竺の菩提仙那と共に来朝し、華厳の章疏や律宗の章疏をもたらし、律を講ずると共に、華厳を講じた。《鑒真》　（六八七ー七六三）。唐の人で、五回の失敗にも挫折せず、十二年を経て、六回目に天平勝宝六年（七五四）来朝し、十人僧による授戒の儀式を伝えた。《伝教》　（七六六ー八二二）。十四歳で三論宗の行表に従って出家。三十九歳の時、空海などと共に入唐し、円密禅戒合一の天台宗を伝え、比叡山を開いた。大師号宣下の最初の人。《弘法》　（七七三ー八三五）。讃岐の出身で、延暦二十三年（八〇四）、三十一歳の時入唐、恵果より密教を受けて帰朝、東寺と高野山とに真言宗を開いた。

聖徳太子の力によって日本佛教の基礎ができたが、その後、高僧の往来により、各宗の佛教が伝えられた。これは本地の佛がこの土に垂迹《すいじゃく》を示現《じげん》されて、あまねく三宝を弘められたのである。

八宗の中、最初に伝ったのは三論宗である。これは高句麗の僧慧灌《えかん》によって伝えられた。慧灌は入唐して吉蔵より三論宗の深義を学び、推古天皇三十三年（六二五）に来朝して、元興寺《がんごうじ》に住して三論宗を弘めた。次に、法相宗は白雉四年（六五三）に元興寺の僧道昭《どうしょう》（六二九—七〇〇）が入唐して、玄奘に法相を学び帰朝したのが初伝であるが、重要なのは玄昉《げんぼう》の第四伝である。彼は養老元年（七一七）に入唐し、第三祖の智周《ちしゅう》について法相を学び、一切経を将来して天平七年（七三五）に帰朝し、興福寺に住し、法相大乗を弘めた。初伝・二伝などは元興寺が中心であったので南寺伝といい、玄昉の興福寺の法相宗を北寺伝という。

次に、華厳宗は、唐の道璿《どうせん》が聖武天皇の天平八年（七三六）に来朝して、華厳の章疏や律の章疏を伝え、講義を行ったことに始まる。道璿は禅も伝えている。戒律と天台は鑒真《がんじん》（鑑真）が伝えた。鑒真は天台宗の人であるが、同時に律に達していた。そのために天平勝宝六年（七五四）に来朝して、律宗を伝えたが、同時に、天台の章疏も将来したのである。しかし、正式の天台宗の伝来は伝教大師によってである。しかし、凝然は律宗の人であるので、伝教大師については、「重ねて天台を興し」といっている。これは、律宗の祖である鑒真に、天台宗初伝の功績をも認めようとするものである。しかし、最澄の天台宗は四宗合一の天台宗であるから、鑒真の天台とは内容がかなり違う。

次に、真言宗の伝来は弘法大師によってである。弘法大師空海は、最澄と共に、延暦二十三年（八〇四）五月、日本を発ち、入唐し、長安において恵果《けいか》に面謁して、真言宗を伝えられ、八〇六年に帰朝し、真言宗を開いた。その他の倶舎宗・成実宗についても、それぞれ伝承がある。しかし、倶舎宗や成実宗は、誰が伝えたかを、はっきり示すことはできない。おそらく、倶舎は法相につれて伝来したのであろうし、成実宗は佛教伝来の初期に三論宗と共に伝来したのであろう。これらの諸宗伝来の諸徳のうち、道璿や鑑真などは唐からこの土に来朝した人であり、玄昉や伝教・弘法などは、この土から法を求めて唐に往還した人々である。

3 八宗の伝播

自餘諸師、弘傳甚多。竝前後翫二如レ上法一。或汲二玉泉之流一、或傳二慧日之光一。或受二清涼之滿月一、或爲二玉花之門葉一。或彳二南山貞松之下一、或遊二西湖靈芝之薗一。或靑龍深窮二海底一、或大雲遍覆二四面一。大小兩乘性相二宗敎觀二門顯密二教、各各傳通不レ可二稱計一。七大諸寺、竝レ肩鑽仰、南北二京諍レ美依學。互是龍象之徒衆、俱爲二人天之大師一、厥餘邊方亦隨弘通。自レ古至レ今繼レ踵不レ絕。末法味薄、敎海本深。欲レ釣二其奥一不レ能レ及。大哉不レ可二得而稱一者也。此謂二日域弘傳之相一也。

自余の諸師、弘伝甚だ多く、並びに前後に上の如き法を翫《もてあそ》ぶ。或いは玉泉《ぎょくせん》の流れを汲み、或いは慧《え》日《にち》の光を伝う。或いは清涼《しょうりょう》の満月を受け、或いは玉花《ぎょくか》の門葉《もんよう》と為《な》る。或いは南山貞松の下に彳《たたず》み、或いは西湖霊《れい》芝《し》の薗《その》に遊ぶ。或いは青龍《せいりゅう》深く海底を窮《きわ》め、或いは大雲遍く四面を覆《おお》う。大小両乗、性相二宗、教観二門、顕密二教、各各《おのおの》伝通して、称計すべからず。七大諸寺肩を並べて鑽仰《さんごう》し、南北の二京《にきょう》美を諍いて依学す。互いに是れ龍象の徒衆、倶《とも》に人天の大師と為《な》る。厥《そ》の余の辺方もまた随って弘通す。古《いにしえよ》自り今に至るまで踵《きびす》を継いで絶えず。末法味《あじ》わい薄けれども、教海本《もと》より深し。其の奥を釣らんと欲すれども、及ぶこと能わず。

大いなるかな、得て称すべからざる者なり。此《こ》れを日域弘伝の相と謂うなり。

《**玉泉之流**》　玉泉寺のこと。天台宗を示す。玉泉寺は智顗が故郷の荆州に建てた寺。彼は『法華玄義』と『摩訶止観』とをこの寺で講じた。　《**慧日之光**》　慧日は慧日道場。嘉祥大師が住した楊州の寺。慧日の光は三論宗の教理を指す。　《**清涼之満月**》　清涼は華厳宗第四祖の清涼澄観のこと。彼は五台山清涼寺に住した。満月を華厳の教理に譬えた。　《**玉花之門葉**》　玉花は玉花宮。唐の高宗が深く玄奘に帰依し、玉花宮を玄奘の翻訳道場とされ、ここで法相宗の経論が訳されたので、玉花の門葉で法相宗の門流を指す。　《**南山貞松**》　道宣の南山律宗をいう。道宣は終南山に住したので、道宣の律宗を南山律宗という。貞松は山上の緑の松を、戒律を守ること堅固なるに譬えた。　《**西湖霊芝**》　西湖は西湖菩提寺の允堪律師を指し、霊芝は霊芝寺の元照律師のこと。允堪（一〇〇五—一〇六一）・元照（一〇四八—一一一六）は宋代に南山律宗を復興した人。　《**青龍**》　青龍寺の恵果を指す。　《**大雲**》　大雲寺の円暉を指す。円暉は『倶舎論頌疏』を著わし、光宝二師と並んで倶舎の大家。「大雲遍く四面を覆う」とは、『倶舎論』を学ぶ人は円暉の影響を受けないものはないという意。　《**性相二宗**》　性宗は法の性を重んじ、三論宗など。相宗は法の相を研究する法相宗・倶舎宗。　《**教観二門**》　教相門と観心門。教理と実践。　《**七大諸寺**》　奈良の七大寺。東大寺・西大寺・元興寺・法隆寺・大安寺・薬師寺・興福寺。　《**南北二京**》　南京は奈良、北京は京都。　《**龍象**》　高僧の尊称。　《**末法味薄**》　末法には衆生の根機が下劣となるので、佛法の奥義を深く味わうことはできない。

八宗の伝来に次いで、八宗の教理を学ぶ者の多いことを示す。

以上は八宗の伝来について功績のあった人を示したが、それ以外にも佛教の弘伝に努めた人は非常に多い。八宗のそれぞれの教理を学び、師から弟子へと伝え、相い継いで八宗の教義を盛んにした。それらの中には、玉泉《ぎょくせん》寺を開いた天台の流を汲む者、あるいは慧日《えにち》道場で活躍した三論の嘉祥《かじょう》大師の教えの光りを伝える者もある。あるいは華厳宗の清涼澄観《しょうりょうちょうがん》の満月のごとき完全な教えを受ける者、あるいは唐の高宗の玉花宮《ぎょくかきゅう》で翻訳をなした玄奘の、法相宗の門葉《もんよう》となる者もある。あるいは南山律宗の松の緑の変らないように堅固な戒律を持《たも》つ者、あるいは西湖菩提寺の允堪《いんたん》や霊芝《れいし》寺の元照《がんしょう》の戒律の教理を学ぶ者もある。あるいは青龍《せいりゅう》寺恵果《けいか》の密教の教えの、海底のごとき深い奥義を究むる者もあり、あるいは大雲寺円暉《えんぎ》の『倶舎論頌疏』は、倶舎宗を学ぶ者の何人《なんぴと》も影響を受けるものである。

このように三論をはじめとする大乗と、倶舎・成実の小乗、あるいは性宗と相宗の教理、教相門と観心門との二門、顕教と密教の二教など、それぞれの教えを伝通しているのであり、それを一一ここに挙げて述べることは不可能である。これらの諸宗は、南都の七大寺の高僧たちが肩を並べて鑽仰《さんごう》したのであり、また、平安朝になってからは奈良と京都の南北二京《にきょう》の僧たちが、それぞれの教理の美を競って研学したのである。これらの学僧たちはいずれも智徳の勝れた高徳の僧たちであり、龍象に比せられる。故に、人天の導師として恥ずかしくない者ばかりである。以上は中央の南北両京の有様であるが、しかし、佛教は中央にのみ盛んであったのではなく、辺地の地方にも広く弘通しており、佛教渡来の古より現在に至るまで、各地において、踵《きびす》を接するごとくに次々と高僧が現われて、絶えない。もちろん、鎌倉時代の現代は末法の時代であるから、人々の機根も蒙昧《もうまい》となり、佛法の真味を味わうことも薄くなったが、しかし、佛法の教海は本来深いのであって、その奥底の真理を釣り上げようとしても、それは不可能である。佛法は実に広大な教えであり、称讃の言葉も見出しえないのである。

以上が、日本佛教の伝通の概要である。

第三章　八宗概説

問。三國弘傳之相、略知既爾。然今日域所傳佛法、總有二幾許一。請重明レ之。

答。日域敎自レ昔所レ翫、本只八宗。至レ今不レ改。其之中間、非レ無二異宗一。雖レ然古今共許所レ翫、其啻八宗而已。

問。其八宗者云何。

答。言二八宗一者、一倶舍宗、二成實宗、三律宗、四法相宗、五三論宗、六天台宗、七華嚴宗、八眞言宗也。

問。此八宗中、幾是小乘、幾是大乘乎。

答。倶舍成實及律、此三宗、皆是小乘也。法相三論天台華嚴及以眞言、此之五宗、竝是大乘也。

問。此之八宗所レ談義理、各可レ得レ聞乎。

答。諸宗義趣、深奥難レ知。一宗尚嗜二未聞一、況於二八箇宗乎。故唯列二名目一、粗述二一義一耳。

問う、三国弘伝の相は略して知ること、既に爾《しか》り。然るに今、日域所伝の佛法は、総じて幾許《いくばく》有りや。請う、重ねて之《これ》を明かせ。

答う、日域の教は、昔自《よ》り翫《もてあそ》ぶ所は、本《もと》只八宗なり。今に至るまで改めず。其の中間に異宗無きに非ず。

然りと雖も、古今共許して翫ぶ所は、其れ啻《ただ》八宗已《のみ》。

問う、其の八宗とは云何《いかん》。

答う、八宗と言うは、一に倶舎宗、二に成実宗、三に律宗、四に法相宗、五に三論宗、六に天台宗、七に華厳宗、八に真言宗なり。

問う、此の八宗の中、幾ばくか是れ小乗、幾ばくか是れ大乗なるや。

答う、倶舎と成実と、及び律との此の三宗は、皆是れ小乗なり。法相・三論・天台・華厳と、及以《および》真言と、此の五宗は、並びに是れ大乗なり。

問う、此の八宗の談ずる所の義理は、各〻聞くことを得べきか。

答う、諸宗の義趣は深奥にして、知り難し。一宗尚お未聞を嗜《たしな》む。況んや八箇の宗に於ておや。故《かるがゆえ》に唯だ名目を列して粗〻《あらあら》一義を述ぶる耳《のみ》。


《其之中間非無異宗》 凝然以前に成立した宗旨で、八宗以外のものがないわけではない。浄土宗や禅宗など。《嗜未聞》 嗜むとは心がけること。未聞は教えを受けていないこと。教えを嗜んでいないことをいう。

以上、インド・中国・日本にわたって、佛教伝来の有様を略して知ることができたが、それならば、現在（鎌倉時代）日本に伝えられている佛法は、全体でどれだけあるか。それが知りたいというならば、日本に昔から信奉されている教えは、ただ八宗だけである。昔から今までこの点は変えることがない。その中間に、八宗と別の宗旨がなかったわけではない。新しい宗旨として浄土宗や禅宗が興っている。そうではあるが昔から今日まで宗として公認されているのは、ただ八宗のみである。

それならば、その八宗とは何々であるかといえば、八宗とは、倶舎宗・成実宗・律宗・法相宗・三論宗・天台宗・華厳宗・真言宗である。それならば八宗の中、どれだけが小乗で、どれだけが大乗であるか。倶舎と成実と律との三宗は小乗佛教である。そして、法相・三論・天台・華厳と、真言の五宗はすべて大乗佛教である。

しからば、この八宗で説く教理や意味について、聞くことができるか。諸宗の教義や意味は深奥であり、容易に知り難い。一宗の教理ですら、私はまだ知らない点がある。どうして八箇の宗すべてを知りえようや。それ故、ここには諸宗の教理の名目を並べて、簡単に教義の一面を述べるのみである。

附　宗・八宗・十三宗

八宗の「宗」は、現代の日本佛教で使っている「宗」の意味とはかなり違う。現代の日本佛教で、真宗・禅宗・日蓮宗などという場合の宗は、信仰の帰趣としての心の拠り所を意味している。故に、ひとりの人が、同時に真宗と日蓮宗とを信ずることはできない。すなわち、現代の宗には、他の宗を排除する意味がある。これは、宗は、信仰に基づいて立てられているからであると思う。禅宗などは「行」を主とするが、しかしそこには、この行が真理であるという信仰が附随している。

これに対して、奈良時代の「六宗」という場合の宗は、学派というほどの意味であった。「宗」は、初めは「衆」とも書かれており、学問をする集りを指したようである。それは奈良時代より少し前の、中国の隋王朝で、衆という言葉が使われていたこととも関係があろう。隋代の佛教に「五衆」「二十五衆」などが定められている。五衆とは、涅槃衆・大論衆・講律衆・講論衆・十地衆であり、それぞれの衆には「衆主」が勅任せられていたという。講論衆・講律衆などと呼ばれる点に、この衆が、講義・学問を中心とする衆団であることが示されている。聖徳太子の時代から遣隋使が派遣せられていたのであるから、隋の佛教事情が日本にも影響を与えたであろうと思われる。

特に「倶舎宗」とか「成実宗」などという場合には、信仰の拠り所ということは考えられない。倶舎の教義に則《のっと》って修行をして、阿羅漢《あらかん》の悟りを得ようと、奈良時代の人が信じていたとは考えられない。したがって、倶舎宗というのは、『倶舎論』を研究する人々の集りというほどの意味で、宗とは、学派・学科の意味であろうと考えられる。現代の大学に、哲学や印度哲学・倫理学などの学科があるように、奈良時代の大寺院には、『倶舎論』研究学科、『成実論』研究学科などがあって、それが倶舎宗・成実宗などと呼ばれていたのであろう。

ただし「宗」という言葉は、中国佛教ではかなり早くから用いられていた。羅什の弟子の僧肇《そうじょう》などに「宗」の用例が見られる。しかし、毘曇宗とか涅槃宗とかいうような意味で、宗が用いられるようになったのは、隋唐時代になってからであるらしい。それより早く、慧光《えこう》（四六八―五三七）などに、因縁宗・仮名宗・不真宗・真宗の「四宗判」があったというが、慧光自身の著作は残っていないために、はっきりしたことはわからない。しかし、隋代の智顗や吉蔵、さらに唐代の窺基や法蔵などになれば、盛んに「宗」を用いている。窺基の『妙法蓮華経玄賛』巻一（大正三四、六五七上―中）には、「宗に八有り」として、我法倶有宗・有法無我宗・法無去来宗・現通仮実宗・俗妄真実宗・諸法但名宗・勝義皆空宗・応理円実宗を挙げている。しかし、この場合の宗も、現代の宗派の意味で使われているのではない。

さらに、法蔵の『五教章』（大正四五、四八一中—下）には、「法に就いて教を分つ」として、小乗教・大乗始教・大乗終教・頓教・円教の五教を立て、次に「理を以て宗を開く。宗に乃《すなわ》ち十有り」として、十宗を立てるが、最初の六宗は、窺基の「八宗判」の前六をそのまま採用し、第七からを、一切皆空宗・真徳不空宗・相想倶絶宗・円明具徳宗としている。そして、十宗の宗と、五教の教とを併せて、「宗教」という語も行われているのである。

中国佛教にはこの外にも、宗の用例は多いが、しかし、南都六宗の六宗と同じものは見あたらない。特に「倶舎宗」は、真諦（四九九—五六九）の訳した『倶舎釈論』によるのではなく、玄奘（六〇〇—六六四）の訳した『倶舎論』三十巻によるのであるから、当然それ以後の成立である。ただし、中国には玄奘の時代に「倶舎宗」があったとは考え難い。おそらく、法相宗と共に『倶舎論』がわが国に伝来し、この『倶舎論』の研究者の集りから、倶舎衆・倶舎宗が成立したのであろう。したがって、『八宗綱要』で説く「八宗」は、日本佛教独自の成立であると見てよい。

ただし、成実宗その他は、すでに中国において成立していたものである。そして倶舎宗に代って、中国には「毘曇《びどん》宗」が古くから存在していた。毘曇は阿毘曇（アビダルマ）の略であり、阿毘曇を得意にする僧が、しばしばその講義を行ったのである。成実や三論などをも併せ学んでも、毘曇を得意とする僧は、毘曇を宗とするようになり、その師主と聴講者、修学者によって、毘曇衆・毘曇宗が成立したのであろう。『倶舎論』が翻訳される前にも、阿毘曇の論書は多数に翻訳され、盛んに講義が行われていた。特に『雑阿毘曇心論』十一巻が珍重された。

そして中国では「十三宗」がいわれていたという。これは、毘曇宗・成実宗・律宗・三論宗・涅槃宗・地論宗・摂論宗・浄土宗・禅宗・天台宗・華厳宗・法相宗・真言宗である。ただし、これらの中で、華厳宗・法相宗・真言宗などは唐中期の成立であるから、十三宗がまとめられたのはそれ以後である。しかしその頃、涅槃宗・地論宗・摂論宗などはすでに存在しなかったのであるから、このまとめ方も一応のものであり、いつ頃まとめられたか明らかでない。

第二編　各　論

第一章　倶舎宗

第一節　倶舎宗の名称

問。何故名二倶舍宗一乎。

答。倶舍者是本論名。具言レ之、卽論題云二阿毘達磨倶舍論一。論之一字是漢語、餘之六字竝梵語。阿毘此云レ對、達磨此云レ法。倶舍此云レ藏。謂對法藏論也。謂無漏慧等、名レ之爲二對法一。對有二二義一、一者對二向涅槃一故、二者對二觀四諦一故。法有二二義一。一勝義法、謂是涅槃也。二法相法、通二四聖諦一。謂無漏慧、對二向對三觀涅槃四諦一故。

問う、何が故に倶舎《くしゃ》宗と名づくるや。

答う、倶舎とは、是れ本論の名なり。具さに之《これ》を言わば、即ち論題に、阿毘達磨倶舎論《あびだつまくしゃろん》と云う。論の一字は、是れ漢語にして、余の六字は並びに梵語なり。阿毘は此《ここ》に対と云う。達磨は此《ここ》に法と云う。倶舎は此《ここ》に蔵と云う。謂く、対法蔵《たいほうぞう》論なり。謂く、無漏《むろ》の慧《え》等、之《これ》を名づけて対法と為《な》す。対に二義有り。一には涅槃に対向するが故に。二には四諦《したい》に対観するが故に。法に二義有り。一には勝義《しょうぎ》の法。謂く、是れ涅槃なり。二には法相《ほっそう》の法。四聖諦《ししょうたい》に通ず。謂く、無漏の慧、涅槃と四諦とに対向し、対観するが故に。

《本論》 根本の論、その宗で一番重要な論、ここでは『倶舎論』を指す。**《阿毘達磨倶舎論》** アビダルマコーシャ・シャーストラ (*Abhidharmakośa-śāstra*)。「論」はシャーストラを意味するが、『倶舎論』のサンスクリット原典では、アビダルマコーシャ・バーシュヤ (*Abhidharmakośa-bhāṣya*) となっている。バーシュヤは「疏」と訳す。註釈の意味である。『倶舎論』は、世親がみずから「偈」を作り、それを註釈してできたもの。**《阿毘》** アビ (abhi) を訳した。「対する」という意味であるが、「勝れる」という意味もある。**《達磨》** ダルマ (dharma)。法と訳す。法には種々の意味があるが、ここには、勝義の法（涅槃）と法相の法との二種類を出す。**《倶舎》** コーシャ (kośa) の音訳。これは蔵と訳すが、容れ物の意味。ここでは「倉庫」の意味に解して「蔵」という。**《無漏》** 汚れのないこと。悟りの智慧や涅槃をいう。**《対向》** それに向うこと。涅槃を悟る智慧が、涅槃に向うこと。**《対観》** 観ずること。法を観察する智慧が、法に向うこと。**《勝義》** 真実、実在の意味。**《四諦》** 四つの真理。諦とは真理のこと。「苦諦」迷いの世界は苦を本質としているという真理。「集諦」原因の真理、集とは因の意味。渇愛が苦の原因であるという真理。「滅諦」苦の滅の真理。涅槃は完全に苦の滅した世界。「道諦」道、すなわち実践の真理。「八聖道」は、涅槃を実現する道の真理である。

倶舎《くしゃ》宗の説明において、まず、倶舎宗の名称を明らかにする。そのために、まず「倶舎」の意味を取り上げる。

倶舎宗の「倶舎」とは、本論、すなわち倶舎宗の所依の論の名である。詳しくいえば『阿毘達磨倶《あびだつまく》舎論《しゃろん》』という。最後の「論」は漢語であるが、「阿毘達磨倶舎」の六字は梵語を音訳したものである。この中、「阿毘」とは「対する」という意味、「達磨」とは「法」である。「倶舎」とは容れ物の意味で、「蔵」と訳す。故に『阿毘達磨倶舎論』とは、「対法蔵《たいほうぞう》論」の意味になる。これはどういう意味かというと、まず「対法」とは何かというに、法に対するものは「無漏慧《むろえ》」（悟りの智慧）である。法は真理であるから、真理を見うるものは悟りの智慧以外にない。そのために「阿毘達磨」は、無漏慧であるというのである。すなわち、無漏の慧を対法という。しかし、この場合の「対」には、二つの意味が区別される。それは、法に二つの意味があるからである。一つは涅槃であり、もう一つは法相という場合の法である。第一の対法とは、涅槃に対向する智慧のことである。これがアビダルマである。この場合のアビダルマは、佛陀《ぶつだ》や阿羅漢《あらかん》の悟った智慧を指すことになる。法は種類が多いが、それらの中で最高の法、勝義《しょうぎ》の法が涅槃である。それを知る無漏の慧が「対法」、すなわち阿毘達磨である。

もう一つは、法とは法相《ほっそう》の法である。われわれが住しているこの現象世界は、無常であり、絶えず変化しているが、この現象世界を構成している要素としての法を、法相の法という。凡夫《ぼんぶ》は自我に対する執著《しゅうじゃく》があるから、世界を構成している諸法を見ることができない。法を見出すためには、無我になって、如実知見を自由に活かせる必要がある。故に、この場合にも、法に対観するものは「無漏の慧」であるということができる。法相としての法は四諦《したい》に区分されている。第一は苦諦《くたい》に含まれる法、これは迷いの世界の果の在り方を構成する諸法である。聖者が苦と見るものを、凡夫は楽《らく》と見るから、法を見ることができない。次は、集諦《じったい》に含まれる法、これは迷いの世界の苦の原因となる法、これは煩悩をいう。煩悩を煩悩として正しく見きわめるのは、悟りの智慧である。第三は滅諦《めったい》、滅諦は涅槃である。苦の滅した安穏の世界である。これが勝義の法である。第四は道諦《どうたい》、これは実践の真理であり、悟りの智慧をいう。

以上のごとく、アビダルマは法を見る智慧であるとしたら、法を見ることのできない凡夫にはまったく無関係になろう。そこで佛陀の説いたアビダルマ論書は、そこに佛智が含まれているから、これもアビダルマであるという。そしてまた、このアビダルマ論書を研究する凡夫の智慧も、アビダルマであるという。この凡夫の智慧は「有漏《うろ》の慧《え》」（煩悩に汚されている智慧）であるから、世俗のアビダルマであるという。ともかく「アビダルマ蔵」（論蔵）は、佛弟子の説いたものとなっているが、しかし、それらの基づくところは佛陀の説法であるから、アビダルマも佛説であるというのである。そこに佛智が含まれているから、凡夫がそれを学んでも「アビダルマ」と呼びうるのであるし、また、その法の研究によって、凡夫の智慧が悟りの智慧に転じうると見るのである。

最後の、アビダルマ論書もアビダルマであるという点は、『倶舎論』には説かれているが、凝然《ぎょうねん》の上述の説明では省略されている。しかし、これを略しては『倶舎論』の論という点が、佛智としてのアビダルマとつながらなくなってしまうであろう。

藏有㆓二義㆒一者包含、二者所依。包含義者、此論包㆓含發智論等諸勝義言㆒故名爲㆑藏。對法之藏、依主釋也。所依義者、此論依㆓彼發智論等㆒而造故。爾全取㆓本論對法藏名㆒。有㆓對法藏㆒故名㆓對法藏㆒是有財釋。論具題名、其義如㆑此。今此倶舍以爲㆑宗、故名㆓倶舍宗㆒也。

蔵《ぞう》に二義有り。一には包含、二には所依なり。包含の義とは、此の論、発智《ほっち》論《ろん》等の諸の勝義の言を包含するが故に、名づけて蔵となす。対法の蔵、依《え》主釈《しゅしゃく》なり。所依の義とは、此の論は彼の発智論等に依りて、而《しか》も造するが故に。爾《しか》らば全く本論の対法蔵の名を取る。対法蔵を有するが故に、対法蔵と名づく。是れ有財釈《うざいしゃく》なり。論の具《つぶ》さなる題名、其の義此の如し。今、此の倶舎を以て宗と為《な》す。故に倶舎宗と名づくるなり。

《蔵》　この場合の蔵はコーシャ。経蔵・論蔵という場合の蔵はピタカ。言葉は違うが、意味は容れ物という意味。《包含》　包み、含む。蔵（くら）に米や麦が包含されているように、『倶舎論』の中に『発智論』などの教理が取り込まれている。《発智論》　説一切有部の論蔵の一つ。有部の論蔵は「六足発智」とて、七種の論からなっているが、中心となるのが『阿毘達磨発智論』であり、迦多衍尼子が著わした。「等」とあるのは、『発智論』以外の六論を等取する。《勝義言》有部は、『発智論』は迦多衍尼子が佛陀の言葉を蒐集して作ったものであるとして、『発智論』は佛説であると主張する。この場合の「勝義の言」は佛陀の言葉であるとなす意味。《依主釈》　梵語には合成語を解釈する仕方に六種あり、これを六合釈（りくがっしゃく）という。その第一が依主釈。依主釈とは、合成語に格の関係があり、後分が前分によって制限せられる場合。対法蔵という合成語を「対法の蔵」と解釈すると、前分の対法によって、後分の蔵が制限せられるので、かかる場合の合成語の解釈を依主釈という。対法蔵を「対法と蔵」というように解釈すると、意味も変わってくる。この場合を持業釈という。《所依》　よりどころ。『倶舎論』が『発智論』などを依り所としている場合。《本論》　この場合の本論は、『発智論』をいう。《有財釈》　合成語の全体が他の語の形容詞として用いられる場合。この解釈では、『倶舎論』とは『発智論』のことであり、それをそのまま、この論が取って、自己の名としている場合。

以上、阿毘達磨の解釈をなし、アビダルマ論書にも佛智が含まれている点で、これをもアビダルマと呼ぶことを明らかにした。

このアビダルマ論は、説一切有部のアビダルマ蔵のことであり、『発智論』を中心とする七種の論をいう。

それならば、阿毘達磨蔵の「蔵《ぞう》」とはいかなる意味があるかというに、蔵には二つの意味がある。一つは包含で、もう一つは所依の意味である。第一の包含の意味とは、この『倶舎論』が、『発智論』

などの阿毘達磨の勝れた言葉を、そっくり包含している（所有している）ので、この『倶舎論』を、阿毘達磨の蔵の論という。阿毘達磨の蔵と解するから、これは依主釈《えしゅしゃく》で「対法蔵」を解釈する場合である。『倶舎論』には佛語であるアビダルマが包含されているから、『倶舎論』も阿毘達磨論であるという意味である。

もう一つは所依の意味であり、『倶舎論』は『発智論』などを所依としているから、『倶舎論』もアビダルマ論であるという意味。この場合は「蔵」が『発智論』になる。『発智論』は佛語であるアビダルマを含んでいるから、アビダルマの蔵である。そしてこの世親《せしん》の論は、阿毘達磨蔵を所依としてできているから、この論も阿毘達磨論であるという意味。この場合は、阿毘達磨蔵は『発智論』で、それをこの論が所有しているという意味で、この場合は、有財釈《うざいしゃく》となっている。ともかく、包含と所依との二つの意味で、この論は『阿毘達磨倶舎論』となっている。その意味は、この論には佛陀の言葉が含まれており、したがって、これによって修行すれば悟りに達しうるといわんとするのである。

『阿毘達磨倶舎論』の詳しい題名の意味は、以上のごとくである。そして今は、この倶舎をもって「宗」とするから、倶舎宗というのである。宗とは自己の拠り所とする意味である。倶舎を宗とするという意味である。同時にそこには、宗教という場合の宗とは、教えによって現わされる理念のことである。したがって、倶舎宗とは『倶舎論』の教理によって現わさんとする理念を意味することになる。そして倶舎を宗とする人は、この理念を拠り所とするということになろう。

このように、倶舎宗のように論を宗とする場合を論宗《ろんしゅう》という。これに対して、華厳宗のごときは、『華厳経』という経を宗とするので経宗《きょうしゅう》という。論は理論的であるために、学問的には勝れているが、宗教的情操を満足させるには十分でない点がある。そのために、倶舎宗・成実宗・法相宗などの論宗は宗教としては盛んにならなかった。信仰よりも学解を重要視するからである。

第二節　倶舎論の製作

1　婆沙論の編集

問。此論如來滅後、經二幾許年一、誰人造乎。

答。此論如來滅後九百年時、世親菩薩之所レ造也。二十部中、是薩婆多部也。源出二婆沙一、勢挿二諸敎一。

婆沙是本二發智六足一。如來滅後、四百年初、迦濕彌羅國有二國王一、名二迦膩色迦一。其王敬三信尊二重佛經一。有日請レ僧、入レ宮供養。王因問レ道、僧說不レ同。王甚怪焉。問二脇尊者一曰、佛敎同レ源、理無二異趣一、諸德宣唱、奚有レ異乎。尊者答曰、何說皆正、隨レ修得レ果也。佛旣懸三記如レ折二金杖一。王聞二此語一、因爲レ問曰、諸部立範孰最善乎。我欲二修行一。願尊者說。尊者答曰、諸部之中、莫レ越二有宗一。王欲二修行一宜遵レ此矣。王卽歡喜令レ結二此部三藏法門一。

有德諸僧、四方雲集、凡聖極多、不レ可二煩亂一。遂簡二凡僧一唯留二聖僧一。聖僧尙繁、簡三去有學一唯留二無學一。無學復多不レ可二總集一。於二無學內一、定滿二六通一、智圓二四辯一、內閑二三藏一、外達二五明一、方堪二結集一。所レ留德聖、唯有二四百九十九人一。遂以二世友尊者一足二成五百人一矣。卽以二世友尊者一推爲二上座一。於レ是五百聖衆、初集二十萬頌一釋二咀怛覽藏一、次造二十萬頌一釋二毘奈耶藏一、後造二十萬頌一釋二阿毘達磨藏一。卽大毘婆沙是也。五百羅漢、既結集已、刻レ石立レ誓、唯聽二自國一、不レ許二外國一。方勅二夜叉神一守二護城門一。不レ令二散出一。

問う、此の論は如来の滅後、幾許《いくばく》の年を経て、誰人が造るや。

答う、此の論は、如来滅後九百年の時、世親菩薩の造る所なり。二十部の中には、是れ薩婆多《さつばた》部なり。源《もと》、婆沙《ばしゃ》より出でて、勢い諸教を挿《さしはさ》むなり。

婆沙は是れ発智・六足を本《もと》となす。如来の滅後、四百年の初め、迦湿弥羅《かしゅみら》国に国王有り、迦膩色迦《かにしか》と名づく。其の王、佛経を敬信し、尊重す。有る日、僧を請じて宮に入れて供養す。王因《よ》りて道を問うに、僧の説同じからず。王甚だ怪しむ。脇尊者に問うて曰く、佛教は源《もと》を同じくし、理、異趣無し。諸徳の宣唱、奚《なん》ぞ異なり有るやと。尊者答えて曰く、何《いず》れの説を皆正し。修するに随いて果を得るなり。佛既に、金杖《こんじょう》を折るが如しと懸記したもうと。王、此の語を聞きて、因《よ》って問いを為《な》して曰く、諸部の立範、孰《いず》れか最も善なるや。我れ修行せんと欲す。願くは尊者説きたまえと。尊者、答えて曰く、諸部の中、有宗に越えたるは莫《な》し。王修行せんと欲せば、宜《よろ》しく此《ここ》に遵《したが》うべしと。王即ち歓喜して此の部の三蔵の法門を結せしむ。有徳の諸僧、四方より雲集し、凡聖極めて多く、煩乱すべからず。遂に凡僧を簡《えら》びて、唯だ聖僧を留《とど》む。聖僧尚お繁《しげ》ければ、有学を簡去して、唯だ無学を留《とど》む。無学復た多し。総集すべからず。無学の内に於て、定は六通を満じ、智は四弁を円《まどか》にし、内に三蔵を閑《なら》い、外、五明に達し、方《まさ》に結集《けつじゅう》に堪《た》えたるもの、留《とどま》る所の徳聖は、唯だ四百九十九人有り。遂に世《せ》友尊者を以て足して五百人と成す。即ち世友尊者を以て、推して上《じょう》座《ざ》と為《な》す。是《ここ》に於て五百の聖衆、初めて十万頌を集めて、咀《そ》怛覧蔵《たんらんぞう》を釈し、次に十万頌を造りて、毘奈耶蔵《びなやぞう》を釈し、後に十万頌を造りて、阿毘達磨蔵《あびだつまぞう》を釈す。即ち大毘婆沙《だいびばしゃ》是れなり。五百の羅漢《らかん》、既に結集し已《おわ》りて、石に刻し、誓を立てて、唯だ自国に聴《ゆる》して、外国に許さず。方《まさ》に夜叉神《やしゃじん》に勅して城門を守護し、散出せしめず。

《九百年》　世親を佛滅九百年出世とするのは『婆藪槃豆法師伝』（大正五〇、一八九中）に出る。『大唐西域記』巻五（大正五一、八九六中）には、無著を佛滅一千年の出世となす。《世親》　ヴァスバンドゥ（Vasubandhu）。婆藪槃豆と音訳する。天親とも訳す。西紀三二〇―四〇〇年の人とも、四〇〇―四八〇年頃の人ともいう。北インド犍陀羅国のプルシャプラの出身で、兄は無著、弟は獅子覚という。説一切有部で出家し『倶舎論』を造る。後、大乗に転じ『唯識論』その他を著わす。《薩婆多部》　サルヴァースティヴァーディン（Sarvāstivādin）の音訳。説一切有部と訳し、単に有部ともいう。《婆沙》　『大毘婆沙論』（*Mahāvibhāṣā-śāstra*）の略。《発智六足》　『阿毘達磨発智論』と六足論、すなわち『法蘊足論』・『集異門足論』・『施設足論』・『識身足論』・『品類足論』・『界身足論』。この「発智六足」が有部の論蔵である。

《迦膩色迦》　カニシカ（Kaniṣka）王。クシャーナ王朝の王。西紀二世紀の前半に王権を掌握し、中央アジアからアフガニスタン、さらに北インド、西北インドにまたがる大帝国を建設した。王は佛教に帰依し、説一切有部を支持したが、国内には大乗佛教も盛んであった。カニシカ王が佛滅四百年に出世したとは、『大唐西域記』巻三（大正五一、八七九下）、及び『大毘婆沙論』巻二百の巻末（大正二七、一〇〇四上）にも出す。ただし、カニシカ王を佛滅四百年出世とするのは、少し早きにすぎるであろう。《脇尊者》　パールシュヴァ（Pārśva）。説一切有部の学匠。『大唐西域記』巻二（大正五一、八八〇中）によれば、北インド犍陀羅国の出身、年八十にして出家、解脱を得るまでは、脇を席につけない（横にならない）と決心して修行したという。世人尊敬して脇尊者という。『付法蔵因縁伝』巻五（大正五〇、三一四中―下）によれば、脇尊者は付法蔵第九祖、佛陀蜜多より付法し、次いで馬鳴に伝う。『大智度論』巻九十九（大正二五、七四八下）には、脇比丘は六十で出家し、『四阿含優波提舎』を作ったという。《懸記》　はるかに記することで、佛陀が前もって未来のことを予言しておくこと。《折金杖》　金杖が折れても、金であることに変りはない。僧伽が十八部に分裂しても、佛教の僧伽である点は同じであるという意味。**《立範》** 規則や教義を立てること。**《有宗》** 説一切有部のこと。有部とも有宗ともいう。**《凡僧》** 凡夫の僧。**《聖僧》** 聖者僧。聖者とは聖道を得た人、すなわち悟りの智慧を得た僧で、預流・一来・不還・羅漢の四向四果の僧をいう。**《有学》** 学ぶべきことがまだ残っている人、悟りが完全でない意味で、預流・一来・不還をいう。**《無学》** 学ぶべきことがなくなった意味で、悟りが完成した阿羅漢をいう。**《六通》** 六神通、すなわち、神足・天眼・天耳・他心・宿命・漏尽の六をいう。**《四弁》** 四無礙弁。四無礙解ともいう。教法の理解や説法に自由自在の智を得ること。**《五明》** 明とは学問、五つの学問とは、声明（文・法学）・工巧明（工芸・技術・算数・暦などの学）・医方明（医薬の学）・因明（論理学）・内明（自家の教義を明かす学）。**《世友》** せう、「しょう」と読む。ヴァスミトラ（Vasumitra）。世友には、婆沙の四評家の一人として、『婆沙論』の成立に関係した人と、『品類足論』の著者としての世友、『異部宗輪論』の著者としての世友など幾人もある。世友を足して五百人にしたことは、『大唐西域記』巻三（大正五一、八八六中―下）に出る。**《十万頌》** 梵文の三十二字を一頌として数えて十万となること。十万頌の三蔵の註釈を作ったこと、同じく『大唐西域記』巻三に出る。**《咀怛覧蔵》** スートラピタカ（sūtra-piṭaka）。経蔵のこと。**《毘奈耶蔵》** 律蔵のこと。**《大毘婆沙》** 毘婆沙とは註釈という意味。『大毘婆沙論』は『発智論』の註釈として作られた。**《夜叉神》** ヤクシャ（yakṣa）。薬叉ともいう。八部鬼衆の一で、羅刹と併称される鬼の一種。人を害して噉うという。佛に教化されて、佛法護持の善神となる。

この『倶舎論』は佛滅後、何年頃に、誰によって作られたかといえば、この論は、佛滅九百年頃に、世親菩薩によって作られたのである。佛滅九百年説は、真諦の訳した『婆藪槃豆《ばすばんず》法師伝』の説であるが、この外に玄奘の著わした『大唐西域記』巻五では、世親の兄の無著の出世年代を佛滅一千年としている。この点では凝然は『婆藪槃豆法師伝』に従っていることになる。

なお、『倶舎論』は小乗佛教の論書であるが、小乗二十部の中で、どの部派に属するかといえば、薩婆多部《さつばた》、すなわち説一切有部に属するのである。世親は有部で出家し、カシュミールへ行って、有部の教理を学んで、『倶舎論』を著わしたが、しかし、彼の生国であるガンダーラには経量部《きようりよう》の説が行われていたらしい。経量部は説一切有部の教理を土台としながらも、これを批判して、唯識の教理と共通的なものが多かった。そこで世親は「理長為宗」の立場で、道理にかなう説を採って『倶舎論』を著わした。故に、彼は表向きは有部の教理を立てたが、実際はこれを批判し、訂正している。その点を、ここに「源《もと》、婆沙《ばしや》より出でて、勢い諸教を挿《さしはさ》む」と表現したのである。

『倶舎論』の成立を明かすためには、世親がガンダーラからカシュミールへ行って、そこで学んだ『大毘婆沙論』の成立について述べねばならない。『大毘婆沙論』は、有部の論蔵である「六足発智《ろくそくほつち》」に基づいて作られた。特に『発智論』を註釈する形で説かれている。これが作られた年代は、佛滅四百年頃であるという。この年代は『大唐西域記』巻二の説によったのであるが、少し早すぎるようである。『異部宗輪論』に、上座部の分裂は佛滅二百年過ぎから四百年初といっているから、その頃、有部の論蔵が成立したとすれば、『婆沙』の成立はもっと後になろう。ともかくその頃、カシュミール国にカニシカ王があって、佛教を敬信し、尊重していた。そのことは、彼の建てたカニシカ寺があったことより明らかである。ある日、王が僧を請待して、食事の供養をした。その時、彼らの説法を聞いたところ、彼らの説がそれぞれ異っていた。そこで王は不思議に思って、平素帰依していた脇尊《きようそん》者に質問した。「佛教は源を佛陀に発しているから、理解に異説がないのが道理であると思うのに、大徳たちの宣説することが、どうしてこのように異なるのか」と。これに対して脇尊者は、次のように答えた。「大徳たちの説は表面は異っているようであるが、しかし、どの説もみな正しい。その説に随って修行をすれば、悟りの果を得られるからである。未来に教理の解釈に違いが起り、そのために僧伽が分裂することは、すでに佛陀が在世に予言しておかれたところである（『南海寄帰内法伝』巻一に出る）。その時、佛陀は、僧伽の分裂を、金の棒が折れて十八になったのに譬えられ、どの破片も金であることは確かであり、佛説に間違いないといわれた」と。

王はこの脇尊者の言葉を聞いて、それによってさらに質問した。「僧伽は二十部に分れ、二十部はそれぞれ規則を立て、異った教理を説いているが、それらの中でどれが最も勝れているか。私はそれによって修行したいと思う、どうか尊者、教えて下さい」と。尊者は答えた。「諸部の教理の中で説一切有部の教理に超えるものはない。王がもし修行しようと思うならば、有部の教理に随いなさい」と。そこで王は歓喜して、この部派の三蔵の教えを結集させることにして、諸方より大徳を集めた。

そこで有徳の僧が四方より雲集し、凡聖の僧が非常に多かった。あまり多くてどうすることもできなかったので、ついに凡夫の僧を除いて、聖者の僧だけにした。しかし、聖者の僧だけでも多すぎたので、有学の僧を除いて、無学の僧、すなわち阿羅《あら》漢《かん》だけを残した。しかし、無学の僧でも多すぎたので、禅定は六神通《ろくじんずう》を具えており、智慧は四《し》無《む》礙《げ》弁《べん》を完全に具え、内には経律論の三蔵をよく習っており、外には五種の学問に達している僧こそ、真に結集することができるとして、無学を選抜して、四百九十九人を得た。それに世《し》友《よう》尊者を加えて五百人とした。そして、世友尊者を衆の上座に推して、カシュミールにおいて結集を行った。すなわち五百人で、まず十万頌を集めて経蔵を釈し、次に、十万頌を造って律蔵を釈し、最後に十万頌を作って阿毘達磨蔵を釈した。これが『大毘婆沙論』となったのである。

五百阿羅漢はこのようにして三蔵を結集し終って、内容を石に刻して保存した。そして誓を立てて、自国の者には見ることを許したが、外国の者には学ぶことを禁じた。そして夜叉神《やくしゃじん》に城門を守らせ、教法が国外に持ち出されるのを防いだ。『婆藪槃豆法師伝』（大正五〇、一八九上）によると、外に出すのを禁じたのは余部、および大乗が正法を汚すのを恐れたからであるという。

以上の結集を、一般に「第四結集」といっている。すなわち、佛滅直後の第一結集、佛滅百年の第二結集、アショーカ王治下の第三結集、次にこの結集である。しかし、以上の結集伝説にはかなり作為が見られるので、カニシカ王治下で結集がなされたことを疑う学者もある。それから、以上の結集伝説では、経律論の三蔵それぞれの註釈を作ったように書かれているが、実際にあるのは『大毘婆沙論』のみである。

2　倶舎論の成立と順正理論

然世親尊者、舊習㆓有宗㆒、後學㆓經部㆒、將爲㆑當㆑理。於㆓有宗義㆒、懷㆓取捨心㆒、欲㆑定㆓是非㆒。潛㆑名重往、時經㆓四歲㆒。屢以㆓自宗㆒頻破㆓他部㆒。悟入尊者被㆑詰莫㆑通。尊者入㆑定、知㆓是世親㆒、私告㆑之曰、此部衆中、未離欲者、知㆓長老破㆒、必相㆔致害㆒。長老可㆔速歸㆓還本國㆒。于㆑時世親至㆓本國㆒已、講㆓毘婆沙㆒。若一日講、便造㆓一偈㆒、攝㆓一日中所㆑講之義㆒、刻㆓赤銅葉㆒、書㆓寫此偈㆒。如㆑此次第成㆓六百頌㆒、攝㆓大毘婆沙㆒其義周盡。標㆓頌香象㆒、擊㆑鼓宣令、誰能破者、吾當㆑謝㆑之。竟無㆔一人破㆓斯偈頌㆒。將㆓此偈頌㆒、使㆔人齎往㆓迦濕彌羅國㆒。時彼國王、及諸僧衆、聞皆歡喜、謂㆑弘㆓己宗㆒。悟入知㆑非、告㆓怪諸人㆒。遂請造㆑釋。世親論主卽應㆓王請㆒、爲釋㆓本文㆒。凡八千頌。後見㆓彼釋㆒、果如㆓悟入羅漢所㆑言。于㆑時悟入尊者弟子衆賢論師、造㆑論破㆓倶舍㆒、名㆓倶舍雹論㆒、令㆓世親見㆒。世親卽讃改㆑名、卽爲㆓順正理論㆒。彼衆賢論師、亦造㆓顯宗論㆒。譯成㆓四十卷㆒。順正理譯成㆓八十卷㆒。故知、此倶舍論源出㆓婆沙論㆒。

然るに世親尊者は旧《もと》有宗を習い、後、経部を学んで、将《まさ》に理に当れりと為《な》す。有宗の義に於て取捨の心を懐き、是非を定めんと欲し、名を潜《ひそ》めて重ねて往く。時、四歳を経たり。屢々《しばしば》自宗を以て、頻《しき》りに他部を破す。悟《ご》入《にゅう》尊者、詰せられて通ずること莫《な》し。尊者、定に入りて、是れ世親なりと知り、私《ひそ》かに之《これ》に告げて曰く、此の部の衆中、未離欲の者、長老の破を知らば、必ず害を相い致さん。長老、速かに本国に帰還すべしと。時に世親は本国に至り已って、毘婆沙を講ず。若し一日講ずれば、便《すなわ》ち一偈を作り、一日中の講ずる所の義を摂し、赤銅葉《しゃくどうよう》に刻して、此の偈を書写す。此の如く次第して六百頌を成じ、大毘婆沙を摂して、其の義周《しゅう》尽《じん》せり。頌を香象《こうぞう》に標《しる》して、鼓《つづみ》を撃ちて宣令す。誰か能く破する者あらば、吾れ当《まさ》に之《これ》を謝すべしと。竟《つい》に一人として斯《こ》の偈頌を破する者無し。此の偈頌を将《も》ちて、人をして齎《もた》らして、迦湿弥羅《かしゅみら》国に往かしむ。時に彼の国王、及び諸の僧衆は聞いて皆歓喜す。謂《おも》えらく、己が宗を弘むと。悟入は非を知りて怪を諸人に告ぐ。遂に請うて釈を作らしむ。世親論主、即ち王の請いに応じて、為に本文を釈す。凡そ八千頌なり。後に彼の釈を見るに、果して悟入羅漢の言う所の如し。

時に悟入尊者の弟子衆賢《しゅげん》論師、論を造りて倶舎を破す。倶舎雹《ばく》論と名づけ、世親をして見せしむ。世親、即ち讃して、名を改めて、即ち順正理論と為《な》す。彼の衆賢論師、また顕宗論を造る。訳して四十巻を成ず。順正理は訳して八十巻を成ず。故に知る、此の倶舎論は源《もと》、婆沙論より出ずることを。

《経部》　経量部（Sautrāntika）。有部から分派したが、有部が論を中心としたのに対し、経部は経を重視したという。《是非》　有部の教理の真偽を決めようとした。《取捨心》　有部の教理を無条件に承認しないで、そこに取捨を加えようとした。《悟入》　普光は『倶舎論記』巻一（大正四一、一一上）で、悟入は梵名を塞建地羅といい、衆賢の師であるという。そして悟入が世親に教えて本国に帰らしめたという。塞建地羅のことは『大唐西域記』巻三（大正五一、八八七下）にも出る。《自宗》　ここでは経部の宗義を指す。《他宗》　有部を指す。《未離欲》　欲、すなわち煩悩を離れていない者。《赤銅葉》　銅板。一日講じた内容を一偈にまとめたことなどは『婆薮槃豆法師伝』（大正五〇、一九〇中）に出る。《八千頌》　一頌は三十二字であるが、漢訳ではこれを「五言四句」に訳すことが多い。すなわち二十字である。八千頌は十六万字になる。大正大蔵経では一頁に約一五六〇字入っているので、これは一〇二頁になる。大正大蔵経では五頁がほぼ一巻であるので、八千頌は二十巻ほどになる。ただし、『倶舎論』は漢訳で三十巻である。真諦の『倶舎釈論』は二十二巻。《衆賢》　サンガバドラ（Saṃghabhadra）。カシュミールの人。悟入に就いてアビダルマを学び、世親の『倶舎論』を破斥せんとして『倶舎雹論』、すなわち『順正理論』を著わす。それを持って、世親と対決せんとするも、世親避けて会わず。衆賢は秣底補羅国に至って、にわかに気力衰え死す（大正五一、八九一下）。《順正理論》　『婆薮槃豆法師伝』には、『一光三摩耶論』一万偈、『随実論』十二万偈を作ったという（大正五〇、一九〇下）。

この一段は、『倶舎論』の述作について述べる。

世親はガンダーラの出身であるが、説一切有部で出家し、有部の教理を学んだ。しかし、後に経部の教理に触れ、経部の教理の方が道理にかなっていると考えた。そこで有部の教理に批判的になり、取捨の心を持つようになった。そしてどちらの教理が正しいか、決定したいという心を起した。当時カシュミールの有部は外国の学者が有部のアビダルマを学ぶことを禁じていたので、世親は名を秘して、カシュミールに重ねて入った。ここに「重ねて」といったのは、前回にも世親はカシュミールで研究したという意味であろう。そしてアビダルマを学んで、四年が過ぎた。その間、世親は経部の教理によって、しばしば有部の教理を破斥した。悟入《ごにゅう》は世親に難詰せられて答えることができなかった。そこで悟入は、これは何人《なんびと》であるかと怪しんで、入定して彼を見て、彼が世親であることを知った。そこで密かに彼に告げて、この部にはまだ未離欲の者もいるから、彼らは長老が有部の教理を破斥することを知ったら、きっと危害を加えるであろう。故に、長老は速やかに本国に帰った方がよかろうと忠告した。

そこで世親は本国のガンダーラに帰って、『毘婆沙論』の講義を開いた。そして一日に講義をした内容を一偈にまとめ、講義の内容をそれに摂した。そしてそれを銅板に刻み、この偈を書写し、このようにして六百偈を造り、『大毘婆沙論』二百巻の教理をすべて収め、意味を摂し尽した。そしてその六百頌を美しい象に乗せて、太鼓を打ち、触れ廻らせ、「誰かこの六百頌の意味を破する者はないか、もし破する者があればあやまるであろう」といった。しかし、ついに一人もこの偈頌を破する人はなかった。そこで世親は、人をしてこの偈頌をもたらして、カシュミールに行かせた。その時、カシュミールの国王やもろもろの僧衆は、これを見て喜び、有部の宗義を弘めてくれるものといった。しかし、悟入独りその非を知って、怪しむべきことを諸人に告げた。そこで世親に、六百偈に註釈をつけてくれるように頼んだ。世親は国王の請いに応じて、本文に釈を作った。すべてで八千頌になった。後にカシュミールの僧衆たちがその釈を見た時、偈では有部の教理を述べながらも、釈ではこれを経部の立場で破斥している場合がしばしばあり、果して悟入のいうがごとくであった。

悟入の弟子に衆賢《しゅげん》があったが、彼は『倶舎論』が、経部の立場で有部の教理を破しているのを見て、この『倶舎』を破斥して、有部の教理を輝かしめたいと考え、長年月かかって『倶舎雹《ばく》論』（雹《あられ》が草木を破るように、この論をもって『倶舎論』を打ち砕く意味）を著わし、『倶舎論』を破した。そして、この論を持って世親と対論せんとして、北インドのカシュミールから、世親の住んでいた中インドのアヨーディヤーに行った。しかし、世親は老齢を理由に、衆賢に会うことを避けたので、衆賢は世親に会うことができずに、急に気力が衰え死んでしまった。そこで衆賢の弟子が、師の著作を持って世親の所へ行ったところ、世親は『倶舎雹論』を読んで、感心し、これは正理を正しく現わしているから、『順正理論』と名づけた方がよいといって書名を改めた。それが玄奘によって訳された『順正理論』八十巻である。さらに衆賢は、『順正理論』から論諍の部分を除いて、教理の説明の部分をまとめた『顕宗論』をも著わした。これも玄奘が訳して四十巻になっている。

以上のごとき来歴からも、『倶舎論』の源《みなもと》は『大毘婆沙論』にあることがわかる。

第三節　倶舎論の翻訳と伝播

問。此論興起、既九百年時。其傳㆓東夏㆒是何時耶。

答。此論翻時卽有㆓二代㆒。初陳朝眞諦三藏、譯㆓成二十卷㆒。卽自作㆑疏有㆓五十卷㆒、亡逸不㆑傳。後唐朝玄奘三藏、永徽年中、於㆓慈恩寺㆒、譯㆓成三十卷㆒。今卽此本也。然則此論、既世親論主所㆑造故、以㆓世親菩薩㆒爲㆓本祖師㆒。大唐國中、遍學三藏、妙翻㆓傳之㆒、門人普光法師寶法師、各作ㇾ疏釋ㇾ之。及餘諸師莫ㇾ不二皆翫一。乃至傳二于日本一于ㇾ今不ㇾ絕。相承繼ㇾ跡諸寺競學。

問う、此の論の興起は既に九百年の時なり。其の東夏に伝わりしは、是れ何れの時なるや。

答う、此の論の翻時に即ち二代有り。初の陳朝の真諦三蔵、訳して二十巻を成ず。即ち自ら疏を作りて五十巻有り。亡逸して伝わらず。後に唐朝の玄奘三蔵、永徽《えいき》年中に慈恩《じおん》寺に於て訳し、三十巻を成ず。今、即ち此の本なり。然れば則ち此の論は既に世親論主の造る所なるが故に、世親菩薩を以て本祖師と為《な》す。大唐国中に遍学三蔵、妙に之を翻伝し、門人普光法師と宝法師、各ゝ疏を作りて之を釈す。及び余の諸師、皆翫《もてあそ》ばずということ莫《な》し。乃至、日本に伝わり、今に絶えず、相承して跡を継ぎ、諸寺競いて学ぶ。

《**東夏**》　夏は中国のこと。夏は盛なるさまで、夷狄に対して中国人が自国を夏といった。今はインドから中国は東にあるので、東夏という。《**真諦**》　パラマールタ（Paramārtha）、（四九九―五六九）。西インドの優禅尼国の出身。梁の武帝に聘せられて、五四六年中国に来たが、ちょうど、梁の末の戦乱の時で、宮廷に迎えられず、流浪の生活を余儀なくされ、非常に苦心して、『摂大乗論』をはじめ、唯識系の経論を中心に多くの経論を訳した。《**二十巻**》　『倶舎釈論』二十二巻。現伝本は二十二巻であるが、二十巻本もあったかもしれない。《**疏**》　疏とは註釈のこと。『義疏』五十三巻をいう。真諦が『義疏』五十三巻を著わしたことは、『倶舎釈論』の序にいう（大正二九、一六一中）。この『義疏』は、現存しないが法宝の『倶舎論疏』巻一に引用する。《**永徽年**》　六五〇―六五五年。玄奘の訳経については、『開元釈教録』巻八に詳しい。そこに『阿毘達磨倶舎論本頌』一巻、永徽二年、大慈恩寺にて訳。『阿毘達磨倶舎論』三十巻、永徽二年から五年にかけて訳出されたことをいう大（正五五五、五七上）。《**遍学三蔵**》　玄奘のこと。唐の高宗からの勅賜号である。《**普光**》　『倶舎論記』三十巻を著わす。《**宝法師**》　法宝のこと。伝記不明。『倶舎論疏』三十巻を著わす。

この一段は、『倶舎論』の翻訳と研究について述べる。

以上のごとく、『倶舎論』の成立は佛滅九百年であるが、それならば『倶舎論』が中国に伝ったのはいつであるか。この『倶舎論』の翻訳は二回ある。第一回は、陳朝（五五七—五八九）の真諦三蔵の翻訳である。真諦が訳して『倶舎釈論』二十二巻とした。そしてみずから『義疏』五十三巻を作っている。しかしこれは亡逸して、今は伝っていない。第二は、唐朝に玄奘三蔵が訳したものである。玄奘は永徽《えいき》年間に慈恩《じおん》寺で『倶舎論』を翻訳して三十巻となした。しかしその前に、六百頌の『倶舎論本頌』一巻を訳している。今、倶舎宗で依用する『倶舎論』はこの論本である。

このように『倶舎論』は世親論主の著作であるから、倶舎宗の祖師は世親菩薩であるわけである。そして大唐国としては遍学三蔵（玄奘）が翻訳者であるから、唐としては玄奘が重要である。そしてその訳場にいて翻訳を手伝った普光が『倶舎論記』三十巻、法宝が『倶舎論疏』三十巻という、いずれも勝れた註釈を書いており、『倶舎論』理解の必読書となっている。その外、円暉《えんき》は『倶舎論頌疏』三十巻を著わしているが、これは『倶舎論』の偈頌の意味を知るのによい参考書である。『倶舎論』は、経部の立場で有部の説を批判しているので、偈頌から離れた論諍が註釈の中に多い。そしてそれが『倶舎論』を難解にしている。『倶舎論頌疏』はそういう論諍の部分を除いて、解説をしているので、偈文の理解をうるには適切な註釈である。この外にも唐代以後、多くの学者が『倶舎論』を研究し、著作を著わしている。『倶舎』の註釈は少なくない。そして唐代にすでに日本にも伝って、奈良時代に倶舎宗が成立しているのである。その後、日本においても『倶舎論』の学問は絶えることがなく、鎌倉時代の現代までも続いており、その間いくつかの註釈書も著わされている。そして諸大寺で競って研学がなされている。

第四節　本論の所属

問。此宗唯述二有宗一歟。頗有レ兼レ餘乎。
答。此論正述二有宗一。故所立義、本二薩婆多一而製二造之一。然時朋二彼經部之義一。故論文云、迦濕彌羅義理成。我多依レ彼釋二對法一。已上。又云、經部所説不レ違レ理故。已上。取二捨二宗一顯密意趣、依二此等文一。其義可レ知。

問う、此の宗は唯だ有宗を述ぶるが、頗《もし》、余を兼ねること有りや。
答う、此の論は正しく有宗を述ぶ。故に所立の義は薩婆多《さつばた》を本《もと》とし、之を製造す。然れども時に彼の経部の義に朋《とも》のう。故に論文に云う、迦湿弥羅《かしゅみら》の義理成ず。我れ、多く彼に依りて、対法を釈す已上。又云う、経部の所説は理に違わざるが故に已上。二宗を取捨せる顕密の意趣、此等の文に依りて其の義知るべし。

《迦湿弥羅義理》　カシュミーラは説一切有部の中心地。ガンダーラの有部は進歩的で、他派の教理を受け入れているが、カシュミーラの有部は保守的で、伝統的な教理を墨守していた。義理とは、ここでは教理によって現わされる真理。それが『倶舎論』によって発揮されたという意味。この文は『倶舎論』巻二十九（大正二九、一五二中）にある。　**《経部所説》**「経部の所説を善となす」という表現が、『倶舎論』には時々ある。たとえば、巻四（大正二九、二三下）これは「異生性」

に関する有部の解釈を排して、経部の説を採るとこである。《顕密意趣》 顕には有部を採り、経部を捨てるが、密には経部を採って有部を捨てているという意味。しかし、実際には『倶舎論』では、はっきりと経部を採って有部を捨てている場合が多い。この場合の「顕密」は密教とは関係がない。

この一段は、『倶舎論』の所属について論じている。

『倶舎論』は有部を宗とするか、経部を宗とするかという問題である。それに対して、凝然は『倶舎論』は正式には有部を宗としていると見る。すなわち、『倶舎論』で主張している義理（所立の義）は薩婆《さつば》多《た》、すなわち有部を本《もと》としている、有部の教理によって『倶舎論』を著わしたと見る。ただし間々《まま》、世親は経部の説に賛成しているとなす。その理由として、『倶舎論』が教理の説明を終った後に示している言葉の「迦湿弥羅《かしゅみら》の義理成ず。我れ、多く彼に依りて、対法を釈す」という世親の言葉を挙げている。さらにまた、『倶舎論』には「経部の所説は理に違わざるが故に」という言葉もあって、経部の説を採っているところもある。

これらによって凝然は『倶舎論』は主として有部の宗に立つが、所々経部の説にもよると解釈している。つまり、凝然は『倶舎論』は有部の所属と見ているのである。そして経部を採っているのも、顕密の意趣によっているのであり、表向きは有部を採り、秘密に経部によっていると解釈する。

以上の凝然の解釈は、有部に傾斜した解釈であるが、世親の真意を理解しているか疑わしい。一般には、世親の立場は「理長為宗」であるといわれている。これは普光の『倶舎論記』に説かれる説であり、世親は特定の部派を宗とせず、道理に合う説を宗としていると見るのである。これは世親の立場をよく示していると思うが、最近の研究成果では、世親は経量部の立場に立っていたと見る説が有力である。『倶舎論』の註釈をなした称友《しょうゆう》の『倶舎釈』(*Abhidharmakośa-vyākhyā*, Wogihara ed. p. 11. *l*. 25) にも「それはアビダルマ論師の説である。しかし我われ経部師の説ではない」といっており、この「我われ経部師」という言葉の中には、称友はもちろん世親も含めているであろう。したがって称友は、世親も経量部に属すると理解していたであろう。そして実際にも、『倶舎論』の説き方を見るに、偈文は有部の説をまとめたものであるから、その点に着目すれば、凝然の説も妥当なようであるが、しかし世親の目的は、偈文の有部の説を、散文の解釈において註釈するよりも、むしろ批判することに主眼点を置いていたと見られる。もちろん有部の説が合理的な場合には、そのまま採用しているが、しかしそれはきわめて少ないのである。その理由は、法を有自性と見る有部の立場を、世親は採らないからである。法を「仮」と見る立場に、世親が立っていることは、『倶舎論』の説き方から明らかである。特に偈文を含まない「破我品」では、「業の相続・転変・差別」によって、他の説を破しているが、これは経部の説である。したがって『倶舎論』の立場は経部であるといってよいが、しかしそこに扱われている教理の大部分は有部の教理であるから、有部を宗とするということも、簡単に否定することはできない。有部宗をもって「我が宗である」という言葉も、『倶舎論』には散見する。ここに『倶舎論』の所属を一義的に断定できない理由がある。

第五節　倶舎論の宗旨・三世実有

問。此論以レ何為二其宗旨一。

答。既述㆓有宗故、説㆓一切諸法實有㆒、以爲㆓其宗旨㆒。若密言㆑之、非㆑無㆓經部義㆒。今約㆓顯意㆒、唯是有宗。三世實有、法體恒有、總是此宗所説義也。然説㆓三世實有㆒、諸説不㆑同。卽有㆓四説㆒。一法救尊者云、由㆓類不同㆒三世有㆑異。二妙音尊者云、由㆓相不同㆒三世有㆑異。三世友尊者云、由㆓位不同㆒三世有㆑異。四覺天尊者云、由㆓待不同㆒三世有㆑異。今世親論主、竝評㆓此四家㆒、世友尊者以爲㆓最善㆒。若經部宗、過未無體、唯現是有。此倶舍論既是對法。故此論藏。

問う、此の論は何を以て其の宗旨と為《な》すや。

答う、既に有宗を述ぶるが故に、一切諸法実有と説き、以て其の宗旨と為《な》す。若し密に之を言わば、経部の義無きに非ず。今、顕意に約すれば唯だ是れ有宗のみ。三世実有、法体恒有は総じて是れ此の宗の所説の義なり。然るに三世の実有を説くに、諸説同じからず。即ち四説有り。一には法救《ほっく》尊者の云く、類の不同に由りて三世に異有りと。二に妙音《みょうおん》尊者の云く、相の不同に由りて三世に異有りと。三に世友《せう》尊者の云く、位の不同に由りて三世に異有りと。四に覚天《かくてん》尊者の云く、待の不同に由りて三世に異有りと。今、世親論主、並びに此の四家を評し、世友尊者を以て最善と為《な》す。若し経部宗ならば、過未は無体にして、唯だ現のみ是れ有なり。此の倶舎論は既に是れ対法なり。故に此れ論蔵なり。

《宗旨》　教理によって示される理念、立場。　《一切諸法実有》　法には有為法と無為法があるが、涅槃や虚空などの無為法が実在であることは問題ない。ただし無常なる有為法の在り方については、諸部派の間に意見の相違があった。有部は、法はすべて自性を持つからその点で有為法も実有であるという。法が無常であるとは、三世に遷流する意味であり、法は未来世に存在しており、それが動いて現在世に生じ、一刹那現在世に住して、過去世に落謝する。それによって現在世は刹那滅の世界となるが、しかしこの刹那滅の世界を構成する諸法は、未来世・現在世・過去世へと遷流するにすぎないのであり、法の体は実有であるという。これが有部の宗旨であると凝然は考える。《顕意》『倶舎論』で表向き説かれている教説。《三世実有、法体恒有》法は過去世にあっても未来世にあっても実有であること。その法の実とは、法の体が実有であることで、法の作用は現在世のみ存在するという意味。たとえば、火の熱さは火の体で、物を焼く力は火の作用であると見る。この作用は、現在世のみある。《法救》この法救などを「婆沙の四評家」といい、『婆沙論』にしばしば引用される。『婆沙論』で取り上げる種々の異説に対して、彼らはそれを批判し、正しい説を明らかにしたという。法救はダルマトラータ（Dharmatrāta）。法救と呼ばれる人は数人あるため、『婆沙』の法救の詳しいことは不明。《類》種類（bhāva）のこと。乳が変じて生酥となり、さらに熟酥となるように、類に変化はあっても体に変りはない。《妙音》ゴーシャカ（Ghoṣaka）。《相》ラクシャナ（lakṣaṇa）。法体は恒有であるが、法には、過去の相、未来の相などと合することによって、三世の別が生ずるという説。《世友》ヴァスミトラ（Vasumitra）。世友は「位」（avasthā）の不同によりて三世の別が生ずるという。法の作用が生じない位が未来、作用が生じた位が現在、作用の滅した位が過去であるという。《覚天》ブッダデーヴァ（Buddhadeva）。覚天は待（apekṣā）の不同によって三世の別ができるという。たとえば、一人の女が、母に対しては娘となり、子に対すれば母となるがごとくであるという。この「待」は、梵本では「異」（anyathā）となっている。《過未無体》三世の中、過去世と未来世は体がなく、現在世のみが体があるという説。

『倶舎論』の宗旨、すなわち根本理念は何であるかというに、それは有部を宗とするのであるから、有部の「一切法実有」が、『倶舎論』の宗旨でもあると見るべきである。有部は説一切有部というごとく、一切の有を説くことを部派の名としているのであるから、「一切有」こそ、有部の宗であるといってよい。「一切」というのは、三世の法と無為法のことである。『倶舎論』巻二十（大正二九、一〇四中）に、「三世有りと説くが故に、説一切有と許す」と説いている。したがって「三世実有」が有部の宗である。しかし現在世を作り上げている諸法が実有であるというのはよいが、過去世や未来世がどうして実有であるかというに、現在世を成立させる根拠は未来世にあると見るからである。人が死んで過去世に入ってしまうと、現在と隔絶してしまう。故に過去世と現在世とは断絶している。そのために過去が移動して現在になるとは考えない。冬の寒さの中に春の暖さはないのであり、冬にとって春は未来から来るものである。未来から現在が成立する。しかし現在は無常で刹那滅《せつなめつ》である。現在を形成する諸法は刹那に過去世に落謝する。われわれの現在は、一刹那の現在世の諸法の連続生起の上に成立している。すなわち現在と現在世とは必ずしも同じでない。そして現在世が実有であるためには、それを可能にする未来世の諸法も実有でなければならない。同様に、現在世の実有の法が過去世に入ったのであるから、過去世の諸法も実有である。

それならば、三世の法の区別はどこから起るかといえば、法の体と法の用（作用）を区別することによって、これを説明する。すなわち法の用がまだ起らないのが未来世であり、法の作用が生じたのが現在世、作用が滅したのが過去世であるとなす。すなわち法の体は三世に実有であるが、法の用は現在世のみに作用するとなすのである。ここに「三世実有・法体恒有」の主張がなされることになる。この説は、善悪の業が過去した場合にどうなるかという立場から主張されているのである。業は過去しても滅するものではなく、過去世に実在し、因縁が合した時に果を感じ、報を生ずると考えるからである。業が過去世に実在しないと、因果の理法が成立しないと、有部は考える。そして業力を所有するものは法であると見るのである。

以上の三世実有を説明するために、『婆沙』の四評家の説がある。法救《ほっぐ》は、諸法が三世に実有でありながら、三世の別がある点を、類の不同によって説明する。金器を壊して他の器を作る場合、佛像が菩薩像・人像・餓鬼像などに変り、類は異なるが、金である点は同じように、諸法が三世に遷流し、未来世より現在世に入り、現在世より過去世に入るのを、法が一つの類を捨て、他の類を得るのに譬える。

尊者妙音《みょうおん》は三世の法の違いを相の不同で説明する。未来という相、現在という相、過去という相があり、未来世の法は未来の相と合するから未来世の法であり、それを捨て、現在世の相と合することによって現在世の法となると説明する。次に尊者世友《せう》は三世の別を位の不同によって説明する。一位の位、十位、百位などの位の別があり、同じ三でも一位におけば三であるが、十位におけば三十、百位におけば三百であるように、諸法が三世に行ずるに、未来世の位にある法は未来世の法、現在世の位にあれば現在世の法と呼ばれるなどと説明する。次に尊者覚天《かくてん》は三世の別を「待」の不同で説明する。一人の女も母に対しては娘、自分の子供に対しては母となるように、相待関係によって諸法に三世の別ができると説明する。以上の四評家の説は『倶舎論』巻二十（大正二九、一〇四下）に出ている。この四説に対して世親は、第一説は数論の転変説に同ずるとし、第二説は三世にそれぞれ三世あることになり、世相雑乱すといい、第四説も同じく、過去世の中にも前後の別があり、三世があることになるから、第三説の世友の説がよいとしている。

以上は、有部の三世実有説であるが、世親は『倶舎論』で三世実有説を紹介した後で、この説を経部の立場から破斥している。そして有為法がまだ生じないのが未来で、生じ已《おわ》っていまだ滅しないのが現在、すでに滅したのが過去であり、過去の法が移って現在となり、それがさらに未来となるのであるから、現在のみが実有であり、過去と未来は無であるとして、「現在有体・過未無体」の説を主張している。そして業の問題については、過去の業が種子の形になって現在世に保存されているという「種子の相続・転変・差別」の説で、業の実有を説明している。これも経部の説である。そして、説一切有部が三世の実有を説くのは、聖教の中において善説たるにあらず（大正二九、一〇六上）と述べ、これを非難している。

したがって、世親が三世実有説を採っていたとは見難いが、凝然は『倶舎』は顕意では有宗に立っていると解釈しているのである。そのために『倶舎論』は対法《たいほう》であり、論蔵であると結んでいる。

第六節　本論の組織

問。此論總明二何等義一乎。

答。此論三十卷。總有二九品一。一界品二根品三世間品四業品五隨眠品六賢聖品七智品八定品九破我品。略頌云、界二根五世間五、業六隨三賢聖四、智二定二破我一、是名二倶舍三十卷一。其破我品無二別正頌一、聚二經中伽陀一而已。此九品中、初之二品、總明二有漏無漏一。後之六品、別明二有漏無漏一。就二總明中一、初界品明二諸法體一、次根品明二諸法用一、別明六中、初之三品別明二有漏一、後三品別明二無漏一。明二有漏一中、世品明レ果、業品明レ因、隨眠品明レ縁。明二無漏一中、賢聖品明レ果、智品明レ因、定品明レ縁。其破我品明二無我理一。一部三十卷、九品始終、所レ明義理分齊如レ此。

問う、此の論は総じて何等の義を明かすや。

答う、此の論は三十巻あり。総じて九品《くほん》有り。一に界品、二に根品、三に世間品、四に業品、五に随眠品、六に賢聖《げんじょう》品、七に智品、八に定品、九に破我品なり。略頌に云く、界二、根五、世間五、業六、随三、賢聖四、智二、定二、破我一、是れを倶舎三十巻と名づくと。其の破我品は別の正頌無く、経中の伽陀《かだ》を聚《あつ》むる已《のみ》。

此の九品の中、初の二品は総じて有漏無漏《うろむろ》を明かす。後の六品は別して有漏無漏を明かす。総じて明かす中に就いて、初の界品は諸法の体を明かし、次の根品は諸法の用《ゆう》を明かす。別して明かす六の中、初の三品は別して有漏を明かし、後の三品は別して無漏を明かす。有漏を明かす中、世品は果を明かし、業品は因を明かし、随眠品は縁を明かす。無漏を明かす中、賢聖品は果を明かし、智品は因を明かし、定品は縁を明かす。其の破我品は無我の理を明かす。一部三十巻、九品の始終、明かす所の義理分斉は此の如し。

《九品》　品とは章・節の意味、『倶舎論』は九章よりなる。**《界》**　ダーツ (dhātu)。構成要素・種類のこと。われわれの心身に十八界がある。この十八界を説明する。**《根》**　インドリヤ (indriya)。力のあるもの。ここでは二十二根を説く。**《世間》**　衆生の住む世界に関する説明。**《業》**　カルマン (karman)。衆生がそれぞれ異なる生存を持つのは、前世の業による。その業の説明。**《随眠》**　アヌシャヤ (anuśaya)。煩悩のこと。煩悩の種類と活動について述べる。**《賢聖》**　賢は三賢、凡夫の修行者の位、聖は七聖、聖者の位を分けて、悟りの階位を説明する。**《智》**　智の種類を十智として示す。**《定》**　サマーディ (samādhi)。三昧という。心の統一した状態。四禅・四無色定などを説明する。**《伽陀》**　ガーター (gāthā)。詩の形をした教説。**《有漏無漏》**　有漏は汚れのあること。煩悩に汚れた存在をいう。苦諦と集諦。無漏は汚れのない存在、涅槃などの無為法と、悟りの智慧とが無漏である。**《法体》**　法の自性 (svabhāva) を指す。**《分斉》**　区切り。区別・範囲のこと。

この『倶舎論』はどんな問題を説いているかといえば、『倶舎論』は全体で三十巻あり、九品《くほん》（章）に分れている。その九品とは、第一に界品、第二に根品、第三に世間品、第四に業品、第五に随眠品、第六に賢聖品《げんじょう》、第七に智品、第八に定品、第九に破我品である。三十巻と九品との関係をまとめた偈文に、次のようにいう。界品二巻、根品五巻、世間品五巻、業品六巻、随眠品三巻、賢聖品四巻、智品二巻、定品二巻、破我品一巻、全部で三十巻である。

この九品の内容について示すと、まず初めの二品は、総じて有漏《うろ》と無漏《むろ》との諸法を説明する。次の六品は、有漏法と無漏法とを別々に説明する。総じて明かす二品のうち、初めの界品は諸法の体を明かし、次の根品は諸法の用《ゆう》を明かすと凝然は説明している。しかし実際には、界品と根品と合せて、諸法の体と用を明かしているというべきであろう。まず界品の名は、ここに十八界の説明があるところから得たのであるが、ここには五蘊・十二処・十八界の説明がある。まず初めに、法とは何かを説明し、自相を持つから法であるという法の定義を示し、次に一切法を有漏法と無漏法とに分け、無漏法を有為法と無為法に分けている。有漏法はすべて有為法である。有為は無常の世界を構成する諸法で七十二種ある。無為法は常住不変の存在で三種ある。無為の三種とは、虚空《こくう》と択滅《ちゃくめつ》・非択滅である。択滅とは択《ちゃく》、すなわち悟りの智慧によって得られた滅のことで、涅槃をいう。非択滅は択力によらない滅で、縁欠不生の法をいう。三無為の説明はここですませてしまって、あと再び説かれることはない。

次に五蘊の説明があり、第一の色蘊の説明が詳しい。ここで色法十一種を説明する。ただし「無表色」については、業品の初めにも詳しい説明がある。無表色は戒体と密接な関係があり、戒律の問題が業品に説かれるからである。

以上、界品は色法の説明を中心としており、心法と心不相応法の説明は根品に譲っている。界品の終りに、十八界の諸門分別に附随して、二十二根を説くため、第二品が根品の名を得ている。根品では最初に二十二根の説明があり、次いで、心・心所法、心不相応行の説明があり、次に、六因・四縁・五果の説明がある。以上で法の種類が五位七十五法であり、法の活動は六因・四縁・五果によることが説明され、これらの諸法の活動の上に、迷いの世界と悟りの世界とが成立する。その基礎的な法の説明が界品と根品でなされたのである。故に、凝然が「総じて有漏無漏を明かす」といったのは、この点では正しい。

次の三品、すなわち世間品・業品・随眠品で、迷いの世界の因・縁・果を示す。最初の世間品は、有情世間としての欲界・色界・無色界の三界、地獄・餓鬼・畜生・人・天の五趣などを説明し、輪廻《りんね》の相状としての十二因縁などを明かす。次に有情の住する場所としての器世間を明かす。八寒八熱の地獄から、須弥山《しゅみせん》を中心とする四大洲・九山八海、さらに色界、無色界である。次に空間・時間の単位、三千大千世界などを明かしている。これは迷いの果を示したものである。次の業品は、迷いの因を示したものである。前世の善悪の業によって、来世の生処が決まるからである。業品では、業の性格や業の種類を説明するが、特に解脱《げだつ》のための業である戒律について、その性格や種類が細説されている。第四の随眠品は迷いの縁を説明する。たとい悪業があっても、煩悩がなければ業は果を感じない。煩悩を縁として業は果を感ずる。業は種子のごとく、煩悩は水のごとくである。乾いた種子は芽を出さないが、水に潤されて芽を生ずる。随眠の種類は、六大煩悩・十随眠として説かれ、さらにこれを展開して九十八随眠、百八煩悩などが説かれる。以上で迷いの世界の因・縁・果が明かされたのである。

次の第六から第八までの三品は悟りの世界の因・縁・果を示す。第六賢聖品は、悟りの階位を示す。禅定において四聖諦《ししょうたい》を現観することによって聖なる智慧が生じ、聖者の位に入るが、その前に凡夫の位がある。これが三賢・四善根の位である。次に聖者の位は、預流《よる》・一来《いちらい》・不還《ふげん》・阿羅漢《あらかん》の四向四果である。この凡夫から聖者への悟りの段階、すなわち修行者の種類を示したものが賢聖品である。この賢聖を成立させるものが智慧である。第七の智品は、智慧に十種があることを示し、十智の性格について述べる。すなわち、智は悟りの因で、賢聖はその果である。しかし悟りの智慧は禅定において生ずるものであるので、第八の定品で、禅定の説明がある。定は悟りの縁である。ここで四禅・四無色・八等至・四無量・八解脱・十遍処などの種々の禅定の説明がある。禅定を実践し、定において法を現観することによって、聞思修の三慧が生じ、智慧の進展において賢聖が成立するのである。故に、賢智定の三品は悟りの世界の因・縁・果を示すものである。なお略頌では、定品は二巻となっているが、実際は一巻半であり、次の破我品も一巻半である。

以上の八品をまとめると、次のごとくなる。

総じて有漏無漏を明かす

一、界　品　諸法の体を明かす

二、根　品　諸法の用を明かす

別して有漏無漏を明かす

三、世間品	迷いの果	苦諦	有漏
四、業　品	迷いの因	集諦	有漏
五、随眠品	迷いの縁	集諦	有漏
六、賢聖品	悟りの果	滅諦	無漏
七、智　品	悟りの因	道諦	無漏
八、定　品	悟りの縁	道諦	無漏

以上の八品で『倶舎論』は終るのであるが、次に附録として第九破我品がある。破我品には偈文がない。八品までは、いわゆる一日講じたところを一偈にまとめたというその偈文を説明する形で論述が進んでいる。しかし最後の破我品は、このような偈文はなく、散文で論が述べられている。しかし引用された偈文はいくつかある。破我品は、犢子《とくし》部の非即非離蘊我、文典家の説く我《が》、勝論《かつろん》の我などを破斥し、その間に、認識の主体、輪廻の主体、業の担持者などの問題が、無我の立場で論ぜられている。しかし有部の機械的無我観では、相手を納得させるほどに十分に説明できない。ここには経部の種子の説で、有我論者に対する回答がなされている。しかし経部の種子説でもこの点は十分ではないのであり、これをさらに完全に説明しようとすれば、唯識の阿頼耶《あらや》識《しき》の理論によらざるをえないであろう。したがって、ここに世親が、『倶舎論』に破我品を附した意味は大きいと思われる。世親の著わした『五蘊論』や『成業論』などは、部派佛教の立場に立ちながら、阿頼耶識を採用している。したがって世親は、それからさらに進んで唯識説に入ったのであろうと思われる。

第七節　五位七十五法

問。此宗幾種攝二諸法一乎。

答。七十五法攝二諸法一盡。七十五法者、一者色法、此有二十一一、五根五境及無表色。

二者心法、此唯一也、六識心王、總爲レ一故。

三者心所有法、有二四十六一、分爲二六位一。大地法十、大善地法十、大煩惱地法六、大不善地法二、小煩惱地法十、不定地法八。合有二四十六一名二六位心所一。

大地法十者、倶舍頌云。受想思觸欲慧念與二作意一勝解三摩地、遍二於一切心一已上。

大善地法十者、又同頌云。信及不放逸、輕安捨慚愧、二根及不害、勤唯遍二善心一已上。

大煩惱地法六者、同頌云。癡逸怠不信、惛掉恒唯染。已上。

大不善地法二者、頌云。唯遍二不善心一、無慚及無愧。已上。

小煩惱地法十者、頌云。忿覆慳嫉惱害恨諂誑憍、如レ是類名爲二小煩惱地法一已上。

不定地法八者、略頌云。尋伺及悔眠、貪瞋與レ慢疑。

四者不相應行、此有二十四一。倶舍頌云。心不相應行、得非得同分、無想二定命、相名身等類。已上。

五者無爲、此有二三種一、一擇滅無爲、二非擇滅無爲、三虛空無爲。

此名二七十五法一。七十五中、前七十二並是有爲、後三是無爲。一切諸法不レ過二此二一。有爲法中有二漏無漏一、無爲是無漏。故此宗中、建二七十五一攝二於諸法一、莫レ不二窮盡一。

問う、此の宗は幾種に諸法を摂するや。

答う、七十五法に諸法を摂し尽す。七十五法とは、一には色法《しきほう》、此れに十一有り。五根《ごこん》と五境《ごきょう》と及び無表色《むひょうしき》なり。

二には心法《しん》、此れは唯だ一のみなり。六識心王《しんのう》は総じて一と為《な》すが故に。

三には心所有法に四十六有り。分って六位と為す。大地法の十、大善地法の十、大煩悩地法の六、大不善地法の二、小煩悩地法の十、不定《ふじょう》地法の八となり。合して四十六有り。六位の心所と名づく。

大地法の十とは、倶舎の頌に云く、受・想・思・触・欲・慧・念と、作意《さい》と、勝解《しょうげ》・三摩地《さんまじ》とにして、一切心に遍ず。已上。

大善地法の十とは、又同頌に云く、信と及び不放逸《ふほういつ》・軽安《きょうあん》・捨《しゃ》・慚《ざん》・愧《ぎ》・二根と及び、不害《ふがい》・勤《ごん》にして、唯だ善心に遍ぜり。已上。

大煩悩地法の六とは、同頌に云く、癡《ち》・逸・怠・不信・惛《こん》・掉《じょう》とにして、恒《つね》に唯だ染なり。已上。

大不善地法の二とは、頌に云く、唯だ不善心に遍じ、無慚と及び無愧となり。已上。

少煩悩地法の十とは、頌に云く、忿《ふん》・覆《ふく》・慳《けん》・嫉《しつ》・悩《のう》・害《がい》・恨《こん》・諂《てん》・誑《おう》・憍《きょう》とにして、是の如きの類を名づけて小煩悩地法と為《な》す。已上。

不定地法の八とは、略頌に云く、尋《じん》・伺《し》と及び、悔・眠・貪・瞋と慢と疑となり。

四に不相応行、此れに十四有り。倶舎の頌に云く、心不相応行は、得・非得・同分・無想・二定・命・相・名身等の類なりと。已上。

五に無為、此れに三種有り。一に択滅無為《ちゃくめつむい》、二に非択滅無為、三に虚空《こくう》無為なり。此れを七十五法と名づく。七十五の中、前の七十二は並びに是れ有為、後の三は是れ無為なり。一切諸法は此の二に過ぎず。有為法の中に漏と無漏と有り。無為は是れ無漏なり。故に此の宗の中に、七十五を建てて諸法を摂し、窮尽せずということ莫《な》し。

ここには、『倶舎論』の教理の代表として「五位七十五法」を挙げる。

この五位七十五法は『倶舎論』では、界品と根品に説かれている。五位のうち、色法と無為は界品に説かれ、心法・心所法・不応相行とは根品に説かれている。この「五位」を初めて説いたのは『品類足論』巻一（大正二六、六九二中）である。『品類足論』では、まだそれぞれの内容がはっきり決定していないが、それをはっきりさせたのが『倶舎論』である。この五位の分類は『発智論』には見られない。『大毘婆沙論』が註釈をしたのは『発智論』であり、その点では『倶舎論』でも『発智論』を「本論」として尊重するが、世親は同時に『品類足論』をも重視しており、「本論」という場合に『品類足論』を指している場合もある。

この五位がどうして世親によって採用されたかというに、五蘊・十二処・十八界の分類には、それぞれ難点があるからである。まず五蘊は、色・受・想・行・識の五であるが、これらはすべて有為法であって、ここには無為法が含まれていない。この点で、一切法の分類としては五蘊は適切でないのである。次に十二処説は、有為・無為の両者を含むが、しかし色法が余りにも詳しすぎて、調和を欠いている。すなわち色・声・香・味・触の五境と、眼・耳・鼻・舌・身の五根合して十法は、広義の色法に含まれる。そして残りの有為・無為の諸法六十五法が、意処と法処の二つに含まれるのであるから、調和のある分類法とはいえない。

次に十八界も無為法を含むが、しかしこれは心法の分類が詳しすぎる。十八界の中、色・声・香・味・触・眼・耳・鼻・舌・身の十界は色法であるが、眼識・耳識・鼻識・舌識・身識・意識の六識界と意界とは心法であり、七心界といい、これを心の一つにまとめる。したがって色法が十界、心法が七界、法界に残りの有為・無為の諸法が含められることになる。これも適切な分類とはいえないために、『倶舎論』は『品類足論』の「五位」の説を採用したのであろう。そして五位の内容を「七十五法」に確定したのは『倶舎論』である。もっとも『倶舎論』では、不定の心所を八種と明言してはいないが、しかし不定心所が八法であることは、称友の『倶舎釈』でも、また普光の『倶舎論記』でも共にいうところであるから、古くから決っていたのであろう。その意味で、五位七十五法の組織は、『倶舎論』で成立したと見てよいのである。以下、その内容を簡単に見ることにする。

上述のごとく、五位は色・心・心所・不相応行・無為の五であり、前四は有為法である。この中、色法十一、心法一、心所法四十六、不相応行十四、無為法三で、合して七十五法となる。

第一の色法の十一法とは、五根と五境と無表色である。無表色は法処・法界に含まれる。『品類足論』では、色を能造の四大と所造の色とに分け、所造の色を十一種としている。しかし『倶舎論』では、能造の四大は触処に含めている。五根・五境は、われわれの肉体と外界の物質を指すのである。色の性質は、変壊《へんえ》と質礙《ぜつげ》とである。変壊はこわれること、無常であることで、質礙は他の物の障害になることである。一つのものが場所を占領していると、同時に他のものが同じ場所に存在しえないことをいう。同じ物質でも、外界の物と、生物の身体を構成する眼根・耳根・鼻根・舌根・身根などは異なるので、五根を別に立てる。根とは「増上の義」と定義され、他のものの生長を助ける力を持つものをいう。五境の境（viṣaya）は領域の意味で、色境は眼で見られる領域、声境は耳で聞かされる領域などの意味である。ここでは色・声・香・味・触の五境をそれぞれ一種の法とするが、しかしそれぞれの内部に細分がある。たとえば、色処はいろとかたちに分れ、いろは青・黄・赤・白の四種、かたちは長・短・方・円・高・下・正・不正の八種に分れる。さらに詳しくいえば、色処は二十種あるといわれる。そして青・黄・赤・白などはそれぞれ個有の極微（paramāṇu，分子）からできており、この青の青性、黄の黄性などを法の自性（svabhāva，自己存在者）という。青は極微からできているから、他の助けを借りないで存在しうるものだからである。たとえば、瓶を破れば、瓶の認識はなくなるから、瓶は自性を持たない。故に法ではない。しかし、その瓶が青色であるとすれば、その青色は瓶の破片にもある。破片をいかに細かく砕いても、青の認識は可能である。この意味で、青は自性のあるもの、すなわち法であるという。このような自性としての存在を「勝義有」という。これに対して、瓶のように他の法の集合の上に成立するものを「世俗有」という。世俗有は「仮法」といってもよい。ともかく自性のある法が集って、縁起の世界を作り上げると見るのが、有部の法観である。

これに対して、大乗佛教の中観派は、法は縁起によって成立するものと見る。たとえば、青といえども、他の色があるから、自己を青として限定できる。一切が青であったならば、それを青と定義することすら不可能である。青ということは、必然的に他の色を予想している。他の色なしに青は成立しない。その意味で青は相対的存在であり、すなわち縁起で成立したものと見る。このように法を縁《えん》生《しょう》と見るか、あるいは逆に縁起の世界を諸法が構成すると見るか、すなわち法と縁起のどちらを先と見るかについて、有部と中観派との間には見解の相違がある。

色法の最後は無表色（avijñapti-rūpa）である。これは形に表われない物質の意味で、善悪の行為をなした後、業《ごう》が残るが、これを物質的に見たものが無表色である。後には、戒を受けた時、身に具わる戒体を指すようになった。戒を受けると「防非止悪の力」が自己に具わるが、それを身体的な力と見て、無表色という（律宗の部参照）。これは、上記の五根と五境には含まれないで、法処に含まれている。無表色は色の一種であるが、極微からできていないから法処に含めるのである。

以上が十一種の色法であるが、第二の心法は一種である。心王《しんのう》ともいう。『倶舎論』巻四に、心（citta）・意・（manas）・識（vijñāna）の三は同じものであるという（大正二九、二一下）。集起《じゅうき》の故に心といい、思量の故に意と名づけ、了別の故に識と名づける（同上）と説明されている。心とは過去の経験の集積の意味で、記憶や性格などの集積したものという点から心といい、思量とは「考える」という意味で、意志の意味、了別は判断で、その点から識という。そしてこの心意識は体は一つで同じものであるので、心王は一法と立てる。識としては眼識・耳識・鼻識・舌識・身識・意識の六識を区別するが、これも作用は異なるが体は一であると見るのである。ようするに認識作用を心といったのであり、そこに実体があるのではない。

次に、第三の心所有法（caitasikā dharmāḥ）とは、心王に所有されるという意味で、心理作用をいう。心理作用には、善と悪、愛と憎しみ、勤勉と怠惰など、相互に矛盾する作用があるため、一つの心の属性とはなし難いので、それらを独立の心所として心王から別立したのである。しかし、心王と心所とは、まったく離れたものではないから、両者は「相応」の関係でつながっているとなす。相応とは、「五義平等」といって、五つの点で心王と心所とは同一行動をとることをいう。これに対して、第四の「心不相応行」は、心王と相応しない法という意味である。

『倶舎論』では四十六の心所を立てる。そして「心所法に五品あり」（大正二九、一九上）として、大地法十、大善地法十、大煩悩地法六、大不善地法二、小煩悩地法十を挙げている。しかし、この外に不定《ふじょう》の心所を八種立てている。しかし不定の心所は「地」(bhūmi)を持たない。地を持たないから不定なのである。凝然はこれを「不定地法」と呼び、現代の倶舎学者もこれに随っているが、これは『倶舎』の説と矛盾する。地があるのは五地だけである。そして凝然はこれを「六位の心所」ともいっているが、この「六位の心所」は『成唯識論』でいう言葉であり、『倶舎』ではいわない。『唯識』では心所に「地」を立てない。『唯識』では遍行の心所、別境の心所、善の心所などと説いて、地を立てないから、不定の心所をも加えて「六位の心所」という。しかし『倶舎論』には心所を「六位」としてまとめることはないのである。

最初の大地法とは、あらゆる心に存在する心所のことで、善・不善・無記の三心、あるいは散心・定心などのすべてにあることをいう。たとえば、善の心所は不善心には存在しない。しかし大地法はあらゆる心に活動する心所で、受・想・思・触・欲・慧・念・作意《さい》・勝解《しょうげ》・三摩地《さんまじ》の十である。第一の受とは領納の意味で、外界を受け入れること、想とは表象作用、思とは造作の意味で、認識を形成する力、触とは接触で根境識の和合すること、ようするに物理的な外界を心理的な力に変える心理作用である。欲とは認識を作り上げるところの求める心、慧は理解力で対象を洞察する力、念とは注意力、記憶をも指す。作意とは動機、勝解は納得する力、三摩地は定で心を集中する力、心を対象に集中せしめる力が定である。

次に、大善地法とは、善心に現われる心理作用。これらの心所が心に現われると、心は善心になる。すなわち善心という地に活動する心所が大善地法である。これは信《しん》・不放逸《ふほういつ》・軽安《きょうあん》・捨《しゃ》・慚《ざん》・愧《ぎ》・無《む》貪《とん》・無《む》瞋《しん》・不害《ふがい》・勤《ごん》であり、これらは一切の善心に同時に活くという。信は、真理や善を信ずる力で、心を浄化する力がある。不放逸は放逸を止めしめる力。軽安は心と身を軽く安らかにする力。慚は良心に恥ずる力。愧は社会に対して恥ずる心。無貪は貪《むさぼ》りを滅する力。無瞋は怒りを滅する力。不害は残虐を除く力。勤は心を策励して努力せしめる力。善心には以上の十種の心所が活動するという。

第三に、大煩悩地法とは、煩悩心という地に活動する心理作用であり、癡《ち》・放逸・懈怠《けだい》・不信・惛《こん》沈《じん》・掉挙《じょうこ》の六法である。癡は無明のことで正しい智慧をくらます力。放逸は心を放逸ならしめる力。懈怠は心をなまけさせる力。不信は真理や善を否定する力。惛沈は心を重く暗くせしめる力。悼挙は心を騒がせ、興奮させる力。以上を大煩悩地法とするが、しかし随眠品で「六大煩悩」として挙げるものは、貪・瞋・癡・慢・疑・悪見であり、根品の挙げる大煩悩地法と異なる。随眠品で取扱う六大煩悩は『瑜伽論』などの唯識佛教で煩悩としてまとめているものと合致するのであり、注意すべきである。『倶舎論』には、『大毘婆沙論』などのアビダルマと共通のものが主であるが、同時に『唯識』の法相と共通するものもあるのである。このことは、世親が早くから唯識説に影響されていたことを示している。

次に、四十六の心所の第四は大不善地法二で、無慚と無愧とである。われわれの心から、恥かしいという気持を奪い去る心所である。慚・愧と反対の心所である。

第五は、小煩悩地法で、忿《ふん》・覆《ふく》・慳《けん》・嫉《しつ》・悩・害・恨《こん》・諂《てん》・誑《おう》・憍《きょう》の十である。小煩悩地法は、少分の染汚《ぜんま》の心と倶《とも》なる心所であると説明される。これらの十法は同時に起らないから「小」という。大煩悩地法の六は必ず六法が同時に生ずるとされるが、小煩悩地法はそれぞれ各別に、大煩悩地法や大不善地法などと倶起するのである。この中、忿は瞋や害以外の怒り。覆は自己の罪を隠そうとする心理作用。慳はものおしみをする心。嫉はねたむ心。悩は他をなやます心。害は残虐を起す心。恨はうらむ心。諂はへつらう心。誑はたぶらかす心。憍はおごりたかぶる心。心所とは、心をそのようにせしめる心理作用をいうのである。たとえば、憍は心をおごりたかぶらせる心的力をいうのであり、誑は相手をたぶらかす心を生ぜしめる力をいうのである。

最後は、不定《ふじょう》の心所八である。『倶舎論』巻四には、「不定心所とは、悪作《あくさ》・睡眠・尋《じん》・伺《し》等の法」（大正二九、二〇上）というのみであるが、普光の『倶舎論記』巻四（大正四一、七八中—下）には、「等とは貪・瞋・慢・疑を等取す」といって、不定の心所を、尋《じん》・伺《し》・悪作《あくさ》・睡眠・貪・瞋・慢・疑の八法となし、心所に、「総じて四十六種あり」となしている。なお、称友（Yaśomitra）の『倶舎釈』（*Abhidharma-kośavyākhyā* p. 132）にも、世友（Vasumitra）の説として、以上の八法と同じものを不定の心所として挙げている。ただし、称友はこの説を紹介しながらも、これに賛成しないで、随煩悩までも不定の心所に含める説を出している。それはともかく、梵文の釈と中国の註釈に同じ八法を不定の心所として出しているから、これを尊重すべきであろう。

不定の心所は、善心・不善心・無記心に相応したり、しなかったりするために不定とされる。あるいは、散心にはあっても定心にはないなどである。たとえば、初禅に入ると悪作と睡眠はなくなる。定心には瞋もない。このように存在する場所が一定しないので、不定の心所という。この中、尋と伺は認識において対象を認め、思惟する心理作用で、粗なるのが尋、細なるのが伺である。初禅は有尋有伺であるが、二禅以上には尋伺はない。悪作は後悔のこと。悪をなした後にも後悔はあるが、善をなして後で後悔することもある。しかし必ずあるとは限らない。故に不定である。睡眠は心に眠気を起さしめる作用。貪は貪愛、瞋はいかり、慢は相手を見くだす心理作用。疑は真理を疑う心。

以上の四十六の心所で、第三の心所法は終る。有部はこれらの四十六の心所の種々の組合せによって、心が善心から悪心に転化したり、喜びから悲しみに転化したりするなどの、刹那滅の心の変化を説明する。しかし刹那刹那に心が生滅することは捉えがたいことであるのに、一刹那にこれらの心所の生起があるということが、どうして確められるか、その点に世親は疑問を提起している。このように多くの心所の独立を認めないのが経部の立場である。

第四は、不相応行、これは詳しくは「心不相応行」であり、心所が心と相応しているのに対し、これは心と相応しない「行」（サンスカーラ）である。サンスカーラは形成する力の意味である。五蘊でいうと、色蘊は五位の第一の色に相当し、受蘊と想蘊は心所の大地法の受と想であるから、心所に入る。そして最後の識蘊は心王に相当するから、無為法三を除く七十二法のうち、色法十一、受・想・心王を除いた残りの諸法はすべて行蘊に入ることになる。故に心所法も行蘊に入るが、これは心相応行である。この外に心不相応行が行蘊に含まれるのである。色法も心と不相応であるが、これは色蘊に入るために、ここでは「行」とはいわないのである。ただし、諸行無常、一切行無常という場合の

「行」（サンスカーラ）には色法も含まれる。

不相応行は十四法ある。第一の得とはわが身の相続に、煩悩や業、あるいは涅槃などを得することをいう。衆生の心身は刹那滅であるが、刹那相続して、生まれてから死ぬまで相似相続していく。この相続が、過去に落謝した業や未来世の煩悩などと得の糸でつながっていると考える。そのために業は過去しても、因縁が合すればこの相続に業の果報を受けるのであると説明する。故にこれは外界の無生物には関係がない。第二の非得は得の反対で、得の糸を断じて、非得を得することである。悟りの智慧を得て煩悩を断ずれば、その煩悩に非得を得するのである。次の同分とは衆同分ともいい、種や類の概念のごときものをいう。人間が人間として相続し、途中から犬や猫にならないのは、人間には人同分があり、犬には犬同分、猫には猫同分があるからであると説明する。同様に、男には男同分があり、女には女同分がある。次の無想とは無想果で、無想天に生まれると、心所がまったく起らない。この作用は心所を生ぜしめない力であるから、心相応行とはいえないので、不相応行に入れる。次の二定とは無想定と滅尽定とである。共に心理作用の滅した定である。定は大地法の一種であるが、しかし心所を除去する定力は心所に含めることはできないので心不相応行とする。

次の命根は、寿命を実体的に見たものである。生まれてから死ぬまで生命を持続させる力である。この生命の力も心とは相応しないので不相応のサンスカーラに入れる。次の相とは四相で、生相・住相・異相・滅相である。この四相が刹那の諸法の一一に附随しており、その法を未来世から生ぜしめる力が生相、一刹那住せしめる力が住相、法の作用を奪うのが異相、その法を過去世に落謝せしめるのが滅相であるという。これは諸行無常の無常力を実体的に捉えたものである。あらゆる存在が無常であり、諸法が例外なしに刹那滅であるのは、それぞれの法にこの四相が随伴しているからであるという。しかし法は生相によって生ぜしめられるとしても、生相そのものは何によって生ぜられるのかという問題が提起され、ここに生生・住住・異異・滅滅の四随相が説かれることになる。この四相・四随相が無常の相であり、有為の相であるという。次の名身などとは、名身・句身・文身で、名身は単語・概念、句身とは短文、文身は母音・父音などの音節をいう。言語を構成する要素を三種に分けたものである。

以上の不相応行についても、世親は有部の説を説明しながらも、その後で不信を表明し、これらの実体性を否定している。

第五は、無為法の三で、択滅《ちゃくめつ》・非択滅・虚空《こくう》の三である。無為法とは縁起によって生じない法のことで、作られないもの、常住の存在の意味である。第一の択滅とは、択力、すなわち悟りの智慧によって得られた滅の意味で、涅槃のことをいう。第二の非択滅とは択力によらない滅で、縁欠不生の法をいう。たとえば、声が外界より来たり、耳根が活《はたら》いておれば、当然耳識が起るはずである。しかしその時、眼で物を見ることに熱中しておれば、声が耳に達していても、耳識が起らないことがある。その耳識は生ずる縁を欠いて、永久に未来世にとどまることになる。かかる法を非択滅という。これに虚空を加えて三種の無為となす。

以上が五位七十五法である。この中、前の四位七十二法は有為法で、後の三は無為法である。一切諸法という場合、この七十五法以外には法はない。そして有為法の中には、有漏法と無漏法とがある。たとえば、慧の中に、煩悩と相応する慧は有漏であり、煩悩を断ずる慧は無漏である。そして無為法

図5 倶舎の五位七十五法

- 有為
  - 一、色
    - 眼・耳・鼻・舌・身（五根）、
    - 色・声・香・味・触（五境）、
    - 無表色
    - …………十一
  - 二、心王…………一
  - 三、心所
    - 大地（十）受・想・思・触・欲・慧・念・作意・勝解・三摩地
    - 大善地（十）信・勤・捨・慚・愧・無貪・無瞋・不害・軽安・不放逸
    - 大煩悩地（六）無明・放逸・懈怠・不信・惛沈・掉挙
    - 大不善地（二）無慚・無愧
    - 小煩悩地（十）忿・覆・慳・嫉・悩・害・恨・諂・誑・憍
    - 不定（八）悪作・睡眠・尋・伺・貪・瞋・慢・疑
    - …………四十六
  - 四、不相応行
    - 得・非得・衆同分・無想果・無想定・滅尽定・
    - 命根・生・住・異・滅・名身・句身・文身
    - …………十四
- 五、無為—虚空・択滅・非択滅…………三

はすべて無漏である。このように七十五法で一切法を摂しうるので、この倶舎宗では五位七十五法を立てるのである。

倶舎の五位七十五法を図示すると前頁の図5のごとくなる。

第八節　三乗の因果

問。此宗之中、三乘因果、云何建立乎。

答。於二三乘中一、聲聞經二三生六十劫一、修行得果。方便有二七階一、果即四級。緣覺經二四生百劫一、修因證果。因行積集、直登二無學一、無レ有二多階一、唯一向果。菩薩經二三阿僧祇劫一、修二諸波羅蜜一、百劫之中、植二相好業一、最後身中、於二金剛座一斷結成佛、化緣已盡、入二無餘涅槃一。斯迺聲聞觀二四諦一、緣覺觀二十二因緣一、菩薩修二六度一。

問う、此の宗の中、三乗の因果は云何が建立するや。

答う、三乗の中に於て、声聞は三生六十劫を経て、修行得果す。方便に七階有り。果は即ち四級なり。縁覚は四生百劫を経て、修因証果す。因行積集して直ちに無学に登る。多階有ること無し。唯だ一の向果あり。菩薩は三阿僧祇劫《あそうぎこう》を経て、諸波羅蜜《はらみつ》を修し、百劫の中に相好の業を植え、最後身の中に金剛座に於て、断結成佛す。化縁《けえん》已《すで》に尽きて、無余涅槃《むよねはん》に入る。斯れ迺《すなわ》ち声聞は四諦を観じ、縁覚は十二因縁を観じ、菩薩は六度を修す。

《三乗因果》　三乗は声聞乗・縁覚乗（独覚乗）・菩薩乗。ただし、小乗佛教では菩薩乗とはいわないで、声聞菩提・独覚菩提・無上菩提の三種菩提を立てる（『倶舎論』巻二十五、大正二九、一三二中）。乗は因の立場から名づけ、菩提は果の立場から名づけたものであるが、特に佛の場合は、成佛できない者に菩薩の修行があるとはいえないから、因の立場での菩薩乗をいわないのである。故に「菩薩乗」は大乗佛教の特殊な用語である。菩薩乗は『大毘婆沙論』に一回出てくるが、アビダルマには他に用例がない。すべて果の立場での「三種菩提」を説いている。因果は修因得果のことで、因は行、果は証をいう。　**《声聞》**　釈尊の声を聞いた人という意味。佛の説法に随って修行する人で、阿羅漢になることを目的とする。

《方便》　準備的な修行をいう。ここでは凡夫の位での修行の段階をいい、五停心・別相念住・総相念住の三賢と、煖・頂・忍・世第一法との四善根をいう。　**《四級》**　預流果・一来果・不還果・阿羅漢果をいう。　**《縁覚》**　『倶舎論』には独覚(pratyeka-buddha)と訳している。十二因縁を修して覚るので縁覚ともいう。　**《無学》**　学ぶことがなくなった状態、修行の完成をいう。　**《菩薩》**　菩提薩埵（bodhisattva）の略。佛の覚り（菩提、bodhi）を求めて修行する人。

《阿僧祇劫》　アサンクェィヤ・カルパ（asaṃkhyeya-kalpa）の音訳。阿僧祇とは「無数」の意味で、無数のカルパで、無限の時間をいう。カルパは時間の長さを示す単位であるが、非常に長い時間をいう。　**《波羅蜜》**　パーラミター（pāramitā）の音訳。完成という意味であるが、彼岸の意味にも理解されている。般若波羅蜜とは、般若、すなわち智慧を完成すること。　**《相好業》**　相好とは佛の三十二相のことで、菩薩は三阿僧祇劫の修行によって、成佛の行を完成し、さらにその後で、百劫かかって三十二相をうる善業を修すること。　**《金剛座》**　佛陀が悟りを開いた時に坐していた座。佛陀が堅い決心をもって菩提樹下に坐したその決心を、金剛の堅さに譬えたのである。その時、最極微細の煩悩までも断じて成佛したが、微細な煩悩を断ずるには、強力な禅定を必要とするので、その時の定を金剛喩定という。　**《断結成佛》**　結とは煩悩のこと。煩悩を断じて成佛したこと。　**《無余涅槃》**　有余涅槃に対する語。佛陀も生まれる時にはまだ成佛していないので、その身体は業報の果としての身である。しかし菩提樹の下で悟った後にも、この業報身はそのまま続いている。この身は業の報いであり苦である。命終により、この身をまったく捨ててしまったのが無余涅槃。

この倶舎宗では、三乗の修行（因）とその結果の悟りとをどのように立てているかというと、次のごとくである。三乗とは声聞乗・縁覚乗・佛乗（菩薩乗）であるが、その中、声聞乗については、修行の期間は短くても三生、長ければ六十劫である。佛在世には舎利《しやり》弗《ほつ》・目連《もくれん》たちのように、この世で阿羅漢になった人もあるが、しかし彼らも、すでに前世で何回か生を繰返して修行してきたのであると考えることはできる。『大毘婆沙論』巻百一（大正二七、五二五中）には、声聞は極速は三生、極遅も六十劫で阿羅漢を成ずることをいうが、『倶舎論』巻二十三（大正二九、一二一上）には三生をいうのみで、六十劫についてはいわない。

声聞の修因得果の相は、次のごとくである。まず方便の準備的な修行の段階は七階である。これは凡夫の段階の修行である。七階は三賢と四善根に分れる（ただし「三賢」という用語は『倶舎論』にはない）。三賢の前に「身器清浄」といって、戒を守り、少欲知足の生活を確立する段階がある。これなしには禅定は確立しない。しかして定なしに慧はないからである。修行は戒定慧の三学の次第によるのである。

三賢の第一は「五停心《ごじようしん》」である。これは心を対象に停《と》める修行であり、止（samatha）の修行といってよい。これは不浄観・数息《すそく》観・慈悲観・因縁観・界差別観の五つの中のいずれかを修習する。五停心の修行が完成すると、次の別相念住の修行に進む。念住とは四念処観のことで、身を不浄、受を苦、心を無常、法を無我と観ずる観法である。この身受心法の四を別々に観ずるので別相という。四念処観は『大念処経』など、阿含経にもしばしば説かれ、重要な行法である。セイロン上座部は四念処の修行を特に重視するというが、有部は四念処よりも四諦観を重視して、修行道を組織している。別相念住の修行が完成すると、次に総相念住の段階に進む。これは法念住に住して、諸法の共相を観ずる観法である。すなわち身受心法で観ずる諸法をすべてまとめて、無常であり、苦であり、空であり、無我であると観ずる。これは四念処をまとめて観ずるので、総相念住という。

以上のごとく、四念処観によって観法に習熟した後で四諦観に進むのである。これが煖《なん》・頂・忍・世第一法の四段階であり、四善根という。四諦を観ずるには十六行相観による。すなわち苦諦下の諸法を、苦・空・無常・無我と観じ、集諦下の諸法を因・集・生・縁と観じ、滅諦を滅・静・妙・離と観じ、道諦を道・如・行・出と観ずる。この十六行相観は四善根のみでなく、四向四果の聖者の段階に入ってからも引き続き行われる。なお、この四諦十六行相観は、四諦を観ずるのであるが、これも法観の一種であるから、法念住に住しているのであるということもできる。煖とは熱くなることで、木を鑽《き》って火をおこす時、次第に熱くなってついには火を生ずるのに譬えたものである。修行が進んで、真実の智慧（火に譬う）が生ずる前相として、方便の智が増大した段階である。次の頂は、方便の智の勝れたものが生じたのを頂と呼んだのである。修行が進むと、これこそ最高の智慧であると思うことが多い。しかし実際はそれは極めて低い段階である場合が多い。ともかく頂とは、智慧が流動的であって、進と退との両際において山頂のごとくであるから頂と名づけるという。

次の忍は方便智としては非常に勝れた智慧である。四諦の理においてよく忍可する中で、最勝なるを忍と名づけるという。しかし忍には、下・中・上の三段階がある。忍が進んで上忍になり、これが完成すると第四の世第一法に入る。これは世俗智としては最高であるので、世第一という。したがってそれは一刹那である。多刹那にわたれば最高とはいえないからである。

世第一法は一刹那であるから、その直後に見道に入る。見道とは無漏智で四諦を現観することである。聖諦を現観する智には、忍と智があり、欲界の四諦を現観するのを法智忍・法智と呼び、色界・無色界の四諦を合せて現観するのを、類智忍・類智と呼ぶ。四諦についてそれぞれあるから、苦法智忍・苦法智・集法智忍・集法智・滅法智忍・滅法智・道法智忍・道法智の四忍四智がある。同様に、類忍類智にも四忍四智があるから、合せて八忍八智がある。そして最後の道類智は道法智の繰返しであるので、見道ではなく修道に入れる。そのために「見道十五心」といって、これを預流向《よるこう》という。そして道類智から預流果《よるか》である。

有部の修行道は見道・修道・無学道に分け、さらにこれを種々に分類しているが、凝然が「果は即ち四級」というのは、預流果・一来果・不還《ふげん》果・阿羅漢果をいうのであり、前三は修道、阿羅漢果は無学道である。これらの問題は、『倶舎論』の「賢聖品」に説かれている。『倶舎論』では、修行の階位に二十七賢聖を立てるが、その一覧表は、本書二一六―二一七頁の図6を参照されたい。

次に縁覚乗に関して凝然は、「縁覚は四生百劫を経て、修因証果す」といっている。これは縁覚の悟りには、いかに早くとも四生を必要として、遅い人は百劫を必要とするという意味である。『倶舎論』巻十二（大正二九、六四上―中）に、独覚に部行独覚《ぶぎょうどっかく》と麟角喩《りんかくゆ》独覚《どっかく》とがあることを説き、部行は声聞から転じた独覚のこと、麟角喩とは独居の修行者で、必ず百大劫に菩提の資糧を修して、しかる後、まさに麟角喩独覚を成ずるといっている。このように修行に百劫を要することは『倶舎論』にもいうが、極速は四生という点は、『倶舎論』や『婆沙論』には見あたらないようである。しかし『大智度論』巻二十八（大正二五、二六六下）に、辟支佛《びやくしぶつ》の疾《はや》き者は四生、久しき者は百劫とあり、中国ではこの系統の説が行われる。

次に独覚は、「因行積集して直ちに無学に登る。多階有ること無し。唯だ一の向果あり」と述べている。この点も『倶舎論』や『婆沙論』にはっきりいっているところは見あたらないが、しかし独覚には階位を説かないから、有学を立てないで、直ちに無学になると考えられるわけである。したがって因行の修行の時は「独覚向」で、悟った時に「独覚果」であるといいうるであろう。故に一の向果ありということになろう。

第三に「菩薩は三阿僧祇劫《あそうぎこう》を経て、諸波羅蜜《はらみつ》を修し」とあるが、この点は『倶舎論』巻十八（大正二九、九五上―中）にも説いている。釈迦菩薩は三無数劫に七万五千、七万六千、七万七千の佛を供養し、六波羅蜜を修したことを説いている。一般には、菩薩は三阿僧祇劫の修行をなした後に、さらに百劫の修行をして、この間に三十二相の業を植えると説かれる。しかし釈迦佛のみは九十一劫で妙相業が成じたとなしている（同上）。そして「最後身の中に金剛座に於て、断結成佛す」といっている。最後身とは、これ以上輪廻を繰返さない意味である。死ねば必ず涅槃に入るからである、金剛座とは、釈迦が菩提樹の下で坐した座をいう。この時の釈迦の成佛を「三十四心、断結成道」という。これは諦現観の十六念と有頂の貪を離れる十八念とを合したものである（大正二九、二五中）。諦現観の十六念とは、四聖諦を八忍八智（欲界の四忍四智と上二界の四忍四智）で観ずることである。これは四諦の理を初めて知ること、あるいは縁起の理に初めて達することを意味する。これは、声聞でいえば預流向にあたる。佛陀といえども、縁起を悟るまでは成佛できないのである。しかし佛陀の場合は、縁起を知れば、預流果から阿羅漢向までを飛んで、直ちに輪廻の生存の最後の繋縛となっている「有頂の九品の惑」を無間道と解脱道とで断ずるのである。九無間道と九解脱道とで十八心となる。先の十六心とこの十八心とを合して「三十四心、断結成道」という。ともかく四諦を観じた後に、最後の煩悩を続けて断ずるところに、声聞と異なる点がある。これは佛の成佛を示したものである。次の「化縁已《けえんすで》に尽きて、無余涅槃《むよねはん》に入る」とは、佛の入涅槃を示したものである。

以上のごとく、声聞は四諦を観ずる修行をなし、菩薩は六波羅蜜を修するのであるが、縁覚が十二縁起を観ずることは、『倶舍』や『婆沙』には説かない。これは中国佛教になってから説かれるようになったらしい。ただし大乗経典の『法華経』などには見られる。

第九節　我空法有

問。此宗明二幾空一乎。
答。唯明二生空一、不レ談二法空一。言二生空一者即遣二我執一。五蘊之中、無レ有二人我一、唯是五蘊和合聚成、假名爲レ人。無レ有二實人一。如レ此觀故證二我空理一。然其法體三世實有。由二此義一故、他宗名爲二我空法有宗一也。

問う、此の宗は幾《いく》ばくの空《くう》を明かすや。
答う、唯だ、生空《しょうくう》を明かして法空を談ぜず。生空と言うは、即ち我執《がしゅう》を遣《や》る。五蘊の中に人我有ること無し。

唯だ是れ五蘊和合聚、成ぜるを仮りに名づけて人と為《な》すのみ。実人有ること無し。此の如く観ずるが故に、我空の理を証す。然るに其の法体は三世実有なり。此の義に由るが故に、他宗は名づけて、我空法有宗と為《な》すなり。

《空》 シューヌヤ（sūnya）。ものの存在しないこと。実体のないこと。本来は零を意味する。《生空》 衆生が空であること。我空と同じで、衆生に自我という実体のないこと。《法空》 法の空。法が縁起によって成立すると見れば、法は実体のないもので空となる。しかし、有部は縁起の世界を成立されるものが法であるとなすから、法の空を認めない。法は自性があるとなす。《人我》 自我を固定的実体と見ること。《仮名》 仮りに名づけたもの。流動的存在は絶えず形を変えるから、名をつけることはできないが、だいたいの立場から便宜的につけられた名。《実人》 実体としての人。《法体》 法の自性。

有部では幾種類の空《くう》を明かしているかというに、有部宗ではただ人我の空を明かすのみで、法の空を説かない。生空《しょうくう》、すなわち衆生が空であると説くのは、自我に対する執著を除くからである。そうすれば自己の心も身体も絶えず変化しており、無常であるありのままの姿がわかる。それが生空である。凡夫は自我に執著するので、固定的な自我があると思うのである。自己は生きており、絶えず変っている。そういう流動的な自己をありのままに見るのが、生空（衆生空）の意味である。自我に対する執著を除けば、五蘊の中に人我のないことは明らかになる。人間は五蘊の和合したもので、そこに成立する仮名《けみょう》の存在を人と名づけるのである。その真実相は名づけようのないものである。故に実体的な人我はない。このように刹那滅の諸法の集合の上に人間を理解するから、我空の理を証することができる。しかしこれは全体を部分の集合体と見る「分析的空観」(析空観《しゃくくうがん》)であるから、構成要素である部分の空を説くことはできない。最後には、それ以上分析できない要素が残るからである。それが有部のいう法の体である。有部はこの法体を三世実有と説く。故に有部は我空を説きうるが、法空を説くことはできない。故に他宗は有部宗を評して「我空法有宗」というのである。この他宗というのは、慈恩《じおん》大師の八宗判や、賢首《げんじゅ》大師の十宗判で、有部を「法有我無宗」と呼んだのを指すのであろう。

以上の「我空法有」も有部の宗義として重要なものである。本書には、倶舎の教理として、三世実有、五位七十五法、三乗の因果、我空法有を出すが、これらは有部の特色をよく示している。しかし『倶舎論』全体としていえば、六因・四縁・五果の問題や、刹那滅の問題、三世両重因果、業論、煩悩論など、有部の特色ある教理がまだ残されている。しかしそれらのすべてにふれることは、「綱要」としては不可能であろう。これは残りの七宗についてもいいうることであり、本書は八宗のそれぞれの宗の一面を示したものと理解すべきである。『倶舎論』の全体について理解せんと欲するならば、『倶舎論』の全体を概説した「倶舎学概論」とか、あるいは『倶舎論』そのものを研究すべきである。

附　倶舎論の研究法と参考書

昔は、倶舎・唯識の研究を「唯識三年、倶舎八年」といったというが、これは、倶舎を研究してから唯識を学ぶので、唯識を研究する時には、倶舎・唯識に共通する教理はすでにマスターされているためである。故にこれは、唯識の研究が倶舎より易しいということを示すものではなかろう。しかし分量的には、『成唯識論』は十巻であり、『倶舎論』は三十巻であるから、三分の一である。その点で、『唯識論』の研究の方が、『倶舎論』よりも早く済んだかもしれない。そして『倶舎論』の研究には、ただ『倶舎論』だけを読むのでなく、部派佛教の発展の中で倶舎の教理を理解する方法が採られていたようであるから、取扱う論書も多かった。すなわち『異部宗輪論』などの研究によって、小乗二十部の分派の次第や、それぞれの部派の教理を知り、さらに『大毘婆沙論』や『順正理論』などによって、説一切有部の教理を知り、これらと『倶舎論』とを比較して、研究を進めたようである。徳川時代の法幢《ほうどう》は「学一切乗沙門」と号し、広い立場に立って『倶舎論』を研究したことが、彼の『倶舎論稽古』二巻に現われている。しかしこのような広い学風は、彼だけではなかったであろう。

『異部宗輪論』のテキストとしては、

小山憲栄　異部宗輪論述記発軔　三巻　明治二十四年

がある。『異部宗輪論』の研究には、窺基《きき》の『述記』を参照する必要があるが、これは大正大蔵経には収録されていない（続蔵経には入っている）。そのために註釈を附した前記小山憲栄師の著作が珍重される。なお、『異部宗輪論』には、異訳である『十八部論』と『部執異論』との三訳を対照国訳した

木村泰賢・干潟龍祥訳　三訳対照異部宗輪論、結集分派史考

が国訳大蔵経論部十三巻にある。なお、『異部宗輪論』のチベット訳、ならびにバヴィヤの『異部宗精』などを国訳した

寺本婉雅・平松友嗣共訳　蔵漢和三訳対校異部宗輪論　昭和九年

も参考にされうる。なお、部派佛教の分派史については、玄奘の所伝のみでなく、真諦の所伝をも考慮すべきである。真諦に『部執異論疏』があったというが、今は伝わらない。しかし吉蔵の『三論玄義』に真諦の伝承を伝えているから、これを参照すべきである。

なお、部派の研究としては、北伝の『異部宗輪論』などのみでなく、南伝の『島史』(*Dīpavaṃsa*)や『大史』(*Mahāvaṃsa*) を参照する必要がある。さらに南伝の『論事』(*Kathāvatthu*) や北伝の『大毘婆沙論』などにも、部派の教理が引用され、批判されているので、それらを合せ研究する必要がある。部派の分派史については、次の研究がある。

塚本啓祥　初期佛教教団史の研究　昭和四十一年

静谷正雄　小乗佛教史の研究——部派佛教の成立と変遷——　昭和五十三年

なお、後者は、アンドレ・バロウ (André Bareau) の *Les sectes bouddhiques du Petit Véhicule*, Saïgon, 1955. を参考にして書かれたものである。このバロウの著作は、文献や碑文などをくまなく調べてまとめた好著である。部派佛教の研究には、これらの外にも研究書は多いから、進んでそれらにも目を通す必要がある。

次に、ここの主題である『倶舎論』の研究に関しては、

旭雅　冠導阿毘達磨倶舎論　三十巻

がテキストとして広く用いられている。この外に、

藤井玄珠　校註阿毘達磨倶舎論　三十巻

があり、この方が誤植が少ないというが、流通していない。なおこれらは、玄奘訳の『倶舎論』であるが、この外に真諦の訳した『倶舎釈論』二十二巻がある。これをも参照すべきであるが、両者を対照したテキストはまだできてない。なお、『倶舎論』には梵文が発見せられ、チベット訳もあるために、現代の倶舎の研究としては、これらを無視することはできない。

V. V. Gokhale, *The Text of the Abhidharmakośakārikā of Vasubandhu*, Bombay, 1946.

P. Pradhan, *Abhidharmakośabhāṣya*, Patna, 1967.

S. D. Shastri, *Abhidarmakośa and Bhāṣya of Vasubandhu with Sphutārthā of Yaśomitra*, Varanasi, 1970—73.

ゴーカレの出版は、『倶舎論』梵文の偈文の出版、プラダン本は偈と釈を加えたもの、共にラーフラがチベットで発見した梵文写本に基づいている。シャーストリー本は、『倶舎論』の梵文原典と称友の註とを会本にしたものである。なお、チベット訳は、界品と根品とが謄写印刷で出版されているが、全訳はチベット大蔵経によらねばならない。

寺本婉雅編　西蔵文阿毘達磨倶舎論　第一巻（界品）　昭和十一年

武田義雄　西蔵文阿毘達磨倶舎論　第二巻（根品）　昭和十二年

以上、梵蔵漢の『倶舎論』を読解するには参考書が必要である。漢訳については、国訳大蔵経・国訳一切経に『倶舎論』の国訳があり、詳しい註がついているので、これを参考にすると大いに助けられる。

木村泰賢・荻原雲来　国訳阿毘達磨倶舎論　（国訳大蔵経、論部第十一—十三巻）

西義雄　国訳阿毘達磨倶舎論　(国訳一切経、毘曇部二十五―二十六)
なお、『倶舎論』にはプサンのフランス語がある。
Louis de la Vallée Poussin, *L'Abhidharmakośa de Vasubandhu*, 6 vols, Louvain, 1923―31.
次に、『倶舎論』には梵漢蔵の『索引』がある。
平川・平井・高橋・袴谷・吉津共著　倶舎論索引　三巻　昭和四十八―五十三年
梵語・漢訳・チベット語をそれぞれ基本とする索引であり、第一巻にはプラダン本の訂正を載せ、第三巻には『倶舎論』の梵本・真諦訳・玄奘訳・冠導本・チベット訳北京版・チベット訳デルゲ版の対照表を加えた。梵本やチベット訳の解読には、本索引を利用すると助けられる点が多い。
なお、漢訳『倶舎論』の註釈としては、
普光　倶舎論記　三十巻
法宝　倶舎論疏　三十巻
の二著が、古来「光記・宝疏」といわれて重要視され、必ず参照さるべき標準の註釈となっている。
さらに、
円暉　倶舎論頌疏　二十九巻
は、『倶舎論』の偈文を註釈したもので、有部の教理を知るための好著として、古来珍重せられた。なぜかというと、『倶舎論』の長行には、経量部の立場から有部の伝統説を論難した部分が多い。この部分は論諍が入り込んでおり、特に難解であるが、それらの論諍は偈文を理解するためには、必ずしも必要ではない。そのために、大乗佛教を学ぶための基礎学として『倶舎』を学ぶ場合、円暉の『倶舎論頌疏』がその要求に応じたのである。

なお、『倶舎論』の全体を平易に講義したものとして、

法宣　倶舎論講義　十巻

がある。これは「世間品」を欠くが、その他については、全文が講義されているので、初学者が『倶舎論』を研究する場合、入門書として好適である。もちろん最近の厳密な学問的研究書ではないが、『倶舎』のアウトラインを摑むのに適している。しかし、最近は本書も入手困難になった。

旭雅　倶舎論名所雑記　六巻

これは、『倶舎論』の難解な箇所を解説したもので、『倶舎論』研究には益する点が多い。ただし、版本のみで、全集に収録されていないので、入手は容易でない。

梵文の『倶舎論』には、称友（Yaśomitra）の註釈がある。

U. Wogihara, *Sphuṭārthā Abhidharmakośavyākhyā by Yaśomitra*, Tokyo, 1932—36.

同書の日本訳として、

荻原雲来・山口益訳述　和訳称友倶舎論疏一—三　東京　昭和八—十四年（界品と根品の日本訳）

山口益・舟橋一哉　倶舎論の原典解明（世間品）　昭和三十年（チベット訳よりの『倶舎論』、及び称友釈の「世間品」の日本訳である）

舟橋一哉　業の研究　昭和二十九年（業の思想的研究と共に、業品の註釈的研究である）

桜部建　倶舎論の研究　界・根品　昭和四十四年（『倶舎論』の研究であると共に、梵文の界品・根品

の翻訳を含む)

『倶舎論』の梵文の解読には、これらの文献を利用するとよい。次に『倶舎論』の解説書としては、

舟橋水哉　倶舎論講義　昭和八年

が詳しい。その外、左の入門書がある。

高木俊一　倶舎教義　大正八年

深浦正文　倶舎学概論　昭和二十六年

桜部建・上山春平　存在の分析〈アビダルマ〉　昭和四十四年

舟橋水哉　倶舎の教義及び其歴史　昭和十五年

最後の書物は、倶舎の難所といわれる諸問題を重点的に解説し、さらに『倶舎論』の註釈、研究書について、親切な解説を施しているので、倶舎の研究史、参考書を知る上に好適であり、倶舎研究の案内書として勝れている。なお、『倶舎論』では「五位七十五法」が有名であるが、倶舎の研究に入る前に、七十五法について理解を得ておくことは、研究を容易にする。この点については、左記の書がある。

七十五法記　三巻

七十五法名目　一巻

共に大正大蔵経七十一巻に収録されているが、版本もある。

松内上衍編　冠導七十五法名目　明治二十二年

四辻鳳千　七十五法名目講義　一巻

など。『倶舎論』の研究は、最近では、『倶舎論』を重視しながらも、広くアビダルマ佛教全般の研究を目的として行われている。その先鞭をつけたものは、木村泰賢である。

木村泰賢　阿毘達磨の研究　昭和十二年

木村泰賢　小乗佛教思想論　昭和十二年

前者はアビダルマ論書の文献学的研究、後者は内容思想の研究であるが、現代においても学的価値を持っている。その後に続くものとして、アビダルマ関係の著者としては、次のごときものがある。

赤沼智善　佛教教理之研究　昭和十四年

渡辺楳雄　有部阿毘達磨論の研究　昭和二十九年

佐々木現順　阿毘達磨思想研究　昭和三十三年

佐々木現順　佛教心理学の研究　昭和三十五年

勝又俊教　佛教における心識説の研究　昭和三十六年

和辻哲郎　佛教哲学における「法」の概念と空の弁証法（『和辻哲郎全集』第九巻所収）　昭和三十七年

和辻哲郎　佛教倫理思想史（『和辻哲郎全集』第十九巻所収）　昭和三十八年

金岡秀友訳　小乗佛教概論　昭和三十八年

水野弘元　パーリ佛教を中心とした佛教の心識論　昭和三十九年

福原亮厳　有部阿毘達磨論書の発達　昭和四十年

河村孝照　阿毘達磨論書の資料的研究　昭和四十九年

佐々木現順　佛教における時間論の研究　昭和四十九年
河村孝照　有部の佛陀論　昭和五十年
西義雄　阿毘達磨佛教の研究　昭和五十年
佐々木現順訳　ローゼンベルク・佛教哲学の諸問題　昭和五十一年
坂本幸男　阿毘達磨の研究　昭和五十五年

なお、前記金岡博士の訳された『小乗佛教概論』の原典は、

Th. Stcherbatsky, *The Central Conception of Buddhism and the Meaning of the Word Dharma*, London, 1923.

であり、佐々木現順博士の訳された『佛教哲学の諸問題』の原典は、

Otto Rosenberg, *Die Probleme der buddhistischen Philosophie*, Petersburg, 1918.

であり、共にアビダルマの研究書として、勝れた業績である。その後には、フラウワルナー (E. Frauwallner) やシュミットハウゼン (L. Schmithausen) などが、

Wiener Zeitschrift für die Kunde Süd-und Ostasiens

に発表した論文を注目すべきであろう。

なお、『倶舎論』より後に著わされ、『倶舎論』より偈文や教理を借用して著わされたと見られている『アビダルマディーパ』が注目される。

P. S. Jaini ed. *Abhidharmadīpa with Vibhāṣāprabhāvṛtti*, Patna, 1959.

本書の著者は不明であるが、内容には『倶舎論』と類似する点が多い。そして校訂出版者ジャイニ

の「序文」が附されているが、『倶舎論』とパーリ佛教の用語の共通点などを指摘している点は、得る点が多い。この外にもインドや西欧において、アビダルマの教理を扱った著作はあるが、特に注目すべきものはないようである。その点については、次の論文参照。

桜部建　インドにおける最近の倶舎論研究の業績の一、二について（『佛教学セミナー』第二十七号、昭和五十三年五月）

以上は、アビダルマ関係の著書について、気のついたものを挙げたが、この外に研究論文でも、重要な業績は多い。しかし論文までも示すことはできないので、

龍谷大学編　佛教学関係雑誌論文分類目録　三巻

によって、アビダルマ関係の業績を調査することを希望する。

第二章　成実宗

第一節　成実宗の名称

問。何故名二成實宗一乎。
答。以二成實論一為二所依一故名二成實宗一。言二成實一者、釋二成如來所說三藏之中實義一故也。故彼論師述懐文云、故我欲三正論二三藏中實義一。已上出二彼論第一初一。

問う、何が故に成実宗《じょうじつ》と名づくるや。
答う、成実論を以て所依と為すが故に、成実宗と名づく。成実と言うは、如来所説の三蔵の中の実義を釈成するが故なり。故に彼の論師の述懐の文に云く、故に我れ、正しく三蔵中の実義を論ぜんと欲すと。已上、彼の論の第一初に出ず。

《成実論》　十六巻よりなる。羅什が弘始十三年九月八日より、弘始十四年九月十五日（四一一―四一二）までに訳した（『開元釈教録』巻四、大正五五、五一三上）。『成実論』が羅什の訳であることは『出三蔵記集』以来確定している。**《成実》**　成実の意味を、「実」を「三蔵中の実義」と解し、「成」を「釈成」と解した。すなわち三蔵中の実義を完全に解釈したのが『成実論』であるという意味。三蔵中の実義とは三宝と四諦の教えを指すと見てよい。この三宝と四諦とが、『成実論』の主題である。《彼論師》『成実論』の著者訶梨跋摩（ハリバルマン、Harivarman）。彼は中インドの婆羅門の出身で、二五〇―三五〇年頃の人という。初めはヴェーダや陰陽奇術などを研究したが、後、佛教に帰依した。大乗佛教も研究したが、大衆部・経量部の立場に立っている。『成実論』は大乗の提婆の『四百論』を引用しているが、また譬喩者の童受の偈をも引用している。すなわち大乗と小乗の折衷的な立場に立っている。《述懐文》自分の気持を述べた文。『成実論』の冒頭に十二頌の偈文があるが、最初の一頌半は帰敬偈、残りの十頌半は発起偈であり、ここに著者の論を著わした意図が述べられている。今はそれを指す。

この段は、成実宗《じょうじつ》の宗名を示す一段である。

何故、成実宗と名づけるかといえば、『成実論』を所依とする宗であるからである。それで「成実宗」と呼ぶのである。しからば「成実」というのはどういう意味かというに、それは、この論が、如来の説かれた経律論の三蔵の中の「実義」、すなわち真実の意味を明らかにしようとしているからである。成は成立、論証の意味で、実は真理の意味である。『成実論』は最初から二巻の半ばまでに佛法僧の三宝を説明し、二巻の半ばから残りの十六巻までに、四諦の説明を行っている。したがって『成実論』が主題とするものは、三宝と四諦である。これが本論で釈成せんとする実義である。それ故、本論の「発起偈」の終り（大正三二、二三九中）にも、「我れ、正しく三蔵中の実義を論ぜんと欲す」といっているのである。

以上で明らかなように、本論は「三蔵中の実義」を主題としており、大乗の論書ではない。そのために『八宗綱要』にも成実宗は小乗に入れられている。『成実論』の著者は訶梨跋摩《かりばつま》であるが、しかし彼は成実宗という一派を立てるために『成実論』を書いたのではない。『成実論』のインドにおける影響はまったく不明である。『成実論』によって成実宗が立てられたのは、中国に来てからである。しかも、成実宗を開宗した祖師といいうる人もない。このことは、以下に述べるが、宗を考える場合、鎌倉時代の浄土宗や禅宗・日蓮宗などの立教開宗とは非常に異っていることを知らねばならない。それと同じ次元で、倶舎宗や成実宗の宗の成立を考えることはできないのである。

第二節　成実論の製作と翻訳

問。此論如來滅後、幾年、誰人造乎。
答。如來滅後九百年中、薩婆多宗學者、倶摩羅陀上足弟子、有二訶梨跋摩一。嫌二師見解是甚淺劣一、簡二取諸部最長之義一、以爲二一類一而成レ宗矣。姚秦朝代、羅什三藏翻譯弘レ之。一部十六卷、二百二品。震旦諸師多造二章疏一、乃至二日域一以依二學之一。

問う、此の論は如来の滅後、幾ばくの年に、誰れ人の造るや。
答う、如来の滅後九百年中に、薩婆多《さつばた》宗の学者、倶摩羅陀《くまうだ》の上足の弟子に訶梨跋摩《かりばつま》有り。師の見解の是れ甚だ浅劣なるを嫌い、諸部の最長の義を簡取し、以て一類と為し、宗を成ず。姚秦《ようしん》の朝代に羅什《らじゆう》三蔵翻訳して之を弘む。一部十六巻、二百二品なり。震旦《しんたん》の諸師多く章疏を造り、乃《いま》し日域《にちいき》に至るまで以て之を依学す。

《薩婆多宗》　説一切有部。《倶摩羅陀》　クマーララータ（Kumāralāta）。童受と訳す。玄暢作の「訶梨跋摩伝序」（『出三蔵記集』巻十一、大正五五、七八下）によると、如来滅後九百年に、薩婆多部の究摩羅陀の弟子に訶梨跋摩があったという。ただし、玄奘の『大唐西域記』巻十二（大正五一、九四二上）には、童受は北インドのタクシャシラーの出身で経部の本師であるといっている。そして馬鳴・提婆・龍猛・童受の四人が同時であったとなしている。『付法蔵因縁伝』巻六には、鳩摩羅駄はタクシャシラーに生まれ、後、出家学道して、法を僧伽耶舎から付され、闍夜多に付法したという。付法蔵の第十八祖、龍樹は十三祖。故に龍樹より少しく後に置く。年代は明らかでないが、『大毘婆沙論』には童受の名は出ないで、『倶舎論』には出るので、その中間の人かと思われる。すなわち西紀三百年前後の人かと考えられる。「如来滅後九百年」ということは、世親の場合にもいっていたが、はっきりした根拠は見あたらない。《姚秦》後秦ともいい、三八四―四一七年北シナにあった国、羅什は二代興（三九三―四一六在位）の時代四〇一年に長安に来た。

この『成実論』の作者について、まずその年代について明かすと、これは如来の滅後九百年頃の訶梨跋摩の作である。玄暢作の「訶梨跋摩伝序」によれば、訶梨跋摩（Harivarman）は中インドの婆羅《ばら》門《もん》の出身で、佛滅九百年の出世で、初めヴェーダを研究し、後、佛教に入って究摩羅陀《くまらだ》の弟子となり、三蔵の深旨をきわめ、迦旃延《かせんねん》の『発智論』を研究したという。その後、中インドのパータリプトラで大衆部の僧で大乗をもよくするものに会い、方等経典（大乗経典）をも学び、九部（九分教？）をきわめ、五部（五部律？）を澄汰し、異端を考慮し、迦旃延の偏った説を斥けて、『成実論』を作ったという。この点を、凝然は、諸部の最長の義を簡《えら》び取って、一つにまとめ、成実宗を作ったと述べているのである。

成実宗といえば、『成実論』の根本的立場を指すわけである。凝然は特にそれを示していないが、これは『成実論』独特の中道であるといってよいと思う。たとえば、我《が》の有無についても、有部の機械的な無我観を採らないで、世俗諦の立場では仮《け》としての我を認めている。これを虎が子を口にくわえて他処に運ぶのに譬えている。「若し急なれば則ち傷《きずつ》き、若し緩《かん》なれば則ち失す」(『成実論』巻十、大正三二、三二六下)と説き、親の虎が余り強く子をくわえれば傷つくが、しかしくわえ方が弱ければ、子を落してしまうであろう。それと同様に、無我を余り強調すれば虚無《きょむ》論におちる危険がある。しかし有我を強く認めれば、我に執著する固定的な見方になる。このように有我と無我の中道を説いている。これは有部とかなり違う立場である。彼は「法に実体なく、ただ仮名あるのみ」と説き、「仮」の立場に立ち、世俗諦と第一義諦の中道に立っている。世俗の故に有と説くも、第一義諦にはしからずという立場である。法を仮と見る立場の根底には「空」の思想があり、空を重視することも『成実論』の特色ある立場である。しかし『成実論』は、有部の立場を批判して論を進めているために、空を説いても徹底せず、折衷的で、その点では経量部の立場と似ている。そのために本論が、一時は大乗論と見られながら、三論や天台が盛んになると共に、中国佛教で支持を失った理由があろう。

本論は姚秦《ようしん》の姚興(三九三—四一六在位)の時代に、四〇一年に長安に来た羅什《らじゅう》によって訳された。「成実論記」(『出三蔵記集』巻十一、大正五五、七八上)によると、弘始十三年(四一一)九月八日から翻訳を始め、翌年の九月十五日に終っているという。十六巻で、内容は二百二品に分れている。二百二品のうち、三十五品までに三宝を明かし、次から九十四品までに苦諦、百四十品までに集諦、百五十四品までに滅諦、二百二品までに道諦を明かしている。

羅什によって訳された『成実論』は、南北朝時代の中国佛教界に大いに歓迎せられ、一流の学者が『成実』を講じ、註疏も多く作られた。その余力をかって日本にも伝えられ、奈良時代には、六宗の一としての位置を占めたのである。

第三節　成実論と大乗・小乗の関係

問。此之論宗、二十部中、正何部攝。又最長義者、是何等義乎。

答。定二成實論所依本部一、諸解不同。或云依二多聞部一。或云依二經部一。或云探レ大釋レ小。或云依二曇無德部一。或云取二諸部長一。小乘諸部長。或云依二化地部一。又梁三大法師、謂光宅寺法雲法師開善寺智藏法師莊嚴寺僧旻法師。此三家竝云二成實論是大乘一云云。天台嘉祥竝判二小乘一、南山靈芝倶云二分通大乘一。與二四分律同計一。如レ此諸師異説不同。然淨影天台已後、多分共評云二成實論是小乘中長一云云。但南山律師、敎是小乘、義通二大乘一云云。小乘之中、多云、成實多依二經部一云云。或曇無德部云云。


問う、此の論宗は二十部の中、正しく何部の摂なるや。又、最長の義とは是れ何等の義なるや。

答う、成実論所依の本部を定むるに、諸解不同なり。或が云く、多聞《たもん》部に依ると。或が云く、経部に依ると。或が云く、大を採り小を釈すと。或が云く、曇無徳《どんむとく》部に依ると。或が云く、諸部の長を取ると。小乗諸部の長なり。或が云く、化地《けじ》部に依ると。又、梁《りょう》の三大法師とは、謂く、光宅《こうたく》寺の法雲法師と、開善寺の智蔵法師・荘厳《しょうごん》寺の僧旻《そうびん》法師となり。此の三家は並びに成実論は是れ大乗なりと云う。云云。天台・嘉祥《かじょう》は並びに小乗と判ず。南山・霊芝《れいし》は倶《とも》に分通《ぶんつう》大乗と云う。四分律と同計なり。此の如く諸師の異説不同なり。然るに浄影《じょうよう》・天台已後、多分は共に評して、成実論は是れ小乗中の長なりと云う。云云。但し南山律師は、教えは是れ小乗なるも義は大乗に通ずと、云云。小乗の中にては多く云う、成実は多く経部に依ると、云云。或いは曇無徳部なりと。云云。

《多聞部》 バフシュルティーヤ（Bahuśrutīya）。『異部宗輪論』では大衆部から、第二の百年中に分派したという。**《経部》** 経量部、サウトラーンティカ（Sautrāntika）。説一切有部より、佛滅四百年の初めに分派す。**《曇無徳部》** ダルマグプタカ（Dharmaguptaka）。法蔵部。佛滅三百年中に化地部から分派。四分律はこの部派の伝持したもの。**《化地部》** マヒーシャーサカ（Mahīśāsaka）。佛滅三百年中に説一切有部より分派したという。**《法雲》**（四六七―五二九）。五〇八年梁武帝の勅により光宅寺に住す。しばしば勅により講経す。『法華経義記』八巻の著があり、聖徳太子が『法華義疏』製作に際し、「本義」とされたことは有名。**《智蔵》**（四五八―五二二）。梁の武帝の帰依を受け、諸経論を講じ、後、開善寺に閑居した。経論の註疏があったというが今は伝わらない。**《僧旻》**（四六七―五二七）。出家して僧柔・慧次に『成実』を学び、四九二年興福寺において『成実』を講じた。荘厳寺に住す。**《南山》** 道宣のこと。**《霊芝》** 霊芝寺の元照。**《浄影》** 浄影寺慧遠。

この成実宗は小乗二十部の中ではどの部に属するか。また、先に「最長の義」といったが、これはいかなる意味か、この二つの問題を明かしたい。

まず初めに、『成実論』はどの部に属するかというに、この点についての諸家の解釈は不同である。ある人は、『成実論』は多聞《たもん》部によるという。また、ある人は、経量部によるという。あるいは「探大釈小」、すなわち大乗の意をもって小乗を釈したものだという。また、ある人は、曇無徳《どんむとく》部、すなわち法蔵部によるという。あるいは、諸部の勝れた教理を採ったものであるという。ある人は、『成実論』は化地《けじ》部に属するという。

成実宗の最も盛んであったのは梁《りょう》朝であるが、梁の三大法師として有名であった、光宅《こうたく》寺の法雲・開善寺の智蔵・荘厳《しょうごん》寺の僧旻《そうびん》などは、『成実論』は大乗論であると主張していた。その後に出た隋の三大法師といわれる、天台大師智顗《ちぎ》や嘉祥《かじょう》大師吉蔵は、『成実論』は小乗であると判定した。さらに南山律宗の道宣《どうせん》や霊芝《れいし》寺の元照《がんしょう》は、『成実論』は分通《ぶんつう》大乗であると主張した。これは、『成実論』は四分律と同じだと見るのである。以上のように諸師の意見は一致しない。しかし概していえば、隋代の浄影《じょうよう》寺慧遠《えおん》や天台大師以後には、大多数の意見として、『成実論』は小乗諸部の中では最も勝れた説を述べていると見ている。ただし、南山律宗の道宣は、『成実論』の教理は小乗であるが、しかし精神は大乗に通じていると見ている。そして成実は小乗であるという人の中では、多くの人は、『成実論』は多くの点で経部と一致していると見ている。しかし成実は曇無徳部、すなわち法蔵部に属すると見る人もある。

以上、中国佛教においては、『成実論』の所属部派については、異説が多いのであるが、しかしそれぞれの立論の根拠は明らかでない。むしろ、そのためにこのように説が分れたのであろう。「探大釈小」というのは、嘉祥大師が『三論玄義』で説くのであるが、これは玄暢作の「訶梨跋摩伝序」にも、訶梨跋摩がパータリプトラで、大衆部の僧で大乗を奉ずるものから教えを受けたといっているから、根拠がないのではない。そして『成実論』自身にも大乗説は見られる。たとえば、『成実論』巻八（大正三二、二九八中）には「又四百観中説」として、提婆《だいば》の『四百観』を引用している。さらにその巻十二（大正三二、三三八下）には「菩薩蔵中説」として、「菩薩蔵」を引用しているが、これも大乗佛教に関係があろう。さらに巻三（大正三二、二五九下）には「経中説、心垢故衆生垢、心浄故衆生浄」の語があるが、『維摩経』などに関係のある語のように思われる。『成実論』には空の思想を随処に説いており、巻十（大正三二、三一七上）には「法空」を説いており、「三世十方諸佛」（巻十、大正三二、三三二上）や「十空」（巻十五、大正三二、三六四下）などの語もあり、これ以外にも『成実論』に大乗的な用語は多い。しかし、吉蔵は『三論玄義』（大正四五、三下）において「今十義を以て証すれば、則ち明らけし、是れ小乗にして、大乗に非ず」と述べ、「旧序証」以下の十種の理由を挙げて、『成実論』が小乗であることを論証している。天台も同じく烈しく成実を小乗として排している。このように嘉祥や天台が烈しく排撃したため、隋唐時代以後には成実は小乗であるとの見方が定着したのである。

しかしそれ以前は、『成実論』は大乗論と見られて、重要視されていた。「略成実論記」（『出三蔵記集』巻十一、大正五五、七八上）には、文宣《ぶんせん》王が斉《せい》の永明七年（四八九）に、京師の碩学名僧五百余人を集め、定林寺の僧柔《そうにゅう》と謝《しゃ》寺の慧次《えじ》とを請じて、普弘寺に於て『成実論』を講ぜしめている。そして僧柔・慧次などの諸師に『成実論』を抄比せしめて、九巻となし、天下に流通せしめたといっている。これは十六巻では大冊すぎるために、要を採って学習に便ならしめたのである。僧柔・慧次などは成実の大家であったが、その外にも、道亮《どうりょう》は『成実論義疏』八巻を作り、曇度《どんと》は『成実論大義疏』八巻を作り、北土に流行したといい、その他にも南北朝時代に『成実論』を講じた人は多い。そして梁の時代に梁の佛教界を代表した梁の三大法師がすべて成実の大家であったから、当時の佛教界は『成実論』を中心にして動いていたのである。梁の昭明太子が当時の代表的な僧に、真諦・俗諦の二諦について諮問《しもん》しているが、これも『成実論』で二諦が重要視されていたからである。当時、『成実論』は単独に研究されていたのではなく、成実の学者が同時に『涅槃経』や『法華経』・『般若経』・『維摩経』・『華厳経』・『勝鬘経』などの研究者でもあったのであり、これらの大乗経典を理解する基礎学として『成実論』が利用されていたのである。すなわちこれらの大乗経典と関係づけられて、『成実論』が研究され、理解せられたから、大乗論として扱われたのである。したがって嘉祥や天台がそれぞれの宗義を闡明《せんめい》しようと思えば、当時盛んであった成実宗をまず打倒する必要があったわけであり、それだけに必要以上に、彼らによって『成実論』の小乗的性格が強調せられたと思われる。

なお、『成実論』は曇無徳部によるという説を、凝然が紹介しているが、これは律宗、特に道宣の説である。これは『成実論』巻七（大正三二、二九〇中）に、無作（無表）を非色非心の不相応行であると説明していることに関係する。道宣は四分律宗の戒体論をもって、『成実論』と同じであるとなしている。四分律には戒体を説くところはないのであるが、しかしそれだけに法礪《ほうれい》や懐素《かいそ》は有部の無表色で律宗の戒体を説明するのであるが、しかしそれでは四分律宗がまったく小乗になってしまうので、道宣は『成実論』を援用して、律宗の戒体を非色非心の不相応行となすのである。そのために『成実論』は四分律と同じ曇無徳部の論であるとなすのである。凝然も律宗の人であるため、特にこの道宣の説を別に立てて示したのである。

第四節　成実論の宗

其最長義者、此宗之中具明二二空一。故観立二二種一。一者空観。如三瓶中無レ水、五蘊之中無二人我一故、是人空觀也。二者無我觀。如二瓶體無レ實、五蘊諸法假名故。是法空觀也。既明二二空一故、其義最長。

問。若爾可レ斷二二執一。顯二二空一故。

答。不レ然。雖レ談二二空一唯斷二見思一、不レ斷二所知障一。啻是智解甚深故。


其の最長の義とは、此の宗の中に具《つぶさ》に二空を明かす。故に観に二種を立つ。一には空観なり。瓶中に水無きが如く、五蘊の中に人我無きが故に。是れ人空観なり。二には無我観なり。瓶体の実無きが如く、五蘊の諸法は仮名《けみょう》なるが故に。是れ法空観なり。既に二空を明かすが故に、其の義最長なり。

問う、若し爾《しか》らば、二執を断ずべし。二空を顕わすが故に。

答う、然らず。二空を談ずと雖も、唯だ、見思のみを断じて、所知障を断ぜず。啻《ただ》是れ智解のみ甚深なるが故に。


《二空》 我空と法空。**《二執》** 我執と法執。ただし、ここでは煩悩障と所知障を意味しているごとくである。**《見思》** 見思の惑。見惑とは見道で断ぜられる煩悩のこと。四諦の理に迷う惑。思惑とは修惑ともいい、修道で断ぜられる煩悩。事に迷う惑という。**《所知障》** 煩悩とは関係のない無知のこと。有為・無為の諸法と真如に関して、正しい智を生ぜしめないように障害となるものが所知障である。解脱には関係がないから声聞は所知障を断じない。しかし無知は衆生教化には障害となるから、菩薩は所知障をも断ずる。それによって一切智者になる。

成実宗の第二の問題である「最長の義」とは何であるかというに、これは二空のことである。すなわち『成実論』には、我空と法空を詳しく明かしている。我空はすでに説一切有部でも説いていることで、これは倶舎宗のところですでに明かした。『成実論』に法空の説のあることは、前説に典拠を示した。この二空によって、空観と無我観とを立てる。空観とは人空観のことで、これは瓶中に水がない時、これを五蘊の中に人我のないことに譬えて観ずる。これは人空観である。次には瓶そのものが実体でないことを観じて、五蘊を構成する諸法が仮名《けみょう》であることに譬える。仮名とは相対的存在者の意味である。たとえば、夫があることによって妻があるが、同時に妻があるから夫といいうる。両者はたがいに相手によって自己を成立されつつ、同時に相手を成立させている。どちらが論理的にも時間的にも先にあるとはいえない。同様に、青や黄・白などによって赤がある。他の色なしに赤色は成立しない。色は相互に助け合って、しかも各自が成立している。われと汝の関係も同様である。汝なしにわれは成立しない。汝とわれとも相互に助け合って成立している。このように相互に助け合って、おのおのが成立する存在者を仮名(prajñapti)という、この仮名に基づいて「法の空」を説くのが『成実論』の立場である。その意味で『成実論』では「仮《け》」が重要な概念となっている。故にその空は、三論宗などの一切皆空の立場とは異なる。

なお、この仮によって諸法が成立すると見ないで、われと汝の関係より前にわれが成立していると見る考えが、人我の考えである。論理的に、あるいは時間的に、われは他のあらゆる存在に優先するという見方である。しかし我の認識は、汝の認識の助けなしには成立しないのである。

ともかく『成実論』は二空を明かすから、部派佛教の中では、その教理が最も勝れている。故に「其の義最長」というのである。

もしそれであるならば、「煩悩障・所知障の二障を断ず」と説くべきである。何故なれば、大乗佛教では、我空を観じて煩悩障を断じ、法空を観じて所知障を断ずると説くからである。しかし『成実論』ではそうではない。二空を説くが、しかし、ただ見惑と思惑（修惑）を断ずることを説くのみであり、所知障を断ずることは説いていない。これは空を説いても、五蘊に即して空を説き、『般若経』のごとく一切皆空を説かないからであろう。『成実論』には所知障という言葉は出てこないのである。『成実論』で法空を説きながらも所知障を断じないのは、ただ智解《ちげ》のみが勝れていても、理を談ずるだけで、実修が伴わないからである。

第五節　修行の階位

此論中明二十七賢聖、以攝賢聖階位。其二十七者、一隨信行、在聞思位。二隨法行、在四善根位。三無相行、卽前二人入見道故。此之三人、名預流向。四須陀洹果、五一來向、六一來果、七不還向。不還果中開十一人。一中般二生般三有行般四無行般五樂慧六樂定七轉世八現般九信解十見得十一身證。竝前七人合成十八、名有學人。自下九人、竝是無學。一退法相二守護相三死相四住相五可進相六不壞相七慧解脱八倶解脱九不退相。竝前十八合成二十七賢聖也。

此の論の中に二十七賢聖《げんじょう》を明かし、以て賢聖の階位を摂す。其の二十七とは、一には随信行、聞思の位に在り。二には随法行、四善根の位に在り。三には無相行、即ち前二人見道に入るが故に。此の三人を預流向《よるこう》と名づく。四には須陀洹果《しゅだおんか》、五には一来向、六には一来果、七には不還向《ふげん》なり。不還果の中に十一人を開く。一には中般、二には生般、三には有行般、四には無行般、五には楽慧《ぎょうえ》、六には楽定、七には転世、八には現般、九には信解《しんげ》、十には見得、十一には身証なり。並びに前七人と合して十八と成る。有学人と名づく。自下の九人は並びに是れ無学なり。一に退法相、二に守護相、三に死相、四に住相、五に可進相《かしん》、六に不壊相《ふえ》、七に慧解脱、八に倶解脱、九に不退相なり。並びに前十八と合して二十七賢聖を成ずるなり。

語義の解釈は、次の本文解釈に含めて示す。

この一段は、修行の階位としての二十七賢聖《げんじょう》を示している。

二十七賢聖は『中阿含経』巻三十『福田経』（大正一、六一六上）に説かれており、『大毘婆沙論』や『倶舎論』などにも説いている。故に、これは『成実論』独自の階位説ではないが、『成実論』巻一「分別賢聖品」（大正三二、二四五下―二四六下）にまとめて説かれており、最後に「先の十八学人、及び九無学、是の二十七人を名づけて一切世間福田《ふくでん》と為す」と述べており、中阿含の『福田経』の註釈の形をとっている点に特色がある。ただし、二十七賢聖の解釈において、『倶舎論』と『成実論』とでは若干の違いがある。

まず、二十七賢聖の初めは随信行であるが、『倶舎論』では、これは信によって見道に入る人をいうのであり、鈍根の見道をいうのである。しかし『成実論』では、これは佛語を信ずるから随信行というのであり、聞思の位であるという。聞思は聞思修の三慧《さんね》のうちの前二であり、まだ凡夫の段階である。禅定に入って法を観ずるところに修慧が生ずるのであり、悟りの智慧は修慧のみである。第二の随法行は四善根の位であるというが、この四善根は『倶舎』でいうのと同じく、煖《なん》・頂・忍・世第一法である。これも凡夫の位である。第三は無相行といい、前二人が見道に入った位であるという。そしてこれらの三人を預流向《よるこう》であるとなしている。この点は有部とは解釈が異なる。見道以前の凡夫の位までも加えて預流向とすることは、有部にはない。そして「無相行」という名称も、中阿含の『福田経』や『倶舎論』などにはない。すなわち預流向を随信行・随法行・無相行の三人とすることや、凡夫位を預流向に含めることは、『成実論』の特色ある説である。

次に、第四は須陀洹果《しゅだおんか》、これは預流果《よるか》のことである。第五は一来向、これはこの世で死して天上に生まれ、そこで涅槃に入ることができなくて、再びこの世に生まれる者である。しかし、二度生まれることはないので一来という。この一来向、次の第六の一来果、第七の不還向《ふげん》などは有部と解釈は同じである。不還はこの土に還らない者である。死して天上に生まれて、必ずそこで涅槃に入る人である。ただし『福田経』や『倶舎論』では、信解《しんげ》・見至・身証・家々・一間などを立てているが、これは『成実論』には見あたらない。信解・見至は、随信行・随法行が修道に入った時の名称であり、随信行は信解になり、随法行は見至の名を得る。次に、身証は不還果の人で滅尽定を得た人、家々は一来向をさらに分けたもの、一間は不還向の聖者で、なお、一回欲界の生を得る人である。『成実論』はこれらの有学を立てない代りに、不還果に十一人を開いている。『福田経』では五種の不還果を開いているが、『倶舎論』などではこの外に七種不還・九種不還をも説いている。しかしこれらは、す

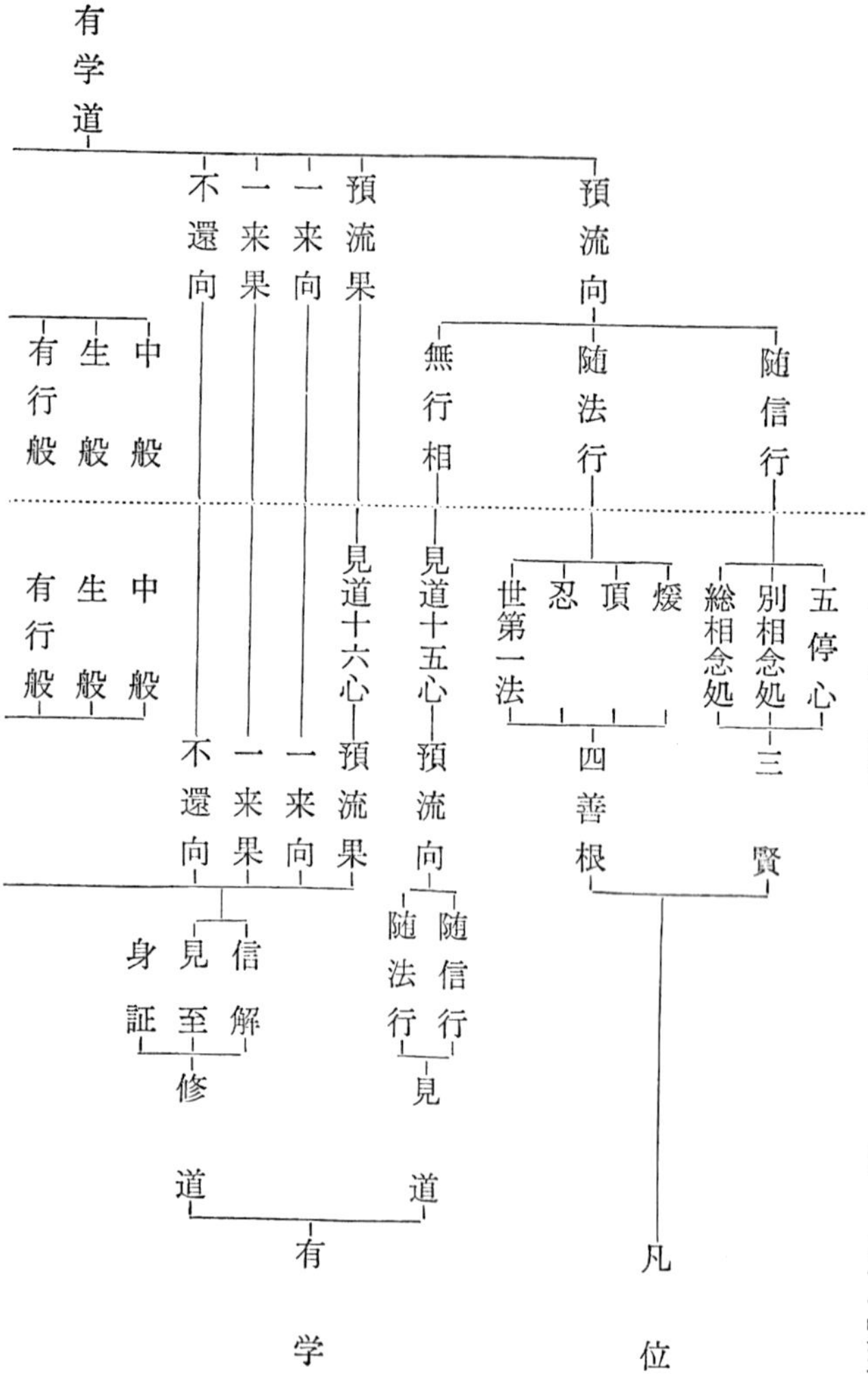
『成実論』
『倶舎論』
有学道
預流向
預流果
一来向
一来果
不還向
随信行
随法行
無行相
中般
生般
有行般
五停心
別相念処
総相念処
三賢
煖
頂
忍
世第一法
四善根
見道十五心
見道十六心
預流向
預流果
一来向
一来果
不還向
中般
生般
有行般
随信行
随法行
見道
信解
見至
身証
修道
有学
凡位

図6　二十七賢聖

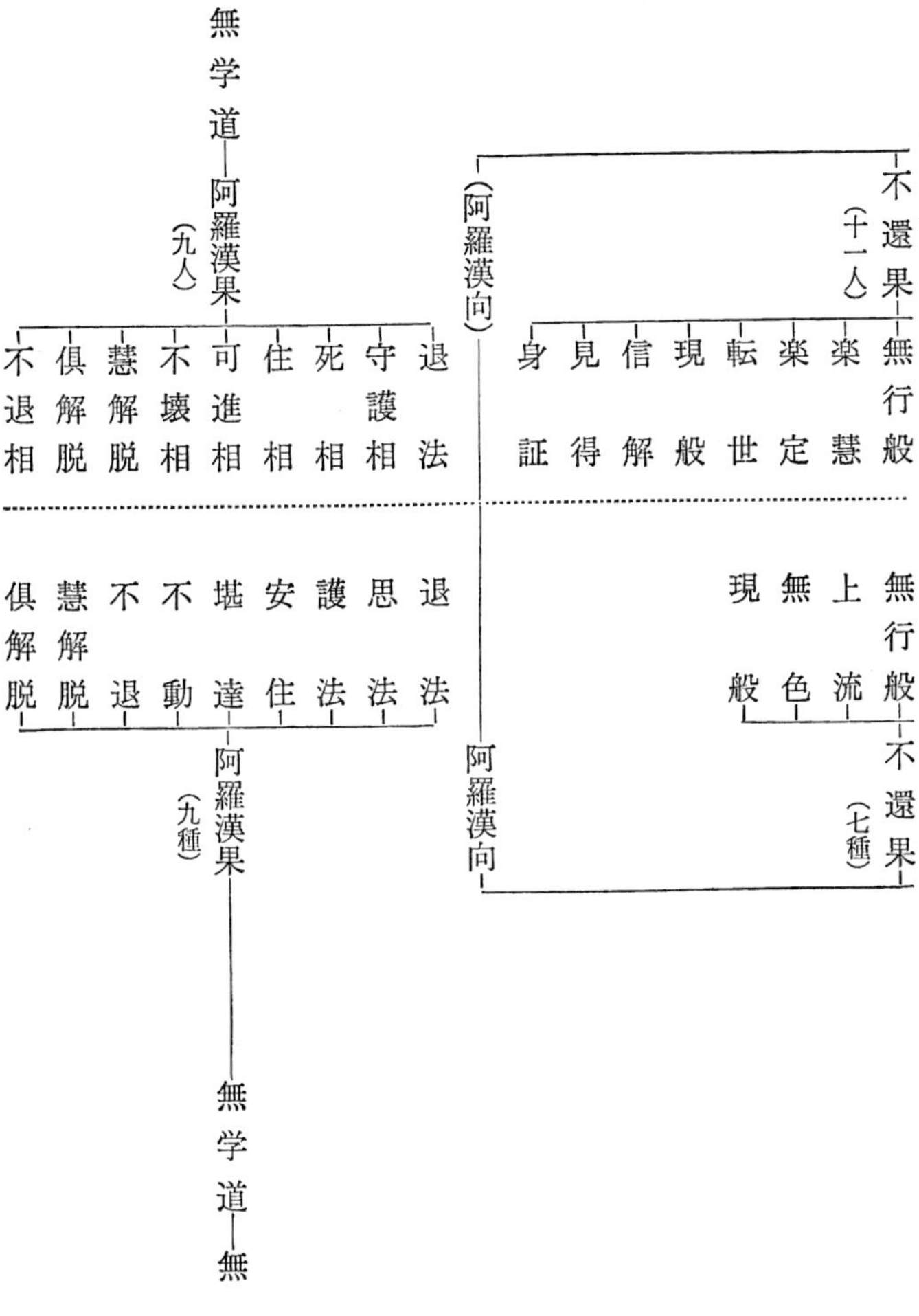
無学道
阿羅漢果
（九人）
退法
守護相
死相
住相
可進相
不壊相
慧解脱
倶解脱
不退相
阿羅漢向
不還果
（十一人）
無行般
楽慧
楽定
転世
現般
信解
見得
身証
退法
思法
護法
安住
堪達
不動
不退
慧解脱
倶解脱
阿羅漢果
（九種）
無学道
無学
阿羅漢向
無行般
上流
無色
現般
不還果
（七種）

でに阿含経でも説かれているものである。ただし「十一不還」は『成実論』の特色ある説のようである。不還果の聖者は欲界で死んだ後、再び欲界に戻らない人をいう。彼らは色界・無色界で涅槃に入る。しかし、涅槃に入るのに遅速があるので、かかる区別が生じた。

『成実論』の十一不還の中、第一の中般とは、欲界で死して色界に生まれる中有において般涅槃《はつねはん》する人をいう。次の生般とは、色界に生まれる「生有」において般涅槃する者。第三有行般は、色界に生まれてから修行をして般涅槃する者。第四無行般は、修行をしないで般涅槃する者。第五の楽慧《ぎょうえ》とは、第四禅天の浄居天《じょうごてん》に生じて、無色界に生じないで般涅槃する者、これを楽慧というと説明している。次に、浄居天からさらに無色界に生まれて般涅槃する者を「楽定」というと説明している。これは第六である。第七の転世とは、色・無色界に生まれないで、欲界内で転生して般涅槃する者。第八現般とは、転生せずして現世で般涅槃する者。第九信解とは、鈍根の有学の人。第十見得とは、有学の人で利根の者。第十一身証とは、不還者で八解脱を得た者である。

なお、以上の十一を不還果とすると、次に「行阿羅漢者」すなわち阿羅漢向があるわけで、それまでを有学という。しかし『成実論』では、特にこれを立てていない。以上の十一不還を説いた後で、「是等を皆、行阿羅漢者と名づく」といっている。「是等」というのは、十一不還をすべていうのか、信解・見得・身証の三のみを指すのか明らかでない。ともかく、これらの十一不還と、その前の随信行・随法行などから不還向までの七人とを合して、「十八有学」というとなしている。

次に、『成実論』は無学を九種に分けている。これを九無学という。九無学は『倶舎論』でも説くが、倶舎ではこの外に六種阿羅漢、あるいはこれに不時解脱を加えて七種阿羅漢をも説いている。無学は、すなわち阿羅漢である。『成実論』によると、九無学の第一は退法相で、これは最も鈍根の阿羅漢で、悪縁に会えば三昧を退する。三昧を退するとその間は無漏の智慧は生じない。第二守護相とは、前者より根が少しく勝れる。三昧を護る時は退しない。護らないと退する。第三死相とは、根が少しく勝れるも生存を深く厭い、三昧を退するよりも自殺を選ぶ人。第四住相とは、三昧を得ても、さらに進まず、また退しない人。第五可進《かしん》相は、さらに勝れた三昧に進んで行く人。第六不壊《ふえ》相は、三昧を得て、悪縁あるも三昧を退せず。第七慧解脱は、不壊相の中で滅尽定を得ない者。第八倶解脱は、滅尽定を得た者。第九不退相は所得の功徳をことごとく退失しない者。

以上が九無学であり、十八有学と合して二十七賢聖となすのである。ただし『倶舎論』の九無学では、声聞の阿羅漢を、退法・思法・護法・安住法・堪達《かんだつ》法・不動法の六種の時解脱（鈍根）と不時解脱の七種とし、これに独覚と大覚（佛）とを加えて九無学としている。二十七賢聖という数は合致しても、その内容に相違があるわけで、これらの点は、さらに詳しく研究する必要がある。なお、パーリの『阿含経』にも、不還や阿羅漢を種々に分類しているが、ここには言及しなかった。

二十七賢聖を『成実論』の説と『倶舎論』の説とを対比して示すと、二一六―二一七頁の図6のごとくである。

第六節　八十四法

八十四法攝二諸法一盡。

倶舎の五位七十五法と、唯識の百法との中間に成実を置いて、成実の説く法を「八十四法」とするのであるが、しかし『成実論』に八十四法を枚挙しているところはない。この八十四法は、古来わが国の学者によって唱えられたものであり、次のごとくであるという。

八十四法

色　法　一四（五根・五塵・地水火風の四大）
心　王　一
心所法　四九（倶舎の四六法に厭と欣を加え、睡眠を睡と眠とに分ける）
不相応行　一七（倶舎の一四法中、命根と同分を合し、老・死・凡夫法・無作を加える）
無為法　三（倶舎と同じ）

この中、色法には四大を別出することは、『品類足論』に見られるが、本論には特に四大が別であることを明言しているところはないようである。ただし『成実論』巻三（大正三二、二六一上）に「色陰とは四大及び四大に因りて成ぜられる法を謂う」とあるから、四大を別に立てていたと見てよいであろう。次に、心所法については、『成実論』には心所を枚挙したところは見あたらないが、巻十（大正三二、三一九中—下）に、二十一種の随煩悩を挙げている。この中に、睡と眠とを分けて説明している。しかし、厭《おん》と欣《ごん》とを分けて説くことは明らかでない。なお、これらの随煩悩の中には、『倶舎論』

で説く以外の煩悩が見られるが、しかしそれらを独立の心所法と認めるか否かは明らかでない。ともかく、経部が受・想・思の三種の心所のみを認め、他の心所を認めないことは『順正理論』のいうところである。したがって『成実論』が経部の立場に立っているならば、このように多くの心所を認めたとは考え難い。『成実論』は「仮」の立場に立っているから、心所を認めるとしても、有部のように有自性の立場で認めるものではなかろう。

次に、不相応行に十七法を認めることは、根拠がある。その巻七（大正三二、二八九上）に「心不相応とは、謂く、得と不得と無想定と滅尽定と無想処と命根・生・滅・住・異・老・死・名衆・句衆・字衆・凡夫法等なり」と説き、ここに十六種の心不相応法を挙げている。ここには同分がないために、これは命根に加えたと見たのである。そして、生・滅・住・異の四相の外に老・死を挙げ、さらに凡夫法を挙げているために、これに無作を加えて十七法としたのであろう。無作のことは「無作品第九十六」などに示されている。

次に、無為法も三種といっているところはないようであるが、倶舎と同じと見たのであろう。以上のごとく、八十四法といっても、確たる根拠があるとは見難いが、成実を倶舎と唯識の中間に置く意味で、このような説を立てたのであろう。

第七節　成実宗の特色

雖レ未三進二入大乗一、於二小乗中一尤為二優長一。寔可レ怪矣。是大乗歟。一切諸法、唯帰二一滅諦一、空理寂然、諸法此上立。實法堅情如〻氷釋、假有萬像如〻林森、虚通妙通其旨深矣。

未だ大乗に進入せずと雖も、小乗の中に於て尤《もっと》も優長なりと為す。寔《まこと》に怪しむべし、是れ大乗かと。一切諸法、唯だ一滅諦に帰し、空理《くうり》寂然《じゃくねん》として諸法此の上に立す。実法の堅情は氷の如く釈《と》け、仮有《けう》の万像は林の如く森《しげ》し。虚通妙通《こつうみょうつう》、其の旨深し。

《一滅諦》 仮名心・法心・空心の三心の滅するのが滅諦であるという。《空理》 滅諦を指す。《実法》 法を自性あるものと見る見方。《仮有》 諸法を相依相縁の上に成立すると見る見方。《虚通妙通》 空と有との間に障ゆるものがなく融通無礙なるをいう。

成実宗は、まだ大乗までは進入していないが、しかし小乗の中では最も進んだ説をなしている。それで、実にこれは大乗ではないかと怪しまれるほどである。『成実論』は一切諸法は一の滅諦に帰すると説いている。凡夫の立場で物があると見るのが仮名心である。次に、この凡夫の見方を否定して、有自性の法があると見るのが法心である。さらに人も空であり法も空であると見るのが空心である。しかし世諦の故に有と説き、第一義諦の故に空と説くのであり、しかし世諦と第一義諦とを超えた中道にも執著しないことによって空心をも滅するのである。これが虚無に陥らない滅諦である。仮名心・法心・空心を滅するのが滅諦であることは、「立仮名品第一百四十一」(大正三二、三二七上以下)以下に説かれている。『成実論』の説く滅諦は二諦中道に立脚する滅諦である。

故に、滅諦は空理《くうり》寂然《じゃくねん》としているが、しかし現象世界の諸法はこの寂然たる空理の上に成立している。この諸法の成立を正しく見るならば、法が固定的実法であるという誤った考えは自然に解消し、森羅万象は仮有《けう》の在り方で成立しており、第一義諦の空の在り方と、世俗諦の有の在り方とが融通無礙《ゆうずうむげ》に融通しており、空有がそれぞれ成立しておりながら、相互に妨げないのである。これが成実宗の示さんとする世界である。実にその意味の深いことは驚嘆するばかりである。

附　成実宗の研究法と参考書

成実宗の研究書はほとんどない。上述の『八宗綱要』中の成実宗の説明中にも、中国・日本への成実の伝来については述べていない。しかし、凝然が七十二歳の時に著わした『三国佛法伝通縁起』中の中国の成実宗の記述（巻上）、ならびに日本の成実宗の記述（巻中）中には若干の説明がある。すなわち、羅什が弘始十三年から十四年（四一一—四一二）にわたって、『成実論』を訳して、僧叡《そうえい》をして講義せしめたこと、並びに道生《どうしょう》・僧肇《そうじょう》・道融《どうゆう》・曇影《どんよう》・慧観《えかん》、その他の上足の弟子たちが『成実論』を弘めたことをいう。次いで劉宋《りゅうそう》（四二〇—四七九）代に僧導《そうどう》が初めて『成実論』に疏を作ったこと、その門人の僧音《そうおん》・慧威《えい》が講敷弘通に努めたこと、斉（四七九—五〇二）代に僧鍾《そうしゅう》・慧次《えじ》が成実を弘め、その後に梁の三大法師である法雲・僧旻《そうびん》・智蔵などが輩出して、成実の黄金時代を現出し、多数の学者が『成実論』に註釈を作ったことを述べている。その後、嘉祥大師や天台大師が出て、『成実論』を小乗と判定したため、成実の講学は衰えたが、しかし、なおかつ唐の時代にも、成実の学者があったことを示している。しかし、それらの著作は現在は残っていない。敦煌文書の中にも、『成実論』の註釈は見あたらないようである。

次に、日本への伝来も明らかでないので、凝然は、聖徳太子が法雲の『法華義記』を本義として、『法華義疏』を著わされたことを手がかりとして、成実の伝来を述べている。そして、百済の道蔵が『成論疏』十六巻を作り、上古以来伝来して、今にこれありと述べている。その外、作者未詳の『成実義章』二十三巻、『成実義林』一巻などが当時あったことを述べている。そして、古くから『成実論』は三論宗に附して研究されてきたことを述べ、東大寺の三論宗の学者で成実を講ずる者は、上述の註疏を談じたという。

凝然の時代には、上述のごとく、道蔵の『成論疏』や、『成実義章』・『成実義林』などがあったのであるが、それらも現在は伝わらないようである。現代においても、成実の研究は盛んであるとはいえないが、福原亮厳博士が『成実論』の研究を発表しておられ、その中に『成実論』の立場や、中国の成実の学者について述べておられる。

福原亮厳　佛教諸派の学説批判　成実論の研究　昭和四十四年

この外、宇井博士が『成実論』の国訳を出版しておられ、その「解題」にまとまった研究が見られる。

宇井伯寿　国訳成実論（国訳一切経、論集部三）　昭和八年

さらに、境野黄洋博士の『支那佛教精史』「第十章成実宗」があり、約三十頁にわたって、中国の成実の研究について述べている。この外にも、研究論文で成実に関する研究は少なくない。その外、吉蔵の『三論玄義』や慧遠の『大乗義章』などには、成実を批判した記述が多いから、これらに関す

る研究にも成実に関説している。

さらに、道宣の『広弘明集』巻二十一には、梁の昭明太子が二諦について諮問したのに対し、当時の成実宗の学者たちが答えている。次に、法身についても問答がある。この外にも、『広弘明集』には、成実宗に関係のある記述が見られる。この外、吉蔵の著作には成実を批判した文章が多い。しかしそれらを集めても、成実宗に関するまとまった知見を得ることは困難である。このように成実宗の研究は資料不足のために容易でないが、しかし『成実論』そのものの研究は必ずしも困難ではない。『成実論』は漢訳のみで、梵本もチベット訳も残されていないが、漢訳が勝れた翻訳であるので、漢訳のみで内容の研究が十分に可能である。ただし、その教理的な価値は、『倶舎論』などの有部の教理や、『大智度論』や『瑜伽論』などの大乗の論書と比較研究によって、明らかにする必要があろう。なお、『成実論』には版本は見あたらないので、上記宇井博士の国訳を参照しつつ、大蔵経本によって研究を進めねばならない。福原博士の著書にも『成実論』の内容に関する研究があり、参照さるべきである。

第三章　律宗

第一節　宗名と諸律の成立、異世の五師・同世の五師

問。何故名二律宗一乎。

答。律爲二所依一故名二律宗一。

問。律有二幾部一。

答。律有二諸部一。謂二部五部十八五百。是如來在世五十箇年、隨レ機散說。滅後弟子昇レ座結集、名爲二一部八十誦律大毘尼藏一。

佛滅百年、五師瀉瓶、純是一味、未レ分二異見一。一百年後、漸分二二部五部及二十部乃至五百一。異見競鼓、猶如二浩波一。經論亦然。三藏等教、一類分故、其中律部隨レ計異成。故一大藏分成二諸部一。如レ此諸部數多、不レ出二二十部內一。故律部中有二二十部一。天竺之間、諸部竝弘。


問う、何が故に律宗と名づくるや。

答う、律を所依と為すが故に律宗と名づく。

問う、律に幾部有りや。

答う、律に諸部有り。謂く、二部・五部・十八・五百なり。是れ、如来の在世五十箇年、機に随いて散説す。滅後の弟子、座に昇って結集し、名づけて一部の八十誦律大毘尼蔵と為す。仏滅百年は五師瀉瓶《しゃびょう》し、純《もっぱ》ら是れ一味にして、未だ異見を分たず。一百年の後、漸く二部・五部、及び二十部、乃至、五百を分ち、異見競い鼓《ふるわ》し、猶し浩波の如し。経論もまた然り。三蔵等の教えは一類もて分るるが故に、其の中の律部も計に随いて異成す。故に一大蔵分れて諸部と成る。此の如きの諸部、数多なれども二十部の内を出でず。故に律部の中にも二十部有り。天竺《てんじく》の間に諸部並びに弘まる。


この一段は、律宗の宗名の由来と、律の成立について述べる。

律宗の由来についてては、理由は簡単であって、律を所依としているから律宗と呼ばれるのである。経律論の三蔵の中、経を所依となすものは、華厳宗や天台宗であり、これは経宗である。それに対して、倶舎宗や成実宗は論宗であるが、この律宗のみが律を所依とするのである。しかし、戒律はすべての佛教徒の実行すべきことであるから、特別に律宗の人だけが実行すべきことではない。律宗以外の人は戒律を守らなくともよいというものではない。したがって、律宗という特別の宗旨があることはおかしいわけであるが、この場合は特に、各宗の僧が律を学習する場所として、さらにまた、戒律を受ける儀式をする場所として、律宗の寺があるという意味である。出家をして佛教の僧になる人は、律宗の寺に来て、戒壇に上って受戒をする。さらにその後しばらく留まって、二五〇戒の学習をなし、戒律の実践を学ぶのである。

以上のような意味で、律宗は他の宗派に対して公開された宗派である。他の宗と同時に共在する宗である。ただし、日本では真宗のように、二五〇戒を捨てた宗もあるし、あるいは日本天台のように梵網戒だけで大僧となりうると主張し、それを実行してきた宗派があるために、律宗が他の宗派と同じ次元まで下ってしまったという事情がある。しかし、真宗でも信者には帰敬式が行われるし、僧となる人には得度の式が行われる。しかもこれらの儀式は、広い意味では戒律の儀式である。さらに袈裟の作り方や、あるいは袈裟を着ることなどは律蔵で規定していることである。『梵網経』には袈裟の作り方などは説かれていない。日本佛教の場合でも、僧の日常生活は大なり小なり律蔵と関係が深いのである。僧という言葉自体が、律蔵で説明される言葉である。戒律なしに僧と俗の区別は立てられないのである。信仰の点では僧と俗との間に区別はない。俗人でも僧より深い信仰を持つ人はある。したがって、生活の場面から見る限り、律と関係のない佛教はないのである。

その意味で律宗は、他のすべての宗派の基礎学となるべきものである。

ともかく、律宗は律蔵によるのであるが、しからば律にはどのような種類があるかといえば、最初はもちろん律は一種であった。しかしその後、原始佛教教団が多くの部派に分裂したために、律もそれにつれて分れ、二部・五部・十八部・五百部などの種類を分つことになったのである。

まず最初は一種であったという意味は、如来の在世五十年（漢訳では、如来の成道以来五十年という説が多い。たとえば、長阿含の『遊行経』などもそうである。しかし、パーリ佛教では、三十五歳成道、八十歳入滅で、四十五年と見る）、如来の説法は対機説法であったが、戒律についても同様であり、「随犯随制」であった。なすべきでない行為をなした比丘が出た時に、如来は戒を制したのである。それが五十年間にたくさんの量になった。そして如来の滅後、阿難が高座に上って経蔵を結集したように、律は優《う》波離《ぱり》が座に上って結集した。これが「八十誦律」と呼ばれた。八十誦というのは、優波離が座に上って誦出すること八十回にして完成したのでかく呼ぶという。この「八十誦律」の語は「新集律分為五部記録」(『出三蔵記集』巻三、大正五五、一九下)に出る。それによると、佛の般涅槃後に大阿羅漢たちが王舎城に安居《あんご》して、優波離が律を誦出したが、それは八万の法蔵八十誦であったという。これが大迦葉《かしょう》・阿難《あなん》・末《ま》田地《でんじ》・舎那《しゃな》波提《ばだい》・優波《うば》掘《くつ》と伝承したが、優波掘の時、阿《あ》育《いく》王が出世したが、初めは大邪見で佛法を毀壊したので、僧衆星散し、八十誦は灰滅したと説いている。同じく「新集律来漢地四部序録」(『出三蔵記集』巻三、大正五五、二〇上)に十誦律の訳出を説くところにも、律はもと八十誦あったが、優波掘以後は鈍根のためにこれを受持することができず、刪して十誦となしたといっている。そしてそれが十誦律であるというのである。ともかく、八十誦は大きな律であったので「大毘尼蔵」といわれた。

次の「佛滅百年は五師瀉瓶《しゃびょう》し、純《もっぱ》ら是れ一味」というのは、第一結集で結集された八十誦律が、大迦葉・阿難・末田地・商那和《しょうなわ》修《しゅ》・優波掘と五師に瀉瓶伝承されたことをいう。この五師を「異世の五師」という。しかし(優波《うば》毱多《ぐぷた》)の時に、僧伽に分裂が起ったのである。その時の分裂が、上座・大衆の二部分裂であるという説と、五部であったという説とがある。二部分裂となす説は、『異部宗輪論』やパーリ上座部の『島史』などに説かれる説である。次に、五部の説は、先の「新集律分為五部記録」に出る説で、先のごとく大迦葉以下の異世の五師が出た後、優波掘の時、阿育王が現われ、初めは佛教に対して大邪見を持っており、佛教を迫害したので、衆僧は星散し、八十誦律は灰滅したが、後、王は阿羅漢にあって信心を得、懺悔し罪を除いた。その時、五大羅漢があって、それぞれ徒衆を領し、法を弘めていたが、見解不同であった。それによって五部の異執が紛然競起したという。そしてそれぞれ佛語を述べるといったので、阿育王はその是非を決することができず、諸僧に聞いたところ、佛法の断事は多に従うと答えた。そこで行籌《ぎょうちゅう》せしめると、婆麁富羅《ばそぶら》の籌を採るものが多かった。そこでこの婆麁富羅を大衆部といったという。この時の五部とは、説一切有部の十誦律、曇無徳部の四分律、大衆部の婆麁富羅律、化地部の弥沙塞律、飲光《おんこう》部の迦葉維律であったという。この中、最後の迦葉維律は中国に伝わらなかった。

なお、この婆麁富羅とはヴァートシープトリーヤ（Vātsiputrīya）の音訳で、犢子《とくし》部のことをいうのである。犢子部は上座部系の部派で、我《が》を説くことで有名であるが、この犢子部がどうしてここで大衆部と混同されるに至ったか明らかでない。ともかく、これを「同世の五師」といい、『舎利弗問経』（大正二四、五〇〇下）、『大比丘三千威儀経』（大正二四、九二五下以下）、『大唐西域記』巻三（大正五一、八八二中）など、その他、多くの文献に出る。それらによると、法蔵部・化地部・有部・飲光部・大衆部を五部とするものと、大衆部を除いて、代りに犢子部を入れて五部とするものとがある。

ともかく、佛滅百年に原始僧伽が分裂したことは確かであるが、しかしその時、直ちに五部が現われたのではなく、その時は上座部と大衆部の根本二部の分裂であったと思う。その後、さらに枝末分裂が起って、大衆部に七部、上座部に十一部が分派し、十八部に分裂したという。あるいは、これに根本二部を加えて二十部ともいう。しかしそれらの中で、以上の五部が有力であったので、五部に分れたという伝承が起ったのではないかと思う。次に、「五百」というのは五百部で、『大智度論』巻六十三（大正二二五、五〇三下）に、「五百歳を過ぎての後、各々分別して五百部有り」というのを指す。ただし五百は、実際に五百部あったというのではなく、数の多いことを指すのであろう。そしてこれらの異った見解が競い起り、大海の大きな波が競い起るがごとくであった。

これは律蔵だけではなく、経蔵も論蔵も同様であった。三蔵は部派ごとにそれぞれ一類になって分れたからである。それ故、その中の律蔵も、それぞれの部の所見に従って、異って成立した。このように佛滅後に集められた八十誦の一大律蔵が、分れて諸部となった。その部派の数は多いが、しかし二十部の内を出ないのである。故にまとめていえば、律にも二十部があったということである。このようにして、インドに諸部が次第に弘まったのである。

第二節　翻訳と弘伝

1　四種の広律

然傳㆓震旦㆒、總有㆓四律及以五論㆒。其四律者、一者十誦律、譯成㆓六十一卷㆒。是薩婆多部律也。二者四分律、譯成㆓六十卷㆒。是曇無德部律也。三者僧祇律、譯成㆓四十卷㆒。此根本二部中窟内上座也。大衆名通㆓二部㆒故。四者五分律、譯成㆓三十卷㆒。此五部中彌沙塞部律也。迦葉遺律、唯傳㆓戒本㆒、廣律未㆑流。四律竝翻㆓震旦㆒悉行。然獨流㆓後代㆒、唯曇無德部四分律宗而已。

> 然るに震旦《しんたん》に伝うるに、総じて四律及以《および》五論有り。其の四律とは、一には十誦律、訳して六十一巻を成ず。是れ薩婆多部の律なり。二には四分律、訳して六十巻を成ず。是れ曇無徳部の律なり。三には僧祇律、訳して四十巻を成ず。此れ根本二部の中、窟内の上座なり。大衆の名は二部に通ずるが故に。四には五分律、訳して三十巻を成ず。此れ五部の中の弥沙塞《みしゃそく》部の律なり。迦葉遺《かしょうゆい》律は唯だ戒本を伝えて、広律は未だ流《つた》わらず。四律は並びに震旦に翻じて悉く行わる。然るに独り後代に流《つた》わるは唯だ曇無徳部の四分律宗已《のみ》。

次に、中国に伝った律蔵について述べる。これを一言にいえば「四律五論」である。

まず四律とは何かというに、第一に、十誦律（Daśabhāṇavāra-vinaya）。これは訳して六十一巻である。羅什三蔵が北インド出身の弗若多羅《ふにゃたら》と共に、弗若多羅が十誦律を暗記していたので、その暗記に基づいて訳したが、その三分の二を訳した時、多羅が死んだ。しかしその後、曇摩流支《どんまるし》が十誦律の梵本を持ってきたので、羅什は彼と共に残りを訳した。十誦の訳出は西紀四〇四—四〇九年頃である。しかし、訳文を刪煩《さくはん》しないうちに羅什が没したので、その後、羅什の律の師であった卑摩羅叉《ひまらしゃ》がこれを校訂して、六十一巻となした。

羅什の没後は、羅什の弟子たちが長安で栄えた。そのために西紀四一〇年頃から五〇〇年頃までは、もっぱら十誦律が研究され、これに基づいて律の実践が行われた。十誦律は薩婆多部（Sarvāstivādin）、すなわち説一切有部の律である。

第二には、四分律（Caturvargika-vinaya）である。これは訳して六十巻となっている。罽賓《けいひん》の三蔵佛陀耶舎が、四分律を暗記して、長安に来た。彼が自己の暗記に基づいて訳した。訳時は西紀四一〇─四一二年である。故に、十誦律の訳時からわずかに遅れるのみである。四分律は曇無徳部（Dharmaguptaka）、すなわち法蔵部の伝持した広律である。広律とは戒経に対していう言葉であり、戒経は二五〇戒の条文のみの集成であるが、その条文の註釈や僧伽運営の羯磨《こんま》などについて詳しい説明を含んでいるのが広律である。したがって、十誦・四分・五分・僧祇律はすべて広律であるから、内容の骨格はほぼ同じであるが、細かな点においては相違がある。そして全体として見るならば、四分律の説明は過不足がなく、行き届いており、勝れた律である。これに対して十誦律は有部の律であるために、アビダルマ的な問答分別が多く、説明が煩雑で、直ちに意味を取りにくい点がある。しかし四分律は、翻訳の最初は十誦律に押されて、研究されなかったのである。羅什の弟子たちが長安で勢力があり、彼らは十誦律を学んでいたからである。

　第三は、僧祇律である。詳しくは摩訶僧祇律（Mahāsaṃghika-vinaya）という。訳して四十巻となっている。これは凝然によれば、根本二部のうち、窟内の上座の律であるという。第一結集の時、畢鉢《ひっは》羅窟《らくつ》の中で上座五百人が結集をなし、その時、その選に漏れた比丘たちが窟外でも結集をしたことは、嘉祥大師の『三論玄義』や玄奘の『大唐西域記』の伝えるところである。そして漢訳には、十誦律をはじめ四律が伝わるが、上座部の伝えた律蔵がその中には含まれていない。何故これが中国に伝わらなかったか。おそらく凝然はこの点に不審を抱いて、この僧祇律こそ、上座部の伝持した律であると考えたのであろう。そして「大衆」という言葉は、人数が多いという意味であるから、大衆部にも上座部にも通ずると解釈したわけである。そして先にも示したごとく、婆麁富羅律が、籌を取るものが多かったので大衆部律になったという説があるために、この婆麁富羅とは上座の意味であろうと、凝然は解釈したのではなかろうか。しかし、これは誤りであり、婆麁富羅とは犢子部の意味であり、上座部の一派ではあるが、上座部そのものではない。上座部はスタヴィラ・ヴァーディン（Sthavira-vādin）であり、この派の律はパーリ語の律蔵（Vinaya-piṭaka）として伝持されてきたことは、すでに示した。

僧祇律四十巻は、法顕が佛駄跋陀羅と共に西紀四一六年から四一八年の間に訳した。法顕は中国に律蔵が完備していないのをなげき、律を求めて六十歳を過ぎてから、インドに出発した。これは西紀三九九年である。しかし北インドでは、律は暗記されており、写本がなかったので、ついに中インドのパータリプトラまで来て、ここで僧祇律の梵本を得たのである。これを写得し、さらにセイロンで化地部の律をも得て、四一四年に広州に帰来した。しかし、その間に上述のごとく十誦律と四分律とがすでに訳されていたのである。しかし法顕はそれにめげず、直ちに僧祇律を訳したのである。近年に至って、チベットの僧院から、摩訶僧祇律の梵本のかなりの部分が発見され、公刊されている。

第四は、五分律（Pañcavargika-vinaya）である。これは訳して三十巻となっている。上述のごとく法顕はセイロンで化地部の律を得たが、これを訳出しないうちに亡した。その後、慧《え》厳《ごん》や竺道生《じくどうしょう》などが、金陵《きんりょう》に来た佛陀什に請うてこれを訳せしめ、四二三年に翻訳を完了した。これは上記三律に比べると、分量が少ない。条文の説明も簡略であるために、十誦や四分のように広く研究されなかった。これは弥《み》沙塞《しゃそく》部（Mahīśāsaka）、すなわち化地部の律である。

以上で中国に伝った四律は終るのであるが、上述のごとく律には「五部律」の伝承がある。それによると四律の外に迦葉遺《かしょうゆい》部（Kāśyapiya）、すなわち飲光《おんこう》部の律があったことになる。そのために中国人はこの飲光部の律を得ようとして、しばしば西域に出発したらしい。『出三蔵記集』を著わした僧祐《そうゆう》（四四五—五一八）の先師献正も、この律を求めて西域に行ったが、入手できなかったという。その後、般若流支が中国に来て、五四三年に『解脱戒経』一巻を記したが、これが飲光部のものであった。しかしこれは戒経であるから、二五〇戒の条文を集めたものにすぎない。広律はついに中国には伝わらなかった。

以上のごとく四律が中国に翻訳され、ことごとく行われた。しかしひとり後代までも流行したのは、曇無徳部の四分律のみである。

凝然は上述のように「四律」というが、しかし、中国にはこの外に根本説一切有部（Mūlasarrvāsti-vādin）の律蔵が伝来している。これは義浄の訳したものであり、全部で二百巻にもなり、大部の律である。義浄が西紀六九五年から七一三年の間に訳した。これは余りにも大部でありすぎるし、また訳出年代が遅く、すでにそれまでに中国の律宗は確立してしまっていたので、中国では余り研究されなかった。根本有部律はチベット訳も存在し、チベット佛教の律といえば、根本有部律を指すのである。これとパーリ語のパーリ律とを加えて、現在六種の広律が残されていることになる。

2　律の註訳、五種

其五論者、一毘尼母論、二摩得勒伽論、此依㆓薩婆多律㆒。三善見論、此解㆓四分律㆒。四薩婆多論、此譯㆓十誦律㆒。五明了論、此依㆓正量部律㆒。自外毘奈耶律及新譯有部諸律竝傳二震旦一。
其の五論とは、一には毘尼母《びにも》論。二には摩得勒伽《まとろが》論、此れは薩婆多律に依る。三には善見論、此れは四分律を解す。四には薩婆多論、此れは十誦律を釈す。五には明了論、此れは正量部の律に依る。自外の毘奈耶《びなや》律、及び新訳の有部の諸律も並びに震旦に伝わる。

ここには律の註釈五種を示す。

律の研究には註釈が重要であるが、漢訳には五種の註釈がある。第一は『毘尼母《びにも》論』(*Vinayamātṛkā*)八巻である。これは経録では「秦代失訳」とされ、訳者は不明であるが、秦代(三三四—四三一)の終り頃に訳出されたものであろう。『毘尼母論』は『毘尼母経』ともいわれ、毘尼、すなわち律のマートリカー(母体)をまとめたものである。内容は四分律と合致する点が多いので、法蔵部所属と見てよいが、雪山部所属と見る説もある。

第二の『摩得勒伽《まとろが》論』は、詳しくは、『薩婆多部毘尼摩得勒伽』十巻であり、劉宋の元嘉十二年(四三五)僧伽跋摩が訳した。これは薩婆多と冠されているところからも有部所属であることは明らかであり、摩得勒伽とはマートリカーのことで、律母を註釈したものである。

第三『善見論』は、『善見律毘婆沙』十八巻で、斉の永明七年(四八九)僧伽跋陀羅の訳出である。凝然はこれを四分律の註釈と見るが、それは誤りであり、パーリ律の註釈である『サマンタパーサーディカー』(*Samantapāsādikā*)の訳出である。パーリ関係の漢訳は少ないが、これは数少ないものの中の一つであり、貴重な存在である。本書の英訳も出版されている。なお、『歴代三宝紀』巻十一（大正四九、九五下）には、この律の訳出に関連して、佛滅年代を示す貴重な資料である「衆聖点記」が説かれていることで有名である。

第四『薩婆多論』は、詳しくは『薩婆多毘尼毘婆沙』九巻である。これは「失訳」であるが、訳文中に「秦言」の語があるために、秦代（三三四—四三一）に訳出されたものであろう。これも薩婆多とあるから、有部所属である。凝然はこれを十誦律を釈すと見ている。

第五は『明了論』であるが、これは『律二十二明了論』一巻で、二十二偈とその註釈でもって律蔵を釈した論である。これは真諦三蔵が陳の光大二年（五六八）に訳したものである。巻首に正量部所属であることをいっている。正量部の律は伝っていないので、この註釈は正量部の律の一面を示すものとして重要である。

凝然は以上のごとく、律の註釈を「五論」にまとめているが、しかし、この外に『根本薩婆多部律摂』十四巻がある。これは根本有部律の註釈であるが、根本有部律を研究する上からは重要である。

凝然はこれに続いて、自外の毘奈耶《びなや》律、及び新訳有部諸律を挙げている。「毘奈耶律」というのも、新訳有部律の一種である。義浄の訳した根本有部律の中で、最も重要なものは、『根本説一切有部毘奈耶』五十巻、『根本説一切有部苾芻尼毘奈耶』二十巻である。前者は比丘戒経の註釈、後者は比丘尼戒経の註釈である。この外にも根本有部律系の律典は多く、全部で十八部百九十九巻に達する。ただ、先にもいったごとく、道宣などによって、四分律に基づく律宗の教理が確立した後に、義浄の訳出があったために、義浄が苦心して訳出したにもかかわらず、中国や日本の佛教には見るべき影響を与えなかった。

3　四分律の弘伝

然四分一律、此土縁深。昔智首律師已前、諸部雜亂、未二是專翫一。智首律師南山律師、或製二五部區分鈔一、或檢二震旦一初興二受體一專依二四分一、而明二受體一、唯憑二曇無一、而談二隨行一。自二爾已來、乃至二日域一、唯傳二此部一。故且就二四分一律一、述二興起之根元一、明二傳弘之由來一。

然るに四分の一律は、此の土に縁深し。昔、智首《ちしゅ》律師已前は、諸部雑乱し、未だ是れ専ら翫《もてあそ》ばず。智首律師・南山律師は、或いは五部区分鈔を製し、或いは震旦を検して、初めて受体を興すや、専ら四分に依りて受体を明かし、唯だ曇無に憑《よ》りて随行を談ぜり。爾《そ》れ自《よ》り已来《このかた》、乃《いま》し日域に至るまで、唯だ此の部を伝う。故に且《しばら》く四分一律に就いて、興起の根元を述べ、伝弘の由来を明かさん。

《智首》　（五六七―六三五）。道洪の弟子で、『四分律疏』二十巻を著わす。彼が『五部区分鈔』二十一巻を著わしたことは、『続高僧伝』巻二十二（大正五〇、六一四中）に出る。《南山》　道宣（五九六―六六七）のこと。智首の門人。四分律宗の確立者。終南山に住したため南山律師という。《受体》　受戒と戒体のこと。受戒と戒体の教理を初めて示した。《随行》　戒律の条文に随って実践すること。

以上、四律を示したが、しかしそれらの中で、四分律のみがこの中国に格別に縁が深い。先にもいったごとく、羅什が、『十誦律』を訳した直後は、羅什の弟子に僧叡《そうえい》や道生《どうしょう》・慧《え》観《かん》・道融《どうゆう》・僧嵩《そうすう》などをはじめ俊秀が多く、しかも羅什の訳した『中論』・『百論』・『大智度論』・『成実論』などがよく研究せられ、経典としても、『般若経』をはじめ『維摩経』・『法華経』など、羅什の訳した経典がよく講ぜられた。そのために律についても、羅什訳の『十誦律』がもっぱら学徒の間に依用せられたのである。しかし、羅什より百年ほどして五〇八年に菩提流支《ぼだいるし》や勒那摩提《ろくなまだい》などが洛陽に来て、『十地経論』や『金剛般若経論』・『浄土論』・『法華論』など、世親の著作を翻訳し、瑜伽行派の佛教を紹介したのである。これは、羅什の訳した中観派の系統と異なる佛教である。そしてこの系統に、世親の『十地経論』に基づく地論宗が成立する。この地論宗で重要な活動をなした人は光統《こうず》律師慧光《えこう》（四六八—五三七）である。彼は羅什系統と異なる地論宗の佛教を盛んにするためには、戒律においても羅什系統と異なる律典を採用する必要があったのであろう。その頃ようやく注目されていた四分律を取り上げ、四分律によって戒律の実践を行ったのである。彼の律の師は道覆《どうふく》であったという。『続高僧伝』巻二十一（大正五〇、六〇七下）の光統の伝を述べるところにも、この点を「四分の一部、草創玆《ここ》に基づく」と述べている。慧光は、『四分律疏百二十紙』を作ったといわれ、彼の律の門人に道雲と道暉《どうき》があった。さらに、道雲の弟子に道洪《どうこう》と洪遵《こうじゅん》とがあり、道洪より智首・道宣と次第し、洪遵の系統に法礪《ほうれい》・懐素《かいそ》などが出た。このようにして、四分律宗が成立するのである。このように四分律宗が盛んになったのには、慧光の系統の努力にもよるのであるが、同時に、四分律の内容が十誦律よりも勝れていることも見落すことはできない。

　凝然もここに記するごとく、智首以前は諸部雑乱であり、光統の系統は四分律を受持していたが、しかし十誦律の系統が盛んであったのにははるかに及ばなかったのである。さらに僧祇律も当時かなり行われていた。さらにそれに五分律も加って、諸律が各人の欲するところに随って行われていたのである。したがって、四分律が優勢になったのは、智首や道宣が現われて、大いに四分律を弘めたからである。特に智首は『五部区分鈔』二十一巻を著わして、五部律の区別を明らかにした。さらに彼は、中国に律典が伝った最初を研究し、最初は僧祇戒心と曇無徳羯磨《こんま》とが訳出され、受戒は曇無徳律により、随行は僧祇によったことを明らかにし、それらをすべて四分律によって実行するように変えたのである。すなわち受戒の作法も、それによって得られる戒体も、さらに二五〇戒の実践の随行も、すべて四分律によってなさるべきことを示したのである。これによって四分律宗の教理が確立し、それが日本にも伝ったのである。日本には四分律宗のみが伝ったから、次に、この四分律の根本から、その流伝の有様を示すことにする。

第三節　四分律の起源と伝来

問。四分律宗何時興乎。

答。未レ分已前、一味瀉瓶。如來在世隨レ機散說、佛滅百年、結集流傳。一百餘年時、曇無德羅漢隨レ見誦出、以爲二一部一。此是時此部始而分出。

問。震旦日本何時傳乎。

答。曹魏之世、法時尊者創二受戒一、姚秦之世、覺明三藏始傳二廣律一。是震旦傳戒之由來也。

至二日域一。昔天平年中、日本永叡普照、此二師往二于唐朝一、請二大明寺鑒眞大和尙一。卽應レ請來二至日本一。途難極多。而不レ奈レ之。十有二年、海中忍レ難、逆浪六回、志都不レ倦。第六度時、遂來二至日本一、請入二東大寺一。聖武天皇、王子、百官、歡喜感悅。卽毘盧舍那殿前、築レ壇行二於受戒一。天皇皇后乃至四百餘人、竝皆受戒。後遷二大佛殿西一、別建二於戒壇院一。自レ爾已來、年年行レ受、于レ今不レ絕。日本諸州、戒律敎宗、厥時廣行、莫レ不二依翫一。又建二唐招提寺一、傳二弘戒律一。迨二至于今一、續續不レ絕。戒律敎宗、傳二流日域一、偏是鑒眞大和尙之力也。

問う、四分律宗は何れの時に興るや。

答う、未だ分れざる已前は一味瀉瓶なり。如来在世には機に随いて散説す。佛滅百年に結集して流伝す。一百余年の時に曇無徳羅漢見に随いて誦出し、以て一部と為す。此れ、是の時、此の部始めて分出せり。

問う、震旦・日本へは何れの時に伝わるや。

答う、曹魏の世、法時尊者受戒を創《はじ》め、姚秦の世、覚明《かくみょう》三蔵始めて広律を伝う。是れ震旦伝戒の由来なり。日域に至りては、昔、天平年中、日本の永叡《ようえい》・普照、此の二師唐朝に往きて、大明寺の鑒真大和尚《がんじんだいかしょう》を請ず。即ち請いに応じて日本に来至す。途難極めて多し。而も之を奈《いかん》ともせず。十有二年、海中に難を忍び、逆浪六回、志し都《すべ》て倦まず。第六度の時、遂に日本に来至せり。請じて東大寺に入らしむ。聖武天皇、王子、百官、歓喜感悦し、即ち毘盧舎那《びるしゃな》殿の前に壇を築き、受戒を行ず。天皇・皇后、乃至、四百余人、並びに皆受戒す。後《のち》大佛殿の西に遷して、別に戒壇院を建つ。爾《そ》れ自《よ》り已来、年年受を行じ、今に絶えず。日本諸州に戒律の教宗厥《そ》の時に広く行われ、依翫せざるは莫《な》し。又、唐招提寺を建てて戒律を伝弘す。今に迨至《いたる》まで続続として絶えず。戒律の教宗、日域に伝流するは偏えに是れ鑒真大和尚の力なり。

《曇無徳羅漢》 曇無徳、すなわち法蔵部の部主。法正と訳す。「五部記」に佛滅百年に五大羅漢があったという記述によったもの。 **《曹魏之世》** 三国時代の魏の国、二二〇—二六五年。 **《法時尊者》** 曇柯迦羅をダルマカーラ（Dharma-kala）と見て、法時と訳した。彼は嘉平年（二四九—二五四）に洛陽に来て『僧祇戒心』を訳したという。 **《覚明》** 『四分律』を訳した佛陀耶舎をブッダヤシャス（Buddhayaśas）と見て、覚明と訳した。弘始十年（四〇八）長安に来て、『四分律』六十巻、『同戒本』一巻、『長阿含経』二十二巻を訳した。 **《永叡》** これは栄叡の誤りで、普照と共に天平五年（七三三）入唐して戒律を学んだが、龍興寺で七四九年に病いのために亡した。普照は鑒真を請じて、天平勝宝六年（七五四）に帰朝した。 **《鑒真》** 六八七—七六三年。揚州の人、十四歳で出家し、道岸・恒景について、律と天台を学び、天宝元年（七四二）揚州大明寺に住した時、栄叡・普照の請いで、日本に戒律を伝える決心をなす。『宋高僧伝』巻十四（大正五〇、七九七上）、『唐大和上東征伝』その他。

この一段は、四分律の成立と、中国・日本への伝来を示す。

まず、四分律宗はいつ興ったかというに、これは四分律を伝持した曇無徳部（法蔵部）の成立の時と考えられる。法蔵部は上座部系の部派で、『異部宗輪論』では、上座部から有部が分れ、有部から化地部が分派し、化地部から法蔵部が出たとしている。セイロンの『島史』では、上座部から化地部が出て、化地部から有部と法蔵部とが分派したとなしている。いずれにしても、佛滅三百年頃（紀元前二世紀の終り頃）、法蔵部は化地部から分派したと考えられる。しかし凝然は「律分為五部記録」によって、阿育王の時代に法蔵部が成立したと見ている。すなわち佛滅百年までは、異世の五師によって一味に瀉瓶伝承されてきた八十誦律が、阿育王の迫害で僧徒が星散し、八十誦律も伝持が絶えた。その後、阿育王が阿羅漢に会って佛教に帰依し、前非を悔いて佛教の復興に努めた。そこでパータリプトラに多くの僧が集ってきたが、各自の見解が不同で、意見が分れた。その中に、特に五大羅漢が有力であったが、その一人が曇無徳羅漢であり、彼によって曇無徳部ができたと見ているのである。これがインドにおける四分律宗の始まりであるとなす。この五部の記録は、多くの経論に出ているが、しかし先にもいうように、『異部宗輪論』や『島史』などの説が妥当であろう。

次に、中国における四分律宗の始まりは、四分律の中国への翻訳に基づく。慧皎《えこう》の『高僧伝』巻一(大正五〇、三二四上)によれば、魏の嘉平年中(二四九―二五三)に中天竺の曇柯迦羅《どんかから》が洛陽に来て、諸僧の請いによって、『僧祇戒心』を訳したという。そして梵僧に請うて、「羯磨法」を立てて受戒した。「中夏の戒律はこれより始まる」といっている。それまでは、魏の国に佛法あれども、道風訛替して、衆僧あれども、三帰依も戒律も受けなかった。わずかに髪を切って俗に異なるのみであったという。すなわち戒律の経典が伝わらなかったから、佛教徒になるには三帰依を受けるのだということすらも知らなかったし、いわんや五戒・十戒・具足戒のあることを知らなかったのである。この時、曇柯迦羅(凝然は法時という)が来て『僧祇戒心』を訳したので、僧祇律の戒本(二五〇戒の条文集)ができた。羯磨法とは受戒の作法を説いた書物である。したがってこの二つがあれば、受戒を行い、戒を守ることができるわけである。そこでこれが中国の戒律の初めだというのである。『高僧伝』の同所によれば、嘉平の末に安息の沙門曇諦が来て、『曇無徳羯磨』を訳したという(大正五〇、三二五上)。これは羯磨本である。

したがって、中国初期の戒律は「受戒」の作法は法蔵部の仕方により、「受随」戒律を守る内容は僧祇律の戒本によったということになる。これらの文献は現存していないので、詳しいことは不明であるが、この時、法蔵部の羯磨本が伝ったので、これを四分律の伝来の始まりと見たわけである。しかしその後、有部系の戒本や律蔵は中国にしばしば伝来したが、法蔵部の律典は伝わらず、佛陀耶舎の『四分律』六十巻の翻訳を待つのである。この律は四一〇―四一二年の訳出である。佛陀耶舎を凝然は「覚明《かくみょう》」と呼んでいるのである。「佛陀」は覚、耶舎は名声という意味があるので、明と訳される。

次に、日本への四分律宗の伝来についていうならば、律の正式の伝来は鑒真《がんじん》大和上の来朝によって達せられたのである。佛教は欽明天皇の時代に伝ったが、それは佛像や経巻、教理などであり、戒律の伝来はなかった。その後、敏達天皇の時代に善信尼などの三女が百済に行って、戒を受けて帰ってきたが、日本で受戒の儀式が行われることはなかった。比丘となる儀式を具足戒というが、具足戒を授けるには、中央地方なれば十人僧、辺地でも五人僧で儀式をするのである。すなわち和尚と羯磨師・教授師の三師と、儀式に立会う七人の比丘（七証）との十人の比丘が、戒壇上に集って、白四羯磨《びゃくしこんま》の作法によって、具足戒の儀式をなして、初めて受戒者は比丘となることができる。この儀式によって戒体が発得するのである。しかし日本でこの儀式を実行するためには、十人僧、少なくとも五人僧が同時に日本に渡来することが必要であった。しかしこれがなかったために、奈良時代までの日本人の僧となる儀式はきわめて不完全であった。

奈良時代になって、聖武天皇の御願によって、毘盧舎那《びるしゃな》佛の大佛が建立され、立派な大佛殿も造立された。しかし、そこに住せしむべき正規の僧宝が存在しなかった。そのために聖武天皇は、僧宝を日本に作るための律師を迎えんとして、栄叡《えいえい》と普照とに勅して、天平五年（七三三）入唐せしめられたのである。栄叡らは洛陽に至って、大福先寺の道璿《どうせん》に謁し、戒律弘伝のために来朝することを請うた。道璿は華厳の学者であったが、律・天台・北宗禅にも達した人であった。彼は請いに応じて、天平八年、遣唐使副使大伴胡麿の船に乗じて、来朝した。しかし一人であったために、受戒の儀式をすることはできず、道宣の『四分律行事鈔』その他の律典を講じたにとどまった。

栄叡・普照は唐に留学して十年を経たが、天宝元年（七四二）に楊州の大明寺で鑑真大和上に謁することができた。鑑真は天台僧であるが、同時に道宣の弟子弘景《ぐけい》律師から律を伝授され、南山・相部の両部の律に達していた。そして日本に戒律のないことを知り、両人の請いに応じて、日本への伝律を決意した。そして祥彦《しょうげん》などの出家の弟子二十一人、及び余の道俗合して八十余人と共に、糧食を備え、揚子江より船を出した。しかし颱風に会い、逆浪によって、船は唐土に押し返され、破壊した。しかし、鑑真の日本へ律を伝えんとの決心は固く、五回、船を造り、五回失敗したが、十二年を経て、六回目に、あらゆる危難を冒し、ついに日本に到着した。その時すでに栄叡・祥彦らは病いのために唐で没したが、六回目に鑑真に随った者は、法進《はっしん》・曇静《どんじょう》・思託《したく》らの僧十四人、比丘尼三人、優婆塞七人、合計二十四人であった。ここに十人僧が揃い、日本で具足戒を授けることができるようになったのである。この時、日本に正式の僧伽が成立したのである。これは天平勝宝五年（七五三）である。

聖武天皇は鑑真の到着を非常に喜ばれ、迎えて東大寺に引入れ、伝灯大法師位を授けたまい、翌年四月、東大寺大佛殿の前に戒壇を築き、聖武天皇みずから戒壇に登って菩薩戒を受けられた。次いで皇后・皇太子も登壇受戒された。この時、沙弥で新しく具足戒を受けて比丘になった者四百余人、及び旧の大僧で、旧戒を捨てて、重ねて鑒真から戒を受けた者八十余人があった。翌年、この戒壇の土を大佛殿の西南に移して、新しく三層の戒壇を築き、戒壇院を作り、永世受戒の道場としたのである。これが日本における四分律宗の始まりである。それより以来、年々戒を受けて大僧となる者があり、授戒の規則は今に至るまでも絶えず相続している。日本諸州に、戒律の教宗はこの時から広く行われるようになったのである。

なお、鑒真は戒壇院の外に、天平宝字三年（七五九）に唐招提寺を建て、戒律学習の道場とした。戒律は単に受戒するだけでは、正しく実行することはできない。二五〇戒の一一の条文の意味を正しく知り、さらに具足戒の作法や、布薩・安居の仕方などを正しく知らなければ、戒律を如法に実行し、これを後代に伝えていくことはできない。そのためには、受戒の後に律の学習が必要である。そのために受戒者を、受戒の後に唐招提寺に住せしめて、ここで律蔵を学習せしめたのである。この唐招提寺の学律もその後、今に至るまで続いている。実に律宗が日本に伝来したのは、まったく鑒真大和尚《だいかしよう》の力である。

なお、栄叡・普照が唐に使いして、二十年も彼の地に留まり、中途で栄叡は病没するが、両人が良師を得るために苦心し、ついに鑒真をして、日本への伝律に強い決心を起さしめたことは、中国人をも感服せしめた。ために志盤の『佛祖統紀』巻四十（大正四九、三七四上）や、華亭念常の『佛祖歴代通載』巻十三（大正四九、五九一上）に「日本国沙門栄睿・普照、揚州に至り、国主の命を奉る、云々」として、両人の伝を挙げ、日本国にこの時より律教ありと記している。

第四節　律宗の相承

問。此宗立二幾祖師一。

答。自二迦葉尊者一、至二于宋朝近來一、其數總別甚多。謂佛是教主理在二絕言一。迦葉尊者阿難尊者末田地尊者商那和須尊者優婆毱多尊者曇無德此云二法正尊者一曇摩迦羅此云二法時尊者一法聰律師道覆律師慧光律師道雲律師道洪律師智首律師南山律師周秀律師道恆律師省躬律師慧正律師法寶律師元表律師守言律師無外律師法榮律師處恆律師擇悟律師允堪律師擇其律師元照律師是也。

若別據二當律初興一、至二于南山律師一、驗爲二九祖一。自二法正尊者一而取レ之故。南山已後、次第同レ前。

若依二日本弘傳一、南山律師弘景律師鑒眞大僧正法進大僧都如寶小僧都豐安僧正等是也。

問う、此の宗、幾ばくの祖師を立つるや。

答う、迦葉《かしょう》尊者自《よ》り宋朝近来に至るまで、其の数、総別甚だ多し。謂く、佛は是れ教主なり。理として絶言に在り。迦葉尊者・阿難尊者・末田地《までんじ》尊者・商那和《しょうなわ》須《しゅ》尊者・優《う》婆《ば》毱多《きくた》尊者・曇無徳 此に法正尊者と云う、・曇摩《どんま》迦羅《から》此に法時尊者と云う、・法聡《はっそう》律師・道覆《どうふく》律師・慧光《えこう》律師・道雲律師・道洪律師・智首律師・南山律師・周秀律師・道恒《どうこう》律師・省躬《しょうきゅう》律師・慧正《えしょう》律師・法宝《ほうほう》律師・元表《がんぴょう》律師・守言《しゅごん》律師・無外《むげ》律師・法栄律師・処恒律師・

択悟《ちゃくご》律師・允堪《いんかん》律師・択其《ちゃくき》律師・元照《がんしょう》律師、是れなり。

若し別して当律の初興に拠らば、南山律師に至るまで験して九祖と為す。法正尊者自《よ》り之を取るが故に。南山已後は次第前に同じ。

若し日本の弘伝に依らば、南山律師・弘景律師・鑑真大僧正・法進大僧都・如宝《にょほう》少僧都・豊安《ぶあん》僧正等、是れなり。

《理在絶言》 理として言葉で表現できないもの。佛は言葉の表現を超えていること。**《総別》** 総は全体、すなわち迦葉から元照までの二十八祖、別は四分律を興した曇無徳から南山までの九祖。

律宗にどれだけの祖師を立てるかというに、佛滅後の大迦葉《かしょう》から、近代の宋朝（九六〇—一二七九）までに、その数は全体としてみても、あるいは四分律宗だけをとってみても、非常に多い。

まず律の根元は佛にあるわけであるが、佛は真理から現われた人で、言葉で表現できないから、祖師には加えない。したがって佛滅後に法蔵を結集して、滅後の教団を統理した迦葉尊者が第一祖である。次いで阿難・末田地《までんじ》・商那和須《しょうなわしゅ》・優婆毱多《うばきくた》と異世の五師が八十誦律を伝持し、その後、同世の五師の時代となり、律は曇無徳羅漢に伝承され、ここに法蔵部の四分律ができた。故に、総の立場では大迦葉から律の相承を立てるが、別の立場では曇無徳が第一祖である。それから中国に律を伝えた曇《どん》摩迦羅《まから》（これは『高僧伝』などでは曇柯迦羅《どんかから》とするが、法時の原語はダルマカーラであるため、柯を摩に変えたのである）、次に法聡《はっそう》律師と継いでいる。しかし、曇摩迦羅は西紀二四九年に中国に来た人であり、曇無徳羅漢は阿育王（紀元前二六八—二三二年頃在位）の時代の人となすのであるから、両者の間は年代的にはつながらない。ともかく、その後に法聡を出しているが、この人は四分律が訳された後五十年頃に四分律を初めて講じたという。元魏の孝文帝（四七一—四九九在位）の世に北台に法聡律師あり、初めて四分を弘むと『律宗綱要』（大正七四、一六上）にいっているが、凝然がこれをどこから採ったか明らかでない。ここには、曇柯迦羅から法聡につなぐのであるが、しかし法聡の弘めた四分律は佛陀耶舎（覚明）の訳したものであるから、この佛陀耶舎を凝然がどうして四分の相承からはずしたのか、理解に苦しむところである。しかも曇柯迦羅は『僧祇戒心』を訳したのであり、これは大衆部の戒経である。曇無徳部には関係がない。『僧祇戒心』を訳した曇柯迦羅を加え、『四分律』を訳した佛陀耶舎を除くなど、この凝然の作った相承説は不完全であるとしかいいようがない。

法聡の次に道覆《どうふく》を置くが、彼は慧光の師であり、『続高僧伝』巻二十一（大正五〇、六〇七下）慧光の伝の中に、「是れより先、四分未だ広く宣通せず。道覆律師有り、創《はじ》めて此の部を開く」とあり、道覆が四分を開いたことをいう。したがって、道覆・慧光・道雲・道洪・智首・南山と次第する順序は歴史的にも明らかである。次の周秀律師とあるのは、『宋高僧伝』巻十四（大正五〇、七九四下）の秀律師のことであろう。秀律師から道恒《どうこう》へのつながりは明らかでない。次の省躬《しょうきゅう》は道恒に受けている。次いで、慧正《えしょう》・法宝《ほうほう》・元表《がんぴょう》・守言《しゅごん》・無外《むげ》・法栄《ほうえい》・処恒《しょこう》・択悟《ちゃくご》・允堪《いんかん》・択其《ちゃくき》・元照《がんしょう》と次第している。『律宗綱要』下によると、南山を初祖とする南山律宗は、第二祖周秀律師、第三祖道恒律師、彼は道宣の『四分律行事鈔』に『記』十巻を作ったという。第四祖省躬も『順正記』を作って『行事鈔』を解釈し、第六祖玄暢《げんちょう》法宝は『顕正記』を作り、第七祖元表は『義記』五巻を著わし、第十一祖処恒律師は『拾遺記』三巻を作り、第十二祖択悟は『義苑記』七巻を作り、いずれも道宣の『行事鈔』を解釈している。

次の第十三祖允堪（一〇〇五―一〇六一）と第十五祖元照（一〇四八―一一一六）の二人は、宋代における南山律宗の再興者である。允堪は南山の十部の著作に記解を作り、ために世に号して十本の記主といわれたという。すなわち『行事鈔』には『会正記』を、戒疏には『発揮記』を、業疏には『正源記』をというようである。宋の中期は彼の解釈が広く行われ、南山宗における会正宗といわれたという。次に、元照は大智律師といわれ、天台にも造詣が深く、浄土教にも深く達していた。律宗においては、『行事鈔』に『資持記』を、戒疏に『行宗記』、業疏に『済縁記』を著わしており、道宣の三大部の研究には、この元照の『記』を指南とするのである。

以上、律の相承は元照で終っているが、『律宗綱要』では、なおその後に、智交・准一・法政・法久・妙蓮・行居と相承を出している。第二十一祖の行居が凝然と同時代であろう。第十九祖法久の同門に如庵了宏があり、海を渡って宋に留学した俊芿《しゅんじょう》（一一六六―一二二七）は、了宏の門に入って律を研究したという。さらに第二十祖は妙蓮であるが、日本の真照は宋に入国して、妙蓮に従って律を学んだという。師巒の『本朝高僧伝』巻六十一（大日本佛教全書一〇三、三一三頁）によれば、真照は戒壇院円照の弟子であるというから、凝然の同門である。彼は妙蓮の外に行居にも学んだという。彼は弘長二年（一二六二）帰朝し、戒壇院の衆首《しゅしゅ》になった。後、京都の増福寺に住して、大いに講肆を張ったという。したがって第二十一祖行居が、凝然と同時代である。

次に、本文に帰ると、「若し別して当律の初興に拠らば」とあるが、これは四分律宗だけについていうならばという意味である。この場合は曇無徳、すなわち法正を初祖とするから、南山まで九祖になる。そして南山以後は、総の場合と同じ順序である。

次に、日本の伝律をいうならば、鑑真が中心になるが、鑑真の律の師は弘景律師である。そして弘景の師は道宣である。したがってこの場合は、南山・弘景・鑑真・法進・如宝《にょほう》・豊安《ぶあん》と次第する。弘景は『宋高僧伝』巻十四（大正五〇、七九七中）では恒景としている。鑑真は景竜二年（七〇八）、実際寺において、荊州恒景律師の辺において得戒したという。次に、鑑真の弟子の法進と如宝は中国人で鑑真に従って日本に来た人である。ただし如宝は日本に来てから具足戒を受けた。法進は天台をよくし、五部律に詳しく、著作も多い。鑑真に次いで東大寺戒壇院に住した。如宝は薬師寺に住したというが、鑑真は唐招提寺を法載・義静《ぎじょう》・如宝の三人に付嘱したという。そして如宝の後を継いで唐招提寺に住したのが豊安である。豊安は三河の出身で、如宝より具足戒を受け、唐招提寺を継いだ。豊安の後は、道静・仁偕・真空と次第するが、唐招提寺はその後衰えた。

第五節　律宗の分流

1　律の三宗

問。四分律宗頗有㆓異解分流㆒乎。

答。唐朝有㆑之。謂相部法礪律師、終南山道宣律師、西大原寺東塔懐素律師、各立㆓異義一、門葉互諍。此名二律三宗一。鑒眞和尚、相部大疏、南山虬文、竝傳二日本一、諸寺諸山、竝令三講二通彼唐朝三宗一。後唯南山遺、自餘諸家、廢絶不レ行。良以南山宗義、受隨相稱、行相備足、大小途和、解行相應故也。古今諸師、倶競嘆美、諸宗賢哲、竝翫依學。如二行事鈔一、七十三家、互作二記解一。自界他方、倶致二承奉一、誰有レ如二祖師一。賢聖所レ嘆人、何其如レ此乎。

問う、四分律宗に頗《も》し異解分流有りや。

答う、唐朝に之有り。謂く、相部の法礪《ほうれい》律師・終南山の道宣《どうせん》律師・西大原寺東塔懐素《かいそ》律師、各〻異義を立て、門葉互いに諍う。此れを律の三宗と名づく。鑒真《がんじん》和尚は相部の大疏、南山の虬文《きゅうもん》、並びに日本に伝う。諸寺・諸山、並びに彼の唐朝の三宗を講通せしむ。後には唯だ南山のみ遺《のこ》り、自余の諸家廃絶して行われず。良《まこと》に以《おもんみ》れば、南山の宗義、受随相い称《かな》い、行相備足し、大小途和し、解行相応するが故なり。古今の諸師、倶《とも》に競いて嘆美し、諸宗の賢哲、並びに翫《もてあそ》びて依学す。行事鈔の如きは、七十三家互いに記解を作る。自界他方、倶に承奉を致すこと、誰か祖師の如き有らん、賢聖の嘆ずる所の人、何ぞ其れ此の如くなるをや。

《相部法礪》 相部宗の法礪（五六九―六三五）のこと。律の伝統は慧光に初まり、次いで、道雲・洪遵・洪淵・法礪と次第した。法礪は霊裕に帰して出家し、後、静洪に四分を学び、さらに洪淵に従った。『四分疏』十巻、『羯磨疏』三巻、『捨懺儀軽重叙』などを著わす（『続高僧伝』巻二十二、大正五〇、六一五下）。

《道宣》 （五九六―六六七）。智首の弟子である。『四分律行事鈔』をはじめ、著作多く、南山律宗の確立者。『宋高僧伝』巻十四（大正五〇、七九〇中）に伝記あり。

《懐素》 （六二四―六九七）。法礪の弟子に道成があり、その弟子に満意と懐素があった。満意は法礪の相部宗を弘めたが、懐素は『四分律開宗記』二十巻を著わして、背師自立し、東塔宗を開いた。懐素は法礪の十六の大義を破したが、満意の弟子定賓は『破迷執記』一巻を著わしてこれを救った（『宋高僧伝』巻十四、大正五〇、七九二中）。

《虬文》 南山律

師の著作の立派なことを形容していった。竜身のうちで文彩あるものを虬という。美麗な虫をいう。《受随》　受とは受戒のこと。随は戒を実行すること。四分律は、この点の説明が勝れている。《行相》　戒行と戒相。すなわち戒の実行と、戒の条文のこと。《大小途和》　大乗と小乗とがよく調和すること。律は小乗であるが、道宣の解釈によれば、律が大乗にもよく調和することになる。《解行相応》　智解と修行とが相応すること。

この一段は、四分律宗の分派を明かす。

すなわち、唐の時代に律に三宗が分派した。これは主として戒体の解釈の相違に由来する。すなわち、法礪《ほうれい》は四分律宗は小乗であるとなし、その戒体は無表色であると主張した。無表色は、小乗の説一切有部の教理である。これに対して終南山の道宣《どうせん》は、四分律は『成実論』と同じ立場であり、戒体を非色非心の不相応行に属すると見た。『成実論』では、「無表」を「無作」というが、これを巻七「無作品第九十六」に明かしている（大正三二、二九〇中―下）。道宣は、四分律と、みずからの南山律宗とを区別し、南山律宗の立場としては、唯識の教理を援用して、種子戒体説を主張した。唯識の教理によっているだけ、道宣の説は大乗に近かったのである。これに対して懐素《かいそ》は、法礪の弟子の道成に学んだが、しかし、玄奘から『倶舎論』を学び、法礪と同じく四分律宗の戒体を『倶舎論』の無表色で基礎づけた。この点では法礪と同じであるが、しかし懐素は、法礪の四分律の解釈について、種々の誤りを指摘し、十六失を挙げ、みずから『四分律開宗記』十巻を著わし、東塔宗の祖となったのである。懐素の同門に満意があったが、彼は法礪を祖述し、相部宗を弘めた。そして彼の弟子定賓《じょうひん》は『破迷執記』一巻を著わして、懐素の「十六失」を破して、法礪の立場を弁護した。このように、律の三宗は、門葉が互いに諍い、烈しく対立したのである。日本から行った栄叡と普照とは、この定賓の門に入り、定賓を和尚として、具足戒を受けたから、相部宗の律を学んだのである。

日本に律を伝えた鑒真は天台の学僧であり、道岸から菩薩戒を受けたが、律は弘景から四分律宗を受けた。弘景の師は道宣であるから、この点では鑒真は南山律宗を受けている。しかし鑒真は同時に、融済について律鈔などを学び、義威・遠智・全修・慧栄・大亮の五英について、法礪の律疏をも学んだという。彼らはすべて満意の門人であった。したがってこの点では、鑒真は相部宗の律をも受けているのである。そのために鑒真は相部宗法礪の『大疏』(『四分律疏』十巻)と、および南山道宣の勝れた律の諸註釈とを日本に伝えたのである。そして、日本の諸寺・諸山でこれらの三宗の律疏が講義された。しかし、相部宗と東塔宗とは、四分律宗を『倶舎論』の無表色の立場で解釈し、律をまったくの小乗と判定していたので、南山律宗の「分通大乗」説にはかなわず、この二宗は次第に研究者が少なくなり、ついに廃絶し、南山律宗のみが盛んであった。

実に、よく考えてみれば、南山律宗の宗義は、受戒の作法や戒体の解釈、あるいは分通大乗の立場での律の実践、すなわち随行とが、大乗佛教である中国の佛教とよく相応しており、戒行・戒相もよく備っている。南山律宗の宗義では、大乗と小乗との関係もよく調和がとれている。戒律の理解と実践とが、大乗の立場から見てもよく相応しているからである。そのために昔から諸師が競って南山の著作を讃美し、諸宗の学者も同じくこれを研究し、学んでいる。それであるから道宣の主著である『四分律行事鈔』には、註釈を書く学者が多く、七十三家にも達している。この地方の学者のみでなく、他の地方の人々も共にこれを奉じており、依学している。このように広く学ばれているものは、南山律師の著作に及ぶものはないのである。凝然のいう七十三家とは誰々を指すか不明であるが、元照の『資持記』の「序」に、「五十余家有り」（大正四〇、一五七中）といっているので、これに中国のその後の著作や、朝鮮や日本の研究書を加えれば、そのくらいになるであろう。したがって、決して誇張の語ではない。

2　三要疏と六家の章疏

汎而言レ之、四分律藏、翻譯已來、諸師製レ疏、將二二十家一。然取レ要言レ之、不レ過二三疏一。慧光律師略疏四卷、相部律師中疏十卷、智首律師廣疏二十卷、此名二三要疏一。然唐朝三宗、礪宣素義以、攝二束諸解一、多在二此三一。相部大疏、嵩岳律師、作レ記解釋。飾宗義記十卷是也。智首律師大疏既是南山所レ承。故與二南山一而一途也。東塔律師四分開宗記十卷、獨流二行天下一、互謂レ盡レ美、倶稱二指南一。唐朝之末、東京競起。又玄惲律師、毘尼討要三卷、與二餘家一少異矣。四分大小等疏是也。倶多分與二南山一同。此六家章疏、日本竝傳焉。今盛依二學南山一家一。兼奉二行嵩岳新家之義一。三宗律義之不同、恐レ繁不レ述。

汎《ひろ》く之を言わば、四分律蔵の翻訳已来、諸師の疏を製するもの二十家に将《なんなん》とす。然るに要を取りて之を言わば、三疏に過ぎず。慧光律師の略疏四巻、相部律師の中疏十巻、智首律師の広疏二十巻、此れを三要疏と名づく。然るに唐朝の三宗、礪・宣・素の義を以て、諸解を摂束するに、多く此の三に在り。相部の大疏は嵩岳《すうがく》律師記を作りて解釈す。飾宗義記十巻是れなり。智首律師の大疏は、既に是れ南山の承ける所なり。故に南山と一途なり。東塔律師の四分開宗記十巻独り天下に流行す。互いに美を尽すと謂い、倶に指南と称す。唐朝の末、東京に競い起る。又、玄惲《げんうん》律師の毘尼討要三巻は余家と少しく異なる。四分大小等の疏是れなり。倶に多分に南山と同じ。此の六家の章疏は日本に並び伝わる。今は盛んに南山一家を依学す。兼ねて嵩岳新家の義を奉行す。三宗の律義の不同は、繁を恐れて述べず。

《慧光》 光統律師（四六八—五三七）。地論宗の祖であると共に、律を道覆に受け、四分律の研究を盛んにし、四分律宗の基を作る。『続高僧伝』巻二十一（大正五〇、六〇七中）に伝記がある。『四分律疏』百二十紙を作ったという。**《相部律師》** 法礪のこと。**《礪宣素》** 法礪・道宣・懐素。**《嵩岳律師》** 定賓（—七三〇—）のこと。嵩岳に住したためかくいう。**《智首》**（五六七—六三五）。霊裕・道洪について四分律を学び、『四分律疏』二十巻、『五部区分鈔』二十一巻などを著わす。道宣の師である。**《東塔律師》** 懐素（六二四—七〇七）のこと。**《六家章疏》** 智首・法礪・玄惲・道宣・懐素・定賓の六人の章疏。**《玄惲》** 智首の弟子（—六八三）。道宣と同門にして、道宣が『四分行事鈔』を著わしたので、その説を研究するものを「鈔家」というのに対し、玄惲は『毘尼討要』三巻を著わした。これを研究するものを「要家」と称した。道宣と玄惲は同じく智首の弟子であったから、学説はほぼ同じであったが、細部では相違があった。なお、玄惲は道世といい『法苑珠林』百巻の著者である。

『四分律』の註釈について詳しくいえば、『四分律蔵』の翻訳以来、本律の註釈を作った人は二十家に近い。しかし要を取っていえば、三疏にまとめることができる。三疏とは、光統《こうず》律師慧光の『四分律疏』四巻と、相部宗の法礪の『四分律疏』十巻、智首律師の『四分律疏』二十巻とである。これらは同じく『四分律疏』というので、略疏・中疏・広疏といって区別する。この三疏は四分律研究の基礎的文献であるので、「三要疏」という。しかるに唐の時代になって、法礪・道宣・懐素の三説が現われたが、以上の三要疏の説は、この礪・宣・素の説の中に含まれている。

法礪の『四分律疏』十巻については、嵩岳《すうがく》の定賓が『飾宗義記』十巻を著わして、法礪の疏の真意を明らかにした。その理由は、法礪の弟子に道成があり、その弟子に満意と懐素とがあったが、懐素が自説を立てて『四分律開宗記』十巻を著わして、法礪の説を批判したので、満意の弟子定賓が、法礪の説の真意を顕彰する必要があったのである。故に法礪の疏と定賓の記とは同じ思想である。次に智首の『四分律疏』二十巻と道宣の『四分律行事鈔』十二巻とは、同系統である。南山は智首の弟子であり、その説を受けているからである。次に東塔宗の懐素には、弟子でその説を祖述したものはないので、彼の『四分律開宗記』十巻が独り天下に流行している。これらの律の三宗は、いずれも立派な著作であり、律の研究の指南となるものである。これらはいずれも唐朝の末に東京、すなわち洛陽に競い起ったのである。ここで、凝然は唐朝（六一八―九〇七）の末といっているが、智首（五六七―六三五）、法礪（五六九―六三五）、道宣（五九六―六六七）、懐素（六三四―七〇七）、定賓（―七三〇―）などと、いずれも唐中期以前の人である。故に、これは「唐朝の初」というべきであろう。

なお、道宣の同門に玄惲《げんうん》がある。彼は『毘尼討要』三巻を著わしている。彼は道宣と同じく智首の弟子であるから、大体は道宣と同じ説であるが、細かい点では相違がある。故に日本の律宗では、道宣の説を学ぶ系統を「鈔家」、玄惲の説を学ぶ系統を「要家」と呼んでいる。ともかく、大部分は道宣と同じである（ちなみに、凝然がここでいう「四分大小等の疏是れなり」の意味は不明である。玄惲に、『毘尼討要』の他に「四分大小等の疏」があったというのであろうか）。

以上の六家の疏は日本に並びに伝っている。この六家が何を指すか学者の間に解釈の違いがある。

この六家に慧光を加える説が多いが、しかし南北朝以前の文献は早く散逸しているから、慧光の『四分律疏』が日本に伝ったとは考え難い。故に慧光を除いて六家を考えるべきであろう。もしそうであるとすれば、この六家は、智首・法礪・道宣・玄惲・懐素・定賓を指すと理解すべきであろう。この六家の疏は同じく日本に伝ったが、しかし現今研究されているのは、南山一家の学である。それに、かねて定賓、および懐素の教理を学んでいる。ただしこの「嵩岳新家」を「嵩岳と新家」と解すれば、定賓と懐素の教義ということになるが、しかし懐素の説が日本で研究されたという記録はないようである。鑒真は南山と相部宗の教理を日本に紹介したのであり、南山にかねて、相部宗の註釈も講義している。凝然にも『四分戒本疏賛宗記』二十巻の著がある（日本大蔵経二二、小乗律章疏二）。これは定賓の『四分戒本疏』の註釈であり、相部宗のものである。このように凝然も定賓の著作を註釈し、重要視している。したがって「嵩岳新家」とは、法礪の説に対して、懐素が破斥をなした後に出た定賓の説には、法礪より新しい説があったので、これを「嵩岳新家」といったのではないかと思う。

なお、礪・宣・素三宗の戒律解釈の不同について述べるべきであるが、あまり繁雑になるのでここには略す（これは凝然の意見であるが、この三家の解釈の不同を明らかにすることは容易でない）。

3 道宣の著作

南山律師、製㆓作章疏㆒、總五大部。一行事鈔三卷（分爲㆓十二卷㆒）二戒疏四卷（分爲㆓八卷㆒）三業疏四卷（分爲㆓八卷㆒）四拾毘尼義鈔三卷（本是三卷然下卷逸唯有㆓上中㆒今分㆓四卷㆒）五比丘尼鈔三卷（分爲㆓六卷㆒）戒本羯磨竝作㆓註解㆒。及小部律章、自餘諸文、部帖多多。不㆑可㆓具擧㆒。南山律宗、正所㆓依學㆒、卽此五大部等也。其本所依、即四分律六十巻是。言其論釋、即善見論是。

南山律師、章疏を製作す。総じて五大部あり。一には行事鈔三巻、分ちて十二巻と為す。二には戒疏四巻、分ちて八巻と為す。三には業疏四巻、分ちて八巻と為す。四には拾毘尼義鈔三巻、本是れ三巻、然るに下巻逸せり。唯だ上中のみ有り、今四巻に分つ。五には比丘尼鈔三巻、分ちて六巻と為す。戒本・羯磨《こんま》、並びに註解を作り、及び小部の律章、自余の諸文、部帖多多なり。具《つぶ》さに挙ぐべからず。南山律宗の正しく依学する所は、即ち此の五大部等なり。其の本所依は、即ち四分律六十巻是れなり。其の論釈を言わば、即ち善見論是れなり。

この一段には、道宣の著作を挙げる。

南山律師の著わした章疏の主なるものの中、大部のものが五つある。第一は『四分律行事鈔』三巻である。今は十二巻に分れている。これが道宣の主著である。第二は『四分戒本疏』四巻である。今は八巻に分れる。第三は『四分律随機羯磨疏』四巻である。これは八巻に分れている。羯磨《こんま》(Karman)は業とも訳すので、これは『業疏』ともいう。第四は『拾毘尼義鈔』三巻である。これは下巻が失われて、現在は上中の二巻であり、四巻に分れている（本書は凝然の時代にはあったのであろうが、現在は伝わらない。元照の作という『拾毘尼義鈔科文』一巻が写本で伝っているという）。第五は『比丘尼鈔』三巻である。これは六巻に分れている（本書も現在は伝わらない）。

以上のように、南山は戒本や羯磨にいずれも註釈を作っている。この外に『教誡律儀』や『浄心戒観法』『釈門章服儀』『釈門帰敬儀』など、律門の小部の著作が多数ある。その外に『続高僧伝』とか、

『大唐内典録』、『広弘明集』などをはじめ、律に関係のない大部の著作も多い。それらを一一挙げることは不可能である。このように南山の著作は多いが、しかし律宗で依学するのは、上記の五大部などである。これが南山律宗の中心典籍である。さらにそれらの基づくところは『四分律』六十巻である。そして『四分律』の註釈としては『善見律毘婆沙論』十八巻がある。

以上、凝然は『善見論』を『四分律』の註釈と見ているが、これが誤りであることは、すでに「四律五論」のところで示したごとくである。『善見律』はパーリ律の註釈である。むしろ『毘尼母経』の方が『四分律』と内容が合致する。

第六節　止持と作持

問。此宗明二何法義一。

答。此宗明レ戒也。有二二種一。一止持戒五篇諸止悪門、二作持戒説戒等諸修善門。如來所説一切諸戒、二持攝束、皆悉窮盡。故本律正宗所詮義理、唯此止作二持而已。初二部戒本、是名二止持一、後二十犍度、是名二作持一。二部戒本者、僧尼二部也。比丘比丘尼所持名二具足戒一。

問う、此の宗は何の法義を明かすや。

答う、此の宗は戒を明かすなり。二種有り。一には止持戒にして、五篇《ひん》の諸の止悪門なり。二には作持戒にして、説戒等の諸の修善門なり。如来所説の一切の諸戒は、二持に摂束して皆悉く窮尽す。故に本律の正宗所詮の義理は、唯だ此の止作の二持已《のみ》。初めの二部の戒本は、是れを止持と名づく。後の二十犍度《けんど》は、是れを作持と名づく。二部の戒本とは、僧尼の二部なり。比丘・比丘尼の所持を具足戒と名づく。

《戒》　シーラ（śīla）。防非止悪の力をいう。《止持戒》　止（禁止）を受持する戒。禁止的な戒律の条文を受持する戒。《五篇》　波羅夷（pārājika）・僧残（僧伽婆尸沙、samghādisesa）・波逸提（pācittiya）・波羅提提舎尼（pāṭidesanīya）・突吉羅（dukkaṭa）の五種の罪をいう。《止悪門》　戒律における禁止的な部分。《作持戒》　作（積極的な行為）を受持する戒。《説戒》　布薩のこと。半月に一回、僧伽が集会して戒経を誦出すること。《修善門》　積極的になすべき善行を規定する部分。《二持》　止持と作持。《正宗》　『四分律』の正宗分に説く教え。《二部戒本》　比丘の戒本と比丘尼の戒本、この両者に対する説明註釈が、律蔵の前半（『四分律』六十巻の中、前半三十巻）となる。《犍度》　カンダカ（khandhaka）の音訳。篇とか、章の意味で、二十犍度は二十章のことであるが、この部分に僧伽が実行しなければならない作法や儀式が説かれている。これを作持戒という。《具足戒》　ウパサンパダー（upasampadā）のこと。比丘・比丘尼の受持すべき戒律をいう。

この一段は、四分律宗で顕わさんとする法義、すなわち教理を示したものである。

凝然は、四分律宗の「宗」は戒であると見ている。戒には種々の意味があるが、シーラ（śīla）を戒と訳すのが一般である。これは、戒・定・慧の三学という場合の戒であり、戒の原意は「善い習慣性」という意味である。善いことを行おうと決心し、それを繰返し実行することによって善い習慣性が身につく。それが戒である。故に戒には、善をなさんとする「決心」が重要である。しかも戒律でいう場合は、師の前で誓いを立てるのである。単に決心するだけでなく、その決心を師の前で誓いの言葉で表白するのである。それによって「防非止悪の力」が身に具わる。たとえば、不飲酒戒の受持を誓えば、酒を飲むことをとどめる心的な力が身に具わる。この戒力によって、酒を飲みたいと思う心を押えるのである。この力は、不飲酒戒を受けることによって、生じたものである。この力を「防非止悪の力」という。戒は、五戒にしても、十戒にしても、あるいは二五〇戒にしても、条文に示されている悪をとどめることを誓うことであり、それによって、それらの悪をとどめる防非止悪の力が、自己に生ずるのである。故に戒とは、この防非止悪の力をいうといってよいのである。すなわち、誓いに基づく力が戒である。

この戒には二種があり、止持戒と作持戒である。悪に関しては、それをとどめることを受持する戒があり、善行に関しては、積極的にそれを実行することを受持する戒があるから、戒は二種となる。止持戒は禁止的な戒であり、これを五篇《ひん》、すなわち五種類に分けている。五篇とは、波羅夷《はらい》・僧残《そうざん》・波逸提《はいつだい》・波羅提提舎尼《はらだいだいしゃに》・突吉羅《ときら》の五種である。これは二五〇戒を罪の軽重から五種に分けたものであり、最も重い波羅夷罪は僧伽から追放される罪である。僧残はその次に重い罪であるが、五篇罪の詳しい説明は後段に出ているので、ここでは省略する。ともかく止持戒は、禁止的な戒である。すなわち止悪門である。

第二は作持戒であり、これは積極的に作《な》そうとする誓いに基づく戒である。比丘たちは、単に悪を避けることだけをなすのではない。積極的に修行を行い、さらに僧伽の集団生活において、共同生活をなす上の種々の義務がある。この義務は、比丘たちのなさねばならないことであるので、作善門という。そしてこれを作持戒という。僧伽の集団生活の規則には、種々のものがあるが、たとえば、その中に「説戒」がある。これは半月に一回、僧伽は集会を催して、二五〇戒の戒経を誦出する。一人が誦出し、他の全員は静聴する。これには、比丘たちは必ず参加する義務がある。病気などのやむをえない理由があれば欠席を許されるが、ともかくこのように、僧伽のなすべき義務を規定したものが作持戒である。説戒もその一つであるが、僧伽のなすべき義務はこの外にも多い。それらが作善門を形成するのである。

以上の止持戒と作持戒とで、如来の説かれた一切の戒が摂せられる。故に『四分律』の正宗分に説かれる教理は、この止作の二持に限られるのである。すなわち『四分律』六十巻の中、初めの二十一巻までに比丘戒本の説明がある。次の二十二巻より三十巻までに比丘尼戒本の説明がある。これが二部の戒本であり、すなわち止持戒である。

次に犍度《けんど》部があるが、これが二十犍度に分れている。第一犍度は「受戒犍度」であり、ここに受戒の作法が説かれており、第二犍度が「説戒犍度」であり、ここに説戒の仕方が示されている。このように、二十犍度に僧伽の儀式作法が規定されているので、この部分を「作持」という。二部の戒本とは、比丘戒本と比丘尼戒本とである。戒本は戒経というも同じであり、比丘の二五〇戒、比丘尼の三四八戒の戒律の条文を集めたものを、戒本、あるいは戒経という。そして、この戒本に説かれている戒を受持することを具足戒という。具足戒とは、比丘・比丘尼の戒を受けることである。むしろ具足戒を受けることによって、比丘・比丘尼と呼ばれるのである。

第七節　止持戒

1　比丘の具足戒

戒本所説二部戒中、初明㆓僧戒㆒、僧有㆓二百五十戒㆒。分為㆓八段㆒。一波羅夷、此有㆓四戒㆒。婬盜殺妄也。二僧殘、此有㆓十三戒㆒。一故出精戒、二觸女人戒、三麤語戒、四嘆身索供養戒、五媒嫁戒、六有主房戒、七無主房戒、八無根謗戒、九假根謗戒、十破僧違諫戒、十一助破僧違諫戒、十二汚家擯謗違諫戒、十三惡性拒僧違諫戒。三二不定。一屛處不定、二露處不定。四尼薩耆波逸提、此有㆓三十㆒。長衣離衣長鉢乞鉢等也。五波逸提、此有㆓九十㆒。小妄語兩舌語掘地壞生飲酒非時食等也。六四提舍尼、蘭若受食學家受食等也。七百衆學戒、齊整著衣戲笑跳行等也。八七滅諍、現前毘尼憶念毘尼等。此之八段、具攝㆓二百五十戒㆒。

戒本所説の二部の戒の中、初めに僧戒を明かさば、僧に二百五十戒有り。分ちて八段と為す。一には波羅夷《はらい》、此れに四戒有り。婬・盗・殺・妄なり。二には僧残《そうざん》、此れに十三戒有り。一には故出精《こしっしょう》戒、二には触女人《そくにょにん》戒、三には麁語《そご》戒、四には嘆身索供養《たんしんしゃくくよう》戒、五には媒嫁《まいけ》戒、六には有主房《うしゅぼう》戒、七には無主房戒、八には無根謗《むこんぼう》戒、九には仮《け》根謗戒、十には破僧違諫《はそういかん》戒、十一には助《じょ》破僧違諫戒、十二には汚家擯謗《おけひんぼう》違諫戒、十三には悪性拒僧《あくしょうこそう》違諫戒なり。三には二不定、一には屛処不定《びょうしょふじょう》、二には露処《ろしょ》不定なり。四には尼薩耆波逸提《にさつぎはいつだい》、此れに三十有り。長衣《じょうえ》・離衣《りえ》・長鉢《じょうはつ》・乞鉢《こつばつ》等なり。五に波逸提《はいつだい》、此れに九十有り。小妄語・両舌語・掘地《くっち》・壊生《えしょう》・飲酒《おんじゅ》・非時《ひじ》食《じき》等なり。六には四《し》提舎尼《だいしゃに》、蘭若受食《らんにゃじゅじき》・学家《がくけ》受食等なり。七には百衆学《しゅがく》戒、斉整著衣《さいしょうじゃくえ》・戯笑《げしょう》・跳行《ちょうぎょう》等なり。八には七滅諍《めつじょう》、現前毘尼《げんぜんびに》と憶念《おくねん》毘尼等なり。此の八段に具さに二百五十戒を摂す。

《二部戒》　比丘戒（僧戒）と比丘尼戒。　**《波羅夷》**　パーラージカ。勝他法と訳す。悪魔に打ち負されて、自己の修行が破られる意味。僧伽から追放されるので「不共住」という。　**《婬盗殺妄》**　波羅夷罪は四条あり、婬を行う、五銭以上の物を盗む、人間の命を断ずる、悟りを得ないのに悟ったと嘘言をいう大妄語の四である。　**《僧残》**　僧伽に残りがあるという意味。波羅夷を犯した比丘は、僧伽で救済の方法はない。自動的に追放になるが、僧残罪を犯した比丘は、僧伽で助けることができる。すなわち僧伽の決議によって、犯罪比丘に贖罪をさせ、一週間のあいだ如法に懺悔を修すれば、罪を浄めて、僧伽の認定によって、再び清浄比丘の資格を回復する。僧伽に裁量権があるので僧残という。僧伽とは、四人以上の比丘が結界内に和合生活をする時、僧伽が成立する。ただし、出罪の決定をなす僧伽は、二十人以上の比丘がいなければならない。　**《不定》**　罪が決定しない場合。比丘が女性と無人処に坐していた場合は、発見者の証言の内容いかんによって罪が変わるので不定という。　**《尼薩耆波逸提》**　ニサッギヤー・パーチッチヤー（nissaggiyā pācittiyā）、ニサッギヤとは捨てられるべきという意味、パーチッチヤーは贖罪の意味で、懺悔をすること。あるいは地獄に堕ちる罪であるともいう。これは所有に関する罪で、比丘が所有を禁止されている物を持っていた時に陥る罪である。この場合は、罪に触れた物を捨てて（ニサッギヤ）、しかる後に贖罪のための懺悔を行う。これは一回だけの懺悔で許される。　**《波逸提》**　これは物に関係のない罪で、比丘にふさわしくない悪行をした場合、この罪に陥る。二、三人の比丘前に懺悔をして罪は浄められる。**《提舎尼》**　詳しくは波羅提提舎尼（パーティデーサニーヤ pāṭidesanīya）対首懺と訳す。波羅提は「対する」という意味、提舎尼は「説く」という意味で、自己の罪を相手に告白することをいう。この罪は一人の比丘の前に懺悔すれば、罪は浄められる。　**《百衆学戒》**　衆学法百条。衆学は行儀作法に関する規則で、これを破っても「悪作罪」（突吉羅）になるだけで、心中で再び作すまいと懺悔すれば許される。《滅諍》 僧伽に諍いが起った場合の諍事の滅し方、これに七種の方法がある。長老比丘は、この七種の滅諍法を正しく適用して僧伽の諍いを滅すべきである。それを失敗すると長老は悪作罪の罪を得る。

戒本は四分律では、比丘戒は二五〇戒、比丘尼戒は三四八戒である。しかしパーリ律では、比丘戒二二七条、比丘尼戒三一一条、十誦律では、比丘戒二六三条、比丘尼戒三五五条などと、諸律に若干の相違がある。しかし一般には、四分律によって、比丘戒（僧戒）は二五〇条といわれている。今この内容を説明するに、比丘戒は、次の八段に分れている。

比丘戒経	二五〇条	五篇罪
1 波羅夷法	四条	波羅夷罪
2 僧残法	一三条	僧残罪
3 不定法	二条	
4 尼薩耆波逸提法	三〇条	波逸提罪
5 波逸提法	九〇条	（同上）
6 波羅提提舎尼法	四条	波羅提提舎尼罪
7 衆学法	一〇〇条	突吉羅罪
8 滅諍法	七条	（同上）

以上、八段の中、第一の波羅夷罪《はらい》は四条ある。婬盗殺妄であるが、第一の「婬」は、女性（畜生も含む）との性交をいう。これを犯すと波羅夷罪になる。摑まえられて強制的に性交せしめられた場合でも、快楽を感ずれば波羅夷である。大便道・小便道・口の三処に婬を行ずれば波羅夷となる。そして割れた石が再び合しないように、永久に僧伽から追放される。ただし、婬戒の場合には、女性から誘惑された場合、その誘惑に抗しきれない場合もあるので、婬を犯しても一片の覆蔵心もない場合には、波羅夷学悔（与学沙弥）として僧伽に留まることが許されている。他の三条にはこのような救済手段はない。なお欲心強まり、抗しきれない時には、捨戒をする便法が許されている。その際、他の比丘や相手の女性や、ともかく言葉の理解できる大人に向って、自分は今から比丘の戒を捨てると宣言すれば、捨戒が成立し、比丘の資格を失う。戒体が失われる。故に外形は比丘の姿をしていても、もはや比丘ではないから、婬を行じても波羅夷にはならない。しかも、彼が再び比丘になりたいと思えば、改めて具足戒を受け直すことが許されている。

次の「盗」は、五銭以上の物を盗んだ場合は波羅夷である。「五銭」の価格ははっきりしないが、当時、中インドで、盗みによって死罪になり、あるいは国外に追放されるほどの価格のものを指すのである。一般の俗人が死罪になるほどの物を盗めば、比丘は波羅夷罪になるのである。

第三の「殺」は、断人命のことであり、その中には胎児も含まれる。人間を殺せば波羅夷罪になる。自殺を勧めて、勧められた人が自殺した場合も、勧めた比丘は波羅夷になる。安楽死などを計ってやった場合もこれに含まれる。毒薬を枕元に置いて、病人がそれを呑んだ場合も、薬を置いた人に死を勧める意図があれば波羅夷である。

第四の「妄」は、大妄語のことで、自己が悟りを得ていないのを知りながら、詐《いつわ》って悟りを得ていると妄語をする場合である。これは最も大きな妄語であるので、大妄語という。増上慢や野孤禅などで、みずから悟ったと信じた場合には、実際は悟っていなくとも、波羅夷にはならない。しかし悟りについては、たとい実際に悟っていても、これを他人に語ってはならないという規則が、波逸提法の中にある。故に悟りについて他人に語ることは許されないのである。その理由は、それによって、他人の尊敬や供養を得ようとする弊害が生ずるからである。

以上で波羅夷法は終る。次は僧残法《そうざん》十三条である。僧残法も重罪であるが、七日間の懺悔を実行すれば、罪は許されるのである。僧残罪の罪を裁定するのは僧伽である。現前僧伽の比丘が全員集合し、会議を開いて、その罪を審議し、それが僧残罪に相当すると決まれば、「六夜マーナッタ」という七日間の謹慎を課するのである。如法にこの謹慎を実行すれば、僧伽は再び集会して、その比丘の資格を回復する「出罪」の決定をするのである。この出罪の決定は、二十人以上の僧伽でなければ行うことができない。

この僧残罪の第一条は「故出精戒《こしっしょう》」である。これはわざと精液を漏らすこと。第二「触女人戒《そくにょにん》」は、女性の肌に触れること。誤って女性の肌に触れても僧残罪になる。故に比丘は外出する時は、首から足首まで全身を覆うように袈裟を着るのである。第三「麁語戒《そご》」とは、女性と性に関する話をすること。第四「嘆身索供養戒《たんしんしゃくくよう》」とは、禁欲者である比丘に婬欲の供養をすれば功徳が大きいといって、自己との性交を勧めること。相手の女性がその気になった時、それを拒否して、相手に恥をかかせることが含まれている。第五「媒嫁戒《まいけ》」は、結婚の媒介のことで、比丘には禁止されていた。

第六「有主房戒《うしゅぼう》」は、房とは住房のことで、比丘の住房を作ってくれる布施者がある場合にも、場所と大いさに限度があり、僧伽の許可を必要とした。これを守らないと僧残罪になる。第七「無主房戒」は、布施者のない場合、自分で木や草などを乞求して房を作る場合にも制限があり、僧伽の許可を必要とした。これを守らない場合罪に陥る。第八「無根謗戒《むこんぼう》」は、無根の波羅夷で他の清浄比丘を謗ること。もしこの誹謗が認められると、誹謗された比丘は波羅夷罪になってしまう。この妄語は罪が重いので僧残罪になる。中妄語という。これに関係のない一般の妄語を小妄語といい、波逸提に含まれている。第九「仮《け》根謗戒」は、仮りに犬や羊などに清浄比丘と同じ名をつけ、それに仮託して、婬欲を行じたなどと誹謗をする場合。

第十「破僧違諫戒《はそういかん》」は、破僧を企てた比丘には、師や友が一人で忠告し、きかない場合は、二・三人の比丘が忠告し、それでも破僧の企てを捨てない時には、僧伽の決議によって三度忠告する。三度諫《いさ》めても企てを捨てない時に僧残罪になる。第十一「助破僧違諫戒」は、破僧を助ける比丘の陥る罪である。僧伽から四人以上の比丘が分れて、同じ結界の中で別の僧伽を形成した場合に破僧が成立する。三人までの比丘が僧伽から離れても破僧にはならない。提婆達多《だいばだった》が四人の伴党比丘と共に釈尊に反対して、破僧を企てた時、提婆は破僧違諫戒に触れ、四人の伴党比丘は助破僧違諫戒に触れたのである。伴党比丘に対しても、個人の比丘、二・三人の比丘、僧伽の順序で忠告がなされる。そして諫めに随わない場合に僧残罪になる。

第十二「汚家《おけ》賓謗《ひんぼう》違諫戒」とは、信者の清浄な信心を汚す行為をした比丘は、その住処から退去せしめられる。僧伽がこの決定をした場合、僧伽の決定に不服を申し立て、僧伽を誹謗すると、僧伽からその誹謗を捨てるように諫告される。三度諫告されても自説を捨てない時にこの罪に陥る。信者が比丘や僧伽へ布施や供養をするのは、無条件のものでなければならない。代償を期待して信者が僧伽に布施しても、それは真の布施ではない。故に比丘は信者にかかる心を起させてはならない。比丘が信者から布施を得んと思って、信者の利益を計ったり、その意を迎えたりしてはならない。比丘がそういう行為をすると、信者が清浄な信心を失う。これを汚家という。かかる比丘は、僧伽から、その土地から退去するように命ぜられるのである。第十三「悪性拒僧違諫戒《あくしょうこそう》」とは、破戒行為をして反省しない比丘は、戒律を学習するように僧伽から忠告される。しかしその比丘が僧伽の忠告を受けつけない場合には、個人の比丘、二・三人の比丘、僧伽の順序でその比丘に、僧伽の忠告を受入れるように諫告する。この諫告に随わない時、僧残罪に陥る。

以上の十三条の僧残罪のうち、初めの九戒は、犯戒した時に僧残罪になるが、残りの四条は三諫を経て僧残罪に陥る。

次に、不定《ふじょう》法二条は、比丘が女性と人のいない場所に坐していた場合の罪である。第一の「屛処不定《びょうしょ》」とは、屛処とは部屋の中などのように、他から隠れた場所の場合である。婬も行いうるし、触女人、麁悪語などの僧残罪にもなりうる場所である。この場合には、発見者の証言によって、波羅夷か僧残のどれかの罪が決まる。第二「露処《ろしょ》不定」は、広場などで可婬処ではないが、麁悪語などの僧残は犯しうる場所である。しかし単に露処に女人と坐しているだけならば、波逸提罪になる。この場合も発見者の証言によって、僧残か波逸提かが決められる。女人と無人処に坐していることは、それだけで戒律を破る意志があるわけであるので、本人比丘の申し立てよりも、発見者の証言が重んぜられる。そのために、坐しているということだけでは、罪が決まらないので「不定」という。

第四は尼《に》薩耆《さつぎ》波《は》逸提《いつだい》三十条である。尼薩耆は「捨てる」の意味であり、波逸提には、「地獄に堕する罪」の意味があるので、これは「捨堕」と訳される。これは所有に関する規則である。比丘が所有を禁止されている物を持っていた場合、あるいは所有を許されている物でも規則以上に持っていた場合などに、この条文に該当する。第一の「長衣《じょうえ》」とは、余分の衣という意味である。比丘は三衣一揃いを持つことが許される。三衣とは、僧伽梨《そうぎゃり》（外衣、二十五条及至九条）、鬱多羅《うったら》僧（上衣、七条）、安陀《あんだ》会《え》（下衣、五条）である。これは袈裟であるが、袈裟（カーシャーヤ）とは、濁った色の意味であり、袈裟色の衣の意味である。これが比丘の衣である。比丘は室内では安陀会一衣のみでも生活できる。しかし説戒などの僧伽の集会には、鬱多羅僧をつけるのである。そのためにこれを入衆衣《にっしゅえ》ともいう。ただし外出する場合には僧伽梨を着る。ともかくこの三衣で生活ができるので、余分な衣を持つことは許されない。余分な衣を十日以上所有していると、この長衣戒を犯すことになる。戒に触れると、その余分な衣を捨てて、懺悔をしなければならない。しかし実際には、三衣一揃のみでは、洗濯の時や、衣を失った場合などに困る。それ故、比丘は信者から衣を布施されれば、余分な衣でも受納してよい。この場合は「浄施」をして、形式的に他比丘の所有ということにして保管するのである。そして必要な時に、それを「受持衣」にかえて使用するのである。したがって、余分な衣を入手して、浄施をしないで持っていると、この戒律に触れることになる。

次の「離衣《りえ》」とは、比丘は三衣を常に所持している規則である。しかし寺院の内や、短時間外出する時などはその限りでない。ただし外出して、寝る時には必ず三衣を所持していなければならない。

これは、鳥が羽毛を持して飛ぶように、比丘は三衣を常に所持して生活せよという佛の教誡に基づくのである。故に外出して、寝る時、三衣のいずれかを持っていないと「離衣」になる。そして罪に触れた衣は僧伽に捨して、懺悔をするのである。しかし捨した衣は、如法に懺悔をすれば本人に返還される。なお、返還された衣は、長衣の場合は、浄施してみずから所持するか、あるいは他人に譲るのである。このように、捨堕罪の場合は、捨した物は本人に返還されるのが原則である。しかし金銭の場合は返還されない。『四分律』の「捨堕法第十八条」に「受畜金銀戒」がある。金銀銭を所有することを、比丘は禁止されている。金銀を持っていた比丘はこの戒に触れて、それを僧伽に放棄する。もしその際、信頼しうる在家者が得られれば、僧伽はその在家者にその金銀を与えるのである。そしてその在家者がその金銀を物にかえて、僧伽に布施すれば、僧伽はそれを受けて、分配してもよい。ただし罪を犯した比丘はその分配を受けることは許されない。もしそのような信者が得られない場合には、谷底など、他人の目に触れない所にその金銭を投棄せよといっている。

なお、捨堕法に、凝然は、次に「長鉢《じょうはつ》」と「乞鉢《こつばつ》」を出している。「長鉢」は、余分の鉢のことであり、比丘は三衣一鉢の生活をなすべきであり、鉢は一個を受持して生活する。二個以上を所有すれば長鉢戒に触れる。ただし実際には、信者は功徳を積むために布施をするのであるから、比丘が信者の布施物を受けないことは、信者の功徳行の妨害をなすことになる。そのために比丘は、布施されれば、余分な鉢でも受けるのである。そして浄施して保管する。次の「乞鉢」とは、比丘は信者に鉢を乞うことは許されていない。食は乞うてもよいが、しかし特に美食を乞うてはならない。与えられた食物を受けて食べるのである。このように乞食は許されるが、しかし他の物を乞うことは許されていないのである。ただし乞わなくとも布施される場合は受けてもよい。このように食以外の物は乞うてはならないのであるが、しかし衣と鉢とは生活必需品であるため、衣を失った場合や、鉢が割れた場合には、特に在家に乞うことが許されている。しかし衣の場合は二衣まで、鉢の場合は「五綴鉄《てつ》鉢」といって、鉄鉢の五箇所までは破れても修繕して使用し、五綴以上になった場合に、はじめて乞うことが許される。それをしないで新鉢を乞うならば、この「乞鉢戒」の条文に触れるのである。そしてその新鉢は僧伽に捨するのである。そして比丘たちはその新鉢と自己の鉢とを交換したいと思うならば交換してもよい。そして残った鉢を犯戒比丘に返還する規則になっている。その比丘はこれを浄施して所持する。

凝然は、捨堕法に、長衣・離衣・長鉢・乞鉢の四条のみを出すが、なお、この外に二十六条ある。しかし今はそれらについての説明は省略したい。

第五は波逸提《はいつだい》九十条である。凝然はここに、小妄語・両舌・掘地《くっち》・壊生《えしょう》・飲酒《おんじゅ》・非時食《ひじじき》の六条を例に出している。「小妄語」は、普通の妄語の意味で、波羅夷の大妄語、僧残の中妄語以外の妄語を指す。妄語をなすと波逸提罪になり、二・三人の比丘前に懺悔をしなければならない。懺悔をすれば罪は浄められる。次の「両舌語」とは、離間語ともいい、親しい人の間を離間させる言葉である。甲のいったことを乙に話し、乙のいったことを甲に話して、両者を不和ならしめるような言葉をなすことである。他人の和合を破ることは罪が重いので、厳しく禁止されている。次の「掘地」とは、大地を掘ることである。大地からは植物の芽が出るように、大地にも生命があると信ぜられていたから、大地を掘ることは生命を傷つけるとして禁止されていたのである。次の「壊生」は、壊生種ともいい、植物を傷つけることをいう。これは比丘には禁止されている。そのために比丘は、草を取ったり、木を切ったりすることはできない。そのために、これらは「浄人」にやらせるのである。生の穀物や果実などをそのまま食べることも許されない。果実は、鳥がついばんだものや、傷ついたもの、信者が皮をむいたり、切ったりしたものは、受けて食べてもよい。比丘が生穀を調理することは許されないから、米を炊いたり、食事の用意をすることは浄人がするのである。比丘は調理された料理を受けて食べるのである。寺院の中で、生穀の料理をしてはならないのであり、そのために調理をする庫裡《くり》は、寺院の区域外にあった。しかし食堂《じきどう》は寺院の区域内にある。

次の「飲酒戒」は、酒を飲むことで、これは禁止される。次の「非時食戒」とは、正午以後の食事を禁止することである。比丘にとって「時」とは正午までであり、これまでに食事を済まさなければならない。正午から明日の夜明けまでは非時である。以上は波逸提の数例を挙げたものであり、なお多くの戒がある。それらを細かに見ることによって、比丘の日常生活が明らかになるが、ここにはこれ以上は触れない。

第六は提舎尼《だいしゃに》である。これは「対首懺《たいしゅさん》」と訳される。対首とは、一人の比丘に対することで、一人の比丘前に懺悔する意味である。これは四条ある。すべて食事に関する条文で、受けてはならない食物を受けて食した場合に、この条文に触れる。ここには「蘭若受食《らんにゃじゅじき》」と「学家《がくけ》受食」を例に出している。蘭若とは、阿蘭若（アーラニヤ、āranya）で、森中無人処の住所をいう。比丘の住所には、村里に近い精舎や僧伽藍と、人里離れた林中の阿蘭若処とがある。僧伽藍は信者への説法や、師から経典や戒律の学習などをする場所。阿蘭若は坐禅に専一になる場所である。しかし阿蘭若は淋しい無人処にあり、盗賊などの危険があるから、ここに信者に食物を持参させてはならない。特に女人が食物を持参すれば、途中で盗賊に襲われる危険がある。そのために蘭若受食を禁ずるのである。次の「学家受食」とは、学家は有学に達した信者のことである。有学に達すれば財物に対する執著をまったく離れるから、比丘たちが学家に乞食に行けば、無制限に布施をしてしまって、財物を蕩尽《とうじん》してしまう。その結果、生活に窮してしまうので、かかる家には比丘たちは乞食に行くのを控えるのである。この場合は、学家であることを知らないで、学家から食物を受けて、それを食べてしまった場合である。かかる場合は提舎尼に触れ、対首懺をなさねばならない。

第七は衆学《しゅがく》法百条である。これは行儀作法に関する規則であり、最初の「斉整著衣《さいしょうじゃくえ》」は、三衣を正しく着ること。次の「戯笑《げしょう》」は、歩行の時や、信者の家に入る時、戯笑してはならないということ。次の「跳行《ちょうぎょう》」も同様に、かかる時、とんだりはねたりしてはならないという意味である。さらに衆学法には、乞食や信者の請食に赴く時の作法や、食事の作法、説法時の作法、大小便の行儀、佛塔礼拝の行儀などを示している。

次の第八七滅諍法《しちめつじょうほう》は、僧伽に諍事が起った場合に、それを滅する方法であり、七条ある。諍事が起れば、上座たちは遅滞なくこの七滅諍法を正しく適用して、諍事を滅すべきである。七滅諍法の適用を誤ると、上座たちは突吉羅《ときら》の罪を得る。ここに挙げた現前毘尼《げんぜんびに》と憶念《おくねん》毘尼とは、七滅諍法の最初の二つである。毘尼とはヴィナヤのことで、規則の意味である。

「現前毘尼」とは、法現前・律現前・人現前の三現前をいう。人現前とは、現前僧伽の全員が集合していること。および諍いを起した原告と被告が出席していること。欠席裁判は許されない。紛争当事者の意見を聞き、その納得を得て諍事を裁定する。諍事裁定の主体は僧伽である。法現前とは、教法が現前している意味で、諍事裁定は教法の精神にそったものでなければならない。次の律現前とは、戒律が現前していることで、諍事裁定には律の条文を正しく適用して裁定すべきであることである。

第二の「憶念毘尼」とは、被告の記憶を採用して諍事を滅することである。たとえば、僧残罪の無根謗や仮根謗の場合などである。原告が無根の波羅夷で清浄比丘を誹謗したような場合に、僧伽の長老比丘たちの詰問にあって、原告比丘が自己の訴えが無根謗であることを認めた場合には、原告の訴えを斥け、被告の記憶を正しいものとして採用して、この諍事を滅する。滅諍法には、なおこの外に「不癡《ふち》毘尼」・「自言治《じごんじ》」、その他があるが説明は省略する。

以上の八段で、比丘戒の二百五十条を摂するのである。

2　罪の分類、五篇と六聚・七聚

攝二束八段一、以爲二五篇一。一波羅夷二僧殘、此二攝レ罪、卽如二前段一。三波逸提、合二前捨墮單墮一爲レ一。總攝二百二十戒一。四提舍尼、如レ前。五突吉羅、合二二不定百衆學七滅諍一。以爲二一篇一。總有二一百九戒一。此就二果罪及急要義一、立爲二五篇一。

自外諸罪、立二於六聚一而收二攝之一。一波羅夷二僧殘三偸蘭遮四波逸提五提舍尼六突吉羅是爲二六聚一。若開二吉羅一卽爲二七聚一。五全如レ前。六惡作七惡說。七聚之中、夷殘墮罪及提舍尼、攝レ罪同二篇門一。偸蘭一聚、攝二五篇外、聚門吉、外一切因果、輕重諸罪一。惡作惡說、攝二篇門吉及餘一切因果吉罪一。故離二七聚一、更無レ有レ罪。六聚七聚攝レ罪盡故。

八段を摂束して以て五篇《ごひん》と為す。一には波羅夷《はらい》、二には僧残《そうざん》、此の二は罪を摂すること、即ち前段の如し。三には波逸提《はいつだい》、前の捨堕《しゃだ》と単堕《たんだ》とを合して一と為す。総じて百二十戒を摂す。四には提舎尼《だいしゃに》、前の如し。五には突吉羅《ときら》、二不定《ふじょう》と百衆学《しゅがく》・七滅諍《めつじょう》とを合して、以て一篇と為す。総じて一百九戒有り。此れ、果罪と及び急要の義に就いて、立てて五篇と為す。

自外の諸罪は、六聚を立てて而も之を収摂す。一には波羅夷、二には僧残、三には偸蘭遮《ちゅうらんじゃ》、四には波逸提、五には提舎尼、六には突吉羅なり。是れを六聚と為す。若し吉羅を開けば、即ち七聚と為る。五は全く前の如し。六には悪作、七には悪説なり。七聚の中、夷と残と堕罪と及び提舎尼とは、罪を摂すること篇門と同じ。偸蘭の一聚は、五篇の外の聚門の吉と、外の一切の因果軽重の諸罪とを摂す。悪作と悪説には、篇門の吉と及び余の一切の因果の吉罪《きつざい》とを摂す。故に七聚を離れて更に罪有ること無し。六聚・七聚に罪を摂し尽すが故に。

《捨堕》　尼薩耆波逸提を捨堕という。犯罪に触れた物を捨して、堕罪になるという意味。**《単堕》**　捨随に対して、波逸提を単堕という。捨のない堕罪だからである。**《突吉羅》**　ドゥッカタ (dukkata) の音訳。悪作と訳す。自己の悪行を心で悔いる意味。**《果罪》**　方便を因罪、究竟を果罪という。罪が成立した場合。**《急要義》**　比丘たちの無視できぬ重要な点を指す。**《六聚》**　五篇に偸蘭遮を加える。**《偸蘭遮》**　チュラッチャヤ (thullaccaya) の音訳。未遂罪の意味。殺や盗を計画して、未遂に終った場合の罪。因罪である。波羅夷を計画して未遂に終った場合は重偸蘭、僧残を計画して未遂の場合は軽偸蘭である。**《悪説》**　ドゥバーシタ (dubbhāsita) の訳。『四分律』巻十九（大正二二、六九八中）には、突吉羅を説明して、「故作は応懺突吉羅、不故作は突吉羅なり」といっているから、悪説は応懺突吉羅にあたり、衆学法の場合でも、わざと破った場合は、他に対して懺悔をすべきであり、これを悪説といったのであろう。

以上、二百五十戒を条文の種類から八段に分けたが、罪の種類から見ると、これは五篇《ごひん》に分けられる。五篇とは、波羅夷《はらい》・僧残《そうざん》・波逸提《はいつだい》・波羅提提舎尼《はらだいだいしゃに》・突吉羅《ときら》である。

八段と五篇との関係を示すと、次のごとくである。

まず波羅夷四条、僧残十三条は、八段の場合も、五篇の場合も、内容は同じである。波羅夷の罪と僧残の罪は、それぞれ独自のものであるからである。次に尼薩耆《にさつぎ》波逸提と波逸提との二つは、名称は異なるが、しかし罪体としては同じである。同じく堕罪である。故に五篇では両者を一つにして、波逸提罪は百二十条を含むとするのである（八段では両者を分ける）。

第四の提舎尼《だいしゃに》（対首懺）は、条文の種類からも、また罪体としても独立に立てられる。対首懺《たいしゅさん》は、波逸提罪とも突吉羅罪とも異なるからである。これは提舎尼四条を含む。

五篇の第五は突吉羅罪である。これには、二百五十戒のうちで、前の四篇に漏れたものをすべて含める。故に、二不定、百衆学、七滅諍の三段を含むことになる。合して百九戒となる。ただし凝然は、ここで「不定」を突吉羅に含めているが、これは問題である。罪が決定できないから「不定」というのだからである。あえていえば、不定は波羅夷・僧残・波逸提のいずれかに入るというべきである。ともかく屏処でも露処でも、無人処で比丘が女人と二人だけで坐していて、突吉羅ですむはずはないのである。必ず以上の三罪のいずれかになるのである。最も軽い場合でも波逸提になる。『四分律』波逸提四十五条（大正二二、六六七中）に「女人と露地に坐すれば波逸提」といっている。

しかし八段と五篇とを機械的にあてはめれば、以上のごとくなるであろう。凝然はこれを、果罪、および急要義について分類したという。「果罪」とは、因罪である未遂罪を含まない意味である。たとえば、人を殺さんとしてそれを達成しなかった場合など、波羅夷罪にはならないが、しかしこれがまったく無罪であるはずはない。しかしこのような未遂罪は、五篇では取り上げられていない。その点を「急要義」といったのであろう。とりあえず、無視できない重要な罪だけを取り上げたという意味である。したがって、五篇罪には漏れた罪もあるという意味である。

したがって「自外の諸罪」すなわち、漏れた罪までも含めると六聚になるという。これは五篇罪に偸蘭遮罪《ちゅうらんじゃ》を含めたものである。偸蘭遮は未遂罪である。偸蘭遮罪を加えれば、漏れた罪も含まれて都合がよいであろうが、しかし『四分律』には「六聚」という罪の分類は見あたらない。ただし、五篇では不完全であるので、『四分律』にはないが、道宣は『四分律行事鈔』巻中一（大正四〇、四六下）で「六聚」を立てている。凝然はこの道宣の説によったのであろう。

この六聚に対して、さらに突吉羅を二つに開いて、悪作と悪説とに分けると「七聚」になる。この場合、前五は六聚の場合とまったく同じである。そして第六を悪作、第七を悪説とする。悪作とは、突吉羅のことである。突吉羅はドゥッカタ（dukkaṭa）の音訳であり、悪く作された、悪いことをしたという意味であり、後悔のことである。悪説は、これを他に告白懺悔する意味である。この七聚において、波羅夷と僧残・随罪、すなわち波逸提と、および提舎尼との四つは、五篇罪の場合と範囲は同じである。これらは果罪のみを含むのである。次に偸蘭遮は、五篇罪に含まれない罪と、六聚・七聚の場合の突吉罪の外の一切の因罪果罪の軽重のものが含まれる。因罪の重罪としては、ある人を殺さんとして、誤って別人を殺した場合なども、偸蘭遮に含まれる。これは重偸蘭である。この場合は、目ざす人を殺したのではないから（殺人ではあるが）、波羅夷にならないのである。次に五銭以下の物を盗まんとして果さなかった場合は軽偸蘭である。ともかく偸蘭遮は五篇罪に漏れた罪で、七聚罪の突吉羅に含まれない罪を指す。この中には果罪は軽いものが多い。何故なれば、果罪の重要なものは五篇罪に含められているからである。しかし因罪は五篇には含まれないから、重罪もすべて偸蘭遮に含められるのである。ただし因罪でも突吉羅に含められるものは除くのである。突吉羅に含められる因果の両罪は、悪作と悪説に含めるからである。故に、七聚で一切の罪が含められる。それで「七聚を離れて更に罪有ること無し」というのであり、六聚と七聚とにすべての罪を摂し尽すのである。

以上、凝然は、悪作・悪説の中に、五篇の突吉羅と、それ以外の因果の突吉羅を含むとなしているが、これは何に基づいたか明らかでない。偸蘭遮には未遂罪が含まれるが、未遂罪には軽罪もある。それには突吉羅とほとんど変らないものもあろう。したがって、因罪の突吉羅は偸蘭遮に含めた方がよいように思う。しかし偸蘭遮を突吉羅とは別であると決めれば、五篇に含まれる突吉羅はもとより、それに含まれない因果の突吉羅も、偸蘭遮から除かれることになろう。しかし、もしもそうすると、六聚罪は不完全にならないかと思う。すなわち、六聚罪の場合の突吉羅は五篇の突吉羅と同じであろうが、もしそうであれば、それに含まれない因果の突吉羅は、六聚罪には含まれないことになるからである。

ともかく、因罪、すなわち罪を犯さんと思い立って、準備的な行為をなしても、目的を達しない場合は、未遂罪として偸蘭遮に含めるのである。しかし凝然は、五篇の中の前四罪の未遂罪は偸蘭遮に含めるが、突吉羅の未遂罪は突吉羅に含めると考えたのであろう。あるいは、突吉羅の未遂罪は突吉羅より罪が軽いとすれば、これは突吉羅に含まれないことになろう。問題は、悪作と悪説の内容をどう解釈するかとも関係する。しかし凝然は、悪作と悪説の細かな定義をしていないから、この点は不明である。

3　比丘尼の具足戒

次明二尼戒一、比丘尼戒、本律説相、唯有二三百四十一戒一。束爲二六段一。一八波羅夷、二十七僧殘、三三十捨墮、四一百七十八單提、五八提舍尼、六百衆學。尼無二二不定一。其七滅諍、古来諍論、或可レ有或不レ可レ有。云云。今南山律師義、必可レ有。云云。本律文略故。可二七段一。故加二七滅一、總有二三百四十八戒一。此亦不レ出二五篇一。准二比丘戒一可レ知。

此爲二二部廣律一。本律前半所説法門分齊、如レ此。止持戒也。


次に尼戒を明かさば、比丘尼戒は本律の説相、唯だ三百四十一戒有り。束《つか》ねて六段と為す。一には八波羅夷、二には十七僧残、三には三十捨堕、四には一百七十八単提、五には八提舎尼、六には百衆学なり。尼には二不定無し。其の七滅諍は古来の諍論、或いは有るべしといい、或いは有るべからずという。云云。今、南山律師の義は、必ず有るべしという。云云。本律の文略するが故に。七段なるべし。故に七滅を加えれば総じて三百四十八戒有り。此れまた、五篇を出でず。比丘戒に准じて知るべし。

此れを二部の広律と為す。本律の前半所説の法門の分斉、此の如し。止持戒なり。

次に比丘尼戒を説明すると、比丘尼戒は、『四分律』の説相では三百四十一戒がある。それらをまとめて六段とする。

第一は波羅夷八条。これは比丘戒の波羅夷四条に加えて、摩触《まそく》戒、覆比丘尼重罪戒、随順被挙比丘戒、八事成重戒の四戒を加えたものである。一口に「比丘尼の五百戒」というのは、波羅夷が比丘戒の二倍あるので、この点からいわれるようになったのではなかろうか。実際はそれほど多くはない。この中、「摩触戒」とは、男性と身体を摩触して快楽をうることである。これは比丘戒では僧残罪であるが、比丘尼の場合は波羅夷罪になる。次の「比丘尼の重罪を覆蔵《ふくぞう》する」というのは、波羅夷を犯した比丘尼があることを知りながら、それを隠しておくことである。比丘尼の波羅夷を隠すと、隠した比丘尼も波羅夷になる。比丘にはこの戒はない。比丘戒には波逸提に「覆他麁罪戒」(『四分律』波逸提第六十四条)があって、他比丘の波羅夷・僧残を隠した比丘は波逸提になる。これでは比丘尼には罰則が厳しすぎると思われる。

第三の「被挙比丘に随うという」のは、比丘の僧残に「悪性拒僧違諫戒」があり、この戒に触れて僧残罪になった比丘は、僧伽から「罪を認めないことによる挙罪羯磨《こんま》」を課せられる。そして挙罪羯磨を課せられた比丘に対しては、僧伽は比丘・比丘尼に対して、交際することを禁止する。この禁止されている被挙比丘と、比丘尼が交際するならば、その比丘尼は僧伽によって、交際しないようにと諫告される。そして三度諫告されても自説を捨てないと、その比丘尼は波羅夷になるのである。この場合も、比丘はこれほど厳しくない。比丘の場合は、波逸提に「共住挙比丘戒」「随擯沙弥戒」とがあって、被挙比丘や擯斥された沙弥と一緒に生活しても波逸提罪になるだけである。故に比丘尼に対して、原始佛教教団は非常に厳しかったといわねばならない。第四の「八事成重戒」とは、比丘尼が愛欲心をもって、愛欲心のある男子の手をとり、衣をとり、共に立ち、共に語り、共に歩き、男子の来るを望み、共に屏処に入り、互いに身体を近よらせる、以上の八事をなすと波羅夷になる。これも比丘にはない戒であり、比丘尼に対しては厳しいのである。

比丘尼に対して何故このように厳しいのか、明らかでないが、佛陀がこのような態度をとったとは考えがたい。しかし原始佛教教団では比丘尼僧伽をあまり歓迎しなかったようである。佛陀は大愛道《だいあいどう》瞿曇弥《くどんみ》の切なる願いと、阿難のとりなしとによって、やむなく比丘尼を許したと伝えられる。しかし比丘尼を許す条件として「八敬法」を守ることを課したという。これらは「比丘尼揵度」に説明されているが、これは歴史的事実ではなかったのかもしれないが、ともかく比丘尼のできることを望まなかったことが、このようなエピソードになったのであると思う。そのために比丘尼に対しては苛酷な規則ができたのであろう。

次の僧残罪は十七条であり、比丘の十三条より四条多い。比丘の十三条の中、七条は、比丘尼と共通（これを共戒という）であり、比丘尼のみの不共戒が十条ある。その中には訴訟戒とて、比丘尼は官に訴えて訴訟をなすことを禁ずるとか、犯罪女を度すること、自己に愛欲心を持っている男子の供養を受けること、同性愛などが含まれている。

第三の捨堕法三十条の中、十八戒は共戒であり、比丘尼の不共戒は十二条である。この中には、乞重衣、乞軽衣などがあり、高価な衣を受けることを禁じている。軽衣は夏の衣、重衣は冬の衣で、共に貴価衣である。

第四に波逸提法百七十八条がある。これらの中、共戒は六十九条である。不共戒は百九条である。不共戒の中には「食蒜戒《じきさん》」とて、にんにくを食することを禁じている。比丘戒にはこの戒はないから、比丘はにんにくを食べてもよいことになる。この点、『梵網経』の大乗戒でこれを禁じているのと異なる。

次の提舎尼八条は、比丘の提舎尼四条とは共通のものがない。比丘尼の提舎尼は、酥・油・蜜・砂糖・魚・肉・乳・酪を乞うことを禁じたものである。

第六の百衆学は比丘戒の衆学法百条と同じである。そして比丘尼には不定法はない。それ故、七滅諍を加えないと六段になるわけである。七滅諍については、比丘尼律には説明がない。そのために比丘尼に七滅諍なしという説も出たのであろう。しかし『四分律』の「比丘尼戒経」には、七滅諍も加えられている。したがって広律では、共戒であるために略したものと見るべきである。比丘尼僧伽も自治を行っていたから、諍事が起れば、比丘尼の上座が七滅諍を適用して、それらの諍事を滅すべきである。故に七滅諍は比丘尼律にも当然あるべきである。したがって、比丘尼戒は七段であり（不定のみはない）、合して三百四十八戒となる。この説が正しいのである。そしてこれも、罪の点から分類すれば「五篇罪」になる。この点は比丘戒に準じて理解すべきである。

以上が、比丘と比丘尼の広律の概略である。広律とは、戒経を註釈したものをいうのである。この比丘・比丘尼の広律でもって、『四分律』六十巻のうち、前半の三十巻を占めている。これが止持戒である。

第八節 作持戒

1 二十犍度

次作持門、犍度法者、本律後半二十犍度。一受戒犍度、二説戒犍度、三安居犍度、四自恣犍度、五皮革犍度、六衣犍度、七薬犍度、八迦絺那衣犍度、九倶睒彌犍度、十瞻波犍度、十一呵責犍度、十二人犍度、十三覆藏犍度、十四遮犍度、十五破僧犍度、十六滅諍犍度、十七尼犍度、十八法犍度、十九房舍犍度、二十雑犍度、此名二二十犍度一。此等竝是作持戒也。

次には作持《さじ》門の犍度《けんど》法とは、本律の後半の二十犍度なり。一には受戒犍度、二には説戒犍度、三には安居《あんご》犍度、四には自恣《じし》犍度、五には皮革犍度、六には衣犍度、七には薬犍度、八には迦絺那衣《かちなえ》犍度、九には倶睒弥《くえんみ》犍度、十には瞻波《せんば》犍度、十一には呵責《かしゃく》犍度、十二には人《にん》犍度、十三には覆蔵《ふくぞう》犍度、十四には遮《しゃ》犍度、十五には破僧犍度、十六には滅諍犍度、十七には尼犍度、十八には法犍度、十九には房舎犍度、二十には雑《ぞう》犍度なり。此れを二十犍度と名づく。此等は並びに是れ作持戒なり。

《作持門》 比丘に実行を義務づけられていること。これを実行しないと罪を得る。 **《犍度》** カンダカ (khandhaka) の音訳。篇・章の意味。二十犍度に作持門が説かれているので、その別名とする。

この一段は、作持戒《さじ》を説く。

先の止持戒は、比丘になすことを禁じた規則であるから、実行すれば罪になる場合であるが、これは実行することを比丘たちに義務づけている規則であるから、如法に実行しなければならない。実行しなければ罪になる場合である。すなわち実行してはならないことと、実行すべきこととが、止持戒と作持戒の意味である。作持戒を比丘たちが実行しなかった場合には、罪をうるが、それは一般に突吉羅罪である。波逸提や僧残になることはない。波逸提や僧残になることは、禁止的条文の形にして止持戒の中に含めているからである。したがって揵度部で説かれる罪はすべて突吉羅である。この突吉羅は五篇罪には含まれない。五篇罪は二百五十戒の罪をまとめたものだからである。そのために揵度部の罪は五篇には入らないのである。しかし七聚罪の場合の悪作・悪説には、揵度部の突吉羅も含まれるのである。

揵度部は僧伽の行事を規定した部分であり、比丘たちはそれぞれの場合に応じて、ここに規定されている行事を如法に実行すべきである。第一の受戒揵度は、具足戒(upasampadā)の作法を示した章である。しかし具足戒には、戒を授ける比丘の存在が必要であるし、比丘の存在には比丘を許した佛陀の存在が先行する。そのために受戒揵度は、佛陀が成道によって戒を自然得戒したことを説き、さらにそれに先行する佛の出家・誕生・釈迦族の系譜などにさかのぼって説くことになる。パーリ律の受戒揵度(大揵度)は、菩提樹下の成道から筆を起しているが、『四分律』と『五分律』とは、釈迦族の先祖から説き起している。ただし『十誦律』と『摩訶僧祇律』は、釈迦の成道については簡単に説くのみであり、初めから十人僧伽における具足戒の儀式を示している。ともかく受戒犍度は、佛の誕生・出家・成道と次第して述べるので、そのまま佛伝になっている。次に二商人が麨蜜を献じて信者になったことを説くが、この時はまだ弟子の僧伽がないため、彼らは佛と法との二宝に帰依して信者になったことを示す。次に五比丘への説法、さらに五比丘が帰依して、弟子の僧伽ができたことを示す。しかしこの時は、まだ具足戒の儀式は制定されていなかったので、釈尊が「よく来れ、比丘よ」と唱えて、弟子となることを許したので、これを後世、「善来比丘具足」と呼んでいる。その後でベナレスの長者の子耶舎が帰依して弟子となり、その後に耶舎の両親が優婆塞《うばそく》・優婆夷《うばい》になっている。この場合はすでに僧宝ができているので、佛法僧の三宝に帰依して在家信者となっている。さらにその後に耶舎の友人四人、さらに五十人、さらに五十人の善男子などが出家して、佛陀の弟子となった。

以上のような仕方で、僧伽の拡大を説いているが、これは僧伽が成立することによって、その僧伽でどのように、出家希望者に入団を許可するか、それにいかなる意味があるかなどを示さんとするのである。まず僧伽とは、四人以上の比丘が、ある地方に和合生活をしておれば、それが僧伽であり、これを現前僧伽という。その現前僧伽の成立する地域的限界を結界という。しかし入団を許可する僧伽は、辺地でも五人の僧伽であることが必要で、中央では十人僧伽であることが規定されている。これは、入団者を調査吟味して、不適当な者の入団を許可しないためである。不適当な条件とは、親の許可を得ていない者、罪を犯して官から追われている者、借金のある者、他人の奴隷、官吏、伝染病者、比丘尼を犯した者、父母を殺した者、黄門、二根者、その他の者であり、十遮十三難といわれる。かかる人を比丘にすると、僧伽の共同生活を破壊したり、あるいは世間の非難を受けるからである。

完成した受戒作法では、受戒には和尚と羯磨阿闍梨《あじゃり》、教授阿闍梨の三師と、七証との十人の比丘が必要である。和尚は、新入団者が比丘となった後、責任をもって指導する人である。俗世間での親に代わる人であるので、和尚を親教師という。羯磨阿闍梨は、受戒の儀式を主宰する人、教授阿闍梨は、受戒者に十遮十三難の障法があるかないかを調べる人である。

ともかく受戒犍度は、受戒作法の成立の順序に即して、受戒作法を詳しく示したものである。和尚や阿闍梨が、受戒に際して、ここに規定せられている規則に従って授戒をしないと、突吉羅の罪をうるわけであり、ある場合には、受戒作法そのものが無効になり、受戒者は比丘になれないことがある。

第二の説戒犍度は、半月に一回行われる布薩《ふさつ》(uposatha)の儀式を説明した章である。布薩は二百五十戒の戒経(これを波羅《はら》提木叉《だいもくしゃ》 pātimokkha というが)を誦出するので、説戒ともいうのである。この儀式は、一人の比丘が戒経を誦出し、残りの比丘は静聴する。しかも単に誦出することが目的ではなく、戒文を誦出した後で、聴いている比丘たちに対して、半月の間にこれらの条文を破らなかったか否かを尋ねる。したがって、これは戒律を忠実に守っているか否かを検問するのが目的である。したがってこの集会には全員出席の義務があった。ただし病気などで出席できない者は、自己の清浄を告げて欠席することが許されていた。説戒犍度は、この説戒の仕方を説明した一章である。

第三の安居《あんご》犍度は、雨安居《うあんご》の仕方を示した一章である。インドは雨期の四ケ月は大雨が降るが、他の季節は雨がない。そのために他の季節は遊行生活をするが、雨期には三ケ月間、一所に定住生活をする。これが雨安居である。安居では集団生活をするために、種々の取り決めがある。この章では、それらを具体的に示している。安居には前安居と後安居があり、前安居は四月十六日に入って、七月十五日まで続く。後安居は前安居より一ケ月遅れる。比丘たちは原則として前安居に入るが、事情によって前安居に遅れた比丘のために後安居がある。安居の期間中は、結界の外に出ることを禁ぜられているが、近親や和尚の病気や死など、やむをえない場合には出界が許される。あるいは「安居施」といって、その住処で安居した比丘たちには特別の施物が寄せられる。そのためには安居僧への登録や、施物の分配の仕方など、種々の問題がある。そういう安居中の生活の問題が説かれている。

第四自恣《じし》犍度は、安居の終った日の説戒を特に自恣という。これは七月十五日にあたり、満月の日である。いわゆるお盆の日である。これは安居の解散式である。三ケ月の集団生活をすれば、気持の行き違いや、誤解、あるいは諍いなども起りうる。故に最後の日に、そういう問題があれば、遠慮なく他から指摘してもらって、もし過失を認めれば謝罪や、自己批判をなし、各人の心のわだかまりを解消して、新しい遊行生活に出発するのである。自恣を行うのは、最低五人以上の比丘のいる僧伽である。これには受自恣人を置くため、四人僧ではできない。四人以下の場合は別の仕方で自恣をする。

第五の皮革犍度は、皮革の使用を示す。精舎の生活は静寂を旨とするので、木履《もくり》の使用などは適当でない。そのために革屣《かくし》を用いるが、その外にも皮革を用いてよいものがある。それらを示している。

第六の衣犍度は、三衣の作り方を示す。布の布施の受け方、五条・七条・九条などの衣の縫い方や、染める方法などを説明する。特に安居の後の一ケ月を施衣時といって、信者はこの時集中的に布を布施する。特に安居僧に布施する。僧伽はそれを蓄えて、比丘たちに分配し、衣を作る。故にこの時は作衣時でもある。衣犍度には、三衣の外に、一切の布について規定している。座具の作り方も示している。重要な犍度の一つである。

第七薬犍度は、医薬と食事に関する規定を示す。食事も広義の薬に含まれる。特に結核の病人には、乳酪魚肉などの栄養のある食物が薬だからである。ただし比丘は非時食戒や宿食戒などにより、正午以後の食事や、貯蔵した食物を食べることを禁ぜられている。しかし病比丘の場合には特例が許されている。そして食物や薬に、時薬・時分薬・七日薬・尽形寿薬の別があり、それぞれの種類や保存の仕方、食べ方などを示している。

第八迦絺那《かちなえ》衣犍度は、迦絺那衣の受け方を示す。安居の後、一ケ月は作衣時であるが、しかし三衣には莫大な布を必要とするため、一ケ月では三衣を作ることができない場合がある。しかし新衣を作るために布を保存しておれば、捨堕法の長衣戒に触れて、戒律を破ることになる。そのために、作衣時が終った後にも、四ケ月間、五つの戒律を停止して、三衣を作り易くするのが、この迦絺那衣の制度である。迦絺那衣は現前僧伽が全体で受ける。迦絺那とは、衣を作る時に布を張る木の框《わく》を指すという。迦絺那衣は安居の後、一ケ月間の適当な日に作られる。そしてこの迦絺那衣を作ることに参加した比丘は、迦絺那衣を受けたということになる。迦絺那衣を受けると、長衣戒・離三衣戒・別衆食戒・展転食戒・食前食後不嘱入聚落戒の五戒を守ることを四ケ月間免除される。これは、布を集め易くするためである。しかし三衣を完了した比丘は、四ケ月以内でも迦絺那衣を捨して、これらの戒を守ることになる。その受け方や捨し方などを詳しく示す。

第九倶睒弥《くえんみ》犍度は、コーサンビーにおける比丘たちの諍いについて述べる。僧伽に諍いが起れば破僧の危険がある。故に僧伽の分裂を避けるための方法や、分裂した場合に、他の地方の比丘たちや、比丘尼、信者たちは、いかに応対するかなどについて述べている。

第十瞻波《せんば》犍度は、僧伽において比丘たちが不正な羯磨をした場合、それに承服できない比丘はどうするかという問題について述べる。

第十一呵《か》責《しゃく》犍度は、僧残法第十二汚家擯謗違諫戒の場合の汚家悪行をした比丘たちを、その住処から退去せしめる羯磨を示す。

第十二人《にん》犍度は、僧残罪を犯した比丘に、六夜マーナッタ（七日間の謹慎）を課する羯磨を示す。その時の謹慎の仕方、停止される資格などを示す。

第十三覆蔵《ふくぞう》犍度は、僧残罪を犯して、それを直ちに告白せず、覆蔵していた場合の罪の課し方を示す。

第十四遮《しゃ》犍度は、布薩説戒に犯戒比丘が出席せんとした時、他の比丘がそれを遮する仕方を示す。説戒は戒律を守っていることを検問する儀式であるから、犯戒比丘は出席する資格がない。必ず所定の懺悔をして清浄になって出席する。故に犯戒比丘が出席せんとすれば、他の比丘がそれを遮するのであるが、不用意に遮すれば諍いが起る。そのために、その心得や仕方を示している。

第十五破僧犍度は、提婆《だいば》の破僧について述べている。いかなる場合に破僧が成立するかを示している。

第十六滅諍犍度は、僧伽に諍事が起った場合には、七滅諍法を適用して諍事を滅する。その仕方を示している。

第十七尼犍度は、比丘尼僧伽の成立の事情、および比丘尼僧伽の運営などについて、比丘僧伽と違う点を示している。八敬法についても述べている。

第十八法犍度は、儀法の意味で、行儀作法を示している。衆学法の内容と合致するものが多い。
第十九房舎犍度は、精舎の建物や家具、僧園の土地・樹木などの管理や利用の仕方について述べる。
第二十雑《ぞう》犍度は、以上の諸犍度で取り上げなかった細かな問題を取扱っている。

以上のごとく、犍度部は僧伽における比丘たちの生活において、実行すべき規則を述べたものである。これらは積極的に実行すべきことであるので、作持戒という。なお、『四分律』には、犍度部に続いて「集法毘尼五百人」と「七百集法毘尼」の二つの章がある。この二章は「犍度」と呼ばれていないが、パーリ律では犍度となっている。前者は第一結集について述べたものであり、後者は佛滅百年の、十事非事に関して七百人がヴェーサーリーに集って、十事を議したことを述べている。故にこの二章は犍度部に加えてよいものである。

『四分律』六十巻のうち。前半三十巻に、比丘・比丘尼の戒経の解説がある。次に巻三十一から巻五十四までに犍度部が説かれている。巻五十四が「集法毘尼五百人」と「七百集法毘尼」とである。したがって『四分律』には、なおこの後に六巻（巻五十五—六十）がある。これは「調部」と「毘尼増一」とであって、律のアビダルマ分別による研究といってよいものである。これらは後世の附加と見てよい。

2　止持と作持の互通

然二段本律、非㆑無㆓互通㆒。止持有㆑作、作持有㆑止。雖㆑有㆓互通㆒、就㆓多分㆒判㆓前後両段㆒、以配㆓二持㆒。

若對二五大部一者、事鈔戒業兩疏、名二三大部一。戒疏即止持行相、防止隨持事詳。業疏即作持修行、羯磨攝僧義明。事鈔雙二明止作一。衆四人已上自一人共二人三人三行、二持備足。其尼鈔一部別明二尼二持一、義鈔一部多解二止持一。故祖師諸文、唯在二二持一矣。此二持戒有レ總有レ別。總而言レ之、一切諸善、皆二持攝。別而言レ之、唯就二戒律一宗一明レ之。今二持者、且就二戒律一門一言レ之。若就二總門一、非レ無二其義一。

然るに二段の本律は、互いに通ずること無きに非ず。止持に作有り。作持に止有り。互いに通ずること有りと雖も、多分に就いて前後の両段を判じ、以て二持に配す。若し五大部に対すれば、事鈔と戒・業両疏を三大部と名づく。戒疏は即ち止持の行相、防止随持の事詳《つまびら》かなり。業疏は即ち作持の修行、羯磨《こんま》摂僧の義明《あき》らかなり。事鈔は止作を双《なら》べて明かす。衆四人已上、自一人、共二人、三人、の三行は二持備足す。其の尼鈔の一部は別して尼の二持を明かす。義鈔の一部は多く止持を解す。故に祖師の諸文、唯だ二持在るのみ。此の二持の戒に総有り、別有り。総じて之を言わば、一切の諸善、皆二持の摂なり。別して之を言わば、唯だ戒律の一宗に就いて之を明かせり。今の二持は且《しばら》く戒律の一門に就いて之を言う。若し総門に就かば其の義無きに非ず。

この一段は、止持と作持とに共通点のあることを示す。

以上、止持戒と作持戒との区別を示したが、しかし両者には互いに通ずる点もないわけではない。戒文の説明の中にも羯磨が説かれている。たとえば、僧残罪の終り四条には、僧伽による三度の諫告が規定されているが、諫告は羯磨によって行うのである。この外にも律蔵の前半には、種々の羯磨が説かれており、止持戒の中にも作持戒が入っている。同様に、律の犍度部にも禁止的な規定がないのではない。たとえば、受戒犍度における「十遮十三難」においても、これらの十遮十三難のいずれか一つでもある者には、具足戒を授けてはならないのである。

このように広律にも作持があり、犍度部にも止持が含まれているが、多分について、前段の条文解釈の部分を止持戒、後段の犍度部を作持戒と判定し、二持に配したのである。

以上の二持を道宣の五大部に配当すると、次のごとくなろう。道宣の五大部の中、『四分律行事鈔』と、『四分律戒本疏』・『随機羯磨疏』とを三大部と名づける。この中、『戒本疏』は二五〇戒の条文の註釈であるから、もっぱら止持戒の行相を明かしたものであり、破戒をいかに防ぐか、戒をどのように守るかという点が詳しく示されている。次に『羯磨疏』(業疏)は、犍度部の中心をなす羯磨の説明であるから、作持戒を明かしたものである。僧伽で実行すべき羯磨や、僧伽の集会の仕方などが詳説されてある。次に『行事鈔』は、最初に二五〇戒を説明し、次に僧伽の運営について述べているから、これは止持と作持とを兼ね明かしているというべきである。

比丘たちの修行は、四人以上おれば衆、すなわち僧伽として行動し、それ以下なれば、一人の場合、二・三人の場合にいかに行動するかが、止持と作持の両方面から詳しく述べられている。なお、この部分はテキストに混乱がある。ここに出したテキストは、旭雅・黒田真洞師などのテキストであり、最近の学者の依用するものである。ただし、最古の「承応本」では、衆を四人巳上、白を一人、共を二人、三行を三人と分けている。「文政本」では、最後の三行、三人を二行、三人となしている。一人を白としても、自としても、その意味は明らかでない。ただし、自は「自言」で、一人のみで口に出して唱えることをいうか。ともかく、この部分はテキストに錯簡があるのではないかと思う。

次に五大部の第四の『比丘尼鈔』は、比丘尼の止持と作持とを明かしている。『拾毘尼義鈔』は、多く止持を明かしている。このように祖師道宣の五大部についてみても、その内容は止持と作持の二持におさまるのである。この二持については、総と別とがある。『七佛通誡偈』の「諸悪莫作《しょあくまくさ》・衆善《しゅぜん》奉行《ぶぎょう》」は、二持の総である。「諸悪莫作」は止持であり、「衆善奉行」は作持であるが、総じていえば「衆善」の中に、止作の二善が含まれるのである。これが総である。しかし止持と作持とを別していえば、律宗で説く止持・作持になる。止持を細かくいえば、戒律で説く比丘・比丘尼の具足戒になるし、作持は犍度部の諸規定になるのである。ここでいう二持は、戒律の立場から説くのであるから、「総」ではなく「別」の立場である。しかしながら戒律の中にも、諸悪莫作・衆善奉行の総の意味がないわけではない。むしろこの総の立場に立って、別の意味を理解していくことが重要である。

第九節　七衆の建立

1　戒の広略

問。僧尼具戒、局二于此一歟。

答。不レ然。僧尼具戒無量無邊。若定二數限一、且隨レ緣制故。僧尼戒量各有二三重一。僧戒三者、廣則無量、中則三千威儀六萬細行、略則二百五十。尼戒有二三重一者、廣則無量、中則八萬威儀十二萬細行、略則三百四十八戒。經說二五百戒一。是有レ名無レ相。大智律師云、托レ境而言、戒則無量、且列二二百五十一、爲二持犯綱領一。已上。尼戒亦爾。故僧尼二衆、受二具戒一時、竝得下如レ此無量無邊等戒上、量等二虛空一、境遍二法界一。莫レ不二圓足一。故名二具足戒一。其五戒八戒十戒六法等、皆從二具戒中一抽レ之、漸誘二機根一、以爲二具戒方便一、漸漸進登、遂成二具足無願位一故。

是故總言レ戒、有二四位一。五戒八戒十戒具戒。若加二六法一、總可二五類一。佛法七衆所二以建立一。

問う、僧尼の具戒、此れに局《かぎ》るや。

答う、然らず。僧尼の具戒は無量無辺なり。若し数限を定むれば、且《しばら》く縁に随い制するが故なり。僧尼の戒量に各ゝ三重有り。僧戒の三とは、広は則ち無量、中は則ち三千威儀・六万の細行、略は則ち二百五十なり。尼戒に三重有りとは、広は則ち無量、中は則ち八万の威儀・十二万の細行、略は則ち三百四十八戒なり。経に五百戒と説くも、是れは名有るも相無し。大智律師の云く、境に托して言わば、戒は則ち無量なり、且《しばら》く二百五十を列ねて持犯の綱領と為すと、已上。尼戒もまた爾り。故に僧尼の二衆は具戒を受くる時、並びに此の如き無量無辺等の戒を得。量は虚空に等しく、境は法界に遍《あまね》し。円足せざる莫《な》し。故に具足戒と名づく。其の五戒・八戒・十戒・六法等は皆、具戒の中従《よ》り之を抽《ぬ》き、漸く機根を誘うて、以て具戒の方便と為し、漸漸に進み登りて、遂に具足無願位を成ずるが故なり。

是の故に総じて戒を言わば、四位有り。五戒・八戒・十戒・具戒なり。若し六法を加えれば、総じて五類なるべし。佛法の七衆を建立する所以なり。

この一段は、具足戒に数々のものがあることを説く。

以上、比丘・比丘尼の具足戒、すなわち二五〇戒と三四八戒について述べたが、しかし、これだけが具足戒ではない。僧尼の具足戒は無量無辺である。しかしここに二五〇とか三四八という風に、きまった数があるのは、佛陀が随犯随制《ずいぼんずいせい》で、制すべき縁があって制せられたからである。縁が無量であれば戒も無量になるはずである。したがって、僧尼の戒には、三重がある。

僧戒の三重とは、一番広くいえば、戒は無量である。中は『大比丘三千威儀経』に示すごとく、三千の威儀があり、詳しくは六万の細行がある。略が、すなわち律蔵に説く二百五十戒である。比丘尼の戒にも三重がある。広は、すなわち無量であり、中は『菩薩瓔珞本業経』巻下（大正二四、一〇二一中）に説くごとき、八万の威儀戒がある。さらに十二万の細行がある。略が律蔵に説く三百四十八戒である。なお、経典に「比丘尼の五百戒」ということがいわれるが（たとえば、『摩訶僧祇律巻四十、大正二二、五四八上。『沙弥尼戒経』大正二四、九三七中など）、しかし五百戒ということは、名のみがあって、五百戒の相（条文）を示している経典はない。大智律師元照も、戒の対象（境）からいえば、戒は無量である。無量無辺のものに対して、戒を守らねばならない。しかし戒を守る心の点からいって、二五〇条を立てて、守るべき戒の重要なものとしたのであると述べている。比丘尼戒についても同様である。故に比丘・比丘尼の二衆は、具足戒を受ける時に、無量無辺の戒が自然に身に具わるのである。その戒の量は虚空に等しく、その戒の対象は法界にあまねく行きわたっている。故に二五〇、三四八の戒を受けて、縁に随って戒を行ずれば、三千の威儀や八万の威儀のみならず、無量の戒徳が身に具わり、円足しないということはない。それ故、これを具足戒というのである。

したがって、五戒・八戒・十戒・六法戒などは、すべてこの具足戒の中から抜粋したものである。そして能力に応じて、修行者を誘引し、ついには具足戒に導き入れんとするのである。具足戒は完全であるから、それ以上望むべき戒はないので、これを具足無願位というのであり、修行者を具足無願位に導き入れるのである。それ故、戒をまとめていうならば、四位がある。すなわち、優婆塞・優婆夷の守る五戒、在家が布薩《ふさつ》に受ける八戒、沙弥・沙弥尼の守る十戒、および比丘・比丘尼の具足戒である。しかし、これに正学女《しょうがくにょ》の守る六法戒を別に立てれば五類ともなるのである。これによって、佛法の七衆（比丘・比丘尼・正学女・沙弥・沙弥尼・優婆塞・優婆夷）が建立される理由がある。

2 七衆と戒

其七衆者、一比丘、二比丘尼、此之二衆竝具足戒。三式叉摩那、此受㆓六法㆒。四沙彌、五沙彌尼、此竝十戒。六優婆塞、七優婆夷、此竝五戒。前五衆是出家衆、後二在家。式叉沙彌及沙彌尼、戒相標數、雖㆓十戒等㆒、至㆓于護持㆒竝同㆓具位㆒。其八齋戒、爲㆓在家衆㆒授㆓出家戒㆒。然位唯在家、優婆塞優婆夷之攝。七衆之外、無㆓別衆㆒故。

其の七衆とは、一には比丘、二には比丘尼、此の二衆は並びに具足戒なり。三には式叉摩那《しきしゃまな》、此れは六法を受く。四には沙弥、五には沙弥尼、此れは並びに十戒なり。六には優婆塞、七には優婆夷、此れは並びに五戒なり。前の五衆は是れ出家衆、後の二は在家なり。式叉と沙弥と及び沙弥尼とは、戒相の標数十戒等なりと雖も、護持に至りては並びに具位に同じ。其の八斎戒《はちさいかい》は、在家衆の為に出家の戒を授く。然れども位は唯だ在家の優婆塞・優婆夷の摂なり。七衆の外に別衆無きが故に。

《比丘》　ビクシュ（bhikṣu）。乞士と訳す。新訳では苾芻と訳す。生活のために働かないで、乞食によって修行する。二十歳になると比丘になることができる。《比丘尼》　ビクシュニー（bhikṣuṇī）。ビクシュの女性形、新訳では苾芻尼と訳す。《式叉摩那》　シクシャマーナー（śikṣamāṇā）の音訳。正学女と訳す。比丘尼になる前の二年間の修行期間、女性は妊娠の問題があるので、比丘尼志望者には、二年間の禁欲生活をなさしめ、妊娠していないことを確めて比丘尼にする。この二年間が正学女であり、六法戒を守る。《沙弥》　シュラーマネーラ（śrāmaṇera）の音訳。求寂・勤策などと訳す。比丘には二十歳にならないとなることができない。それ以前に出家して修行する者は沙弥になる。沙弥は十四歳より許される。ただし孤児などを寺院に引き取って育てる場合には、七歳になれば沙弥にしてよい。これを駆烏の沙弥という。沙弥は二十歳になっても欲すれば沙弥にとどまることができる。沙弥になることを「出家」（プラブラジュヤー pravrajyā）という。これに対して、比丘になることを具足戒という。《沙弥尼》　シュラーマネーリカー（śrāmaṇerikā）の音訳。沙弥尼は十八歳になると式叉摩那になることができる。《優婆塞》　ウパーサカ（upāsaka）。近事男・信男などと訳す。出家者の生活を支持しながら、出家者から教えを受けて修行する。《優婆夷》　ウパーシカー（upāsikā）。近事女・信女などと訳す。《八斎戒》　信者が布薩に守る戒。一日一夜受ける戒。八戒よりなる。

佛教教団には古来「七衆」をいう。

この七衆とは、比丘・比丘尼・式叉摩那《しきしゃまな》・沙弥・沙弥尼・優婆塞・優婆夷の七であるが、初めの比丘と比丘尼の二衆は具足戒を受ける。比丘は二五〇戒、比丘尼は三四八戒と、戒の数は異なるが、共にこれを具足戒と呼ぶのである。第三は式叉摩那で、これは沙弥尼から比丘尼になる中間の段階である。女性には妊娠の問題があり、比丘尼になってから子供を産むようなことがあると、種々の点で工合が悪い。そのために比丘尼を希望する者は、まず式叉摩那にして、準備的な修行をさせる。その期間は二年間である。これを「二歳学戒」という。式叉摩那は正学女《しょうがくにょ》と訳す。比丘尼は二十歳でなることができるから、正学女は十八歳でなりうるのである。しかし曽嫁女《そうけにょ》といって、結婚の経験のある女性は十二歳で比丘尼になることが許されている。したがって、その場合は、十歳で正学女になりうるわけである。正学女は六法戒を守るが、これは婬・殺・盗・妄・酒の五戒と非時食を加えたものである。特に婬は不邪婬ではなしに、梵行を守るのである。正学女中に梵行を破った場合は、再び最初からやりなおさせるという。あるいは駆出《くずい》するという説もある。彼女らはまだ比丘尼ではないので、波羅夷・不共住という制裁はないのであるが、突吉羅として、僧伽から追放するというのである。次の非時食は、正午以後の食事を禁ずるのであり、食事の点では比丘・比丘尼と同じ生活をする。

　七衆の第四は沙弥、第五は沙弥尼である。沙弥と沙弥尼は年少者で寺院生活を希望する者をいう。すなわち二十歳以下で僧伽に入る者は、沙弥・沙弥尼になる。沙弥・沙弥尼になることを「出家」という。出家の儀式には、三師七証は必要ないが、阿闍梨《あじゃり》が必要である。沙弥が僧伽に入った時、これを責任をもって教育指導する人である。沙弥の場合に阿闍梨になった人が、その沙弥が比丘になる時に、和尚になるわけである。次に沙弥は十戒を受けるが、戒を授ける戒師が必要である。したがって沙弥の出家には二師が必要になる。しかし、この二師を一人の阿闍梨がなしてもよい。そしてこの時、剃髪して、安陀会《あんだえ》（五条）と欝多羅僧《うたらそう》（七条）の二衣を受ける。これが出家の作法である。

　沙弥は、十四歳になればなることが許される。しかし、もっと年少者を僧院で養育しようと思う時には、七歳から沙弥にすることが許されている。これを駆烏《くう》の沙弥という。インドには伝染病がしばしばあり、孤児や寡婦が多かった。篤信の信者が死んで孤児ができたような場合には、それを僧院に引き取って育てることも行われていた。同様に、寡婦の救済のために、曽嫁女は十二歳で比丘尼となりうるという規則もできたのであろう。なお、沙弥は二十歳になれば、必ず比丘にならねばならないことはない。本人が希望すれば、沙弥のままで僧伽にとどまりうる。沙弥尼は沙弥と同じであり、比丘尼僧伽に住し、比丘尼の指導のもとに修行をする。ただし沙弥と沙弥尼は、比丘・比丘尼に従属しているから、独立の僧伽を作ることはなかった。すなわち、沙弥だけが集って会議をしたり、なんらかの決議をすることはなかった。彼らは比丘僧伽・比丘尼僧伽の中に包摂されていたのである。しかし比丘や比丘尼の説戒に出席することは禁止されていたし、いかなる点でも比丘に従属していたのである。

沙弥・沙弥尼の十戒は、正学女の六法戒に加えてさらに、離歌舞観聴・離香油塗身・離高広大床・離金銀宝物の四戒を加えたものである。すなわち、歌舞のごとき娯楽物を見ないことと、香油その他で化粧しないこと、立派な寝台を用いないこと、金銀を持たず宝石などを持たないことである。離歌舞観聴の中には、みずから歌ったり踊ったりすることも禁止されており、音楽を聞いたり、演劇を見たりすることも禁ぜられている。したがって上座部の佛教では、佛教音楽や佛教芸術の進歩はありえなかったわけである。

以上の比丘・比丘尼・正学女・沙弥・沙弥尼を、出家の五衆という。第六の優婆塞、第七優婆夷は、在家の二衆である。ウパーサカというのは、近くに仕える人という意味である。出家者は生活のために労働せず、もっぱら修行する人であるので、優婆塞は出家者に仕えて、その物質生活の世話をするのである。そして出家者より教えを受け、在家者の立場で修行をする。そのために優婆塞を近事男《ごんじなん》と訳し、また居士《こじ》・信士《しんし》などとも訳す。優婆夷はウパーシカーの訳語で、優婆塞の女性形である。近事《ごんじ》女《にょ》・信女《しんにょ》などと訳す。

佛教の在家信者になるためには、佛法僧の三宝に帰依する。この三帰依をもって優婆塞・優婆夷になりうると見るのが古い説である。しかし、一般には三帰依の次に五戒を受ける。五戒は、不殺生・不偸盗・不邪婬・不妄語・不飲酒である。この場合の「不邪婬」は、よこしまな性関係の意味で、他人の妻に近づくことをいう。しかしこれらの五戒を完全に守ることは容易でない。そのために五戒を全部守らなければ優婆塞ではないのかどうかという問題が、部派佛教時代に起っている。そして『摩訶僧祇律』や『大智度論』などでは、五戒の中の若干を守ってもよいという説が出されている。すなわち五戒の内、一戒を守る一分行優婆塞、二戒を受ける少分行優婆塞、三戒四戒を受ける多分行優婆塞、さらに五戒全部を受ける満分行優婆塞である。さらに在家でありつつ、婬をまったく離れるのを断婬優婆塞という。

次に式叉摩那・沙弥・沙弥尼の戒相の標数は十戒であるが、護持は具位に同じというのは、戒相、すなわち戒の数は十であるが、その守り方は、比丘・比丘尼の具足戒の場合と同じであるというのである。すなわち非梵行を離れることは、比丘・比丘尼と同じであるから、これを破れば僧伽から追放される。沙弥の追放を、滅擯《めっぴん》あるいは駆出というが、婬を行じた場合、人間を殺した場合、五銭以上の物を盗んだ場合などは、滅擯になるわけであり、大妄語を犯した場合も同様である。ただし、沙弥には波羅夷の罪はないので、その罪は突吉羅であるという。すなわち「突吉羅・駆出」になるのである。

次に在家信者は、死ぬまで五戒を守ることを誓うが、その外に布薩《ふさつ》には八斎戒《はちさいかい》を受ける。比丘の布薩は半月に一回であるが、信者の布薩は六斎日《ろくさいにち》といって、八日・十四日・十五日・二十三日・二十九日・三十日の六日である。さらに神変月《じんぺんがつ》には毎日守るともいう。ともかく八斎戒は、在家者に出家の戒を一日一夜守らしめる戒である。故に、この場合は邪婬戒ではなく、不婬戒を守るのである。さらに非時食戒も含まれている。このように八斎戒には出家の戒の意味があるが、しかしこの戒を受けても、信者がその日一日は出家者になったという意味ではない。この戒も優婆塞・優婆夷戒の中に含まれるのである。七衆以外に別の衆はないからである。

七衆　五・八・十・具

七衆	戒		
1 比丘	二五〇戒	具足戒	出家
2 比丘尼	三四八戒	具足戒	出家
3 式叉摩那		六法戒	出家
4 沙弥		十戒	出家
5 沙弥尼		十戒	出家
6 優婆塞	五戒（八斎戒）		在家
7 優婆夷	五戒（八斎戒）		在家

3　五・八・十・具

其五戒者、一不殺生戒、二不偷盗戒、三不邪婬戒、四不妄語戒、五不飲酒戒也。

八齋戒者、前五同レ上。但改二邪婬一以爲二不婬一。六香油塗身戒、七歌舞觀聽戒、八高廣大牀戒、九非時食戒。薩婆多論云、八箇是戒、第九是齋、齋戒合レ數故有レ九也。已上。言二十戒一者、前九同レ上。第十捉金銀寶戒。

其六法者、一殺畜生、二盗三錢、三摩觸、四小妄語、五飲酒、六非時食也。

此七衆中、男衆有レ三。比丘沙彌及優婆塞。女衆有レ四。卽餘四是。


其の五戒とは、一には不殺生戒、二には不偷盗戒、三には不邪婬戒、四には不妄語戒、五には不飲酒戒なり。

八斎戒とは、前の五は上に同じ。但し邪婬を改めて、以て不婬と為す。六には香油塗身戒、七には歌舞観聴戒、八には高広大床戒、九には非時食戒なり。薩婆多論に云く、八箇は是れ戒、第九は是れ斎にして、斎戒数を合するが故に九有るなり。已上。十戒と言うは、前の九は上に同じ。第十には捉金銀宝戒なり。

其の六法とは、一には殺畜生、二には盗三銭、三には摩触《まそく》、四には小妄語、五には飲酒、六には非時食なり。

此の七衆中、男衆に三有り。比丘と沙弥と及び優婆塞となり。女衆に四有り。即ち余の四是れなり。


ここには、五戒などの戒相（一一の条文のすがた）を示している。

信者は三帰依をなして、熱心な人は次に五戒を受ける。これは「尽形寿《じんぎょうじゅ》」（命終るまで）といって受けるのである。しかしこのように誓っても、途中でやめようと思えば、もちろん自由に捨戒できる。捨戒をなすには、捨戒の意味の理解できる成人の前で、自分は今より戒を捨てると宣言すればよい。何人の許可もいらないし、強制もない。これはまったく自発的なものである。故に戒を受けることも、さらに戒を守ることも、本人の自由意志に基づいてなされるのである。

五戒は、不殺生・不偸盗などと、「なすべからず」という禁止の形になっているので、他から命令されて、強制的になさしめられるように考え易いが、実際はそうではない。漢訳では「不」の字に訳されているが、原語では「殺生を遠離するという学処を、私は受持します」などとなっており、「離れる」(veramaṇī) という意味である。自発的に、殺生を離れようと心に誓い、あるいは佛に誓うのが戒である。故にこれは、離殺生・離偸盗・離邪婬・離妄語・離飲酒と訳すべきである。なお、五戒の場合には、内容に制限はないから、離殺生の場合は、人間の殺生はいうまでもなく、あらゆる生物に対して、生命を奪うことを離れんと誓うのである。戒は精神的なものであるから、対象が広いのである。これに対して律は、対象が狭い場合がある。比丘の波羅夷では、殺は人間のみを対象としている。律は結果を重んずる点があるからである。そして破れば、罰則がある。しかし戒には、たとい破ったとしても、他から罰せられることはない。破戒した時には、みずから自己を責めるのである。しかしその際にも、佛前や師の前などで告白懺悔することは、修行の上で大きな意味がある。ともかく戒は範囲が広いために、これを完全に守ることは困難である。

なお、五戒の内容は、特に説明を必要としないであろう。次の八斎戒とは、斎日に守る戒であり、一昼夜守るのである。斎日とは布薩のことである。この戒は八条あり、前の五条は、五戒の場合と同じであるが、特に不邪婬は不婬となり、この日一日は禁欲生活をなす。第六は香油や化粧を控えること。装身具も身につけない。第七は歌舞を見たり聞いたりしないこと。みずからもなさない。第八は大きな寝台、高い寝台を用いないこと。インドでは土間に寝台を用いて寝るから、低い寝台より、高い寝台は快適である。今はそれを控えるのであり、土間にそのまま寝る。第九は非時食戒で、正午から明朝まで断食をすることである。

しかし、以上では九条あって八斎戒にならないが、本来は六と七とが一緒になっていて、八戒であった。スッタニパータの『ダンミカ経』や、『増一阿含経』巻十六や、『八関斎経』などでは、すべて八戒になっている。『倶舎論』巻十四や、『大毘婆沙論』巻百二十四の八斎戒の説明でも同じである。しかしこれらの八戒の中で、非時食が特に重要視され、これを「斎の体」と見て、八戒から別に出す見方が起ってきた。凝然がいう『薩婆多論』巻一（大正二三、五〇八下）の説はこれであり、非時食を除いて八戒を立てる。『大智度論』巻十三（大正二五、一五九下）の説もこれによっているのである。これは宗教行事として「断食」に深い意味を認めるようになったためであろう。

次に沙弥・沙弥尼の十戒の場合には、先の八斎戒の九戒に捉金銀宝戒を加えたものである。沙弥・沙弥尼は、比丘などと同じく、金銀銭を所有することを禁ぜられていたのである。手に触れることも許されない。しかしこれでは、沙弥などは非時食戒を守ることになるが、小児に果してこれが守られたであろうか。比丘の波逸提第六十五条に「未成年者受具戒」があって、二十歳に満たない者に具足戒を授けてはならないという規則があるが、その因縁譚に、小児に具足戒を授けたら、非時食戒が守れなくて、夜中にひもじくて泣き叫んだということが出ている。そのために未成年者には戒を守ることはできないとして、二十歳の制限ができたという。この因縁譚から見れば、小児に非時食戒を守らせるのは苛酷なように感ぜられる。しかしともかく、十戒には非時食戒も含まれている。

次の正学女の六法戒として、凝然は、殺畜生・盗三銭・摩触《まそく》・小妄語・飲酒・非時食を挙げている。これは四波羅夷以外のものを挙げているのである。第一の殺畜生は波羅夷の断人命を除く意味であるし、盗三銭は波羅夷の盗五銭、摩触は比丘尼の場合は波羅夷になるが、比丘なれば僧残である。小妄語も波羅夷の大妄語を除く意味である。これは道宣の『四分律行事鈔』巻下四（大正四〇、一五五上）にある説によったのであろうが、しかし、道宣の『行事鈔』には「式叉尼は具さに三法を学ぶ。一に根本を学ぶ、謂く、四重是れなり。二に六法を学ぶ。……三に行法を学ぶ。云々」（大正四〇、一五五上）となっているが、凝然は、この三法の中の第二の六法だけを出しているのである。そのために正学女はあたかも殺人や非梵行などを犯しても罪にならないようになってしまうが、これは誤りである。道宣も第一に「根本を学ぶ」といって、四重罪を出している。これは四波羅夷のことである。しかも『四分律』巻二十七（大正二二、七五六下）の正学女の六法戒を説明するところでも、「式叉摩那、婬を犯せば応に滅擯《めつぴん》すべし。……若し五銭・過五銭を盗めば応に滅擯すべし。云々」と説いており、正学女の六法戒には四波羅夷と同じものが含まれているのである。凝然がどうしてこのような解釈をしたのか明らかでない。『僧祇律』や『五分律』・『十誦律』など諸律の正学女戒の説明には、若干の違いがあるために、それらに影響せられてかかる説になったのであろうか。あるいは、当時の東大寺戒壇院の律の講義がこのようになっていたのであろうか。ともかく誤りといわねばならない。

以上、七衆の戒を示したが、七衆の中で、男衆には、比丘衆・沙弥衆・優婆塞衆の三があり、女衆には比丘尼衆・正学女衆・沙弥尼衆・優婆夷衆の四衆が含まれることになる。

五戒	六法戒	八斎戒	十戒
1不殺生	〃	〃	〃
2不偸盗	〃	〃	〃
3不邪婬	離非梵行	〃	〃
4不妄語	〃	〃	〃
5不飲酒	〃	〃	〃
	6離非時食	〃	〃
		7離歌舞観聴香油塗身	7離歌舞観聴
		8離高広大床	8離香油塗身
			9離高広大床
			10離金銀宝物

第十節　律宗の教判

1　化制の二教判

問。此宗立二幾教一、攝二諸教一乎。

答。南山律師、立二化制二教一、以攝二一代教一。亦名二化行二教一。其化教者、經論所詮、定慧法門、四阿含等是也。其制教者、律教所詮、戒學法門、四分律等是也。今此宗部、卽律藏教。以レ戒爲レ宗。戒行清淨、定慧自立。故先持レ戒制二禁業非一、然後定慧、伏二斷煩惑一。爲レ道制レ戒。本非二世福一。三乘聖道、非レ戒不レ立。故如來最初制レ戒意在レ玆矣。已上南山御釋。


問う、此の宗には、幾《いく》ばくの教を立てて、諸教を摂するや。

答う、南山律師は化制《けせい》の二教を立てて、以て一代の教を摂す。また、化行《けぎょう》の二教と名づく。其の化教《けきょう》とは、経論所詮の定慧《じょうえ》の法門にして、四阿含等是れなり。其の制教《せいきょう》とは、律教所詮の戒学の法門にして、四分律等是れなり。今、此の宗の部は即ち律蔵教なり。戒を以て宗と為す。戒行清浄なれば、定慧自《おのず》から立つ。故に先に戒を持し、業非を制禁し、然して後に定慧、煩惑を伏断す。道の為に戒を制す。本《もと》、世福に非ず。三乗の聖道も戒に非ずんば立せず。故に如来最初に戒を制したもう、意玆《ここ》に在り。已上南山の御釈なり。


この一段は、律宗の教判を述べたところである。教判とは教相判釈のことで、律宗の立場から、佛一代の教理を批判し、佛教における律宗の位置づけを判定することである。

四分律宗の創立者である南山律師道宣は、一代佛教を化教《けきょう》と制教《せいきょう》とに分けた。このことは道宣の『四分律行事鈔』巻上一（大正四〇、四下—五中）や『四分律含註戒本疏』巻一（続蔵六二、一六七以下）

などに説かれている。道宣は同所で、これを「化行《けぎょう》二教」ともいっている。化教とは、聴者の機（能力）に随って化導《けどう》する教えで、教理が主になっている。制教とは、佛が規則を制定して、それを実行せしめて、利益を得しめる教えであり、規則を立てる点で制教、実行を主とする点で、これを行教《ぎょうきょう》ともいうのである。

故に、化教は教理が中心であるから、三蔵でいえば、経蔵と論蔵とに説かれている教えである。戒定慧の三学でいえば、定学と慧学の法門である。経典でいえば、四阿含などの経がそれであり、大乗経典もこの中に含まれる。これに対して制教というのは、三蔵では、律蔵に説かれている教えであり、三学でいえば、戒学の法門である。すなわち『四分律』や『五分律』・『十誦律』などがそれにあたる。

凝然は、ここでは道宣の説によって、律宗の教判を、化制二教、化行二教判としている。これは道宣の著作による限り当を得たものである。しかし、凝然が六十七歳頃に著わした『律宗綱要』では、教判を取上げて「終南尊者は四教開宗せり」といって、佛の一代教を化教と制教に分け、制教の中をさらに、有宗・空宗・中道宗の三宗に分けている。この三宗に化教を加えて「四教開宗」といっているのである。三宗のうちの「有宗」とは、説一切有部のことで、戒体を無表色とする立場、「空宗」とは、成実宗で、戒体を非色非心とする立場、「中道宗」とは、唯識教で、戒体を種子と見る立場であるという。このように制教の中を戒体論によって、三宗に分けているのであるが、これは道宣によるとはいえ、凝然の発達した思想を示すものである。

さらに化教は定慧の二学であり、制教は戒学であるという点も、これでは律宗は戒学だけになるから、定慧を欠くことになり、律宗のみによっては解脱が得られないであろうという疑問が起る。この点を反省して、同様に『律宗綱要』では、「三学互摂」を主張している。すなわち「大乗の三学は義門互いに摂す。一を挙ぐれば全収す。……総じて万行を摂して、以て戒学と為し、万行を蘊積して、名づけて定学と為し、万善を含聚して、以て慧学と為す。一一の法門、三学に通ずるが故に。云々」（大正七四、五下）と述べ、戒学を立てれば、定慧がその中に入り、定学を立てれば、戒慧がその中に含まれる、慧学の場合も同様であると主張している。ここにも凝然の教判論に対する思想の進歩が見られる。

ともかく律宗は制教であり、律蔵教である。戒をもって宗となすのである。宗とは、所詮の理といわれ、教えによって顕わされる理念が宗である。戒とは善をなさんと欲する誓いをいうのであるが、これが律宗の宗である。律宗の宗については、『律宗綱要』（大正七四、一一下―一二上）には、十師の異解のあったことを述べている。すなわち、止作を宗とする、受随を宗とする、止悪を宗とする、因果を宗とする、止善を宗とするなどの諸説に対して、南山は「浄戒を宗とする」と主張したという。

戒を宗とする理由は、戒によって佛教の修行は導かれるからである。戒行が清浄であれば、定と慧とはおのずから成立する。修行の決心が戒であるから、戒がある限り、定学も慧学も自然に成り立つのである。故に佛陀は、まず戒を制定されたのである。戒律によって、弟子たちの業非、すなわち身口の悪業をとどめしめたのである。しかる後、定と慧が生じて、煩悩や諸惑の現行を伏し、その種子を断ずるのである。故に戒は、道のため、すなわち悟りの修行のために制定せられたものである。故に戒は、本来、世間の善業のためや、来世に天に生まれることを目的にしたものではない。故に、声聞乗・縁覚乗・菩薩乗の三乗すべての悟りの修行は、戒を欠いたならば成立しない。それだから、如来は最初に戒を制定せられたのである。釈尊が戒を制せられた本意は、戒なしには定慧は成立しないということにあった。以上が、南山大師の一代佛教の解釈である。

2 持戒の果報

問。如二常途云一、五戒八戒感二人天報一、十戒具戒、唯得二應果一。云云。此義如何。

答。義未二必然一。若持二五八戒一、任レ因感レ報、卽唯人天。十戒具戒、任レ因感レ果、卽是小果。依二此義一故、常途云レ爾。若約二意樂一、其義不レ爾。故大智律師云、戒有二四位一。五八十具。若約二鈍根一、通爲二世善一。若論二上智一、倶作二道基一。已上。故知、戒法隨レ機有レ異。此是今宗之所談、祖師建立之意致也。

問う、常途に云うが如きは、五戒と八戒とは人天《にんでん》の報を感じ、十戒と具戒とは唯だ応果を感ずと。云云。此の義如何。

答う、義、未だ必ずしも然らず。若し五・八戒を持《たも》ち、因に任せて報を感ずれば、即ち唯だ人天なり。十戒・具戒は因に任せて果を感ずれば、即ち是れ小果なり。此の義に依るが故に、常途に爾《しか》云う。若し意楽《いぎょう》に約すれば其の義爾らず。故に大智律師の云く、戒に四位有り。五・八・十・具なり。若し鈍根に約すれば通じて世善と為す。若し上智を論ずれば、倶《とも》に道基となる。已上。故に知る、戒法は機に随いて異有るを。此れは是れ、今宗の所談、祖師建立の意致なり。

《常途》　世間一般の説。佛教の一般の説。　《応果》　応供の果。応供は阿羅漢のこと。　《小果》　小乗の果。　《意楽》　意志、目的。　《大智律師》　元照のこと。宋の政和六年（一一一六）、寂するに及び、徽宗より大智律師と諡す。　《道基》　道とは菩提、すなわち悟りのこと。成佛の悟りの基となる。　《意致》　本意、目的。

この一段は、持戒の果報を明かす。

佛教の常識でいえば、五戒・八戒は在家者の守る戒であるから、来世に人天《にんでん》の果報を得るのみであり、十戒と具足戒とは出家の戒であり、特に小乗の戒であるから、これによっては阿羅漢《あらかん》を得るのみであると。すなわちこれでは、持戒によって大乗の果、成佛は得られないのではないかという疑問がある。確かに五戒をたもてば人間に生まれるというし、また「十善の天子」といって、十善戒を守れば来世に国王に生まれるともいわれている。在家のままの修行では、輪廻の生存から脱することはできないから、戒を守っても善趣に生まれうるのみであるという考えである。同様に、出家して十戒・具足戒を受ければ、これは輪廻を離れんとする修行であるから、これが成就すれば阿羅漢になれると考えるわけである。いずれにしても、戒律によって成佛を得るということは出てこないということになる。そこで「此の義如何」と尋ねたのである。

これに対して、凝然は「義、未だ必ずしも然らず」と答えている。もちろん律宗には小乗の意味もあるから、持戒によって人天の果や小乗の果を得ることもあるが、しかしそれだけではないという意味である。それは、戒を受持する人の決心によって、果報が変ってくるのである。もし五戒・八戒を持《たも》って、本来の人天の果を得るという因のままに実行しておれば、それは人天の果だけを得るであろう。同様に、沙弥の十戒、比丘・比丘尼の具足戒を受けても、本来の因である小乗の修行という立場のままで修行をすれば、小乗の果報を感ずることになる。戒を受ける心構えが、本来の小乗の立場に立っておれば、それだけの果報しか得られない。それだから世間一般には、このようにいうのである。

しかし、戒を受ける心構えという点から見ればそうではない。大乗の菩薩の心構えに基づいて戒を受ければ、大乗の果報が得られる。『律宗綱要』巻上（大正七四、一一上）に「菩薩の人、一乗の心を起して、小の律蔵に依りて、白四羯磨《びゃくしこんま》もて具足戒を受くれば、所受の戒法は即ち深奥寛広の円体を成ず」と述べており、戒を受ける時の決心が大乗であれば、律儀は小乗でも、戒体は大乗であるというのである。したがって、大智律師元照《がんしょう》も『四分律行事鈔資持記《しじき》』巻上一上（大正四〇、一六〇中―下）に、次のようにいっている。すなわち「戒には四つの位がある。五戒と八戒と十戒と具足戒とである。もし戒を受ける人が鈍根で、世間の善の果報を得たいという心構えしか起さないならば、その果報は世善だけである。しかし、もし受戒者が上智で、勝れた智慧を持っており、成佛の決心をもって戒を受けるならば、その戒が道基、すなわち菩提の基礎ともなりうるのである」と。以上によって、次のことが知られる。すなわち戒の道理は、「機」すなわち受戒者の能力によって違いが出てくるということである。これが今宗、すなわち律宗の主張するところである。祖師道宣が律宗を建立した本意である。

律宗が特に主張することとは、大乗の宗派でも、小乗と同じ戒律を守らねばならないということである。中国佛教では、天台宗でも華厳宗でも、あるいは法相宗・禅宗・浄土宗など、すべて『四分律』によって戒を受けて修行する。在家と異った出家の生活をしようとすれば、袈裟にしても坐具にして、も、その他、生活全般が、律蔵の規定による以外に方法はないのである。故に、道宣は『四分律行事鈔』巻下四（大正四〇、一四九中）に、「律儀の一戒は声聞に異ならず」と述べているのである。したがって戒律の立場からいうならば、いかなる決心を持って戒を受けるかという点にきわまるのである。すなわち、華厳の教理に基づいて戒を受ければ、華厳の戒体が得られ、天台の立場で戒を受ければ、天台の修行を推進する戒力が得られるという意味である。日本佛教では、天台宗をはじめ多くの宗派が、律宗から離れて大乗戒の立場に立っており、真宗のごとく非僧非俗を標榜する宗派もある。しかし、出家と在家という生活上の区別を立てる以上、その出家の生活の規則を示すものは律であるから、律宗と無関係であることはできない。

3　四分は義当大乗

問。四分律宗、大小乘中、正是何乎。

答。律宗諸家所判不同。慧光律師云、四分一律宗、是大乘。云云。法礪玄惲等師竝云、唯是小乘。云云。南山律師云、此四分宗、義當㆓大乘㆒。已上。今依㆓此義㆒、盛爲㆓所憑㆒。故業疏中立㆓五義分通㆒。謂沓婆廻心、施生成佛（施㆓一切衆生㆒皆共成㆓佛道㆒）識了㆓塵境㆒、相召佛子、捨レ財用輕。遙超㆓餘部㆒、寔爲㆓深義㆒。


問う、四分律宗は大小乗の中、正しく是れ何ぞや。

答う、律宗は諸家の所判不同なり。慧光《えこう》律師は云う、四分の一律宗は是れ大乗なりと。云云。法礪《ほうれい》・玄惲《げんうん》等の師は並びに云う、唯だ是れ小乗なりと。云云。南山律師は云う、此の四分宗は義は大乗に当ると。已上。今此の義に依りて盛んに所憑《しょひょう》と為す。故に業疏の中に、五義分通を立つ。謂く、沓婆《とうば》の廻心《えしん》と、施生成佛《せしょうじょうぶつ》（一切衆生に施し、皆共に佛道を成ぜん）と、識塵境《しきじんきょう》を了すると、相召《あいよ》んで佛子とすると、財を捨て用うるは軽しとは、遙かに余部に超えたり。寔《まこと》に深義と為す。

この一段は、『四分律』と大小乗の関係を述べる。

四分律宗を大小乗の中、どこに位置づけるかという問題である。この点について、慧光《えこう》律師は、『四分律』は大乗であると判じた。ただし、慧光の著作は残っていないため、彼がいかなる根拠で、四分大乗を主張したか明らかでない。次に相部宗の法礪《ほうれい》や、道宣の同門の玄惲《げんうん》は、共に四分は小乗であると判じた。これは戒体論からかくいうのである。四分律は法蔵部に属するが、そのものには戒体論は説かれていない。そのために他の論を援用して、『四分律』を受持した時、いかなる戒体が得られるかを論議する。その際、法礪や玄惲は、説一切有部の論書に基づいて、戒体は無表色であると主張する。このように小乗の戒体を得するとなすから、四分律宗は小乗であるということになる。これは懐素《かいそ》の東塔宗でも同様であり、小乗佛教の心で『四分律』を受持するのである。しかし『四分律』の立場を小乗としたために、相部宗や東塔宗は衰えたのである。

これに対して道宣は、『四分律』は小乗ではあるが、義が大乗に通ずる点があるとして、「義当大乗」といい、『四分律』における大乗的な思想を五点指摘した。これは道宣の『四分律羯磨疏』（続蔵一・六四、四三三右上）に説かれるもので、第一は「沓婆廻心《とうばえしん》」である。これは沓婆摩羅子《とうばまらし》が阿羅漢を得た時、比丘僧伽のために、知事比丘となり、分僧臥具人・差次請食人の役をなさんと、みずから進んで佛陀に願い出たことをいう。ここに利他の精神が見られるのであり、大乗的であるという。これは『四分律』巻三（大正二二、五八七上—中）僧残法無根謗戒の因縁譚に出る。

第二の「施生成佛《せしようじようぶつ》」とは、『四分律比丘戒本』（『比丘尼戒本』も同じ、大正二二、一〇二三上、一〇三〇下、一〇四一上）の廻向文に「我れ今戒経を説く、所説の諸功徳は、一切衆生に施し、皆共に佛道を成ぜん」と述べている。ここに説く「皆共成佛道」の精神は大乗的であるという意味。これは『四分律』を解釈する場合、重要なことであり、他律の戒経には、これと同じ廻向文はない。

第三の「識塵境《しきじんきよう》を了す」とは、『四分律』巻十一（大正二二、六三四中）に「小妄語戒」の説明中に「見とは眼識能く見、聞とは耳識能く聞く、触とは三識能く触れる、鼻識・舌識・身識なり。知とは意識能く知る」とあるのを指す。小乗佛教では眼根が見る、耳根が聞くなどと、識よりも根を立てる。しかし『四分律』は、ここで、根見ではなくして、識見を主張しているから、この点、『四分律』は大乗に近いというのである。

第四「相召佛子《そうしようぶつし》」とは、『四分律』の序（大正二二、五六八上）に「是の如きの諸佛子、禁戒本を修行す」の語があり、「佛子」と呼ばれている。律蔵では「比丘よ」と呼ぶのが一般的であり、大乗経典のように「佛子」と呼ぶ例はない。故に『四分律』はこの点でも大乗に合すると見る。

第五「捨財用軽《しやざいゆうきよう》」とは、捨堕罪に触れた物は僧伽に捨せられるが、これは後に本人に還されるべきである。しかるに、それを還さないで、他の比丘が用いた場合、『四分律』では突吉羅罪であるとなしている（『四分律』巻六、大正二二、六〇三上）。これは一種の盗みであるが、しかし波羅夷としない点は、捨財した本人の意楽《いぎょう》を重んじた判断であって、大乗に合致すると解釈するのである。

以上の五点において『四分律』は、他の『十誦』や『五分』・『僧祇』などよりはるかに勝れており、深義《じんぎ》を具えている。その意味で、『四分律』は「分通《ぶんつう》大乗」「義当大乗」（『四分律行事鈔』巻上三、大正四〇、二六中）であるとなすのである。

4 戒の四科と戒体

束二上諸戒一、總有二四科一。一者戒法、如來所制法、通二萬境一故。二者戒體、受者所發、心府領納故。今四分宗、依二成實論一、非色非心爲レ體。三者戒行、受者隨二持三業一運造故。四者戒相、美德外彰、持相可レ軌故。一切諸戒、咸具二此四一。

上の諸戒を束《つか》ねて総じて四科有り。一には戒法、如来所制の法は万境に通ずるが故に。二には戒体、受者の所発にして、心府に領納するが故に。今、四分宗は成実論に依りて、非色非心を体と為す。三には戒行、受者三業を随持し、運造するが故に。四には戒相、美徳外に彰《あら》われ、持相軌とすべきが故に。一切諸戒咸《みな》此の四を具す。

この一段は、南山律宗独自の教理である戒の四科について述べる。

道宣は『四分律行事鈔』巻中一（大正四〇、五〇上以下）「随戒釈相篇第十四」において比丘の二百五十戒を説明しているが、その際、二百五十戒を戒法・戒体・戒行・戒相の四科に分って説明する。これは南山律宗の特色ある教理である。

第一の戒法とは、戒の教理・理念をいう。『行事鈔』には、戒は「聖道の本基であり、戒は賊を捉える如く、定は賊を縛する如く、慧は賊を殺すが如し」と説明し、「若し此の戒無くば、諸の苦行ありと雖も、皆邪行と名づく」と述べており、修行に佛教的な意味を与えるものが戒であると見ている。凝然が「如来所制の法は万境に通ず」というのは、戒の規範があらゆる場所に妥当する普遍性を持つことをいうのである。戒法とは、そういう戒の理念を示したものであり、二百五十戒の一条一条に戒の真理が含まれていることを示す。

第二の戒体とは、「受者の所発にして、心府に領納する」ものと説明しているが、その意味は、受戒の時に受者が発得する「防非止悪の力」をいうのである。たとえば、不飲酒戒を受ければ、酒を飲むことを妨害する力が身に具わる。これが戒体である。この力があるために、飲みたい酒を飲むことができない。同様に、不殺生戒を受ければ、生物を傷つけることを妨げる力が身に具わる。この非を防ぎ、悪をとどめる力が、受戒の時、受者の身に具わるのを「領納」(受け入れる)といったのである。この防非止悪力は、戒を受持している間は存続する。睡っている時も、忘れている時も、あるいは悪を企て、破戒を考えている時でも、この戒力は失われない。破戒を実行する時ですら、戒を捨てようと思う心を起さない限り、失われることはない。この点を『倶舎論』巻一(大正二九、三上)には「乱心と無心等に随流して、浄と不浄となり。大種所造の性にして、此れに由りて無表と説く」と説明している。乱心とは余の心をいうのであり、防非止悪の力は善であるから、その乱心は悪心・無記心である。無心は無想定や滅尽定をいう。熟睡も無心に入る。このような時にも、戒体は続いており、同じ善の性質を持続している。すなわち、悪心を起している時も、無心の時も、戒体の善性は変らないのである。同様に、その逆の悪戒を受けた場合には、その悪（不浄）の性質は、その人が善心を起した時にも存続する。

　戒体は以上のごときものであるから、心理的なものとは見がたい。心理であれば滅尽定のような無心には存在し得ないからである。ともかく、戒体は眼に見えないものであるから「無表」（avijñapti）という。これは受戒という行為（業）から生じたものであるから「無表業」（avijñapti-karman）という。この無表業の本質が何であるかについて、古来学者の意見の相違が激しい。上述の『倶舎論』では、これは「無表色」（avijñapi-rūpa）であるという。何故なれば、戒体は、戒を受ける時に師の前にひざまずいたり、礼拝したりする身業、ならびに戒を授けられんことを乞う語業などから生じたものだからである。単に心の中で戒を受けようと思う（意業）だけでは戒体は生じない。必ず身業・語業に現われなければ、受戒は成就しない。このように戒体は、色法（身業・語業）から生じたものであるので、「無表色」とて、色法と見るのである。世親は『倶舎論』巻一に、上記の無表色の説を挙げながら、『倶舎論』の他の箇所では無表色に反対している。しかし、ともかく説一切有部では、戒体を無表色と見る。そして相部宗の法礪や、東塔宗の懐素は、律宗の戒体をこの無表色で説明するのである。

　ただし、道宣はこの有部宗の無表色を採らないで、「今、本宗に依り、成論に約して以て釈す。先に明かす作《さ》の戒体は、論に云う、身口の業を用いる思を体と為す。……無作戒と言うは、非色非心を以て体と為す。云々」（大正四〇、五二中）と述べ、南山律宗の戒体論は『成実論』によることを示している。ここで「無作」というのは、「無表」と同じで、羅什はこれを無作と訳し、真諦は無教と訳し、玄奘は無表と訳したのである。戒体には、作と無作（表と無表）との両方があるが、作の方は、受戒の時の身業や語業と同時にある「思」が体である。すなわち『成実論』では、受戒の時の身業や語業を、色とは見ないで、身・語と同時にある心内の「思」であると見る。そして無作の方は「非色非心」であるという。思は心所法の一種であるが、それより得られた無作は、非色非心であるとなすのである。これは『成実論』巻七「無作品」（大正三二、二九〇上―中）に、無作は非色非心の不相応行であると説いているのによっているのである。

上述のごとく、有部は無表を色とするが、しかし色は物質であるから、この防非止悪の力がまったく身体的なものならば、どうして心を束縛するのか、その点に難点がある。戒体は、心の悪をとどめしめる力である。そこに戒体をまったく物質（色法）となしがたい点がある。しかし、まったく心的なものとすると、滅尽定や無想定にどうして存続できるのかという困難がある。そのために『成実論』では、無表を心とも色とも見ず、「非色非心の不相応行」の一種であるとなすのである。

それ故に、凝然もここで、戒体を「今、四分宗は成実論に依りて、非色非心を体と為す」と示しているのである。非色非心とは、ここでは生理的な力のごときものを考えているのであろう。たとえば、遺伝質は、生理学の研究対象ともなるが、同時に心理学の研究対象ともなる。すなわち生理的と心理的との二つの性質を持っている。これと同じように、戒体も、肉体的ともいい得ず、しかし全的に心理的な存在ともいい得ない、両者の中間の生理・心理的な力であると考えたのであろう。そういう防非止悪の力が戒体であるとなすのが、南山律宗の戒体論であるといってよいであろう（ただし、先にもいったごとく、道宣自身の立場は、「種子戒体説」である）。

第三は戒行で、受の上に随持し、三業運造するとは、戒を実行することをいう。受戒に基づいて戒の実行がある。しかもそれは身口意の三業による行動である。戒を実行しようとする意志（意業）なしに、口や身体を動かすだけでは戒の実行とはいえない。故に三業運造が戒行である。

第四の戒相とは、「美徳外に彰《あら》われ」というから、戒の実行が外に現われた点を戒相というごとくであるが、一般には、戒相とは戒の条文をいう。たとえば、五戒の戒相とは、不殺生・不偸盗・不邪婬・不妄語・不飲酒の五をいうのである。同様な意味で、八斎戒の戒相、沙弥の十戒の戒相が知られる。戒相を知らなくては、戒の実践はありえない。たとえば、五戒の不殺生戒は、あらゆる生物を対象とするが、比丘戒の波羅夷法の殺戒は人間だけを対象にする。同じ殺戒でも対象に広狭がある。あるいは、不飲酒戒では酔わせるものが酒である。故に甘酒や酒になっていない葡萄汁などは不飲酒戒の範囲には入らない。そういう区別を示すのが戒相である。戒相に基づいて戒の具体的な実行が可能になる。故に「持相軌とすべきが故に」と説くのである。これは、戒相に基づいて戒の実行があるという意味である。

以上の戒の法体行相は、一切の戒がすべて具えているのである。たとえば、五戒の一一に四科があり、二百五十戒の一条一条に四科があるのである。

5　三教判と律宗の行果

問。今宗所立及祖師意致、大小乘中、本二何行果一。

答。此敎所依、本是小乘。四分本律、元被二小乘一故。然義當二大乘一、機根漸進故。當分小乘故、小無レ不レ兼。分通大乘故、大無レ不レ期。此是今敎所説所旨。若據二南山律祖意一者、如來一代所説法門、大小諸敎、分爲二三敎一。一性空敎、一切小乘、即此中攝。二相空敎、一切大乘淺敎悉攝。三唯識圓敎、一切大乘深敎悉攝。今四分宗、即性空敎中之一分。唯識圓敎、是祖師域心。圓融三學、無礙圓行故。業疏中、明二諸宗所談戒體一、出二三宗義一。有宗空宗、竝性空敎攝。圓敎妙體、是唯識敎也。

問う、今宗の所立、及び祖師の意致は、大小乗の中、何れの行果を本《もと》とするや。

答う、此の教の所依は本《もと》是れ小乗なり。四分本律は元、小乗に被れるが故に。然るに義は大乗に当る。機根漸進の故に。当分小乗の故に、小として兼ねざるは無し。分通大乗の故に、大として期せざるは無し。此れは是れ、今教所説の所旨なり。

若し南山律祖の意に拠らば、如来の一代所説の法門、大小の諸教を、分ちて三教と為す。一には性空《しょうくう》教、一切の小乗は即ち此の中に摂す。二には相空《そうくう》教、一切の大乗の浅教は悉く摂す。三には唯識円《ゆいしきえん》教、一切の大乗の深教は悉く摂す。今四分宗は即ち性空教の中の一分なり。唯識円教は是れ祖師の域心なり。円融《えんゆう》の三学、無《む》礙《げ》の円行の故に。業疏の中に、諸宗所談の戒体を明かして、三宗の義を出し、有宗と空宗と、並びに性空教とに摂す。円教の妙体は是れ唯識教なり。

この一段は、律宗の本旨を示したものである。

先に律宗の教判として、化教と制教を示したが、これは律宗の表向きの教判であって、理論的にはこの教判によらねばならないが、しかし大乗佛教者としての道宜は、律宗を小乗とすることに満足しないのであり、律宗の教理の框《わく》を超えて、唯識の教理で律宗を基礎づける独自の教理を展開した。今はそれを示す。

この律宗の教理、および祖師の道宣の真意によれば、律宗の行果、すなわち律宗の修行とそれによって得られる証（果）とは、大小乗の中で、どこに位置づけられるか。

これに答えていうに、この律宗の所依の『四分律』は、本来小乗佛教である。『四分律』は法蔵部の伝持した律であるから、小乗佛教であることを否定することはできない。故に本来これは、小乗教徒のために説かれたものである。しかし「義当大乗」であり、『四分律』の内容には、五義の点で大乗と一致している。何故そのような大乗的な教理があるかといえば、小乗の人も修行によって機根がすすみ、阿羅漢でも廻心して大乗に向うようになるからである。その欲求に応ずるために、大乗的な教理が含まれている。しかし『四分律』そのものの当分、すなわちその本来の立場は小乗であるから、小乗のすべてをその中に含んでいる。しかし、同時に『四分律』は分通大乗であり、部分的に大乗に通じているから、四分に立脚しながら、しかも大乗の佛果を期することも、決してできないのではない。このような二重構造が、四分律宗の説く趣旨である。すなわち本宗の行果は、小乗の行果も可能であるが、同時に、大乗の行果も期し得るのである。

以上は、四分律宗の表向きの説である。しかし南山律宗の祖師道宣の真の考えによるならば、四分律宗は分通大乗ではなく、まったくの大乗と見ているのである。すなわち道宣は『四分律行事鈔』巻中四「懺六聚法篇第十六」（大正四〇、九六中）において、一代佛教を、「諸法の性を空無我」と見る説と、「諸法の本相是れ空」と見る説と、「諸法の外塵本無、実に唯だ識有り」と見る説との三観にまとめている。これを凝然は、「如来の一代所説の法門、大小の諸教を、分ちて三教と為す」と説明している。

一つは性空教《しょうくう》である。性空教を『律宗綱要』(大正七四、九下―一〇上)では、人法の性を泯《ほろ》ぼして空理を見る教えと説明している。小乗は鈍根で、即空と見ることができないので、人性を分析して、法体を対遣して、我法の無を知る。すなわちこれは分析的な空観である。この中には阿含などの教えと、『僧祇』・『四分』などの律、『倶舎』・『成実』などの論が含まれ、一切の小乗諸教はこの摂であるといっている。

第二は相空教《そうくう》である。これには一切の大乗の浅教が摂せられる。『律宗綱要』によると、相空教は人法の相を泯《ほろ》ぼして空を見る。人法の体がそのまま空と達するのであり、小菩薩の教理行果であり、『般若経』、および彼の部の論がこれに摂せられるという。これは即空の観解をなすのである。相空とはその意味である。

第三は唯識円教《ゆいしきえん》であり、一切の大乗の深教がことごとく含まれる。これは外境は無で唯識のみありと見る観解であり、性相円融《しょうそうえんゆう》を見る大菩薩の甚深の妙行であるという。すなわち『華厳』・『楞伽』・『法華』・『涅槃』・『摂大乗』などの円極微妙《えんごくみみょう》の諸大乗の経律論がこの中に摂せられるという。

以上の三観教において、四分律宗はその当分においては、第一の性空教に含まれるわけである。これは道宣といえども認めねばならない。しかし、祖師道宣の域心、すなわち道宣の心の深層においては、律宗は唯識円教であると見ているのである。それは何故かといえば、華厳の重重無尽《じゅうじゅうむじん》の立場や、天台の三諦円融《さんたいえんゆう》の立場に立って、戒定慧の三学は円融の三学であり、三学互摂であると見ているからである。戒学を学べば、その中に定学も慧学も必然的に含まれている。そういう一乗円教の立場に立って、『四分律』を行ずるのが道宣の立場であるから、律宗が、すなわち唯識円教になるのである。

この点を、道宣は、律宗の戒体論において示している。上述のごとく、道宣は『四分律行事鈔』では、本宗の戒体を『成実論』によって、非色非心の不相応行としているのであるが、しかし『随機羯磨疏』(これは元照の『済縁記』と会本になって出版されている。続蔵一・六四、四二六左―四三〇右上)では、本宗の戒体論を、唯識の教理によって、「思の種子」としているのである。そのために戒体論からいって、律宗は唯識円教になるというのである。すなわち『随機羯磨疏』には、薩婆多(有部宗)と、成実宗と、円教との三宗の戒体を論じて、「円教に約して戒体を明かす」とて、阿頼耶識《あらやしき》に熏《くん》ぜられた善の思の種子を戒体とする説を出している。すなわち受戒の時の第六意識の思の心所が、阿頼耶識に防非止悪の力のある種子を熏成《くんじょう》する。この種子の上に無表色を仮立するのである。無表色の実体があるのではないが、種子に具わる防非止悪の力を仮りに無表色と呼ぶのである。この点を『律宗綱要』(大正七四、一一上)では「南山大師の事鈔には、直ちに成宗の戒体を出せり。業疏には具《つぶさ》に有空二宗の所説の戒体を出し、……後に終南師は自己の意を陳《の》べ、之を正義、決断の妙宗と名づけ、三宗を建立して、教の浅深を判ぜり。有宗・空宗、及び円教宗なり。之を三宗と名づく」と述べている。すなわち、業疏では三宗を出して、一代佛教を有宗・空宗・唯識宗の三宗に摂しているのである。故に、律宗を唯識円教とすることは、祖師の域心であって、四分の当分の説ではないのである。しかし一乗円教の大菩薩の精神で『四分律』を受戒するから、大乗の戒体が阿頼耶識に熏成される。これに基づいて修行するから、律宗でも一乗円満の佛果を期することができるというのが道宣の立場である。この戒体を円教の妙体といっているのである。

第十一節　三聚浄戒

大小二宗、各立㆓三學㆒。且大乗圓敎三學者、戒卽護㆓三聚淨戒㆒。藏識種子、以爲㆓其體㆒。定慧則唯識妙行、止觀竝運、以爲㆓其相㆒。戒卽定慧、無㆓一法而非㆓定慧㆒。定慧卽戒、無㆓一法而非㆑戒。此名㆓圓融三學行相㆒。

1　円融の三学

大小二宗に各〻三学を立つ。且《しばら》く大乗円教の三学とは、戒は即ち三聚浄戒《さんじゅじょうかい》を護る。蔵識の種子、以て其の体と為す。定慧は則ち唯識の妙行、止観《しかん》並びに運んで、以て其の相と為す。戒は即ち定慧、一法として定慧に非ざる無し。定慧は即ち戒、一法として戒に非ざるは無し。此れを円融三学の行相と名づく。

この一段は、円融の三学を明かした一節である。

大乗・小乗共に修行を三学にまとめている。戒定慧の三学で佛一代の教えをまとめることは、『長阿含経』の『大般涅槃経』に繰返し出ている。三学を説くことは原始佛教以来の説である。

ここには大乗円教の三学を述べる。円教とは完全な教えの意味で、法相宗・天台宗・華厳宗などでいうため、この大乗円教がどの宗の教理に基づくか判明しない。ともかく、この大乗円教（ここでは律宗を指すのであるが）の三学の第一戒学とは、三聚浄戒《さんじゅじょうかい》を護ることである。

凝然はかくいうが、しかし道宣の著作では、三聚浄戒はあまり出てこない。『行事鈔』などにはまったく見られず、わずかに『釈門帰敬儀』巻上（大正四五、八五六中）などに、三聚浄戒が法報応の佛の三身の因となることを説く程度である。『四分律』には三聚浄戒を説かないのは当然であるが、『四分律』を三聚浄戒にあてはめても、第一の律儀戒のみになるから、第二の摂善法戒、第三の摂衆生戒は『四分律』にはないことになる。これは四分律宗の不完全なことを示すことになるから、道宣は三聚浄戒をあまり説かなかったのではなかろうか。

三聚浄戒は、『菩薩地持経』や『瑜伽師地論』巻四十（大正三〇、五一一上）「菩薩地」に説く三聚浄戒が有名である。ここでは第一の律儀戒を「七衆の別解脱戒」としているから、『四分律』あるいは律宗の「五・八・十・具」の戒の教理は、そのままこの律儀戒になる。菩薩地ではその後に、身語意によって諸善を積聚するところの摂善法戒と、さらに十一種の相で示された饒益有情戒《にょうやくうじょうかい》（摂衆生戒）を説いている。この二つは利他の戒であり、小乗佛教に欠けた部分である。

菩薩地はさらにその後に、四重四十三違犯からなる「菩薩戒」を説いている。これが『瑜伽論』の菩薩戒であり、『梵網経』の菩薩戒と対立するものである。『瑜伽論』の菩薩戒が中国に弘まったのは、『梵網経』より早いのである。曇無讖が『菩薩地持経』を訳したのは、四二〇年頃である。そしてこの『地持経』に基づく大乗戒が敦煌や北シナに弘まった。それから少し遅れて四五〇年頃までに求那跋摩が『菩薩善戒経』を訳した。これは『菩薩地持経』の異訳であり、同じく三聚浄戒や菩薩戒を説いている。ただし、その菩薩戒は八重・六重と四十八犯事で、『瑜伽論』や『地持経』より戒の数が増している。それはともかくとして、『善戒経』は劉宋《りゅうそう》の京都金陵で訳され、南シナに流行した。宋の文帝も菩薩戒を受けているが、それは、この『善戒経』の菩薩戒を受けたのであろう。以上の瑜伽論系統の菩薩戒を瑜伽戒という。

『梵網経』の菩薩戒は初めは振わなかった。おそらく三論や天台の系統で伝持されて、天台大師がこれを盛んにしたために、天台宗の隆盛と共に盛んになり、ついに瑜伽戒に取って代ったのであろうと思われる。法相宗の勝荘や華厳宗の法蔵なども『梵網経』に註釈を著わし、新羅の太賢も『梵網経古迹記』を著わしているから、法蔵などの時代には、天台宗・華厳宗はもとより、法相宗も、大乗戒といえば梵網戒を受持していたと見てよい。したがって、鑑真も天台僧であるから、当然、『梵網経』の菩薩戒を受持していたと考えてよい。しかし『瑜伽論』によった慈恩大師までも、瑜伽戒を捨てて梵網戒によったとは考えにくい。しかも律宗と三聚浄戒を結合しようとすれば、『瑜伽論』の三聚浄戒によらねばならないのであるから、律宗も『瑜伽論』の三聚浄戒に関係が深い。そのために律宗と大乗戒との関係は簡単に割り切れないものがある。『梵網経』には、三聚浄戒を説いていないのである。

なお、三聚浄戒は瑜伽論系統の外に、『菩薩瓔珞経』巻下（大正二四、一〇二〇下―一〇二一中）にも出ている。この三聚浄戒は、律儀戒に『梵網経』の十重禁戒をあてはめたものであり、すなわち摂律儀戒に『梵網経』の十波羅夷を採用し、摂善法戒を八万四千の法門とし、摂衆生戒を慈悲喜捨の四無量心であるとしている。

このように、三聚浄戒にも異説があり、しかも律宗としては、七衆の別解脱戒を認める『瑜伽論』の三聚浄戒と結合しながらも、しかし菩薩戒としては『瑜伽論』によらず、梵網戒を受持していたと考えられる点に困難な問題がある。凝然の『律宗綱要』にも、諸説を並挙するが、自己の立場をはっきり示していない。

ともかく大乗円教の三学では、戒は、すなわち三聚浄戒を護るのである。そしてその戒体は、蔵識、すなわち阿頼耶識の種子である。道宣の『四分律羯磨疏』(続蔵一・六四、四三〇右上)に「作法受は還りて妄心に熏《くん》じ、本蔵識に於て善の種子を成ず。此れ戒体なり」と述べている。受戒の時の善の思が阿頼耶識に熏じてできた種子が戒体であるとなすのである。しかし種子は阿頼耶識に存するのであり、その限りでは力を発揮するものではない。種子が現行に転化してこそ、表面心に力を持つわけである。そのために、思の種子を戒体とするとしながらも、実質は思の種子の持つ功能《くうのう》を体とするのであると解釈されている(『律宗綱要』巻上、大正七四、一一中)。これが大乗円教の戒学であるが、定学・慧学は唯識の妙行をいうのであり、心を一つの対象に集中する「止」と、智慧をもって諸法を如実に知見する「観」とが並び活くのが、定慧の相である。しかし戒の実践にも、精神の集中と正しい理解とが含まれていなければ、円教の戒学とはならないから、戒がそのまま定慧である。戒の中、一法として定慧でないものはない。同様に、定学・慧学の中にも戒が含まれている。修行の推進力が戒であるから、この力なしには定も慧も成立しない。戒は修行の眼目である。戒を欠けば、定慧は邪定・邪解になる。故に大乗円教の定慧はそのまま戒学である。定慧の中、一法として戒でないものはない。このように戒定慧の三学は、相互に相手を中に含んでおり、三学互摂であり、円融の三学となっている。これが大乗円教たる律宗の三学の行相である。行相とはその現われ方をいうのである。
この円融三学という思想は、天台の空仮中の三諦円融《さんたいえんゆう》の思想と共通点があり、凝然のいう大乗円教は、ある点では天台の思想を受けているといってよい。

2　三聚浄戒の互摂

其中戒者、卽前所レ標三聚淨戒。謂攝律儀戒、一切諸惡、皆悉斷捨故。攝善法戒、一切諸善、皆悉修行故。攝衆生戒、荷二負衆生一遍施二利益一故。此之三聚、亦圓融行。故三聚互攝、諸戒融通。如二不殺生一卽具二三聚一。乃至一切諸戒皆爾。隨レ持二一戒一三聚全具。雖二是一行一廣攝二萬行一。故雖二一念一頓經二三祇一。不レ壞二三祇一而立二一念一。不レ退二一念一而經二三祇一。長短無礙、生佛平等、諸法互遍、相卽無盡。豈非二深妙一乎。

其の中の戒とは、即ち前に標する所の三聚浄戒なり。謂く、摂律儀《しょうりつぎ》戒は一切の諸悪、皆悉く断捨するが故に。摂善法戒とは、一切の諸善、皆悉く修行するが故に。摂衆生戒とは、衆生を荷負し、遍く利益を施すが故に。此の三聚は、また、円融の行なり。故に三聚互いに摂し、諸戒融通す。不殺生の如きは、即ち三聚を具す。乃至、一切の諸戒も皆爾《しか》り。一戒を持するに随いて、三聚全く具《そな》わる。是れ一行なりと雖も、広く万行を摂す。故に一念なりと雖も頓《とみ》に三祇《さんぎ》を経《ふ》る。三祇を壊せずして一念を立て、一念を退せずして三祇を経る。長短無礙《むげ》、生佛平等、諸法互いに遍く、相即無尽なり。豈《あ》に深妙に非ずや。

戒定慧の三学の中で、特に戒学について述べると、大乗円教の戒学は、先に示した三聚浄戒である。三聚浄戒の第一である摂律儀戒《しょうりつぎ》とは、一切の悪を断ずる戒である。防非止悪が律儀（saṃvara）である。律儀とは、悪を抑制する力のことであり、戒というも律儀というも同じである。この際、摂律儀戒と「摂」の字をつけているが、『菩薩地持経』や『瑜伽論』の三聚浄戒では、律儀戒には摂をつけていない。ただし『瓔珞経』の三聚浄戒では、摂律儀戒として、摂をつけている。しかし善法や衆生には「摂」が必要であるが、律儀には必要ないであろう。ともかく、悪を断捨するのが律儀戒であり、逆に積極的に善を実践する誓いが第二の摂善法戒である。これは、善といわれる善はすべて実行することである。第三の摂衆生戒は、苦しんでいる衆生を引受けて、あまねく利益を得しむることである。この誓いを立てることが戒である。

以上が三聚浄戒であるが、大乗円教ではこの三聚浄戒をも円融の立場で行ずる。すなわち律儀戒の止悪と、摂善法戒の作善と、第三の利益衆生とが、相互に他の二を含んでいる。三聚が互摂であり、一を行ずれば残りの二がその中に含まれているごとき実践をなすのが、円融の三聚である。故に、三戒が相互に融通している。たとえば、不殺生戒の実行においても、『梵網経』の戒相によると、第一に殺を禁ずる、一切の命あるものを故《ことさ》らに殺すを得ずと述べる。これは止悪であり、律儀戒である。次に、続いて、菩薩は常住の慈悲心を起して、生物を方便し救い護れと命じている。これは積極的に生命を助けることで、作善である。第二の摂善法戒にあたる。第三に一切衆生の生命を殺すなかれと命じており、これは摂衆生戒にあたる（大正二四、一〇〇四中）。すなわち『梵網経』には、「三聚浄戒」の用語はないが、しかしその不殺生戒の戒相は三聚浄戒を具えている。これは不殺生戒のみでなく、他の戒もすべてこのような三聚浄戒の形をとっている。故に、ここに三聚の互摂が示されている。今はこの『梵網経』の戒相を、律宗の律儀戒に援用したのである。

故に、三聚浄戒のどれか一戒を受持すれば、同時に三戒のすべてを受持することになる。故に、これを推し進めていけば、一行の中に万行を摂することになる。空間的に見れば、一行一切行であり、時間的に円融の世界を見ると、一念、すなわち一刹那の中に、ただちに三阿《さんあ》僧祇《そうぎ》劫《こう》が含まれていることになる。阿僧祇は無数の意味であり、劫は非常に長い時間の単位である。そういう無限に長い時間と一刹那とが相互に相手を含んでいる。故に、三阿僧祇劫の長時の行を廃しないで、しかも一念の行が成立する。その理由は、時間に実体がないからである。六十年の修行もすんでみれば、一刹那の行と変りがない。故に、刹那に三祇を含み、三祇に刹那を含むのである。長短無礙《むげ》である。衆生と佛とが平等である。もちろん、衆生は迷い、佛は悟っているが、両者の違いを認めつつ、しかも両者に隔りがないのであり、佛と凡夫とはつながっている。両者が隔絶しておれば、衆生が佛に転ずることはできないからである。故に生佛平等であり、諸法が互いに融合しつつ、しかもそれぞれ異なるものとして成立している。相即無尽である。このような生佛一如、相即無尽の世界は、深妙であるという以外に表現のしようがない。

以上の、凝然の「一念なりと雖も頓《とみ》に三祇《さんぎ》を経《ふ》る」などの思想は、華厳の思想である。故に、彼のいう律宗を大乗円教という場合の円教は、天台や華厳の思想に支えられた円教であって、法相宗と同じでないことは注意してよい。唯識の教理を援用しているが、一乗教の立場に立っており、悉有《しつう》佛《ぶつ》性《しょう》を認める立場である。

3 律儀戒の三戒

攝善攝生、且略不レ論。其律儀戒亦有二三種一。一別解脱戒、二定共戒、三道共戒。其初別解脱中、有二三業一。卽身語意所持戒也。身語二戒、有二共不共一。意業之戒、唯是不共。故聲聞所受、唯此身語一分、共門之分齊也。四分律等所レ説戒相、卽此分齊。但四分律、分通二意戒一。由二此義一故、有二小乘戒一。今大乘宗、此共門戒入二三聚中一、會歸二大乘一故、小乘律所説戒行、皆是三聚、圓頓大戒、更無二別相一、純一圓極。彼七衆軌則、全同二小律一、律儀戒中建二立之一故。此則南山大師教觀宗旨、學者受隨、解行之域心也。

摂善・摂生は且《しばら》く略して論ぜず、其の律儀戒にもまた、三種有り。一には別解脱戒、二には定共戒《じょうぐ》、三には道共戒《どうぐ》なり。其の初めの別解脱中に、三業有り。即ち身語意所持の戒なり。身語二戒に共《ぐう》・不共《ふぐう》有り。意業の戒は唯だ是れ不共なり。故に声聞所受は唯だ是れ身語の一分、共門《ぐもん》の分斉《ぶんざい》なり。四分律等に説く所の戒相は、即ち此の分斉なり。但し四分律は分に意戒に通ず。此の義に由るが故に、小乗戒有り。今、大乗宗は此の共門の戒を三聚の中に入れ、会して大乗に帰するが故に、小乗律所説の戒行も、皆是れ三聚円頓《さんじゅえんどん》の大戒にして、更に別相無く、純一円極なり。彼の七衆の軌則《きそく》は全く小律に同じきも、律儀戒中に之を建立するが故に。此れ則ち南山大師教観の宗旨、学者の受随と解行の域心《いきしん》なり。

この一段は、律儀戒の内容を三種の戒として示したものである。

三聚浄戒の中、摂善法戒と摂衆生戒については、しばらく説明を略し、律儀戒について述べると、律儀戒に三種の戒が含まれている。それは、一には別解脱戒、二には定共戒《じょうぐ》、三には道共戒《どうぐ》である。『瑜伽論』菩薩地の三聚浄戒では、律儀式は菩薩所受の七衆の別解脱律儀であると説いているが、しかし定共戒と道共戒を含めてはいない。道・定二戒を律儀戒に加えるのは、凝然の独創的な見解と思われる。

戒を別解脱戒・定共戒・道共戒の三戒に分けるのは、阿毘達磨《あびだつま》佛教の説であり、『倶舎論』巻十四（大正二九、七二中）に「律儀の差別に略して三種有り。一には別解脱律儀、謂く、欲纒《よくてん》戒なり。二には静慮《じょうりょ》生律儀、謂く、色纒《しきてん》戒なり。三には道生律儀、謂く、無漏《むろ》戒なり」と述べている。そして第一の別解脱律儀には、七衆の別解脱戒を出している。したがって、凝然の上記の説は、阿毘達磨の三種の戒をそのまま三聚浄戒にあてはめたものである。別解脱戒とは、悪から別々に解脱する意であると解釈されている。たとえば、五戒を受ければ、それによって示されている五つの悪から、別々に解脱するという意味である。

別解脱戒とは、『倶舎論』では、比丘・比丘尼の具足戒と、正学女の六法戒、沙弥・沙弥尼の十戒、優婆塞・優婆夷の五戒と八斎戒を指すのである。しかしここでは、特に具足戒について述べている。しかし、これらの七衆の別解脱戒は『倶舎論』などの阿毘達磨論書で最初に説かれたものであり、特に具足戒は律蔵に説かれている。したがって、これらは本来は小乗戒である。それを『瑜伽論』では、菩薩が菩薩の自覚を持って受けるから、菩薩戒になると理解している。したがって戒を受ける時の意志（意業）が重要な意味を持っている。そこでここには「初めの別解脱中に、三業有り。即ち身語意所持の戒なり」と説いている。この中、身語の二戒には、声聞と菩薩と共通の戒と、菩薩のみの独自の戒との二つがある。二五〇戒を守る場合にも、小乗では外部に現われた点を問題にし、身業と語業の面から、戒を守っているか、あるいは破ったかを判断する。これに対して、大乗の菩薩は戒を守る時の意業を重視する。したがって二五〇戒を守るについて、意業の戒は声聞にはなく、菩薩の不共の戒である。身業と語業の戒については、共《ぐ》と不共《ふぐ》とがあるわけである、なお梵網戒のごとき大乗戒までも考えれば、これは身語意の三業において、菩薩の不共の戒である。

　以上のごとく別解脱戒のうち、声聞の受持するものは、身語二業の共戒の部分であるから、身語の一分である。『四分律』などに説く戒の戒相は、『四分律』そのものの立場から見れば、それは小乗の立場で説かれたものであるが、大乗でも守るから、共門《ぐもん》の分斉《ぶんざい》である。しかし『四分律』には分通大乗の意味があり、そこでは利他の精神に基づく戒の実践が示されている。これは意業の戒に通ずるものである。『四分律』にこの意味があるから、共門小乗に通ずる『四分律』を、大乗の学人は、大乗戒である三聚浄戒の律儀戒の中に入れて、開会帰一せしめて、大乗戒とするのである。それ故に、小乗律である『四分律』に説かれている戒行も、すべて三聚円頓《さんじゅえんどん》の大戒となるのである。円頓とは、円満・完全で、頓とは極速という意味である。大乗戒によって速やかに成佛するので、頓という。円頓とは、梵網戒に名づけられた名称であるが、凝然はこれを三聚浄戒につけたのである。『四分律』が三聚浄戒に組入れられることにより、大乗円頓戒になり、大乗戒とまったく変らない点を、「更に別相無く、純一円極なり」などと表現したのである。

　すなわち、律儀戒に含まれる七衆の別解脱戒は、その規則は小乗戒とまったく同じである。すなわち具足戒でいえば、小乗の比丘も大乗の比丘も、同じ二五〇戒を受ける。しかしながら、大乗の三聚浄戒の律儀戒の中にこれを組入れるから、大乗戒になるのであり、純一円極となるのである。これが南山大師の律宗の教観、すなわち教理と観行（実践）の根本理念（宗旨）であり、律宗の学徒の受戒と随行・理解・修行の最後のおちつくところ（域心《いきしん》）である。

なお、以上では別解脱戒の説明のみで、定共戒と道共戒の説明はないが、もともと三聚浄戒の律儀戒にはこの二つは含まれないのである。定共戒とは、禅定に入ると、定力によって、自然に悪を離れる。すなわち定心には防非止悪の力があるので、この防非止悪力を戒という。定と共に生ずる防非止悪力であるので、定共戒という。この戒の力は、禅定に入っている間は存在するが、禅定から出るとこの戒力も消失するので、この戒を随心転という。別解脱戒は不随心転である。次に道共戒の道とは、悟りの智慧をいう。すなわち無漏智《むろち》である。故に、これを無漏律儀ともいう。この悟りの智慧にも悪を断ずる力があるので、この防非止悪の力を戒といい、道と共に生ずるので、道共戒という。これも随心転の戒である。このように戒の本質は、防非止悪の力である点をいうのである。

4　通受と別受

然受二此三聚戒一、有二通受一、有二別受一。三聚通受故云レ通、別受二律儀一故云レ別。今祖師所レ立、白四羯磨圓意戒法、卽當二彼別受一矣。然後受二菩薩戒一者、卽當二通受一矣。

故今律宗學者、通別二受遍納二壇場一、四分梵網竝護二戒相一。通別二受名、出二法相之家一、義在二南山之林一。五篇七聚制、起二聲聞之叢一、行亙二大乘之薗一。明乎、瑜伽大論之誠說矣、南山高祖之定判矣、行者域心啻在二此宗一。大覺妙果豈夫賒乎。

然るに此の三聚戒を受くるに、通受有り、別受有り。三聚通じて受くるが故に通と云い、別して律儀を受くるが故に別と云う。今、祖師の立つる所の白四羯磨《びゃくしこんま》円意の戒法は、即ち彼の別受に当る。然る後、菩薩戒を受くる者は即ち通受に当る。

故に今、律宗の学者、通別の二受を遍く壇場に納め、四分・梵網並びに戒相を護る。通別の二受の名は法相の家に出ずるも、義は南山の林に在り。五篇七聚《ごひんしちじゅ》の制は声聞の叢《くさむら》に起るも、行は大乗の薗《その》に亙《わた》る。明らかなるかな、瑜伽大論の誠説、南山高祖の定判、行者の域心、啻《ただ》此の宗に在り。大覚の妙果豈《あ》に夫《そ》れ賒《はるか》ならんや。

三聚浄戒を受けるのに、通受と別受と、二通りの受け方のあることを示した一段である。

三聚浄戒を通じて受けるので通受という。すなわち最初に止悪門の律儀戒を受け、続いて作善門の摂善法戒を受け、さらに続いて摂衆生戒を受ける。これが通受である。これを総受ともいう。三聚浄戒を総通して受けるからである。これに対して、三聚浄戒の第一の律儀戒だけを受けるのは別受である。この場合は、止悪の戒のみを誓うのである。作善や衆生救済までは誓わない。今、律宗の祖師道宣が、『四分律行事鈔』や『戒疏』・『羯磨疏』などで立てているところの「白四羯磨《びゃくしこんま》」による円教の立場に立つ受戒の作法は、すなわちこの別受にあたるのである。

もともと『四分律』には三聚浄戒の思想はないから、『行事鈔』や『羯磨疏』で三聚浄戒を開説することは不可能である。故に、道宣はここでは、『四分律』に説くと同じ白四羯磨による授戒作法を示しているのである。白四羯磨とは、一白と三羯磨とよりなる授戒作法である。これは十人の比丘よりなる僧伽が、戒壇上において、受戒志望者に具足戒を授ける作法である。十人僧伽とは、和尚と羯磨師と教授師の三師と残りの比丘の七証とである。ここで白や羯磨をなすのは羯磨師である。白とは議題の意味であり、「この某甲が具足戒を希望しているが、和尚は某甲であり、受戒の障害となる障法もない、故に彼に具足戒を与えたいと思うが反対はないか」というのが「白」である。白をなした後で、「今の白に賛成の者は沈黙せよ、反対の者は説け」と可否を問うのが羯磨である。羯磨を三回繰返して説いても、残りの九人の比丘が反対しなければ、具足戒を授ける羯磨は成就したのである。そこで羯磨師は羯磨を結する。もちろん、この白四羯磨をなす前に、受戒志望者の請白や、教授師の障法の調査など、種々の作法があるが、ともかく、具足戒羯磨の中心は、この白四羯磨である。凝然がこれを円意の戒法といったのは、大乗の立場で戒の授受がなされるという意味であろう。

ともかく『行事鈔』などには三聚浄戒の考えはないが、しかしこれを三聚浄戒にあてはめて、律儀戒のみを受けるのだと解し、別受といったのである。『四分律』を受けた後で、『梵網経』の菩薩戒を受けるとすれば、これには禁止の意味（律儀戒）と、作善（摂善法戒）ならびに衆生救済（摂衆生戒）の意味とがあるから、通受の戒で受戒することになる。菩薩戒は必ず通受になるのであり、別受はありえない。

さて、現今（凝然の時代）の律を学ぶ者は、通受と別受と二つの受け方のあることをよく心に摂め、戒壇に登って、『四分律』は別受で受け、しかる後、『梵網経』の菩薩戒は通受で受けて、よくこれを心府に領納し、『四分律』・『梵網経』の戒相、すなわち一一の条文の趣意をよく理解して、これを毀《き》犯《ぼん》することのないように守るべきである。

そもそも、通受・別受の名目は、初めは法相宗の説いたことである。これは、『瑜伽師地論』によって三聚浄戒を説く法相宗の慈恩大師の『大乗法苑義林章』巻三「表無表章」などに、初めて説いたものである。しかしそれらの意義を理解し、実際にそれを実行したのは、南山律宗の学徒である。さらに具足戒の五篇七聚《ごひんしちじゅ》などの規則は、声聞の小乗家の間で起ったものであるが、しかしそれを大乗的に解釈し直して、弘く大乗教徒の間に流行させたのは南山律宗である。まことに『瑜伽論』菩薩地に説く三聚浄戒の説は真理であり、それに基づく南山律宗高祖の判釈も疑うべき余地はない。佛教を修行する行者の心の最後のおちつくところは、この小乗の『四分律』を、大乗菩薩の立場で実行する南山律宗の教理である。行者がこの宗の核心を得るならば、大覚の妙果、すなわち成佛の大果に登ることも、決して遠いことではない。

以上で『八宗綱要』上巻を終る。

八宗綱要鈔 上終

附　律宗の研究法と参考書

律宗の研究といえば、『四分律蔵』の研究と、中国に律宗が成立して以来の中国・日本における律宗の歴史的発展との二方面の研究が必要である。その中、『四分律蔵』の研究は、近年研究がかなり進展したと思うが、中国以来の四分律宗の研究は、まだ未開拓の感が深い。

『四分律』の研究は、他律との比較研究によってその内容を理解することが必要である。『パーリ律』・『十誦律』・『五分律』・『摩訶僧祇律』・『根本有部律』などとの比較研究によって、単に『四分律』の研究だけでなく、律蔵そのものの研究をなす必要がある。そのためには、律の文献について知悉する必要がある。すなわち『パーリ律蔵』のテキストの出版や、梵文の律蔵関係の文献、チベット訳・漢訳の諸広律、並びに律の註釈・戒本・羯磨本などについて知る必要がある。これらの問題については、

平川彰　律蔵の研究　昭和三十五年

を参照されたい。本書の出版以後に、摩訶僧祇律関係の梵本が数点出版されている。

B. Jinananda, *Abhisamācārikā* 〔*Bhikṣu-prakīrṇaka*〕, Patna, 1969.

G. Roth, *Bhikṣuṇī-Vinaya including Bhikṣuṇī-prakīrṇaka and a summary of the Bhikṣu-prakīrṇaka of the Ārya-Mahā-saṃghika-Lokottarāvadin*, Patna, 1970.

A. Thakur, *Prātimokṣasūtraṃ*, Patna, 1975.

前者は『摩訶僧祇律』の「威儀法」の梵本に相当し、次は同じく『摩訶僧祇律』の「比丘尼律」並びに『戒経』の梵本に相当する。この外にも、律関係の梵文資料が二・三出版されている。

A. Hirakawa and Z. Ikuno, P. Groner, *Manastic Discipline for The Buddhist Nuns* (*An English translation of the Chinese Text of the Mahāsaṃghika-Bhikṣuṇī-Vinaya*), Patna, 1980.

本書は、前記ロート博士の出版した梵文の「比丘尼律」に相当する部分を、漢訳『摩訶僧祇律』から抜き出して英訳したものである。詳しい解説を附したから、僧伽の組織を理解するのに役立つと考える。

なお、漢訳諸律の研究には、国訳一切経における、諸律の国訳を参照すると便利である。各律の国訳には、「解題」を附し、本文の国訳には脚註が附されている。これらは、本文の理解に役立つ。国訳一切経「律部」二十六巻に、『四分律』・『十誦律』・『摩訶僧祇律』・『五分律』・『根本有部律』などの国訳がなされており、さらに『毘尼母経』などの律の註釈の国訳も含まれている。なお、その中には『梵網経』・『菩薩瓔珞本業経』などの大乗戒の経典も含まれている。

なお、国訳一切経「和漢撰述部」の「律疏部」には、道宣の『四分律行事鈔』の国訳、智顗と法蔵の『梵網経』の註釈などが含まれている。これらも中国の律や大乗戒の研究には助けとなるものである。

なお、『四分律』を中心とした漢訳諸律の理解には、

境野黄洋　戒律研究　上下　（国訳大蔵経・論部附録）

も参考になる。本書には、その「総論」において、律関係の文献の説明をしており、上巻に比丘の二

五〇戒、下巻に比丘尼戒と犍度部の説明を行っている。

なお、パーリ律には、『南伝大蔵経』第一―五巻に、パーリ律の日本訳があり、英訳は左記のものがある。

I. B. Horner, *Book of the Discipline 5 parts,* (Sacred Books of the Buddhist vols. X, XI, XIII, XIV, XX) London, 1949—1952.

律関係の文献は多数であるため、ここに詳しく述べることはできないが、ともかく文献を詳しく調べる必要がある。

次に、比丘の二五〇戒に関しては、

西本龍山　羅什訳十誦比丘尼波羅提木叉戒本の出現並諸部僧尼戒本の対照研究（『大谷学報』第九巻第二号、昭和三年五月）

があり、比丘戒・比丘尼戒の条文に関して、諸律の詳細なる対照表があり、研究に大きな助けとなる。二五〇戒の条文解釈については、上述の境野黄洋師の「戒律研究」の中にも説明があるが、その他に、

長井真琴・上田天瑞・小野清一郎共著　佛教の法律思想（佛教思想体系12）　昭和七年

佐藤密雄　律蔵（佛典講座4）　昭和四十七年

などがある。

次に、パーリ律を中心とした研究には、

長井真琴　南方所伝佛典の研究　昭和十一年

上田天瑞　戒律の思想と歴史　昭和五十一年

長井真琴　巴漢和対訳戒律の根本　昭和四年

などがある。

次に、道宣の『四分律行事鈔』を所依として、四分律の研究をしたものに、

西本龍山　四分律比丘戒本講讃　昭和三十年

がある。

次に、犍度部の研究には、諸律の犍度部の比較は、上述の拙著『律蔵の研究』にもなしているが、この外に詳しいものに、次のものがある。

E. Frauwallner, *The Earliest Vinaya and the Beginnings of Buddhist Literature*, Roma, 1956.

さらに、僧伽の組織に関する研究には、

佐藤密雄　原始佛教教団の研究　昭和三十八年
平川彰　原始佛教の研究　昭和三十九年
塚本啓祥　初期佛教教団史の研究　昭和四十一年
芳村修基編　佛教教団の研究　昭和四十三年
土橋秀高　戒律の研究　昭和五十五年

がある。上述の佐藤博士の著作には、フラウワルナーの犍度部の研究が紹介されている。芳村博士の編著はインドから日本に至る佛教教団史の研究である。以上は著作の二・三を示したのみであり、この外にも、研究論文で重要なものが多い。それらの点も注意する必要がある。

律蔵は種類が多く、内容も豊富であるから、色々な研究が可能である。そのために律蔵中に説かれている問題を知るためには、「索引」を利用するのが便利である。律の索引には、次のものがある。

大正新脩大蔵経索引　第十二巻　律部　上下　昭和四十三・四十四年

上述のごとく、律蔵には六部派の広律があり、戒経を加えれば、さらに多くの部派の戒経を比較研究することができる。これらを比較研究することによって、部派分裂以前の戒律を明らかにすることが可能である。『阿含経』には律蔵ほどに豊富な資料はない。上座部のパーリの五ニカーヤと、漢訳の一部派の『阿含経』との、合せて二部派の『阿含経』を比較研究しうるのみである。しかし『涅槃経』や『大本経』など、特殊な経典の場合には、漢訳に異訳があるために、数種の異訳を比較研究することが可能である。これは特殊な例であり、一般的には『阿含経』の研究のみでは、部派分裂以前の原始佛教の時代の教理を明らかにするには不十分である。したがってこの点は、律蔵の比較研究によって補う必要がある。この点でも律蔵は貴重な価値を持っている。

なお、律蔵にはチベット訳があることを、先に一言したが、これは根本有部律関係の律蔵、並びにその註釈文献である。『根本有部律』は漢訳でも数量が多いが、チベット訳はそれ以上に分量が多い。しかしそれらの研究は、今後の努力にまたねばならない。

次に、戒律の研究としては、大乗戒の研究も重要であるが、この点では、次の研究がある。

大野法道　大乗戒経の研究　昭和二十九年

これは大乗戒に関係のある経典を調べて、その系統を明らかにした研究である。ほとんどすべての大乗経典が調査されており、綿密な研究であるが、しかし大乗戒の内容の研究には進んでいない。今後その方面の研究がなされねばならない。この方面でも、研究論文には注目すべき成果もあるが、著作としてまとめられたものは見あたらない。

以上は、律蔵、並びに大乗戒関係の研究に関して概観したのであるが、律宗の研究としては、中国に律宗が興ってからの歴史的発展についても見る必要がある。慧光によって四分律の研究がはじめられて以来のことは、道宣の『続高僧伝』巻二十一・二十二にある「明律」、並びに『宋高僧伝』巻十四―十六「明律篇」などの記述を中心にして研究されるのであるが、その点でもまだ十分なる研究がなされているとはいいがたい。一つには、智首以前の律の文献が残っていないために、それ以前のことは研究困難であることと、逆に、道宣以後に関しては、文献が余りに多すぎるので研究が困難であるのである。

智首の『四分律疏』二十巻は、巻九を残すのみであるが、道宣の律関係の著作は『四分律行事鈔』十二巻をはじめ、非常に多い。しかも『行事鈔』だけでも、内容が難解であり、理解が容易でない。しかも法礪の『四分律疏』二十巻、それに対する定賓の註釈である『四分律疏飾宗義記』が二十巻あり、共に大部の著作であり、相部宗の教理を探るだけでも容易でない。さらに懐素の『四分律開宗記』二十巻も大部である。このように、律の三宗の開祖の教理を知るだけでも容易でないので、律宗の研究は進まないのである。その外、南山律宗の場合には、道宣の著作に註釈を加えた允堪や元照の著作が多くあり、それら以外にも律関係の著作は大部のものが多い。

中国の律宗の研究としては、これらの律関係の文献の研究が必要である。

さらに、『菩薩地持経』や『瑜伽論』菩薩地に基づく大乗戒や、『梵網経』の説く菩薩戒に関する研究も必要である。『梵網経』や『菩薩瓔珞本業経』・『占察善悪業報経』などの大乗戒経については、望月信亨博士によって「偽経」説が提示されてから、それに賛成する意見が多い。しかしそれはともかくとして、『梵網経』の大乗戒については、天台宗の智顗をはじめ、華厳宗の法蔵、法相宗の勝荘、新羅の大賢、唐の義寂・法銑、宋の興咸、明の袾宏や智旭など、多くの学者が註釈を著わしており、中国佛教に与えた影響は大きい。そしてまた、律宗の戒律や大乗戒が、中国佛教界においてどのように実行されたか、その点の研究も必要である。さらに禅宗の「清規《しんぎ》」との関係も研究されねばならないであろう。このように中国佛教における律宗の研究は、多方面にわたって行われるべきであるが、この方面の研究はまだ十分になされているとはいえない現状である。全体を一度に研究することは望むべきもないから、少しずつでも研究が進められることが望ましい。

次に、日本佛教の戒律の研究としては、

石田瑞麿　日本佛教における戒律の研究　昭和三十八年

がある。鑑真の四分律宗、最澄の大乗戒などを中心にして、戒律渡来から鎌倉時代までの戒律の流れが研究されている。綿密な研究であり、南都戒と大乗円戒との二つの流れがよくたどられており、日本佛教の戒律の発展の理解に寄与する点大きいが、しかし戒律とは何か、大乗戒とは何かという問題が触れられていないために、日本に行われた律や戒の実態は何であったかという点が明らかにされていない。それらの問題は、今後の研究課題であろう。そのためには、法進の『東大寺受戒方軌』や実範の『東大寺戒壇院受戒式』、あるいは慧淑の『比丘六物図依釈』その他の、律の実践を明かした文献や、法進の『沙弥十戒并威儀経疏』などが研究さるべきであろう。特に、法進の『威儀経疏』は、日本の寺院における行儀作法の確立に大きな役割を果したという。禅宗が渡来してからは、禅宗の清規によって僧徒の日常生活の規矩が示されたであろうが、それ以前においては、法進の著作などが、寺院の日常生活の規則を示すものとして、重要なよりどころとなったらしいのである。さらに凝然の『四分戒本疏賛宗記』二十巻は、定賓の『四分比丘戒本疏』二巻の註釈であり、相部宗の教理を説くものとしても重要であるが、同時に、日本人の二五〇戒の条文の解釈を理解する上にも重要である。これら以外にも、日本人の著わした律の文献や大乗戒の文献は多いから、それらの研究を通して日本人の戒律の理解が明らかにされねばならない。

なお、日本の律宗の教理をまとめたものとしては、凝然の『律宗綱要』が重要である。この『律宗綱要』の解説を主として、唐招提寺に伝った律宗の教学を明かした著作に、次のものがある。

徳田明本　律宗概論　昭和四十四年

本書は、唐招提寺に伝った教学に依拠しているので、日本の律宗の教理を知るのに好著である。凝然の『律宗綱要』二巻は、律宗の教理と歴史とを巧みにまとめた好著であり、国訳一切経「和漢撰述部」「護教部四上」に、その国訳を収めている。引用経論の典拠を可能な限り示しておいたから、読者に参考になると思う。

しかし、『律宗綱要』の記述は鎌倉時代までで終っているが、律宗はその後も存続している。さらに律宗には、戒壇院や唐招提寺の律宗以外に、西大寺を中心とする「真言律宗」や、京都の泉涌寺を開いた俊芿《しゅんじょう》の「北京律」などもある。さらに徳川時代には、天台宗の中に四分律宗を導入した「安楽律」の運動があり、これが他宗にも影響を与え、浄土宗の中に律宗の再興に尽す学僧が多く輩出しており、「浄土律」の一派が興っている。徳川時代に浄土宗内に興った戒律思想の解明は重要な研究課題である。さらに真言宗には、明忍・浄厳などが戒律の復興に尽しており、その後に、慈雲尊者の「正法律」が現われている。さらに日蓮宗の元政も戒律の復興に尽し、「法華律」を興している。

このように、徳川時代にも戒律の復興に尽した人は多いのであり、日本佛教における戒律研究の資料は豊富である。

八宗綱要抄　下

『下巻』には、法相宗・三論宗・天台宗・華厳宗・真言宗の解説をなし、その後に「附説」として、禅宗と浄土宗に簡単に触れている。

第四章　法　相　宗

第一節　宗名と所依の経論

1　宗　名

問。何故名二法相宗一。

答。決二判諸法性相一故名二法相宗一也。汎言二此宗一總有二四名一。一名二唯識宗一、此宗大意、明二唯識一故。二名二應理圓實宗一、一切法門、皆應レ理故。三名二普爲乘敎一、攝二五乘一故。四名二法相宗一、其義如レ前。今擧二其一一也。


問う、何が故に法相《ほっそう》宗と名づくるや。

答う、諸法の性相を決判するが故に、法相宗と名づくるなり。汎《ひろ》く此の宗を言わば、総じて四名有り。一には唯識《ゆいしき》宗と名づく。此の宗の大意、唯識を明かすが故に。二には応理《おうり》円実《えんじつ》宗と名づく。一切の法門、皆理に応ずるが故に。三には普為乗《ふいじょう》教と名づく。五乗を摂するが故に。四には法相宗と名づく。其の義は前の如し。

今、其の一を挙ぐるなり。

本章には、法相宗《ほっそう》の説明をなす。最初に法相宗の宗名を明かす。

法相宗とは、諸法の「性」と「相」とを決判するが故に、法相宗の名を得るなりという。この性相を決判するという点について『法相名目』には、これは『解深密経』の「法相品」によって得た名であるといっている。すなわち「彼の品には、諸法の性と相とを説くと雖も、相を多く説くが故に、多説によりて法相宗の名を得た」と述べている。『解深密経』巻二「一切法相品」(大正一六、六九三上)には「諸法の相を説く」という言葉はある。そして遍計所執相《へんげしょしゅうそう》・依他起相《えたきそう》・円成実相《えんじょうじつそう》の「三相」を説いて、法の真偽を明らかにしている。現象世界には雑多な法(存在)があるが、それらの法がすべて同価値ではない。いかなる法は迷妄であり、いかなる法は縁生であり、いかなる法は真実であるかを、この三相(三性)の原理によって判定している。われわれの認識の世界は、認識されたそのままが、無条件で真理であるのではない。その理由は、認識する主観の側に、迷妄・煩悩が含まれているからである。この認識の世界の存在の真偽を判定する原理として、遍計所執相(あるいは遍計所執性)などの三相(三性)を、初めて説いたのは瑜伽行派である。しかし『解深密経』の成立は必ずしも古くないので、初めて三性説を説いたのは、『瑜伽論』の本地分(大正三〇、三四五下)などの方が早いかもしれない。

遍計所執性は偽なる認識の世界であり、法としての存在性を持たない。唯識説では、いわゆる唯識百法を立てるが、この中、九十四法は依他起の諸法である。そして残りの六無為は円成実性である。先に「諸法の性相を決判する」といったが、一般には、この円成実性の六無為は真如であり、諸法の「性」である。そしてこの真如の理の上に顕われる依他起の諸法が「相」であると解釈されている。

性相決判といいながらも、法相宗というのは、性は六無為で、相は九十四法で、相の方が多いので、多に随って法相宗と呼んだと解釈されている。あるいは「性相各別の理」を立てるので、法相宗と呼ばれるともいう。性と相をはっきり分けるのは法相宗、両者を融合して見るのは華厳宗である。

ともかく、以上によって法相宗の名を得たというが、これが法相宗自身で説き出したものかどうか明らかでない。華厳宗の法蔵の『大乗起信論義記』巻上（大正四四、二四三中）には、「宗途に四有り」として、随相法執宗・真空無相宗・唯識法相宗・如来蔵縁起宗の四宗を挙げている。この中、第三の唯識法相宗を、『解深密経』などの経と『瑜伽論』などの論の所説であるといっているから、これが法相宗を指しているわけである。さらに法蔵の『入楞伽心玄義』（大正三九、四二六下）では、有相宗・無相宗・法相宗・実相宗の四宗を挙げ、法相宗といっている。しかし、これは他宗からの命名であるから、法相宗自身がかく呼んでいたかどうか明らかでない。慈恩大師自身は、自宗を「応理円実宗《おうりえんじつ》」と呼んでいる。慈恩の『法華経玄賛』巻一本（大正三四、六五七中）に、八宗判を立てるが、それは我法倶有宗・有法無我宗・法無去来宗・現通仮実宗・俗妄真実宗・諸法但名宗・勝義皆空宗・応理円実宗の八宗である。そして最後の応理円実宗を、この『法華』などと無著などの中道を説く教であると述べている。この応理円実宗を自宗と見ているのである。

慈恩は同じ場所に、立性宗・破性宗・破相宗・顕実宗という先徳の立てた四宗判を出している。そして顕実宗は『涅槃』・『華厳』・『法華』などの説であるという。当時、破性・破相などが佛教の重要な教理として語られていた時代に、何の準備もなしに「法相宗」を立てることを、慈恩大師がなしたかどうか疑問がある。

凝然はここで「汎《ひろ》く此の宗を言わば、総じて四名有り」として、唯識宗・応理円実宗・普為乗教《ふいじょう》・法相宗の四名を挙げている。

第一の唯識宗については、「此の宗の大意、唯識を明かすが故に」という。これは慈恩大師の『成唯識論述記』巻一本（大正四三、二三〇中）に、「これ即ち唯識を以て宗となす。識は有にして空に非ず。境は無にして有に非ず。以て宗となすなり」などとあるところによったのであろう。本宗の明かす唯識の意味は「境空識有」の立場であり、そこに中道を認めるのであろう。したがって、直ちに「境識倶泯」を説かない点に、他宗からの批判もある。ともかく境は無であり、心のみが有であるという点に、唯識の意味がある。われわれが外界の存在であると思っているものは、実際には心に認識された認識内容である。外界そのものではない。その点から存在を研究するのが法相宗であり、そこに唯識宗といわれる意味がある。この唯識の理は、『解深密経』巻三「分別瑜伽品」に、「識の所縁は唯識の所現の故に」（大正一六、六九八中）とあるのによるものである。

次の応理円実宗は、「一切の法門、皆理に応ずるが故に」と説明しているが、応理の理は真如、勝《しょう》義諦《ぎたい》の理を指すのであろう。この理に応じて、円満真実なる教理を説くという意味であろう。

次の普為乗教は、「五乗を摂するが故に」と説明され、人乗・天乗・声聞乗・縁覚乗・菩薩乗のすべてに利益を得しめる教えであるという意味で、法相宗の広い立場を示す。しかしそれだけに、一切皆成佛を説く一乗佛教の立場からは、法相宗は三乗に通ずる「通三乗」の教えであり、権《ごん》大乗であるとして、一段低い教えであると見られている。権とは「仮り」という意味で、真の大乗でないという意味である。すなわち、声聞・縁覚・菩薩のすべてを、成佛せしめることのできる勝れた教えではなくして、声聞・縁覚・菩薩にそれぞれ当分の悟りを開かしめる教えであり、その点で、真の大乗ではないと見られたわけである。

このような問題はあるが、しかし法相宗の教理は、大乗佛教の基礎学として重要である。昔から「倶舎・唯識」と一つにして呼ばれているのも、両者をマスターしなければ、佛教の教理は十分には理解できないからである。昔から「唯識三年、倶舎八年」といって、唯識の研究が重要視されているのも理由がある。倶舎も唯識も「法」を明らかにしたものであるが、法の正しい理解なしに佛教の正しい理解はないという意味である。

倶舎・唯識の学を性相学《しょうぞう》というが、これは、倶舎の七十五法、唯識の百法に、性と相とが含まれているからである。倶舎の七十五法の中、有為法七十二法は法の相、三種の無為法は法の性といってよいが、しかし『倶舎論』には、法を相と性とに分ける考えはない。同様に、唯識の百法の中、九十四法は相、六無為は真如で、法の実性である。この法の性と相とを学ぶので性相学という。法の相は現象の世界を構成する法の在り方をいうのであり、法の性は法の本性をいうのである。したがって性と相とは法の二つの在り方であるが、性は法の持つ普遍的な性（真如）をいい、相は個々の法の個別的な性格（自相）を指す。

なお、佛教を性宗と相宗とに区別することがある。詳しくは法性宗と法相宗とであるが、法には普遍性と差別相とが具わるが、主として法の差別相を研究するのが法相宗である。しかし法は縁起によって成立したものであり、縁が分散すれば、法の個別相は消失する。そのために法の本性は空であるといわれる。この諸法の空性を重視して、差別相を超えた諸法一味の理を研究するのが法性宗であり、三論・天台・華厳などはこれに属する。

2 所依の経論

問。此宗依ニ憑何等經論一。

答。唯識論中引ニ六經十一部論一。其六經者、華嚴深密如來出現功德莊嚴阿毘達磨楞伽厚嚴是也。十一部論者、瑜伽顯揚莊嚴集量攝論十地分別瑜伽辨中邊二十唯識觀所緣雜集論是也。若總言レ之五部大論十支論等、皆彼所依。然解深密經瑜伽論唯識論等、特爲ニ所學指南一。

問う、此の宗は何等の経論に依《え》憑《ひょう》するや。

答う、唯識論の中に、六経と十一部の論を引けり。其の六経とは、華厳・深密・如来出現功徳荘厳・阿毘達磨・楞伽・厚厳、是れなり。十一部の論とは、瑜伽・顕揚・荘厳・集量・摂論・十地・分別瑜伽・弁中辺・二十唯識・観所縁・雑集論、是れなり。若し総じて之を言わば、五部の大論・十支の論等、皆彼の所依なり。然るに解深密経・瑜伽論・唯識論等は、特に所学の指南と為す。

この一段は、法相宗の所依の経論を明かす。

依《え》憑《ひょう》とは、依り所とする意味である。慈恩大師の『成唯識論述記』巻一本（大正四三、二二九下―二三〇下）には、この論（『成唯識論』）には六経を援引すとして、『華厳経』・『解深密経』・『如来出現功徳荘厳経』・『阿毘達磨経』・『楞伽経』・『厚厳経』（『密厳経』）を挙げる。さらに十一部の論、すなわち、『瑜伽論』・『顕揚聖教論』・『大乗荘厳経論』・『集量論』・『摂大乗論』・『十地経論』・『分別瑜伽論』・『観所縁縁論』・『二十唯識論』・『弁中辺論』・『阿毘達磨雑集論』を引いて証となしているという。

六経十一論の名称は、次のごとくである。

六　経

華厳経　六十巻　東晋佛駄跋陀羅訳

玄奘以後に、実叉難陀により『八十華厳』が訳出されている。『十地経』『入法界品』などには梵本がある。

解深密経　五巻　唐玄奘訳

魏の菩提流支訳『深密解脱経』五巻、真諦訳『解節経』一巻、劉宋求那跋陀羅訳『相続解脱経』二巻などは異訳、あるいは部分訳である。

如来出現功徳荘厳経

中国に翻訳されず。

大乗阿毘達磨経

中国に翻訳されず。ただし断片若干が、『成唯識論』その他に引用される。

楞伽経

求那跋陀羅訳『楞伽阿跋多羅宝経』四巻、菩提留支訳『入楞伽経』十巻、実叉難陀訳『大乗入

楞伽経』七巻など、異訳がある。なお梵文 *Laṅkāvatāra-sūtra* 並びにチベット訳がある。

厚厳経

玄奘の時代にはなお未翻にて、その後、地婆訶羅訳『密厳経』三巻、不空訳『密厳経』三巻が訳されている。

十一　論

瑜伽師地論　百巻　唐玄奘訳

漢訳は弥勒造とあるが、チベット訳は無著の作となす。

顕揚聖教論　二十巻　唐玄奘訳

偈頌と長行とよりなり、『瑜伽論』の要義を組織したものである。無著の作となっているが、偈は無著、長行は世親作という説もある。

大乗荘厳経論　十三巻　唐波羅頗蜜多羅訳

無著造とあるが、偈は弥勒、あるいは無著造となし、釈は世親という説もある。チベット訳、梵本 *Mahāyāna-sūtrālaṅkāra* が出版されている。

集量論　陳那造　漢訳欠

真諦が訳して四巻となしたというが伝わらない。その後、義浄も訳して四巻となしたが散逸した。ただしチベット訳があり、それより英訳・日本訳がある。

摂大乗論　三巻　唐玄奘訳

無著造。『大乗阿毘達磨経』の「大乗品」を釈したものという。玄奘訳の外に、後魏佛陀扇多訳二巻、真諦訳三巻があり、さらに世親の『摂大乗論釈』に笈多共行矩等訳十巻、真諦訳十五巻、玄奘訳十巻があり、さらに無性の『摂大乗論釈』に玄奘訳十巻がある。チベット訳がある。

十地経論　十二巻　天親造　後魏菩提流支等訳

これは菩提流支・勒那摩提などの別訳したものを、後に慧光が合糅したともいうが、両者の共訳のごとくでもある。『華厳経』「十地品」の註釈である。

分別瑜伽論　弥勒造

中国に翻訳されず。

観所縁縁論　一巻　陳那造　玄奘訳

真諦訳『無相思塵論』一巻は異訳。なお、護法造　義浄訳『観所縁論釈』一巻がある。

二十唯識論　一巻　世親造　玄奘訳

異訳として、後魏瞿曇般若流支訳『唯識論』一巻、真諦訳『大乗唯識論』一巻、並びに護法が『唯識二十論』を釈した『成唯識宝生論』五巻、玄奘訳がある。

弁中辺論　三巻　世親造　玄奘訳

異訳に、真諦訳『中辺分別論』二巻がある。この論も、偈頌と長行とよりなるが、偈は弥勒、長行は世親作と見られる。梵文 *Madhyāntavibhāga-bhāṣya* 並びに安慧の釈 *Ṭīkā* が出版されている。

大乗阿毘達磨雑集論　十六巻　安慧糅　玄奘訳

本論は無著造で、その本論を別出したものが『大乗阿毘達磨集論』七巻である。これに師子覚の釈を加え、安慧が合糅したものが、『雑集論』十六巻である。これは略して『対法論』ともいう。これも『瑜伽論』の主要な部分をまとめたものである。梵本 *Abhidharmasamuccaya-bhāṣya* が出版されている。

以上は『成唯識論』に所依として挙げられた経論を示したものである。さらに広く唯識関係の論書を挙げれば、弥勒の「五部の大論」や『瑜伽論』の「十支の論」なども所依となっているものである。「五部の大論」は弥勒が阿踰陀の講堂で講説したものといわれ、遁倫の『瑜伽論記』巻一（大正四二、三一一中）に「五論之頌」として挙げるものである。

五部大論

1瑜伽論　2分別瑜伽論　3弁中辺論頌　4大乗荘厳経論頌　5金剛般若経論

である。ただしチベットには「弥勒の五法」が説かれる。それは次の著作である。

1大乗荘厳経論頌　2中辺分別論頌　3法法性分別論　4現観荘厳論頌　5宝性論頌

次に「十支の論」は、慧沼の『成唯識論了義燈』巻一本（大正四三、六六六上―中）に出すものである。

十支論

大乗百法明門論　一巻　世親造　玄奘訳

大乗五蘊論　一巻　世親造　玄奘訳
顕揚聖教論　二十巻　玄奘訳
摂大乗論　無著造　世親釈・無性釈　玄奘訳
大乗阿毘達磨雑集論　十六巻　玄奘訳
弁中辺論　三巻　世親造　玄奘訳
唯識二十論　一巻　世親造　玄奘訳
唯識三十頌　一巻　世親造　玄奘訳
大乗荘厳経論　十三巻　無著造　波羅頗蜜多羅訳
分別瑜伽論　弥勒説　漢訳未翻

以上のごとく、本宗の所依としては、六経十一論、あるいは五部大論、十支論などを数えるのであるが、しかしながら直接の所依として、最も重要なものは、経としては『解深密経』、論としては『瑜伽論』と『唯識論』とであり、これらが研究の指南である。特に『瑜伽論』は弥勒の説として、唯識説を示した最初の根本聖典である。故にこの宗を「瑜伽宗」とも呼ぶのである。しかし唯識説を大成したのは、世親の『唯識三十頌』であり、これに玄奘が十大論師の釈を合糅して翻訳した『成唯識論』十巻が、法相宗の根本聖典といってよい。これは大正大蔵経第三十一巻に含まれるが、この漢訳に平安時代の明詮（七八九—八六八）が「冠導」を作り、真興（九三四—一〇〇四）が訓点を施したものが、旭雅によって『冠導増補成唯識論』十巻として出版されている。これがいわゆる「導論」というテキストで、唯識の研究者の間に、長い間珍重されてきた。真興の訓（漢文の読み方）は、梵文の発見された現代としては訂正を要すべき点もあるが、しかし大体においては、彼の訓《よ》みに随うのであり、唯識研究の重要なテキストとなっている。それを改良したものが、次のテキストである。

法隆寺蔵版　新導成唯識論

現代では、『成唯識論』の研究には、もっぱらこの「新導本」が採用されている。

なおこの外に、『成唯識論』に、窺基の『成唯識論述記』二十巻と、同じく窺基の『唯識枢要』二巻、慧沼の『成唯識論了義燈』七巻、智周の『成唯識論演秘』七巻とを会本にしたテキストが、豊満春洞師によって、『佛教大系本』四巻として出版されている。これは、本論と『述記』『三箇の疏』が会本になっているので便利なテキストである。

なお『唯識三十頌』には梵文があり、安慧の釈を附して出版されている。

Vijñaptimātratāsiddhi

これには、漢訳『成唯識論』を対照して、梵本を訳した宇井伯寿『安慧護法唯識三十頌釈論』や、チベット訳と対照して和訳した山口益・野沢静証『世親唯識の原典解明』などがある。

第二節　法相宗の歴史

1　インドの相承

問。此教以レ誰爲二祖師一乎。

答。此教三國次第、相承分明。如來滅後、九百年時、彌勒菩薩、從二都率天一降二中天竺一、阿瑜遮國一、於二瑜遮那講堂一、説二五部大論一。補處薩埵、位居二十地一。是則如來在世、親聞所傳、非空非有、中道妙理。於二諸教中一、寔爲二明鏡一。如二瑜伽論一者、卷軸百卷、諸教悉判故、名二廣釋諸經論一。

次有二無著菩薩一。位居二初地一、繼二于慈尊一、廣傳二此宗一。慈氏教文、咸加二委解一、釋尊所説、廣造二論釋一。

次九百年時、有二世親菩薩一無著弟也。四善根中、明得薩埵。承二于無著菩薩一、廣傳二此宗一。依二慈氏論一、盛施二論釋一。初學二小乘一、造二五百部論一、後弘二大乘一、亦造二五百部論一。一代教文、皆悉通達。

次有二護法菩薩一。深解二世親論一、遠弘二慈氏教一。賢劫一佛、告二明空中一。外道邪執、閉レ口而如レ瘂、異部小乘、卷レ舌而同レ訥。故西天外道小乘、竝稱云、大乘唯有二此人一云云。

次有二戒賢論師一。傳法大將、當時絶レ倫、法相法門、咸傳、一代教義皆解。此五大論師、倶是天竺傳法匠矣。

問う、此の教は誰を以て祖師と為すや。

答う、此の教は三国の次第、相承分明なり。如来滅後九百年の時、弥勒《みろく》菩薩、都率天《とそつてん》従《よ》り中天竺《てんじゅく》の阿瑜遮《あゆしゃ》国に降り、瑜遮那の講堂に於て、五部の大論を説きたもう。補処《ふしょ》の薩埵《さった》、位十地に居す。是れ則ち如来在世の親聞の所伝にして、非空非有の中道の妙理なり。諸教の中に於て寔《まこと》に明鏡と為す。瑜伽論《ゆがろん》の如きは巻軸百巻、諸教悉く判ずるが故に広釈諸経論と名づく。

次に無著《むじゃく》菩薩有り。位は初地に居り、慈尊を継ぎて広く此の宗を伝う。慈氏の教文、咸《あまね》く委解《いげ》を加え、釈尊の所説、広く論釈を造る。

次に九百年の時に、世親《せしん》菩薩有り。無著の弟なり。四善根中の明得の薩埵なり。無著菩薩を承《う》け、広く此の宗を伝う。慈氏の論に依りて盛んに論釈を施す。初め小乗を学びて五百部の論を造り、後、大乗を弘めて、また五百部の論を造る。一代の教文、皆悉く通達《つうだつ》す。

次に護法《ごほう》菩薩有り。深く世親の論を解し、遠く慈氏の教えを弘む。賢劫《げんごう》の一佛、空中に告明《ごうみょう》し、外道の邪執口を閉して、瘂《おし》の如し。異部の小乗、舌を巻きて訥《どもり》に同じ。故に西天《さいてん》の外道・小乗、並びに称して云く、大乗に唯だ此の人有りと、云云。

次に戒賢《かいげん》論師有り。伝法の大将、当時に倫《ともがら》を絶し、法相の法門、咸《ことごと》く伝え、一代の教義皆解す。此の五大論師は倶に是れ天竺伝法の匠《しょう》なり。

《弥勒》　マイトレーヤ (Maitreya)。この場合の弥勒については、無著の師として弥勒論師があったという説と、都率天に住する将来佛としての弥勒菩薩を指すという説と、二説がある。弥勒には五部の大論のごとく著作が帰属されている。これらは無著の『摂大乗論』などの著作とは内容が異なるから、瑜伽行派に無著以前に人師があったとして、その人師として弥勒論師を認める説と、この場合の弥勒は都率天に住していたというから、一生補処の弥勒菩薩であって、無著の禅定の中に現われた人物にすぎないと解釈する説とがある。この解釈では、弥勒に帰せられる著作は、無著の著わしたものと見る。

補処の弥勒とは、佛の場処を補う意味で、釈迦に次いで、次に佛になる菩薩の意味である。最近は人師としての弥勒を認める説の方が、補処の弥勒説より有力である。そして年代については、次の二説が有力である。

	宇井説	干潟説
弥　勒	二七〇—三五〇年頃	三五〇—四三〇年頃
無　著	三一〇—三九〇年頃	三九五—四七〇年頃
世　親	三二〇—四〇〇年頃	四〇〇—四八〇年頃

《都率天》　ツシタ天（Tusita）。喜足という意味。欲界に天が六あり。都率天は下から二番目の天である。須弥山の中央に都率の内院があり、弥勒菩薩はここに住す。**《阿瑜遮》**　アヨーディヤー（Ayodhyā）のこと。この都は三二〇年に建国したグプタ王朝の首都となる。**《瑜遮那》**　阿瑜遮那の略。アヨーディヤーと同じ。**《五部大論》**　『瑜伽論』などの五論。前節参照。**《補処薩埵》**　薩埵は菩提薩埵（bodhisattva）の略。菩薩と同じ。補処は次に佛の位を補う菩薩のことである。**《十地》**　菩薩の五十二位、あるいは四十一位に含まる。十信・十住・十行・十廻向・十地の五十位（十信を除く四十位）の中、最高位が第十地。菩薩が菩提心を起して修行をし、佛果に至るまでに経る階位の一。十廻向までは凡夫の位で、初地から聖者の位になる。十地の第十位を過ぎると、等覚・妙覚の位がある。等覚の位は菩薩であるが佛と等しい位、妙覚は佛位である。第十地は菩薩の最高位である。**《非空非有中道》**　『解深密経』で説く中道は、『般若経』で説く一切皆空の立場を止揚し、同時に、有部の固定的な実有論を批判し、両者を止揚した中道であることを示す。**《無著》**　アサンガ（Asaṅga）。無障礙と訳す。北インドのガンダーラで生まれ、中インドのアヨーディヤーで活躍した。**《初地》**　十住・十行・十廻向の凡夫の階位を過ぎて、聖者の段階の最初が初地。**《慈尊》**　マイトレーヤの訳語、弥勒の別名。**《世親》**　ヴァスバンドゥ（Vasubandhu）のこと。天親とも訳す。音訳して婆藪槃豆という。無著の弟で、初め説一切有部で出家し、『倶舎論』を著わし、盛んに大乗佛教を破斥したが、後に無著の感化により大乗に転向し、唯識佛教を大成した。**《四善根》**　佛教修行において凡夫の位に三賢と四善根とがある。四善根は、煖・頂・忍・世第一法の四位であり、大乗佛教では、十廻向の修行の完成する時にあるという。そして世第一法の直後に、初地の見道に入る。世親はまだこの時、凡夫の位にあった。**《明得》**　四善根の初位煖位を明得という。煖位は日が出る前の明相のごとく、悟りの

智慧の前相を得るので、この位に明得定という禅定を得るという。これは対象が空無であることを観ずる定である。**《護法》**　ダルマパーラ（Dharmapāla）。五三〇―五六一年の生存。世親の唯識説を承け、理世俗の立場で唯識佛教を大成した。**《賢劫一佛》**　賢劫（バドラカルパ bhadra-kalpa）とは、現在われわれの住んでいる劫（時間）のことで、過去の住劫を荘厳劫、未来の住劫を星宿劫、現在の住劫を賢劫という。現在の住劫の二十増減中には千佛が出世し、多数の賢者が現われるので賢劫という。賢劫の第一佛は拘留孫佛、第二佛は拘那含牟尼佛、第三佛は迦葉佛にして、第四佛は釈迦佛、第五佛は弥勒佛であるが、護法も賢劫出世の千佛中の一なりという意味。世界は成劫・住劫・壊劫・空劫の四期を経て生滅を繰返すが、賢劫はその住劫の一。**《戒賢》**　シーラバドラ（Śīlabhadra）。五二九―六四五年。六三六年に玄奘はナーランダー寺に至り、戒賢に師事して唯識佛教を学んだ。戒賢は護法から唯識を学んで、これを玄奘に伝えた人である。

法相宗における三国の伝法相承を述べるにあたって、法相宗がインドから中国へ、さらに日本に伝来した次第は明瞭であるという。法相宗をインドでは瑜伽行派（ヨーガーチャーラ）というが、その開祖は弥勒《みろく》菩薩である。この菩薩は佛滅九百年の出世という。しかしこれは、佛滅をどこに置くかが決まらないため、判定の仕様がないが、だいたい弥勒は西紀三世紀から四世紀頃の人と見られている。彼には著作が帰せられているから、実在の論師であると思われるが、法相宗の伝承では、弥勒は都率《とそつ》天《てん》に住する一生補処《ふしょ》の菩薩であるとされている。すなわち将来彼は都率天からこの土に下生して、龍華樹の下で正覚を成し、佛となる人であるという。故に弥勒は将来佛といわれる。この弥勒菩薩が都率天から中インドのアヨーディヤーに下り阿瑜遮那《あゆしゃな》の講堂で、『瑜伽論』などの五部の大論を説かれた。弥勒は実に一生補処の菩薩であり、次生には釈迦佛の後を継いで佛陀になる菩薩であるという。故に彼は菩薩の修行を完成して、第十地の位にある。弥勒菩薩は釈尊在世当時にも、『解深密経』などの説法の会座につらなり、親しく佛の説法を聴聞して、『解深密経』に説く非有非空中道の妙理を、五部の大論において伝え、これを阿瑜遮那の講堂で説いたのであるという。これは実に佛教の精髄を発揮したものであり、一代佛教中の明鏡たるべきものである。あらゆる教えが、この弥勒の説に照らして、その価値が判定されるのである。特に弥勒の著作の中でも『瑜伽師地論』は百巻もある大部の論であり、佛一代の教説をみな取り上げて解釈している。そのためにこの論を「広釈諸経論」ともいうのである。

次に無著《むじゃく》菩薩は、位は初地（十地の第一位）、すなわち歓喜地《かんぎち》の位にあり、弥勒菩薩の後を継いで、広くこの瑜伽行派の教えを弘めた人である。そして『顕揚聖教論』や『阿毘達磨集論』を造り、弥勒の著作に詳しい説明を加え、さらに『大乗阿毘達磨経』に註釈した『摂大乗論』を造って、釈尊の佛説にも広く論釈を造っている。このようにして、無著は唯識説をさらに弘めた。

無著の後を継いだのは、その肉弟にして弟子であった世親《せしん》（天親ともいう）である。彼も佛滅九百年頃に出世したというが、西紀四世紀から五世紀頃に活躍した人である。彼は四善根の位の初位である煖《なん》位《い》に住し、明得定を得ていた。無著の教えを受けて、広くこの瑜伽行派の教えを弘めた。そして弥勒の『中辺分別論』や『大乗荘厳経論』などの偈に註釈を加え、また無著の『摂大乗論』にも釈を加えるなど、盛んに法相宗を弘めた。世親は説一切有部で出家し、初めは阿毘達磨佛教を研究し、五百部の論を造ったが、後に無著の導きにより大乗に転じ、さらに五百部の論を造った。そして『倶舎論』や『成業論』・『五蘊論』など、小乗佛教の名著も多いが、大乗に転向してからも、『唯識三十頌』・『唯識二十論』などを著わして唯識佛教を大成し、『十地経論』・『浄土論』・『法華論』など、唯識関係以外にも重要な論を著わしている。

この世親の後に護法《ごほう》菩薩が現われている。彼は六世紀の人で、世親の直接の弟子ではないが、深く世親の唯識説を研究し、『唯識三十頌』に勝れた註釈を著わした。これが玄奘の訳した『成唯識論』の母胎となった。これによって、遠く弥勒の教えを祖述したのである。彼の臨終に際して、空中に声があり、護法は賢劫《げんごう》中に成佛すべき一佛であると告げたという。護法一たび出でて、この宗の深理を発揚して以来、インドの外道の徒衆で彼と論議できる人は一人もなく、彼らの邪執はみな砕かれて、口を閉して瘂《おし》のごとくであったという。また小乗の論師たちも共に論議できず、驚嘆して、舌を巻いて、あえて諍う者がなかったという。それ故に、インドの外道・小乗の輩は、みな称して大乗中にただこの人のみありといって、驚嘆したという。

次に護法の弟子に戒賢《かいげん》論師があった。これまた伝法の大将であり、当時比較すべき人がなかった。彼は護法より一歳の年長であったが、護法に師事し、唯識の教理をすべて伝えられた。百歳を越える長命を維持して、法相の法門をことごとく玄奘に伝えた。そして佛一代の教をすべて理解した。

以上の弥勒・無著・世親・護法・戒賢の五大論師は、共にこれ天竺《てんじゅく》における伝法の匠《しょう》である。故にインドにおける法相宗の相承は分明である。以上は法相宗の相承であるが、護法の時代にインドに徳《とく》慧《え》や安慧《あんね》があり、護法の理世俗の立場とは異った立場で、無著や世親の唯識説を祖述した。この系統の唯識説は真諦《しんだい》（四九九—五六九）によって中国に伝えられた。真諦は無著の『摂大乗論』を翻訳し、これの弘通に力を尽した。彼の系統の唯識説は摂論《しょうろん》宗という。摂論宗は玄奘の法相宗が興るに及んで勢力を失い、華厳宗の中に吸収された。

2 中国の相承

次大唐初運、有二玄奘三藏一。遠渉二流沙一賖往二天竺一、遂謁二戒賢論師一、廣傳二此宗一。戒賢論師、待二三藏一良久。卽五部大論十支論等、凡法相法門、無レ遺皆傳。遂還二震旦一、盛弘二此宗一。三千門徒、七十達者、四人上足、一朝歸仰、四海朝宗。自餘諸經律論、翻傳極多。是大唐法相始祖、天竺相承第六也。

次有二窺基法師一。是三藏上足、智解絕レ倫、繼二于三藏一、廣傳二此宗一。斯迺百本疏主、十地應迹、盛德出萃、擧レ世歸仰、號二慈恩大師一。次有二淄州惠沼大師一。繼二于慈恩大師一、盛敷二此宗一。次有二撲揚智周大師一。稟二于淄州大師一、廣傳二此宗一。此竝大唐國相承次第也。


次に大唐の初運に玄奘《げんじょう》三蔵有り。遠く流沙を渉《わた》り、賖《はるか》に天竺に往く。遂に戒賢論師に謁して広く此の宗を伝う。戒賢論師、三蔵を待つこと良久《やや》し。即ち五部の大論、十支の論等、凡そ法相の法門、遺《のこす》ところ無く皆伝う。遂に震旦に還り、盛んに此の宗を弘む。三千の門徒、七十の達者、四人の上足《じょうそく》あり。一朝帰仰し、四海朝宗す。自余の諸経律論、翻伝極めて多し。是れ大唐法相の始祖、天竺相承の第六なり。

次に窺基《きき》法師有り。是れ三蔵の上足にして、智解倫《ともがら》を絶し、三蔵を継ぎて広く此の宗を伝う。斯《こ》れ迺《すなわ》ち百本の疏主、十地の応迹《おうじゃく》、盛徳出萃《しゅっすい》、世を挙げて帰仰し、慈恩《じおん》大師と号す。次に淄州《ししゅう》の恵沼《えしょう》大師有り。慈恩大師を継ぎて盛んに此の宗を敷く。次に撲揚《ぼくよう》の智周《ちしゅう》大師有り。淄州大師を稟《うけ》て、広く此の宗を伝う。此れ並びに大唐国相承の次第なり。

《玄奘》 六〇〇—六六四。玄奘は太宗の貞観三年（六二九）に長安を出発し、当時まだ唐の建国間もない時代で、国境は閉鎖されていたのを、国禁を犯して国境を越え、遠く流沙（タクラマカン沙漠）を渡ってインドに行き、ナーランダー寺で戒賢より唯識を学ぶと共に、インド・西域をくまなく旅行して、貞観十九年（六四五）に帰国した。**《流沙》** 天山南路のタクラマカン大沙漠を指す。ひとたび大風が吹くと、風は砂を運んで沙漠の様相は一変する。**《待三蔵良久》**『大慈恩寺三蔵法師伝』巻三（大正五〇、二三七上）に、戒賢論師が昔風病を患って、火焼刀にて刺すごとき苦しみを味わい、三年前に自殺せんとした時、夢に金色の人が現われ、汝の苦しみは前世に国王となって物命を害した報いであるとし、支那僧がここに来て学ぼうとして、今道中にある。三年にして来るであろうから、彼に法を恵むべきである。そうすれば汝の罪もおのずから滅するであろうというた。そこで戒賢は自殺を思いとどまり、支那僧の到着を待っていた。**《震旦》** チーナスターナ（Cīnasthāna）。インドより中国を呼んでいう。**《大唐法相始祖》** 玄奘が法相宗の経論を伝来したので、彼を中国法相の始祖というが、中国の法相宗としては、法相の教理を組織した窺基をもって宗祖とする。玄奘は翻訳に全力を傾注したため、著作がない。わずかに『大唐西域記』一部があるのみ。**《窺基》** 六三二—六八二。正しくは基という。玄奘が『成唯識論』の翻訳をせんとした時、基は十大論師の註釈を合糅して、糅訳することを進言し、玄奘これを容れて、他人をしりぞけ基とのみ、これを訳したという。**《百本疏主》** 慈恩大師の著作の多いことを形容した。慈恩は『瑜伽論』に『瑜伽論略纂』を作り、『因明入正理論』に『因明入正理論疏』を作り、『成唯識論』に『述記』を作り、『掌中枢要』を作るなど、多くの経論に「述記」「枢要」「玄讃」などの註疏を多数に作った。そのためにかくいう。**《十地応迹》** 窺基は本地を尋ねれば十地の菩薩であるが、法相宗を弘通するために迹を垂れて中国に生まれたという意味。『宋高僧伝』巻四（大正五〇、七二六上）窺基の伝中に、次のように説いている。道宣の所へ四天王の使者が来るのが習わしであったが、窺基が道宣の所へ来た時には、四天王の使者が遅れて来た。そこで道宣がその理由を問うと、先に大乗の菩薩がここにいて、善神が多く翼従していたので、その神通力に障えられて、自分たちは来ることができなかったと答えた。天神が窺基を大乗の菩薩といった点を、ここに「十地応迹」と表現したのである。**《出萃》** 萃は草が多く茂るさまをいう。草が茂り聚まれる中から、一本抜け出ているのを出萃という。抜群というに同じ。**《慈恩大師》** 大慈恩寺は唐の太宗が母のために建立した寺である。玄奘がここに住し、翻経をなしたが、窺基が継いでここに住して入寂したので彼を慈恩大師という。ただし『大慈恩寺三蔵法師伝』は玄奘の伝記である。　《恵沼》　六五〇—七一四。『宋高僧伝』巻四（大正五〇、七二八下）に伝記があるが、明らかでない。淄州（山東省中部の都）の出身であるので、淄州恵沼大師という。『成唯識論了義燈』十三巻を著わし、西明寺円測の解釈を破した。中国法相宗第二祖。　《智周》　六六八—七二三。撲揚（河北省南部の都）の出身である。『成唯識論演秘』十四巻を著わす。法相宗第三祖。智周の『演秘』は、窺基の『枢要』、恵沼の『了義燈』と共に三箇の疏と呼ばれ、『述記』と共に『成唯識論』を学ぶ者の必読の書とされる。

この一段は、中国における法相宗の伝承を述べる。

中国に法相宗が伝わったのは、玄奘《げんじょう》が『瑜伽論』を求めてインドに行ったことに由来する。玄奘は唐の建国間もない頃、まだ国家の基礎が十分でなく、そのために国境が閉鎖されていた太宗の貞観三年（六二九）に、国禁を犯し、単独で西域に向って出発した。そして天山南路のタクラマカンの大沙漠を渡り、西域を通ってインドに行った。そして、三年を経て中インドのナーランダー寺に到り、戒賢（当時百六歳）に謁して、『瑜伽論』・『摂大乗論』をはじめ、広く瑜伽唯識の教理を伝えられた。戒賢論師はそれより三年前、夢中に現われた文殊《もんじゅ》菩薩から、支那僧が『瑜伽論』を求めて中国を出発して、今、途上にあるから、彼に教えを伝えよと夢告されたので、支那僧の到着を待っていた。ようやく三年にして玄奘が到着したので、戒賢は大いに喜こんで、弥勒の五部の大論をはじめ、瑜伽の十支の論など、すべての法相の法門を、余すところなく玄奘に伝えた。そして玄奘は、ついに十七年間インドに留まり、佛教を勉強すると共に、インドの各地を見聞旅行し、多数の経論・佛像・佛舎利などをたずさえて、貞観十九年（六四五）中国に帰った。

玄奘は帰国以来二十年間、死ぬまでに唯識の重要な経論はいうに及ばず、阿毘達磨論書・諸大乗経論など、七十余部一千三百余巻を訳出し、インド旅行記として有名な『大唐西域記《さいいきき》』十二巻を著わした。そして高宗の麟徳元年（六六四）六十五歳で入寂した。その間、玄奘の門下には三千人の徒衆が集り、勝れた弟子七十人、特に神昉《じんぼう》・嘉尚《かじょう》・普光《ふこう》・窺基《きき》の四人の上足《じょうそく》があった。彼らは玄奘の経論翻訳を助けて、神昉は潤文《じゅんもん》（文章を美しくする）、嘉尚は執筆（訳文を執筆する）、普光は検文（訳文の検討）、窺基は纂義《さんぎ》（全体の編集）の役をなした。そして時の朝廷の太宗、高宗をはじめ、百官、並びに中国全土の人々が玄奘に帰依し、讃仰した。四方の諸国も入朝尊崇した。そして唯識関係以外にも翻訳した経論が非常に多い。そのために、玄奘は中国法相宗の始祖と仰がれ、インドからの相承でいえば第六祖となる。

玄奘を継いだのは弟子の窺基である。彼は玄奘三蔵の上足であり、智慧と理解は同輩と比較を絶しており、玄奘三蔵の後を継いで、法相宗を弘めた。当時、円測《えんじき》（六一三―六九六）がおり、玄奘帰国以前に真諦《しんだい》所伝の唯識を学んでいたが、玄奘帰国以後には、その訳場に列し、西明寺に住し、玄奘がただ窺基のみのために『瑜伽論』を講じたのを盗聴し、先に講じたという。しかし玄奘は、『五性各別の宗旨は汝のみが流通するのである」として、窺基のみを正統な弟子と認めたという。そして窺基は玄奘の翻訳経論に次々に註釈を作り、『述記』『枢要』『玄讃』といわれる疏を多数に造り「百本の疏主」と呼ばれた。さらに窺基の本地は十地の菩薩であるが、法相宗を弘通するために、応化となってこの土に垂迹《すいじゃく》したのであるともいわれた。彼の徳が一世に抜きん出ていたことは、世を挙げて彼に帰依讃仰したことからも知られる。そして大慈恩寺に住したため慈恩《じおん》大師と尊称された。

窺基の後を継いだのは淄州《ししゅう》大師恵沼《えしょう》である（恵沼は慧沼とも書く）。慈恩大師の上足の弟子で、『成唯識論了義燈』十三巻を造って、異説を破して、正義を明らかにした。そのために『了義燈』という。

唯識の理解については、玄奘在世当時から異説があったらしい。玄奘はインド滞在中に世親の『唯識三十頌』に対する十大論師の註釈を入手した。それは護法・徳慧《とくえ》・安慧《あんね》・親勝《しんしょう》・難陀《なんだ》・浄月《じょうがつ》・火弁《かべん》・勝友《しょうゆう》・最勝子《さいしょうし》・智月《ちがつ》である。しかし護法の註釈は、護法がナーランダー寺の学頭を辞して、佛陀伽耶《ぶっだがや》の大菩提寺に隠退してから著わしたもので、当時、護法に深く帰依していた玄鑒《げんがん》居士に与えたものを、玄奘が譲られたものである。玄奘はこの護法の釈を最も重んじて、十種の釈を参糅《さんにゅう》する形で、『成唯識論』十巻を訳出した。そのために玄奘は他人を近づけず、窺基とのみこの翻訳をなしたが、当時すでに円測の異った解釈が発表されていた。円測も『唯識論疏』などを著わしたというが、恵沼によって、他の説と共に本書において破斥されている。

恵沼の後を継いで法相宗第三祖となったのは撲揚《ぼくよう》大師智周《ちしゅう》である。彼は『成唯識論演秘』十四巻を著わし、『成唯識論』並びに『述記』の重要な文義を註解した。師の恵沼が異解の破斥に努めたのに対し、主として唯識の意義を解明するのに努めたのが智周である。

法相宗はこの智周の後は急速に衰えたらしい。智周と華厳宗の法蔵とはほぼ同時代の人であった。当時は法蔵が則天武后《そくてんぶこう》の帰依を受けて隆盛であり、朝廷の関心が華厳宗に移ったためである。しかしわが国の智通《ちつう》・智達《ちだつ》は入唐して玄奘に受け、智鳳《ちほう》や玄昉《げんぼう》は智周に法相を学んでいるので、中国法相宗の伝統は日本に余りなく伝えられたのである。

3 日本の相承

至㆔于流㆓傳日本㆒者、總有㆓三傳㆒。一日本智通智達二人、稟㆓玄奘三藏㆒。二新羅智鳳禪師、承㆓玄奘三藏㆒、始傳㆓日本義淵僧正㆒、弘㆓相宗於維摩堂㆒。三日本玄昉僧正、入㆑唐受㆓學撲揚大師㆒、還授㆓善珠僧正㆒。自㆑爾已來、次第相承、滿寺修學、于㆑今不㆑絕。竝是龍象之衆徒、智辯之鋒寔利。咸是師子之盛德、決擇之音極猛。和國一宇、盛敷㆓法相㆒。何宗及㆑之乎。三國相承一無㆑墜矣。

日本に流伝するに至りては、総じて三伝有り。一には日本の智通《ちつう》・智達《ちだつ》の二人、玄奘三蔵に稟《う》く。二には新《しら》羅《ぎ》の智《ち》鳳《ほう》禅師、玄奘三蔵に承《う》けて、始めて日本の義淵《ぎいん》僧正に伝え、相宗を維摩堂に弘む。三には日本の玄昉《げんぼう》僧正、唐に入り、学を撲揚大師に受け、還りて善珠《ぜんじゅ》僧正に授け、爾《そ》れ自《よ》り已来、次第相承して、満寺修学し、今に絶えず。並びに是れ龍象の衆徒にして、智弁《ちべん》の鋒寔《ほこまこと》に利し。咸《みな》是れ師子の盛徳にして、決択《けっちゃく》の音極めて猛《たけ》し。和国の一宇、盛んに法相を敷く。何れの宗か之に及ばんや。三国の相承一として墜つること無し。

《総有三伝》 以下に三伝を挙げるが、実際はその前に、孝徳天皇の白雉四年（六五三）に道昭が遣唐使と共に唐に入り、玄奘の門に入り法相宗を学んだ。その時、玄奘は五十三歳、慈恩は二十二歳、道昭は二十五歳であった。道昭は同時に禅宗を慧満に習い、斉明天皇の六年（六六〇）に帰朝し、元興寺に住して、法相宗を弘めた。当時まだ慈恩の著作は十分でなかったから、道昭が玄奘から得た法相宗の教理は、後の玄昉などとかなり異っていたという。道昭を法相の初伝とすることは、凝然も後の『三国佛法伝通縁起』や『内典塵露章』では関説している。 《智通・智達》 第二伝。道昭入唐より六年の後、斉明天皇の四年、勅命により新羅の船に乗じて唐に航し、長安・洛陽に入り、玄奘について法相を学び、かねて慈恩にも学び、帰朝して奈良に観音寺を開いて、法相宗を弘めたという。《智鳳》　法相の第三伝。道昭の入唐より五十一年後、文武天皇の大宝三年（七〇三）智鳳・智鸞・智雄の三師、勅を奉じて入唐、当時すでに玄奘・慈恩は入寂した後であったので、第三祖智周について性相の教義を学び、帰朝して義淵に授けた。本書で凝然が、智鳳が玄奘に受けたというのは誤り。『三国佛法伝通縁起』にはこの点を訂正している。智鳳は新羅人で日本に帰化し、後に僧正に任ぜられた。《義淵》　？—七二八。天智天皇以来、弘文・天武・持統・文武・元明・元正の七代の崇敬を受け、当時の佛教界の中心人物であった。《維摩堂》　興福寺のこと。藤原鎌足が山階寺（後に興福寺と改称）に維摩会を開き、毎年『維摩経』を講説していたが中絶した。智鳳がこれを再興した。しかしその後は、名は維摩会でも、内容は法相の法門の講説になった。《玄昉》　？—七四六。元正天皇の霊亀二年（七一六）入唐して在唐二十年、天平七年（七三五）に帰朝。在唐中は、玄宗皇帝の帰依を受け、紫衣を賜わり、帰朝の後、内道場の禅師に任ぜらる。帰朝の時、一切経五千余巻を将来し、興福寺に収めた。後、藤原氏によって、筑紫の観世音寺の別当に貶せられ、彼の地で没した。第三、第四伝は興福寺に伝えられたが、これを北寺伝、三笠伝という。元興寺の法相宗は玄奘直伝を主とし、これを南寺伝、飛鳥伝と称する。《善珠》　七二三—七九七。玄昉の弟子で秋篠寺を開く。『因明論疏明燈鈔』、『唯識論疏肝心記』、その他、著書多く、奈良時代を代表する学者。《龍象》　僧侶の勝れた人に譬える。《決択之音》　決択は理非正邪を決定裁断すること。音といったのは、師子の吼えるのに応じた。《一宇》　一つの世界、国内全体をいう。承応本には《一寺》とある。この場合は、和国の一寺とは、法相宗の本寺、興福寺を指すと解せられる。

この一段は、日本における法相宗の相承を示す。

日本における法相宗の相承を示すと、総じて三伝（実際は四伝）がある。

第一伝は、白雉四年（六五三）に入唐した道昭《どうしょう》の相伝であり、玄奘の西天《さいてん》より帰朝九年目に、玄奘より法相の教理を直伝され、帰国してこれを行基《ぎょうき》に伝えた。道昭は禅をも学び、さらに遺言によって、遺身を火葬にしたことで有名である。

第二伝（ここには第一伝）は、智通《ちつう》・智達《ちだつ》の二人が、道昭入唐より六年後（六五八）に入唐し、同じく玄奘に教えを受け、合せて慈恩大師の教えをも受けた。しかしこの時、窺基はまだ二十七歳であり、その教学は十分に組織されていなかったし、著作も十分でなかった。そのために、第一・第二伝の法相の教理はまだ未成熟であり、法相の教理が完成した後に法を伝えた第三・第四伝とは、かなり内容が異なる。第一・第二伝は元興《がんごう》寺に伝えられたので、これを元興寺伝・南寺伝・飛鳥伝などという。第三・第四伝は興福《こうふく》寺に伝えられたので、これを興福寺伝・北寺伝・三笠伝などという。後には南寺伝は衰え、興福寺が法相宗の本寺となる。

第三伝（本書では第二伝）は、新羅《しらぎ》の智鳳《ちほう》禅師であり、道昭の入唐より五十一年目、文武天皇の大宝三年（七〇三）勅を奉じて入唐した。この時には、すでに玄奘も慈恩も入寂していたので、第三祖の智周大師に就いて法相宗を学んだ。本書に智鳳が玄奘に承けたとなすのは史実に合ない。智鳳は帰国して法を義淵《ぎいん》僧正に伝えた。そして法相の教義を維摩堂、すなわち興福寺に弘めた。

第四伝（本書では第三伝）は、日本の玄昉《げんぼう》僧正である。玄昉は義淵の門下七哲の一人といわれ、道昭の入唐より六十四年後、元正天皇の霊亀二年（七一六）に入唐し、撲揚大師智周に受学し、帰国して善珠《ぜんじゅ》僧正に授けた。それより以来、現在（凝然の時代）まで、法相の教学は次第に相承され、日本全国の寺で唯識佛教が研究されてきた。現在までも絶えない。このように法相を相承してきた諸師は、いずれも佛教界の龍象の衆徒《しゅと》であり、智慧も弁舌も並勝れており、その鋒《ほこ》先はまことに鋭利である。彼らはいずれも獣王獅子のごとき勝れた徳を具えた高僧であり、ひとたび口を開けばその弁舌は極めて厳しく、紛糾せる論議を鮮やかに裁断し、是非善悪を決択《けっちゃく》するその言葉は極めて猛烈である。日本国中、その教の盛んに行われているのは、法相宗に及ぶものはない。

以上によって、インド・中国・日本の三国にわたる法相宗の相承を、一も洩らすことなく述べた。

第三節　法相宗の教判

1　三時教判

問。此宗立二幾時教一攝二一代教一。

答。立二三時教一攝二一代教一。是則解深密經、誠説分明故也。一者有教。佛初時中、爲下發二趣彼聲聞乘一者上、破二外道實我之執一、明二我空法有之旨一。諸部小乘、皆此教攝。且此約二有義一。餘皆可レ攝故。二者空教。於二第二時一、爲下發二趣大乘一者上、明二諸法皆空之旨一、以破二前實法之執一。三者中道教。第三時中、説二非空非有之旨一、以破二前偏有偏空之執一。

然則初時、唯約二依他一説レ有、第二時、唯約二我執一説レ空。未二是三性三無性、顯了之説一。故前二時、名爲二未了諍論安足處所一。第三時中、具説二三性三無性一。遍計所執故非レ有。依他起性故非レ無。是則非空非有中道妙理。元離二二邊一直入二正路一。一代之中尤甚深、八萬之間、特微妙。華嚴深密金光明法華涅槃等、諸深大乘、皆此中攝。諸部般若、皆第二時攝。諸部小乘、竝初時攝。

問う、此の宗は幾《いく》ばくの時教を立てて、一代の教を摂するや。

答う、三時教を立てて、一代の教を摂す。是れ則ち解深密経の誠説《じょうせつ》分明《ぶんみょう》なるが故なり。一には有《う》教。佛、初時の中、彼の声聞乗に発趣《ほっしゅ》せる者の為に、外道の実我の執を破し、我空法有の旨を明かす。諸部の小乗は皆此の教に摂す。且らく此れは有の義に約す。余は皆摂すべきが故に。二には空《くう》教。第二時に於て大乗に発趣せる者の為に、諸法皆空の旨を明かし、以て前の実法の執を破す。三には中道《ちゅうどう》教。第三時の中、非空非有の旨を説いて、以て前の偏有偏空の執を破す。

然れば則ち初時は、唯だ依他《えた》に約して有と説き、第二時は、唯だ我執《がしゅう》に約して空と説く。未だ是れ三性三無性、顕了の説にあらず。故に前の二時を名づけて未了諍論安足の処所と為す。第三時の中には、具さに三性三無性を説く。遍計所執の故に有に非ず。依他起性の故に無に非ず。是れ則ち非空非有中道の妙理、元より二辺を離れ、直ちに正路に入る。一代の中、尤も甚深《じんじん》にして、八万の間、特に微妙《みみょう》なり。華厳・深密・金光明・法華・涅槃等の諸の深大乗は皆此の中に摂す。諸部の般若は皆第二時に摂す。諸部の小乗は並びに初時に摂す。

《時教》　時間を基にした教判。　**《一代教》**　釈尊が一代五十年（あるいは四十五年）間に説いた教。　**《三時教》**　有を説いた時と、空を説いた時と、中道を説いた時との、三つの時期でもって、一代の教を分けた教判。

《解深密経誠説》　この三時教判は『解深密経』に出る。天台の「五時八教判」や華厳の「五教判」など、他宗の教判は、それぞれ祖師の考え出したものであるが、法相の三時教判だけは、佛説である経典に出る。その点に三時教判には特別に権威があると見て「誠説」といったのである。三時教判は『解深密経』巻二「無自性相品第五」（大正一六、六九七上）に出る。佛陀は第一時においては、ベナレスにおいて、声聞乗に発趣する者のために、四諦の相をもって正法輪を転じた。しかしこれは「有上・有容・未了義」の説であったので、諍論が生じた。佛陀は第二時には、修大乗に発趣する者のために、一切法は無自性・無生無滅・本来寂静によって、隠密相をもって正法輪を転じた。しかしこれも「有上・有容・未了義」であったので、諍論が生じた。そこで世尊は第三時には、一切乗に発趣する者のために、一切法は無自性・無生無滅・本来寂静によって、顕了の相をもって正法輪を転じた。この転法輪は「無上・無容・真了義」の説であって、諍論の生ずるところでないと説いている。第一時は小乗佛教、第二時は大乗の『般若経』を指し、第三時は『解深密経』を指す。『解深密経』は成立が新しいので、それ以前の教説を批判して、自説の正当性を主張している。それが教判の形になっているのである。かかる手法は古い成立の経典には見あたらない。

《有教》　実体を認める説。現象世界は無常であり、変化しているが、変化をしている世界を構成している要素（法）は自性を有する有であると主張する。法は有であると見る。これは、我空法有を説く説一切有部の説である。《実我》　常住なるアートマンを主張する説。アートマンは自我のことである。《我空法有》　人間は五蘊に分析され、五蘊はさらに下位の存在に分析される。人間はこれらの要素の集合体であるから、実体がない、すなわち空である（我空）。しかし分析の方法によっては、最後は分析できない実体が残る。その実体は有である（法有）となし、我空法有を説くのである。これは分析によって自我の空を知る空観であるので析空観という。《空教》　人法倶空を説く教え。『般若経』では、五蘊を観察して、法の本性は空であると洞察する。これを体空観という。分析観では法の空は知られない。動く世界を、動かない要素が構成しているとなすのは矛盾である。無常なる世界には、動かないものは何もないと理解するのが体空観であり、我も法も倶に空であると説く。《発趣大乗者》　法相宗によれば、大乗に発趣する者には二種類がある。利根の菩薩は最初から第三時の中道教で大乗に発趣するが、鈍根の菩薩は、初めは小乗で発趣し、中途から廻小向大する。この菩薩は、小乗の時代に我空法有の思想を持っていたので、その法有の執著を除かねばならない。そのために、大乗の初めに諸法皆空が説かれたという。この場合の「一切皆空」は、執著を破するために、強調されたのであり、有の法（真如）もあるのを無視して説いたので、隠密相であり、未了義であるとなすのである。《実法》　法は実有であるとなす説。《中道教》　第三時は、第一時の有教、第二時の空教を止揚して「非空非有」を説くために、これを中道教という。《偏有偏空》　第一時の有の主張も、第二時の空の主張もかたよっているという意味。第一時の法有は、法は空である点を示しえないし、第二時の一切皆空は、真如の実有を説きえない点で偏であるという。《依他》　依他起性。依他起とは、他に依って起るという意味で、縁起のこと。初時に佛が法の有を説いたのは、諸法が縁生の故に有であると説いたのを、声聞は実有と誤解した。
《我執》　第二時に佛が諸法の空を説いたのは、凡夫の我執を除かんがためであった。我執は遍計所執性である。凡夫が妄情によって有と執著したものは、すべて無であるので、一切空と説いたのである。しかし円成実性・真如は無ではない。その点を隠して、一切空と説いたのを、鈍根の菩薩は理解できなくて、真如までも空となした。故にこれも隠密の説である。
《三性三無性》　三性は、遍計所執性・依他起性・円成実性、三無性は、相無性・生無性・勝義無性で、後節に説明がある。第三時の説は、三性三無性の立場に立って、妄情で有と認めるものには、法は空であることを示し、縁生で成立したものは仮有ではあるが有であることを示し、その根底にある真如を明かして、非空非有の中道説を説いた。**《顕了説》**　第一時・第二時の説は、一部分を隠して説いた説であるから、隠密説であり、了義の説でないが、第三時の説は、すべてを完全に説き明かしているから顕了説である、了義の説であるとの意。**《未了諍論安足処所》**　未了義とは説明不充分で不完全な説。したがってそれを排斥する反対説が起り、諍論がそこに立場を持つ。それを安足処所といった。

この一段は、法相宗の教判を示す。

教判とは、佛教に種々の教理があるが、それらを自宗の立場から価値的に配列し、全佛教における自宗の位置づけを明らかにすることである。詳しくは教相判釈《はんじゃく》という。法相宗の教判は三時教判である。佛一代の教を三時に分けて、浅劣な教から漸次深遠な教に進んだと見る。これは『解深密経』の「無自性相品」に説かれる説によったものであり、その意味で、この三時教判は佛説である。経典の中で教判を説くのは、おそらくこの『解深密経』のみである。そこに法相宗の三時教判が「誠説分《じょうせつぶん》明《みょう》」といわれる理由があろう。『解深密経』の三時教判とは、「無自性相品」に出るが、佛は初時においては、ベナレスの鹿野苑《ろくやおん》において、声聞乗に発趣《ほっしゅ》する者のために、四諦《したい》の相でもって正法輪を転じたが、これは有上・有容・未了義であったために、諍論の根拠となったという。これは「四諦説」で

『阿含経』を代表させたのであろう。そしてこの『阿含経』を所依として、アビダルマの教理を組織した小乗佛教の諸部派を、この中に含める意味であろう。そのために法相宗ではこれを「有《う》教」と呼ぶのである。有教とは、法の有を認める立場であり、分析的方法によって我の空を悟るが、しかしその基礎となっている法の空には達しえない立場である。なお、法相宗では五乗を説くが、人乗と天乗とは佛教以前の立場であるから、ここには出てこないが、残りの三乗は佛教内の立場であるから、その三乗がここに言及されているのである。したがって、この声聞乗の中には縁覚乗も含まれていると理解すべきであるといわれる。声聞（śrāvaka）とは、佛の「声を聞いた人」という意味で、佛から直接教えを受けた人たちをいう。しかし後には、四諦の教えによって修行して、阿羅漢の悟りをめざす「自利一辺」の人のことと理解されている。これに対して、縁覚乗は独覚乗ともいわれ、佛の教えの助けを借りないで自力で修行する人（独覚）とも、あるいは十二縁起を観ずる（縁覚）ともいわれるが、ともかく佛と同じ悟りを得るが、しかし衆生教化をしないので、同じく自利一辺と見られる。この声聞・縁覚の二乗が第一時に含まれるという。

次の第二時とは、世尊が昔、大乗に発趣する者のために、一切法はみな無自性であり、無生無滅、本来寂静、自性涅槃であるとの説によって、隠密《おんみつ》相でもって正法輪を転じたのをいう。これは主として『般若経』を指すのであり、これに基づいて教理を立てている中観派をも含めているのであろう。『解深密経』の成立時代には、すでに中観派が成立していたと考えられる。しかしこの一切皆空説では、真如の実在を明かしていないので、完全な説とはいえないとして、真如を隠して説いている点で隠密の相であり、また不完全な点を未了義と評しているのである。かく不完全な説であるので、諍論の生ずる根拠となったとなす。

そこでその後に、第三時の教として、一切乗に発趣する者のために、一切法の無自性、無性無滅、本来寂静、自性涅槃、無自性性をもって、顕了の相をもって法輪を転じた。これが『解深密経』であるという趣旨である。ここで「一切乗に発趣する」といったのは、声聞・縁覚・菩薩の三乗をいう。『解深密経』の中には、三乗の人が誰でも修行しうる教理があるという意味である。

以上の『解深密経』の説に基づいて三時教判を立てたのであり、第一は有教である。これは佛が初時の中に、声聞乗に発趣する者のために、外道の実我の執を破して、我空法有の旨を明かした教えであるという。外道は我の実在を主張する。その我の執を破するために、人間が五蘊からできていることを明かして、我執を破した。しかしその方法が分析的であったために、五蘊を構成している要素としての法の空を説くことはできなかった。そのために、我空法有の説となったので、我は空でも、法の空を説きえない点で、第一時を有教というのである。そしてこの中に、小乗佛教の諸部派を加える。我空法有を説くのは、主として説一切有部である。経量部や『成実論』などは、法の有自性を主張しない。大衆部も空を説いたという。しかしこれらの部派の説も、説き方が徹底していないので、とりあえずそれらをも有教に加えるのである。

第二は空《くう》教である。第二時には、佛は大乗に発趣する者のために、諸法皆空の旨を明かした。第一次で我空を理解したが、しかし法有の立場に執する人ができたので、この法有の執を破するために説かれたのが、第二時の空教であるという。法の空を説くのが目的であるから、真如の有については触れないのが、この空教である。そこにこの教えの足りない点があるとなし、第三時の教が起った。第三時は中道教《ちゅうどう》である。すなわち第一時の有と、第二時の空とを批判して、非空非有の旨を説いたので中道教というのである。これは第一の有教が偏った有を説き、第二の空教が偏った空を説いたのを是正したという意味である。

すなわち、初時に有を説いたのは、佛陀は依他起性《えたきしょう》の立場で法の有（仮有）を説いたのに、声聞はそれを誤解して、法を実有となしたと評するのである。すべての存在は縁起によって成立する。縁がなくなれば存在もなくなる。故に法は縁生であるから仮有（prajñapti）である。しかしそこに縁という実体があるのではなく、縁となって法を生ずるものは他の法である。したがって縁生と法とを実体的に理解せんとすれば、理解は不可能になる。空の原理を導入しないと、この循環論法を脱することはできない。そのために空は論理を超えた全体的な洞察である。この空の洞察を欠いたのが、析空観《しゃっくうがん》のみに頼る有教であるという。依他起とは、縁起を空で理解する立場である。

第二時の教は、佛陀が我執に約して空と説いたのを、誤解して依他起の法までも無とした立場であるという。我執に基づいて認識されたものは遍計所執性である。これは迷っている人には有であるが、悟った立場から見れば無である。佛陀は遍計所執性を破するために、一切法の空を説かれたのであるから、この教えには依他起の仮有や円成実性の実在は隠されている。それ故、説き足りない点があるとて、未了義の説となすのである。故に、初時・二時の教は、三性・三無性の立場を顕了に説いた教えではない。三性・三無性については、後節に説明があるから略すが、ともかく、諸法に空の性格と有の性格とがあることを正しく明かしたのが、三性・三無性の説である。これを、依他起の面だけを説き、あるいは遍計所執の面だけを説いた初時・二時の教は、したがって未了義の説（不完全な説）であり、論諍が起る根拠となるのである。
しかるに第三の教は、三性・三無性を具さに説いている。すなわち遍計所執性の立場で認識されたものは有ではない。同時に、依他起性で成立しているものは、本性は空であるが、同時に仮有であり、虚無《こむ》の意味の無ではない。それを可能にする円成実性が説かれる。そのために第三時の教は非空非有の中道の妙理を明かしたものである。有と無の二辺を離れて正路に入ったものであり、佛一代の教の中、最も甚深《じんじん》の教である。八万の法蔵の中で、特に微妙《みみょう》な法門である。すなわち『華厳経』や『解深密経』・『金光明経』・『法華経』・『涅槃経』などは、非有非空の立場から真如・佛性を明かしており、この第三時の教に摂せられるのである。そして『大品般若経』や『小品般若経』・『金剛般若経』・『仁王般若経』など、諸部の『般若経』は、空は説くが、真如や佛性を明かさないので、中道の教とはいえず、第二時に含まれる。そして小乗二十部といわれる小乗教は、初時に摂せられるのである。

図7

三時教判
- 初　時―有　教（小乗教）―約依他起性―┐
- 二　時―空　教（般若経）―約遍計所執性―┘―未了義
- 三　時―中道教（華厳、深密等）―約三性三無性―了　義

2　三時教と三性

問。此三時者、為二年月次第一、為二義類次第一。

答。學者異議不レ同。或云二年月三時一云云、或云二義類三時一云云、或義類年月兼帶三時云云。

問。第三時中中道者、但約二三性一而立歟。頗有二一法中一而明二中道一乎。

答。此有二二義一。一云二三性對望中道一云云、二云二一法中道一云云。然多是三性對望中道而已。

亦可二一法中道一云云。

問。第二時中、云何說レ空。

答。此有二二義一。一云約二遍計所執一、密意而說二皆空一云云。一云約二三無性一而說レ空云云。


問う、此の三時とは、年月の次第と為《せ》んや。義類《ぎるい》の次第と為《せ》んや。

答う、学者の異議同じからず。或いは年月の三時と云い云云、或いは義類の三時と云い云云、或いは義類年月兼帯の三時なりと云云。

問う、第三時の中の中道とは、但だ三性に約して而も立つるや、頗《もし》は一法の中に有りて而も中道を明かすや。

答う、此れに二義有り。一には三性対望《さんしょうたいもう》の中道と云い云云、二には一法の中道と云う云云。然れども多くは是れ三性対望の中道已《のみ》。また、一法の中道なるべし云云。

問う、第二時の中、云何んが空を説くや。

答う、此れに二義有り。一に云く、遍計所執《へんげしょしゅう》に約し、密意《みっち》にして而も皆空と説くと云云。一に云く、三無性に約して而も空と説くと云云。


《義類》 教理の意味の浅深を判じて、浅から深に並べた理論上の順序。 《三性対望中道》 三性をセットと見て、三性の相互関係で中道を立てる。すなわち、遍計は空、依他は有、円成は非空非有の中道となす。 《一法中道》 三性のそれこの一段は、三時教に関連する二、三の問題を取り上げる。

第一は、三時教判は、佛陀の説法の時間的前後によって立てたものか、あるいは教理の浅深を判じて、浅い教を前に置き、深い教理を後に置いたものかという質問である。何故なれば、『華厳経』は成道後三七日の説法と伝えられるから、時間的にいうならば、最初期の教になるはずであるが、実際は、第三時の中道教に摂せられる。あるいは『遺教経』は『涅槃経』の後に説かれ、まさに涅槃に入らんとする佛の最後の教誡である。年時からいえば第三時に入るべきであるが、内容的には『阿含経』の部類であり、初時に摂せられる。こういう問題が自覚されて、三時教は年次の次第であるのか、内容に即した義類の次第であるのかという問題が起った。この問題を提起したのは恵沼の『成唯識論了義燈』巻一本（大正四三、六六〇下）である。

これに対して、答えは「学者の異議同じからず」で、種々の解釈が出された。一つは年月の次第と見る説で、『解深密経』の中に、三時を示すのに、「初・昔・今」という言葉を用いており、初時には有教を説き、昔は空教を説いた。そして今ここに『解深密経』の中道教を説くとあるから、この三時は年月の次第であると解する。これに対して、上述のごとく『華厳経』は成道直後の説法であるなどの点から、三時を、年月の次第と一方的に決めることのできない理由がある。そこで、釈尊の説法の義理の種類に従って、同種類の義理を説く教法を分類して、有教・空教・中道教に分けて、三時教にしたとなす説が出された。これを「義類相従《ぎるいそうじゅう》」の説とも名づけられ、恵沼が『了義燈』で示した説である。

これは佛一代の教を、有・空・中道の三教の範疇で整理する点で、妙釈であるが、しかし『解深密経』には年月の意味がはっきり現われているので、これを無視することは困難である。そのために両者を折衷した「義類年月兼帯の三時」の説が出された。この説は『了義燈』でこの問題が提起された後に出されたものであるが、ただ義類と年月をどうつなげるかについて、種々の説が出された。すなわち年月を主として義類を兼ねる説、あるいは義類を主として年月を兼ねる説、第三には年月と義類とを「双存」する三時の説などが出された。このように「義類年月兼帯の三時」に三説があるために、これらに「年月三時」と「義類三時」を加えて五説になることを、凝然は『五教章通路記』の中で述べている。

ちなみに、恵沼が『了義燈』でこの問題を提起したのは、「年月義類兼帯の三時」を主張するためであった。すなわち「年月次第」のみによれば、『華厳経』を初時に摂することはできず、『遺教経』を第三時に摂することはできないから、「摂教未尽《しょうきょうみじん》」の失があるというのである。しかし「義類次第」のみによれば、摂教未尽の失は免れるが、しかし『解深密経』の佛説に背くおそれがある。しかも祖《そ》釈《しゃく》を無視することにもなる。そこで、年月義類兼帯の三時説によって、両者の難点を避けようとしたのである。しかし恵沼がこの説を出した後にも、それならば義類と年次とをどのように結びつけるかについて、学者の間に意見の相違が起って、上述のごとく三説が出されたわけである。

第二の問題は、三時教と中道との関係である。法相宗は「唯識中道」といって、中道を標榜する佛教である。そのために三時教と中道との関係が問題になる。すなわち三時教は、非空非有の中道を示すのが目的であるが、これが三性説といかなる関係にあるかという問題である。三性説は唯識で最も重要な教理の一つであるが、そこで中道がどのように示されるかという問題である。すなわち三性説が全体で一つの中道を示すのか、あるいは三性のそれぞれに中道の意味があるのかという問題である。すなわち三時の中の中道は、三性に約して立てるのか、あるいは一法の中に中道を明かすのかという問題である。

これに対しては二義があり、一つは三性対望《さんしょうたいもう》の中道であり、二つには一法中道である。しかし一法中道は特殊な説であり、広い意味ではこれも三性対望中道に含まれるのである。

三性対望中道とは、遍計所執性・依他起性・円成実性の三性を対望して、中道を明かす意味である。唯識説によれば、一切法（一切の存在）はこの三性に摂せられる。遍計所執性とは、凡夫の妄情に現われている法である。凡夫があると認めている存在はすべて遍計所執性であり、実体のないものである。その点を非有・空という。唯識では空とは非有の意味であり、『般若経』が空を不可得・無執著の意味に解するのと大いに異なる。次の依他起性は、存在は縁起によって成立することをいうのであり、縁起によって成立したものを法という。これは仮有である。これは非空ともいう。円成実性は真如実在であり、存在の体である。これは真有である。故に三時の有空中道は、三性を対望して、偏有偏空を離れた中道として理解せられる。

次の一法中道とは、三性のそれぞれに中道の意味のあることをいう。すなわち遍計所執性は情有理《じょううり》無《む》であり、ここに非有非空の中の意味がある。次の依他起性には「似《じ》有非有」（因縁の故に仮りに有に似たれども、実には有に非ず）の意味があり、ここに中の意味がある。第三の円成実性には真空妙有《しんくうみょうう》

(周遍法界の理体であるから真空、実在の体性であるから妙有)の意味があり、ここに中の意味がある。このように三性にそれぞれ中道の意味がある点を一法中道という。

このように三性の一一に中道の意味があるが、しかしこれも三性を対望して成立するものである。すなわち遍計の空、依他・円成の有に立脚して、三性の一一に中を認めうるのである。故に「然れども多くは是れ三性対望の中道已《のみ》」というのである。一法中道はこの中に含まれる。一法中道を三性各《さんしようかく》具《ぐ》中道《ちゆうどう》ともいう。そしてまた、一切法にそれぞれ三性が具わっているとも見る。三性は体が各別であるのではなく、一物の義理であるから、同じものを、凡夫が見れば遍計となり、縁起を悟った人には依他の有となり、そこに同時に円成実の真如が現われているのである。すなわち迷悟《めいご》の違いによって、妄執・縁起・真理の三重の浅深が区別されるから、これを客観的に表現して、遍計・依他・円成の三性を分つのである。故に一色一法《いつしきいつぽう》の上に三性を具するのであり、三即一・一即三である。ここに三性

図8

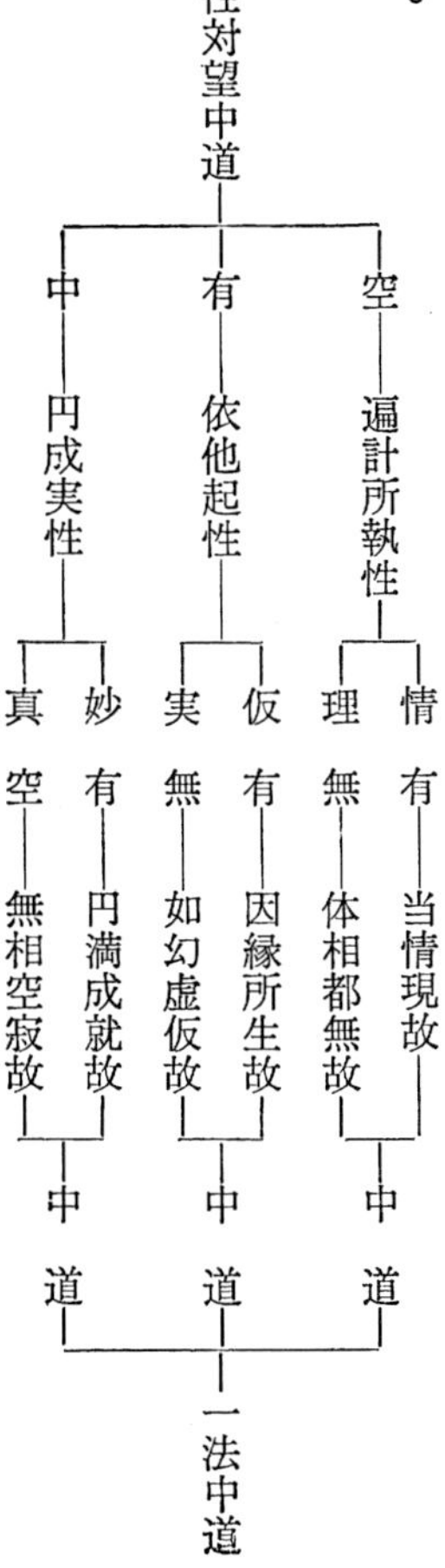

対望中道の意味が一法の上にも適用されて、一法中道が説かれうるのである。これを、所具の理についていえば三性対望中道となり、能具の法についていえば一法中道になるということができる。

第三は、第二時の空教の意味を問題にする。空には種々の意味がある。外道の説く虚無《こむ》空見の空もあるが、これは虚無主義の意味である。小乗の我空法有の空は分析すればなくなる意味の析空《しゃっくう》である。『般若経』の説く第二時の空は何であるかというに、これには二つの意味がある。一つは、小乗が我空法有を説き、法有に執著しているために、これを破する意味で、遍計所執性は空であるという意味である。これを強調して一切法空というのであるが、この場合の一切法の「一切」は少分の一切であり、依他・円成を隠して、一切空をいっているのである。故に、これは「密意《みっち》」で皆空といったのである。密意とは、まだ隠している意味があるということで、すべてを説かないから、不完全な教えという意味である。『般若経』が一切皆空といったのは、小乗の法有の説を破するために説いたのである。そこに円成実の有などを持ち出すと、小乗教徒はさらに迷乱を深めるから、わざとこれを隠して説いたのだというのが、法相宗から見た『般若経』の空の解釈である。この空の解釈を、三性説と結合して遍計所執に約して空と説くというのである。すなわち依他起性や円成実性は有であるといっても、凡夫には依他起や円成実は理解できないのであるから、遍計所執の立場だけになる。依他起にも生無性・如幻仮有《にょげんけう》の空の意味があり、円成実にも勝義無性・真空妙有の空の意味があるが、それらは凡夫には触れられないのであるから、遍計所執のみに約して空を説いたのであると解釈する。これは南寺の伝であるといい、三無性の体は遍計所執であるとなす。すなわち三無性といっても、依他・円成の体までも空ずるのではなく、依他・円成の上の遍計の妄執を空ずるのであると解する。

これに対して、もう一つの「三無性に約して空と説く」というのは、北寺の伝で、前者の「執空《しっくう》」に対して「体空」の立場であるという。すなわち三性に同時に三無性の意味があり、遍計所執性は体相都無《とむ》であって、法の体が空である点を相無性といい、依他起性は相は有であるが、生ずることは因縁であって仮であるので、この点を因縁生の如幻仮有の生無性という。円成実性は真空妙有であって、無相空寂である点に空の意味があるのを勝義無性という。すなわち三性それぞれに空の意味がある。その空に約して『般若経』の空の教説があると見るのが、「三無性に約す」空説である。したがってこの立場に立てば、『般若経』の空説は必ずしも密意説とはならないわけである。遍計はもとより、依他起の諸法にも、円成実の真如にも空の意味があるから、一切皆空は正しいことになるからである。しかし依他起や円成実には、空の意味の反面に有の意味があるが、それが『般若経』では見落されているということはできよう。いずれにしても『般若経』は第二時の説であり、第三時の立場から批判されることを免れえなかったと見るのが、法相宗の立場である。

第四節　三乗と五性

1　五性各別

問。此宗立二幾許乗一。

答。此宗、教中立二三乗五性一。其五性者、一定性聲聞、二定性縁覺、三定性菩薩、四不定種性、五無性有情。定性二乗、随ニ自乗果一、竝無余入寂。菩薩種性、二利行満、證ニ大菩提一。
無性有情、法爾無レ有ニ無漏種子一、唯有ニ有漏種子一。若昇進生ニ人天之中一、以レ之為レ上。

問う、此の宗は幾許《いくばく》の乗を立つるや。

答う、此の宗は教の中に、三乗五性を立つ。其の五性とは、一には定性声聞、二には定性縁覚、三には定性菩薩、四には不定種性、五には無性有情なり。定性の二乗は自乗の果に随いて、並びに無余入寂す。菩薩種性は二利の行満じて、大菩提を証す。無性有情は法爾《ほうに》として無漏種子《むろしゅうじ》有ること無し。唯だ有漏《うろ》種子のみ有り。若し昇進して人天の中に生ずれば、之を以て上と為す。

《乗》 ヤーナ（yāna）。乗物の意味。佛教の教えによって、迷いから悟りの岸に向うので、教えを乗物に譬える。**《三乗》** 声聞乗・縁覚乗（独覚乗）・菩薩乗。これに人乗と天乗とを加えて五乗ともいうが、ここには出世間の立場から三乗を出した。**《五性》** 性は種性（ゴートラ）のことで、生まれつき有する性質をいう。これに五種を分ける。これは、バラモン種性、刹帝利種性などの「生まれ」からきた考えである。**《無余入寂》** 無余涅槃に入ること。この涅槃は灰身滅智といって何も残らないので「入寂」という。**《二利行》** 自利と利他。**《大菩提》** 佛の悟りを大菩提という。菩提はボーディ（bodhi）で「覚」の意味。**《無漏種子》** 無漏とは汚れのないことで、悟りの智慧をいう。悟りの智慧を生み出す種子が無漏種子。阿頼耶識は有漏であるので、無漏種子を保持することができないので、無漏種子は阿頼耶識に依附しているという。ともかく種子は阿頼耶識に存するのである。無漏種子には本有の無漏種子と新熏の無漏種子との二種がある。無性有情にはこの両者共にないことになる。

この一段は、法相宗の重要な教理である「五性各別」（五姓各別）を明らかにしたものである。これを、三乗・五乗との関係で示している。

法相宗の教理では、無始以来、衆生の素質は本性上定まっており、衆生の阿頼耶識《あらやしき》に有する種子《しゅうじ》には五種類の別があり、それによって衆生には五種類の別ができ、この区別は永久に変らないという。その根拠は阿頼耶識にある種子の違いによるとなすのである。これは、人間には、生まれながらに能力の違いがあるとなす立場であり、能力が違うから、それぞれの能力に適する教えを設ける必要があるとして、三乗・五乗という三種類、乃至、五種類の教理を立てるのである。これは、人間の本性は一つであり、すべての人が成佛の因子である佛性を持っている、したがって教えも一種類でよいとして、一乗の教えのみを立てる一乗佛教と鋭く対立する教理である。これは理想主義の立場と経験主義の立場との違いであると見ることもできる。

この宗はいくばくの乗を立てるかと問うて、三乗・五性を立てると答えている。人間の素質に五性の区別があれば、教えも三乗では足りないわけであり、法相宗では五乗を認めているが、三乗の外の人乗と天乗とは、世間の道徳や、世間の宗教の立場であるから、佛教が積極的に設けた教えではない。佛教内で立てた教えは三乗であるので、三乗・五性というたのである。五性とは、声聞種性・縁覚種性・菩薩種性・不定種性・無性有情の五種である（性は姓とも書く）。初めの声聞・縁覚・菩薩の三種性は定性《じょうしょう》であるので、定性声聞・定性縁覚・定性菩薩の種性という。声聞種性は声聞乗の教えを受容する素質だけを具えている。そういう種子だけが阿頼耶識にある。ただし、声聞の悟りは阿羅漢であり、これは阿羅漢を実現する無漏《むろ》種子によるのであるから、これは阿頼耶識にあるとはいえないが、ともかく阿頼耶識に依附しているのである。定性声聞は声聞になることが決っているので、縁覚や菩薩の修行をしても、果を得ることは不可能であるとなすのである。同様に、縁覚種性は縁覚の悟りのみが得られるのであり、菩薩種性も同様である。

三乗の教えは、以上の三種の種性の人々のためにあるわけである。第四は不定種性であり、これは三乗のいずれに進むか、不定の人の場合である。彼らも無漏種子は持っているのであるが、二種以上の無漏種子を持っている。すなわち、菩薩と声聞の無漏種子を持つ者、菩薩と縁覚の無漏種子を持つ者、声聞と縁覚の無漏種子を持つ者、および菩薩と縁覚と声聞の三種類の無漏種子を持つ者との四種類の不定種性がある。彼らは与えられた機縁によって、いずれかの教えに向うわけである。このような不定種性を設けたのは、『法華経』の場合のように、舎利《しゃり》弗《ほつ》や目蓮《もくれん》などの声聞が、すでに声聞乗に

図9　五乗　五性

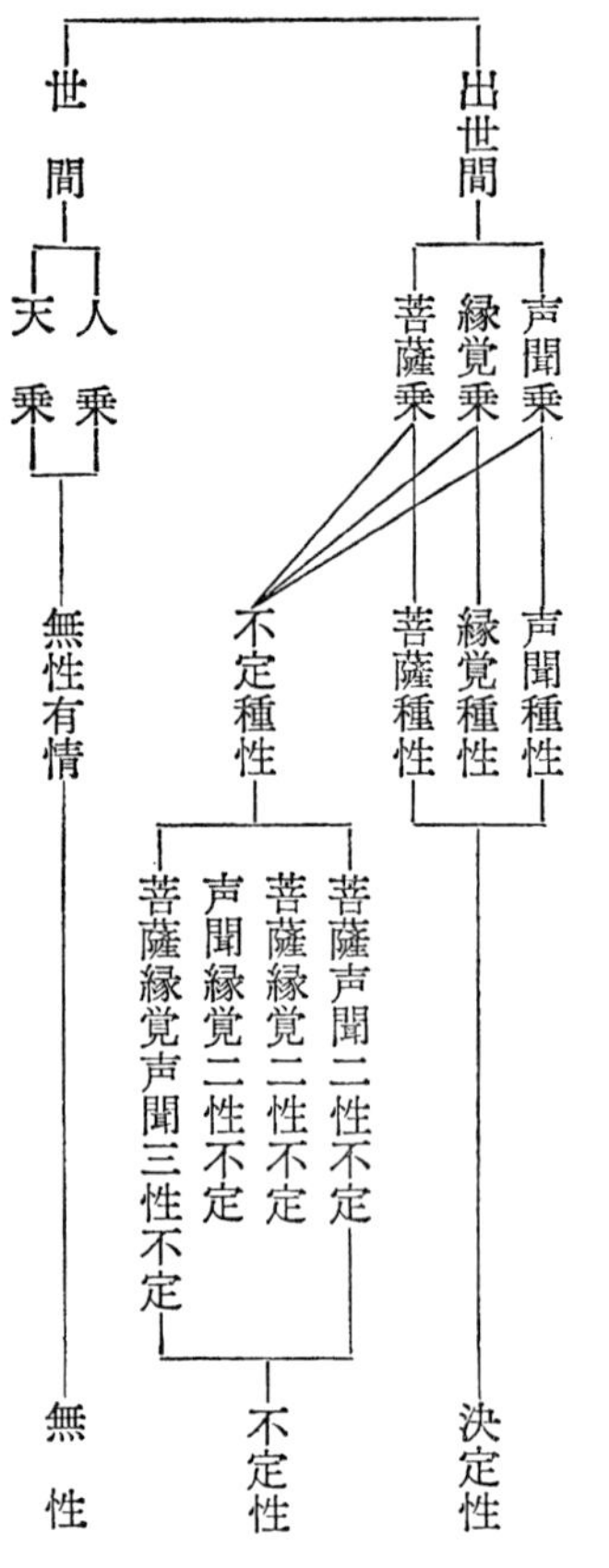

よって阿羅漢の悟りを得ていながら、さらに佛から『法華経』の教えを受けて、菩薩の菩提心を起し、すなわち廻小向大《えしょうこうだい》して、大乗の修行をしてついには成佛すると説かれているために、こういう経説を矛盾なく解釈するためには、不定種性を設ける必要があったのである。すなわち舎利弗や目蓮などは、声聞と菩薩の二種類の無漏種子を持っていた不定種性の有情であったと解釈するわけである。

第五は無性有情である。この種性の人は本有の無漏種子がないのであるから、いかに佛教の修行をしても悟りを開くことは不可能であるとなすのである。

五性と五乗の関係を示すと、前頁の図9のごとくである。

本文に「定性の二乗は自乗の果に随いて、並びに無余入寂す」といっているのは、定性の声聞種性と縁覚種性とは、それぞれ声聞乗と縁覚乗の教えに随って修行をなし、それぞれの悟りを得て、無余涅槃に入るという意味である。定性の菩薩種性は、六波羅蜜《ろくはらみつ》の修行をなし、自利と利他の行を完成して、佛の悟りを得る。不定種性の人は外からの働きかけに応じて、無漏種子が目覚め、悟りを得るとなすわけである。たとえば、三種類の無漏種子を持っている人は、外部からの働きかけによって、阿羅漢・縁覚・佛のいずれかの悟りを得る可能性があるという意味である。

第五は無漏種子のまったくない無性有情である。これは大乗の『涅槃経』に説く一闡提《いっせんだい》のごときを考慮したのであろう。この種の人は、いかに道徳的に勝れ、あるいはいかに宗教心が深くても、佛教には無縁の人であるという意味である。このような道徳心や宗教心は、輪廻《りんね》の生存を容認した上での善行であるので、これを有漏善《うろぜん》というのである。有漏種子のみを所有している人は、いかに修行をしても来世に、人間か天界のどちらかに生まれうるにすぎないと考える。世間には実際にも佛教に無縁な人があるから、無性有情を認めることは事実に合致するわけである。その意味では法相宗の五性各別説は経験の事実には合致するのであるが、しかし一乗佛教の理想主義とは烈しく対立することとなった。一乗佛教に立つ最澄と、五性各別に立つ徳一との烈しい論諍がそれを示している。

2 三乗と五乗

問。入寂二乘有二還生一乎。

答。無レ此。入二無餘一者、灰身滅智、諸識皆滅。何有二還生一。不定性人、必廻心向大、都無二入寂一。廻心之時、入二十信初心一、初住入二僧祇位一。乃至成佛。衆生之機、法爾有二此五性差別一。故佛隨二此一一機根一、授二彼相應之法一。故必成二五乘一。謂無性有情、是人天乘、三乘定性、以爲二三乘一、不定種性、隨レ應通レ三。故有二五乘一。若唯就二出世一、卽立二三乘一矣。普爲乘名、寔由レ玆焉。


問う、入寂の二乗に還生《げんしょう》すること有りや。

答う、此れ無し。無余に入る者は灰身滅智《けしんめっち》して、諸識皆滅す。何ぞ還生すること有らんや。不定性の人は必ず廻心向大《えしんこうだい》して、都《す》べて入寂すること無し。廻心の時、十信の初心に入り、初住に僧祇の位に入り、乃至、成佛す。衆生の機、法爾《ほうに》として此の五性の差別《しゃべつ》有り。故に佛は此の一一の機根に随いて、彼に相応の法を授く。故に必ず五乗を成ず。謂く、無性有情は是れ人天乗《にんでんじょう》、三乗の定性は以て三乗と為す。不定種性は応に随いて三に通ず。故に五乗有り。若し唯だ出世に就かば、即ち三乗を立つ。普為乗《ふいじょう》の名、寔《まこと》に玆《ここ》に由る。

《還生》　無余涅槃に入った二乗が、三界に再び還って生まれること。このことはありえないと見るのが、法相宗の立場。《廻心向大》　廻小向大ともいう。小乗を修行する心をひるがえして、大乗の修行に向う。《入寂》　無余涅槃に入ること。　《十信》　菩薩の修行に五十二位の階位を立てるが、その最初の段階。五十二位は、十信・十住・十行・十廻向・十地・等覚・妙覚であり、『瓔珞経』巻上（大正二四、一〇一一下）によれば、十信は、信心・念心・精進心・慧心・定心・不退心・廻向心・護心・戒心・願心である。ただし法相宗では、十信を除く四十一位（四十位と佛果）を立てるから、この十信は次の十住の初住（初発心住）に含まれることになる。《僧祇》　阿僧祇の略。阿僧祇は無数の意味で、菩薩は三阿僧祇劫の修行を経て成佛する。その修行は十住から始まる。初阿僧祇の修行で、十住・十行・十廻向の三十位を進み、初地に入る。第二阿僧祇の修行で、初地から七地まで進む。第三阿僧祇の修行で、八・九・十地を経て成佛する。ただしその後にさらに百劫の期間の修行があり、その間に三十二相の因を植えるという。《法爾》　生まれながらに。天然・自然に。《相応之法》　衆生の機根能力に適する、ふさわしい教え。《普為乗》　普為乗教。あらゆる能力に応ずる教えであること。いかなる機類をも漏らさない教え。

この一段は、入寂の二乗が還生《げんしょう》するか否かを取り上げて、五乗の教理の成立すべき理由を明かす。ここに「入寂の二乗に還生すること有りや」と問うたのは、阿羅漢や縁覚が無余涅槃（無余依涅槃界）に入ってしまった時、再びそこから立ち現われて、輪廻の三界に還生することがあるかという意味である。それは、天台宗や華厳宗などでは、一切衆生悉有佛性を唱え、すべての衆生が最後は成佛すると主張するから、入寂の二乗の還生を認める。すなわち二乗で無余涅槃に入ってしまった者でも、これは二乗の修行の力によって、身心共に滅してしまった状態に似た結果を得たにすぎないのであり、まったくの灰身滅智《けしんめっち》ではないから、再びそこから生きかえって、三界に還生し、大乗に転向して、ついには成佛すると説くのである。そうでないと、すでに無余涅槃に入った二乗には、佛性がないことになり、悉有佛性が主張できないことになる。

しかし法相宗は、声聞や縁覚に定性のものを認めるから、無余還生を認めない。故に「答う、此れ無し」というのである。法相宗によれば、無余涅槃に入った者は、灰身滅智してしまって、身体と心の素材がまったくなくなってしまう。八識すべてが滅してしまうから、どうして還生することができようやという。すなわち華厳や天台とは、二乗入寂の解釈が異なるのである。このように、入寂二乗の還生が不可能だから、定性の声聞と定性の縁覚とを認めねばならないということになる。しかし不定性の二乗が入寂した場合にはどうなるかという問題が起る。彼は菩薩乗の無漏種子を持っているから、たとい二乗で入寂しても、還生して菩薩乗に向うのではないかという疑問が起る。不定性の二乗に還生を認めないと、不定性という意味が無意味になるおそれがある。そこで法相宗は、不定性の人は二乗で入寂することはないというのである。不定性の人は、声聞や縁覚になって修行することはあるが、しかし無余涅槃に入る前に必ず廻小向大して、大乗に向う。入寂することはないと断定するのである。

廻小向大の菩薩は、廻心の時、十信の初心に入るのだという。菩薩の修行は十住の初住から始まるが、今まで声聞や縁覚の修行をして、現に阿羅漢の悟りを得た者は、たとい大乗に転向しても、即座に大乗の修行ができるのではない。阿羅漢果を捨てて、菩薩の心構えを持つまでに若干の時間がかかる。そのために廻心の時には十信の初心に着く。そして大乗の信心を修行して、信心が満足した時、初発心住という十住の初位に入ることができる。もっとも法相宗は四十一位をとるから、十信位は認めないわけであるが、この場合には、初住の中に十信を含めて考えるのである。そして初住から菩薩の三阿僧祇劫の修行を始めるのである。その後は直往《じきおう》の菩薩（定性の菩薩で、最初から大乗に進む）と同じ修行をして、成佛に至る。

以上のごとくであるから、衆生の機根（能力）には、生まれながらに五性の区別があることを認めねばならない。故に佛陀は、これらの機根の別に応じて、彼らにふさわしい教えを説かれた。それによって五乗の教えができたのである。すなわち無性有情の人は、本有の無漏種子がないのであるから、彼らに解脱の教えを説いても無駄である。そこで施論・戒論・生天論などの、世間の道徳や来世に天に生まれるための福徳を修することなどを説かれた。これが人乗・天乗の教えである。次に、三乗の定性の人々のためには、それぞれ声聞乗・縁覚乗・菩薩乗の教えを説かれた。ここに三乗の教えが成立したのである。次に、二つ以上の無漏種子を具えている不定種性の人には、三乗のどれかの教えが妥当するのであるから、彼らも三乗の外に出るのではない。

以上のごとくにして、世間の人天乗《にんでんじょう》と、出世間の三乗とで、五乗の教えがあることになる。ただし出世間だけについていえば、三乗を立てる。ともかく法相宗には、あらゆる機類に応ずる教えが具わっているので、「普為《ふい》乗教」という名が生じたのである。この名は実にかかる根拠からできたのである。

3　法相宗から見た一乗

問。彼法華等、既説二一乘一。故定性二乘、皆可二成佛一。何強立二五性一乎。

答。彼法華等、是密意説。且約二不定性一、而説二一乘一。非レ謂二五性倶成佛一也。縦言二一切一、是小分一切。無始法爾五性差別、不レ可レ改故。

問う、彼の法華等、既に一乗と説く。故に定性の二乗も皆成佛すべし。何ぞ強《し》いて五性を立つるや。

答う、彼の法華等は是れ密意《みっち》の説なり。且《しば》らく不定性に約して、而も一乗と説く。五性倶《とも》に成佛すと謂うには非ざるなり。縦《たと》い一切と言うも、是れ小分の一切なり。無始より法爾として五性差別し、改むべからざるが故に。

《法華等》　『法華経』巻一「方便品」(大正九、七中)に、「如来は但一佛乗を以ての故に、衆生の為に法を説く。余乗の若しは二、若しは三有ること無し」と説き、一佛乗だけがあることを説き、同じく「方便品」(大正九、八上)に、「十方佛土中、唯だ一乗の法のみ有り。二も無く、また三も無し。佛の方便説を除く」と説き、一乗の教えだけが真実であり、二乗・三乗の教えは方便であると説いている。さらに大乗の『涅槃経』巻二十七(大正一二、五二四中・下)にも「一切衆生、悉有佛性」と説いている。このことを指す。**《一乗》**　エーカヤーナ(eka-yāna)。教えは一つだけで、成佛のための教えだけであるという。三乗を説くのは、二乗を佛乗に誘引するための方便であるという。なお、この一乗は成佛の教えであるから、菩薩乗とも呼ばれ、また佛乗とか大乗とも呼ばれている。ともかくこの一乗=菩薩乗と、三乗の中の菩薩乗とが、同じであるか否かは問題になる。法相宗は三乗の中の菩薩乗が一乗、すなわち佛乗であると見ているが、華厳や天台は、一佛乗は、三乗の中の菩薩乗とは別であり、より勝れた教えであると見ている。**《密意説》**　重要な教えを隠して、都合のよい部分だけを説いた教えのこと。隠密方便説。**《小分一切》**　少分が正しい。『涅槃経』の「一切衆生・悉有佛性」の一切を、少分一切と見る。佛教では、一切に少分の一切と全分の一切とを説き、この点を注意する。たとえば、「皆死んでしまえ」といったとしても、いっている本人はこの「皆」の中に加えていない。「皆悪い」といっても、いっている本人は、自分が悪いとは思っていない。このように、「すべて」とか「一切」といっている時、いっている本人はそれで一切が尽されていると思っているが、大切なものが抜けていることがある。そういう一切を「少分の一切」という。「一切」といっても、少分の一切である場合が多い。それを全分の一切と思うから、誤解や諍いが起る。今ここでも一切衆生・悉有佛性の一切を、一乗家は全分の一切だと考えるのに、三乗家は少分の一切であると見るのである。

この一段は、一乗家の説く一切が少分の一切であることを明かして、五性各別が成立することを主張する。

すなわち五性各別を主張するためには、『法華経』などが一乗を説いているのを、合理的に解釈しなければならない。『法華経』には、「唯有一乗法、無二亦無三」といって、一乗の教えだけが真実であるといっている。そして経典には、二乗の教えや三乗の教えが説かれているが、それは「方便説《ほうべん》」である、佛は方便の場合のみ三乗を説いたのであるといっている。このような『法華経』の説に、法相の五性各別説は正面から対立するわけである。しかし『法華経』は経典であり、佛説であるから、理由なしにこれを否定することはできない。『法華経』で一乗のみが真実であると説いているから、二乗の人も入寂したままですむのではなく、また還生して成佛するのではないか。どうして無理に五性を立てるのかという質問に対して、『法華経』などは密意説《みっち》であると判定している。『法華経』で「唯だ一乗の法のみ有り」といったのは、不定性の人を相手にいったのである。彼らは初めは声聞乗や縁覚乗で得道しても、後には必ず廻小向大し、成佛する。この不定性の人は数が多く、定性の声聞や縁覚は少ない。そのために少ない二乗を無視して、多い不定性を立場として、一乗の法だけがあるといったのである。故に『法華経』に「唯有一乗法」といっても、定性の声聞や縁覚、あるいは無性有情の存在を、積極的に否定してはいないのであるから、五性がすべて成佛するというのではないのである。

また『涅槃経』には、「一切衆生・悉有佛性」といって、一切といっているが、それは大部分という意味であって、すなわち「少分の一切」である。少数者である佛性のない者を無視して、一切衆生といったのである。したがって、これらの経説によって、法相宗の五性各別説が否定されるわけではない。すなわち永遠の過去から、先天的に衆生の機根には、五性の区別がある。これは修行など後天的の働きかけで変えることのできないものであるというのである。

しかし法相宗が、『法華経』や『涅槃経』を第三時の中道教に含めながら、しかも密意説と判定するのは奇異である。ともかく天台宗や華厳宗などは「一乗真実・三乗方便」と主張し、法相宗は「三乗真実・一乗方便」と答えるのであり、日本の比叡山の天台宗と南都興福寺の法相宗との間には、最澄と徳一との論諍を最初として、平安時代を通じて「応和の宗論」をはじめ、論諍が烈しかった。法相宗が無性有情を認め、不成佛の機があるとしたところから、一乗家から「権《ごん》大乗」と貶《けな》されることになったのである。しかし法相宗自身は、一乗家の説は理想論であり、法相の五性各別説こそ、現実に叶った正しい教えであると見ていたのである。

4　三乗の得果と菩薩の四十一位

問。三乗修行、得果之相如何。

答。聲聞三生六十劫、而證二應果一。縁覺四生百劫、而證二其果一。菩薩經二三僧祇一、得二大覺果一。

問。就二菩薩位一總立二幾種一。

答。因果合論、總立二四十一位一。謂十住十行十廻向十地佛果也。若開二等覺一四十二位。

然法雲地攝。又開二十信一者、五十一位。然以二十信一攝二于初住一。故慈恩大師、唯立二四十一位一也。若西明法師、具立二五十二位一云。此四十一位、束爲二五位一。一資糧位、是地前三十心。二加行位、第十廻向之後、開二四善根一、以爲二見道加行方便一。三通達位、是初地入心、見道位也。四修習位、從二初地住心一、乃至十地是也。五究竟位、謂佛果是。此名二五位修行一也。

問う、三乗の修行と得果の相は如何ん。

答う、声聞は三生六十劫にして応果を証し、縁覚は四生百劫にして、其の果を証し、菩薩は三僧祇を経て、大覚の果を得す。

問う、菩薩の位に就いて、総じて幾種を立つるや。

答う、因果合論するに、総じて四十一位を立つ。謂く、十住・十行・十廻向・十地・佛果なり。若し等覚《とうがく》を開けば四十二位なり。然れども法雲地《ほううんじ》に摂す。又、十信を開けば五十一位なり。然れども十信を以て初住に摂す。故に慈恩《じおん》大師は唯だ四十一位を立つるなり。若し西明《さいみょう》法師なれば具《つぶ》さに五十二位を立つと云云。此の四十一位は束《つか》ねて五位と為す。一には資糧《しりょう》位、是れ地前の三十心なり。二には加行《けぎょう》位、第十廻向の後に四善根を開いて、以て見道の加行方便と為す。三には通達《つうだつ》位、是れ初地の入心にして、見道の位なり。四には修《しゅ》習《じゅう》位、初地の住心従《よ》り、乃至、十地是れなり。五には究竟《くきょう》位、謂く佛果是れなり。此れを五位の修行と名づくるなり。

《得果之相》　修行の結果、得られる証果のこと。　《応果》　応供の果。応供とは阿羅漢のこと。　《因果》　菩薩は因、佛は果。菩薩の修行を因となして成佛の果を得る。《十住》 心を空の理に安住するから住と名づく。1発心住、2治地住、3修行住、4生貴住、5具足方便住、6正心住、7不退住、8童真住、9法王子住、10潅頂住をいう。《十行》 利他行を行ずる位、1歓喜行、2饒益行、3無違逆行、4無屈撓行、5無癡乱行、6善現行、7無著行、8難得行、9善法行、10真実行をいう。《十廻向》 己れの修行の功徳を遍く衆生に廻向する位。1救護衆生離衆生相、2不壊、3等一切佛、4至一切処、5無尽功徳蔵、6随順平等善根、7随順等観一切衆生、8如相、9無縛解脱、10法界無量をいう。《十地》 佛智を生じ、住持し、衆生を荷負すること大地のごとくなるが故に地という。1歓喜地、2離垢地、3発光地、4焔慧地、5難勝地、6現前地、7遠行地、8不動地、9善慧地、10法雲地をいう。《等覚》 佛の悟りと等しい位。菩薩の修行が完成し、佛と同じになったがまだ菩薩の位。これを等覚の菩薩という。その直後に佛位である妙覚に入る。《西明法師》 円測（六一三—六九六）。西明寺に住したからかくいう。新羅の人。入唐して玄奘に学び、多くの著作をなした。『成唯識論疏』十巻、『唯識二十論疏』二巻、『解深密経疏』十巻、『仁王経疏』六巻、『広百論疏』十巻、その他若干の著作がある。勝れた学者であったが、慈恩大師、並びに恵沼の系統に反対され、著作もすべて散逸し、現今は『解深密経疏』が存するのみ。彼の弟子に道証があり、道証の法を受けた者に新羅の太賢（—七四二—）がある。《資糧位》 唯識の修行のために福徳・智慧の二資糧を集める位。十住・十行と十廻向の第九廻向までを含む。《加行位》 加行とは準備の意味。見道に入り無漏の智慧を発するための準備の段階。煖・頂・忍・世第一法の四善根の段階である。第十廻向に含まれる。《通達位》 加行位が完成し、世俗智として最高の世第一法の生じた直後に無漏智が生ずる。これが通達位。真如の実性に通達する位。見道という。初めて悟りの智慧を生ずる位である。《修習位》 修道のこと。見道で悟った唯識の理をしばしば繰返し修行して、無分別智を増進し、煩悩を断ずる位。初地の住心から第十地の住心までをいう。この間に二阿僧祇劫を要する。この間に十勝行を修し、十重障を断じ、十真如を証する。《究竟位》 佛果をいう。転依によって大菩提と大涅槃とを証し、未来永劫に衆生済度を行う位。

ここには三乗の修行とその結果を示し、特に菩薩の修行を五位に分って述べている。

三乗の修行については、先の倶舎宗の所で示したのと同じ内容である。法相宗は「通三乗」の教えであるので、小乗の教えを受け入れる形で教理を立てる。

三乗の修行と得果について、声聞は四諦の教理を修行し、早ければ三生の間に修行を完成するが、愚鈍で遅い人は六十劫かかって修行を完成し、預流果《よるか》、一来果、不還果《ふげんか》と進んで、最後に阿羅漢果を得る。これが声聞の修行と得果である。

次に縁覚乗は、正しくは独覚乗といい、師の指導を受けないで、独力で修行をなし、十二縁起を観じて悟りを得るという。縁覚の悟りには、証悟の階級はなく、直ちに最高の証果を得る。それは佛の悟りと同じほどの高い悟りであるが、しかし縁覚は自利のみで、他を救済することをしないので、佛とはいわれない。縁覚の悟りには、利根でも四生、鈍根は百劫を必要とするという。

次に、菩薩は六波羅蜜を修行し、三阿僧祇劫とさらに百劫の修行によって、佛の正覚を得る。この菩薩の修行については、次にさらに詳しく示す。

すなわち菩薩の修行の段階、証悟の位について、法相宗ではどれだけの段階を立てるかというと、因果合論、すなわち因である菩薩の修行と、果である佛の悟りとを合して、四十一位を立てる。すなわち、十住・十行・十廻向・十地・佛果である。この十住・十行・十廻向の三十位を「三賢《さんげん》」の位といって、この階位を登るのに、菩薩は第一の阿僧祇劫を要する。なお十廻向の最後の第十廻向に「四善根」の位が含まれるが、これも第一の阿僧祇劫に含まれる。これまでは凡夫の位である。まだ悟りの智慧は得られていない。次の十地の位が聖者の位である。初地に初めて入る「入心」の位を見道といって、初めて悟りの智慧が現われ、真理を見るので、見道という。初めて悟りの智慧を得ても、それはまだ部分的であり、完全ではない。それから順次に煩悩障と所知障とを断じて、初地から十地にまで登っていく。そして初地から七地までに、第二の阿僧祇劫を要し、第八・九・十地までの三地を登るのに、最後の阿僧祇劫の時間を要するのである。

十地の修行が完成すれば、等覚《とうがく》の菩薩という。等覚とは、佛と等しいという意味である。十地の最後において、最後に残っていた最極微細《さいごくみさい》の無明を、金剛喩定《こんごうゆじょう》において断じてしまえば、菩薩の修行は完成するが、しかしその刹那には、断じた無明の残骸が能断の智慧と共に共存しているので、菩薩の内に加えるのである。しかし次の刹那には、断ぜられた無明の残骸は消失し、悟りの智慧のみが相続する。そのためにこれを「妙覚《みょうがく》」といい、佛の位とする。そして前の段階を「等覚」というが、これは前の十地の中に加えることもできる。佛と同じ悟りであるが、まだ菩薩の範囲に入るのである。法相宗では、等覚を十地に加え、妙覚を佛果として立て、四十一位を立てる。十地の最後を法雲地《ほううんじ》というから、等覚は法雲地に含められるのである。

なお四十一位説では、十信を立てない。これは十住の初住（発心住）に含めているのであるが、十信を開けば五十一位になる。しかし慈恩大師は十信を初住に含めて、四十一位を立てたのである。これに対して、西明寺《さいみょうじ》の円測《えんじき》は十信を別に立て、さらに等覚・妙覚を立てて、五十二位を立てたという。この四十一位をまとめて五位にする。これは『成唯識論』に説かれる説である。すなわち、資糧位《しりょうい》・加行位《けぎょうい》・通達位《つうだつい》・修習位《しゅじゅうい》・究竟位《くきょうい》の五である。

第一の資糧位は、福徳・智慧の二資糧を集める位といわれる。すなわち、本格的な修行を始める前の準備的な段階である。菩薩が初めて菩提心を発し、十住・十行・十廻向と進んで、第十廻向の中間までをいう。これを順解脱《じゅんげだつ》分という。第二の加行位も準備的な位の意味であるが、特に直接的な準備の段階である。これを順決択《じゅんけつちゃく》分という。第十廻向の終りにおいて、煖《なん》・頂・忍・世第一法の四善根の位があり、これを加行位という。この方便修行の力によって、世第一法の直後に第三の通達位に入るのである。通達位とは、真如に通達する意味であり、見道という。初めて無漏《むろ》智が現われるが、この無漏智は分別起の煩悩障と所知障とを断ずる。これを根本無分別智という。これをまた初地の入心ともいう。ここから聖者の位に入るのである。第四の修習位は、修道のことで、見道で証した唯識の理を完成するために、しばしば無分別智を修して、初地の住心から進んで十地まで増進する位である。分別起の煩悩障・所知障は見道で断ずるが、しかし倶生起《くしょうき》の煩悩障と所知障とは修道で断ずるのである。ともかく十地において、十勝行を修し、十重障を断じ、十真如を証するのである。これによって修行が完成し、十地の出心の次に佛果がある。これが究竟位である。これを、学位の見道・修道に対し、無学道という。転依によって大菩提と大涅槃とを得る。大菩提とは、八識を転じて得る大円鏡智などの四智であり、大涅槃は、自性清浄涅槃などの四種涅槃である。

5　煩悩障と所知障の断尽

問。三乗之人断二何等障一。

答。二乗之人、唯断二煩悩障一。菩薩大乗、具断二二障一。二障者、一煩悩障、二所知障。二障各有レ二。謂分別倶生。菩薩地前、伏二分別二障現行一、初地断二彼二障種子一、二地已上、乃至十地、地地漸断二倶生所知障一、至二第十地一断二倶生煩悩障種子一。二障習氣、二地已上、如レ應漸斷、登二佛果一時、一時斷盡。

問う、三乗の人は何等の障を断ずるや。

答う、二乗の人は唯だ煩悩障を断ず。菩薩大乗は、具さに二障を断ず。二障とは、一には煩悩障、二には所知障なり。二障に各〻二有り。謂く、分別と倶生《くしょう》となり。菩薩は地前に、分別の二障の現行《げんぎょう》を伏し、初地に彼の二障の種子を断ず。二地已上、乃至、十地に、地地に漸く倶生の所知障を断じ、第十地に至りて倶生の煩悩障の種子を断ず。二障の習気《じっけ》は、二地已上に応の如く漸く断じ、佛果に登る時に一時に断尽《だんじん》す。

《煩悩障》 貪瞋癡などの煩悩は涅槃を悟ることを妨げるので障という。煩悩即障であるので、持業釈という。所知障の場合は、所知がそのまま障ではなく、所知による障、所知の障であるので、依主釈という。法相宗では実我を執する人我見を主として、百二十八の根本煩悩と二十随煩悩とを立てる。煩悩障には、発業潤生といって、煩悩によって業を発すことと、また煩悩によって来世の生存を発す（潤生）こととの二つの性格がある。それによって衆生を繋縛し、生死に輪廻せしめる。また衆生の身心を擾乱し、涅槃の寂静を得ることを妨げる。これが煩悩障である。《二障》 煩悩障と所知障。《所知障》 所知とは知らるべき対象のことで、有為無為の法と真如とをいう。これらを如実に了知する悟りの智慧の欠けていることが所知障である。所知障は無知のことである。これは法の体を正しく知らず、実法ありと執する法我見を主として、根本煩悩と随煩悩とを立てる。それらの数は煩悩障の場合と同じであるが、作用に寛狭があり、所知障の方が広い。煩悩障を断ずることは、涅槃の寂静を得るために必要であるから、声聞・縁覚も断ずる。しかし所知障は佛のみが断ずる。佛が衆生教化をするためには世間の全般のことに通ずる必要があるから、道種智・一切種智を得るために所知障を断ずる。煩悩障は、五蘊仮和合の有情の上に起す実我の執であるから、仮者に対する執著であるが、所知障は五蘊を構成する諸法に対する無知である。この諸法を実法と見て発す執著であり、諸法の空に了達しない無知である。仮者の人我を構成しているものが諸法であるから、諸法の如幻空性に了達すれば、五蘊仮和合の上に人我を虚妄分別することはない。故に煩悩障は必ず所知障によって起る。しかし煩悩障を断じても所知障は残るから、煩悩障は麁であって狭く、所知障は細で寛というべきである。

《分別》　分別起のこと。分別思惟によって起す煩悩・所知の両障。分別は第六意識の作用であるから、分別起の二障は意識の起すもの。これは邪師の指導や邪教に随い、あるいはみずから邪思惟をすることによって起る。《倶生》　倶生起のこと。心と同時に起る煩悩・所知の両障。たとえば、我執についても、分別によって自我ありと考え、それに執著することもあるが、同時に、わざと考えなくとも自然に起る我執がある。起そうと作意しなくとも、むしろ我執を否定しようとしても、なおかつ起る我執がある。これは心に伴って起るので倶生起という。倶生起は第七の末那識も起すが、第六意識も起す。この倶生起の障と分別起の障とは、能生の種子が別々であるという。分別起の障は縁起の道理を悟ることによって断ぜられるので、これは見道で一時に断ずる。しかし倶生起の障は習慣的に起るから、道理はわかっていてもなおかつ起る。習慣性になっているから、繰返し縁起観を修することによって断ずるから、これは修道によって断ずる。《伏……現行》　煩悩障・所知障には、現行と種子と習気の三態がある。現行は二障が表面心に現起した状態。これは前七識と共に起る。種子は現行の二障がその力を阿頼耶識に熏じたもので、阿頼耶識に貯えられている。声聞・縁覚は現行の煩悩は断じても、阿頼耶識の存在を知らないから、種子を断ずることをしない。種子があれば、現行を断じても、再び種子から現行が起りうるから、現行のみを断ずることを、「現行を伏する」という。習気は種子を断じてもなお後に残る習慣性、気分をいう。種子と習気とは、初地から十地までに除去する。特に成佛の時、習気を断尽する。種子を断じ、習気は捨するという。

この一段は、法相宗の煩悩障・所知障の断尽《だんじん》を明かす。

障を煩悩障と所知障とに分けたのは、瑜伽行派になってからである。小乗佛教では、煩悩の断尽についてては詳しく説くが、所知障については何もいわない。所知障は一切智者（佛）の断ずるものであるから、声聞の教えを説くアビダルマ佛教には、これは関係がないからである。大乗佛教になれば、菩薩の修行を説くから、所知障の問題が起るわけであるが、まだ『中論』などには所知障は現われない。『大智度論』には、佛の一切智について種々に論じ、一切智・道種智・一切種智の三智を説くから、これらの智によって断ぜられる障にも区別を立てうるわけであるが、まだ具体的に障を区別していないようであり、次の瑜伽行派の時代になって、障をこの二種に分けるのであり、『瑜伽論』などに現われる。

法相宗の教理によれば、「三乗の人は何等の障を断ずるや」と問いを起し、二乗の人と菩薩とに分けて答えを出している。二乗人に対しては、ただ煩悩障を断ずというのみである。煩悩障は、人間を輪廻の生存につなぎとめるものである。煩悩によって業を発し、業の果報を受けて苦しむ。同時に、有（生存）に執著することによって、死しても再び新しい生を結ぶのである。故に、この輪廻の生存から脱せんとする声聞・縁覚は、もっぱら煩悩障を断ずるために修行をする。アビダルマ論書には、いかなる煩悩があり、それらをいかなる順序で断ずるかを詳しく示している。そのために二乗の人は煩悩障のみを断ずるというのである。煩悩障を断ずると涅槃に入る。ただし、アビダルマの教理では阿頼耶《あらや》識《しき》の教理は知られていない。したがって煩悩障の現行《げんぎょう》は伏し、種子《しゅうじ》を断じ、習気《じっけ》を捨するという区別は、アビダルマ佛教にはない。したがってアビダルマ佛教で、煩悩障を断ずるといっても、法相宗の教理に照らして見れば、煩悩障の種子までも断ずることを指しているのではないわけである。アビダルマの教理に従って、煩悩障を断ずるといっているのである。

次に菩薩乗については、次のようにいう。菩薩は煩悩障と所知障との二障を断じて佛になる。所知障は衆生教化をする佛陀になるために断ずろものである。教化のためには世間の事物の一切に通ずる必要があるし、さらに諸法の本性である真如に通達する必要がある。この二つに通ずることが、所知障を断ずることである。煩悩障を断じて大涅槃を得、所知障を断じて大菩提を得るといわれる。大菩提とは佛の悟りの智をいい、法相宗では、大円鏡智などの四智で示されている。大涅槃は自性清浄涅槃などの四種涅槃で示されているが、大涅槃と大菩提については後節に説明がある。

煩悩障と所知障には、分別起《ふんべつき》のものと倶生起《くしようき》のものとがある。分別起は思惟判断によって、意識的に起すものであり、邪師に導かれ、あるいは邪教により、あるいは邪思惟によって起るものである。これは第六意識によって起される。次の倶生起とは、起そうと努力しなくとも自然に起るもので、習慣的になっている煩悩障・所知障である。倶生起のものには、第七末那識《まなしき》と共に起るものと、第六意識と共に起るものとの二種類がある。そしてまたこの二障には、現行と種子と習気との三つの在り方がある。菩薩がこれらの二障を断ずる仕方は、次のごとくである。

まず、分別起の煩悩障・所知障は初地までに断ずる。縁起の道理に通達するのが初地であるが、縁起の道理を知れば、邪師・邪教の影響はなくなり、邪思惟も起らなくなるからである。分別起の煩悩障と所知障の現行は、地前に伏する。十住・十行・十廻向の三賢《さんげん》位に漸々に伏し、四善根の位で頓伏《とんぷく》する。現行とは心の表面に活動する二障のことであるが、この活動を断ずることを「伏する」というのである。その理由は、まだ二障の種子が阿頼耶識に残っているから、再現する可能性があるからである。

次に、分別起の煩悩障・所知障の種子は、初地の見道に入る時に頓断《とんだん》する。見道に入って、聖なる智慧が現前すれば、その力によって二障の種子を頓断するのである。種子を断じても、なおその後に残存する習気がある。これは二地から十地までに漸々に捨して、十地においてまったく捨する。

次に、倶生起の煩悩障・所知障についていえば、これは習慣性になっているので、長期にわたる努力によって断ずる。倶生起には、六識と倶《とも》なるものと、七識と倶なるものとがある。意識倶生の煩悩障は、現行は地前に漸伏《ぜんぷく》し、初地に頓伏する。その種子は第十地に頓断する。その理由は、初地以上の菩薩は煩悩を現行することはないが、しかしその種子を残しておく。種子までも断ずると、輪廻の世界から脱してしまうから、衆生救済の利他行ができなくなるからである。そのために煩悩障の種子はわざと残しておき、第十地の行の満ずる時に頓断するのである、ただし、習気は地々に漸捨して、十地の最後心に断尽するという。

倶生起の煩悩障には、第七末那識と倶生するものがある。これの現行は地々に漸伏して、七地に尽すという。末那識は習慣的な我執であり、我見・我愛・我癡・我慢の四煩悩と倶生するというが、第七地になると、習慣的な我執がまったくなくなるので、末那識がなくなると共に、第七倶生起の煩悩障もなくなる。次にその種子は、六識の場合と同様、十地の最後心で頓断する。習気は地々に漸捨し、第十地で全捨する。

次に、倶生起の所知障についていえば、第六意識と倶生するものは、現行は地前に漸伏、第八地で尽きる。種子は地々に漸断、十地に尽く。習気も同様。第七識と倶生するものは、現行は第十地の入心・住心・出心の中の住心において伏する。種子は十地に頓断する。習気は地々に漸捨、十地の最後心に全捨するという。

以上のごとく、菩薩は分別起の二障の種子と現行は、初地入見道《にっけんどう》の時に断尽し（現行は地前に伏す）、無漏智を起し、以後は利他の行をなしつつ、倶生起の二障の断尽に努め、十地の最後心にすべてを断尽して、佛果を円満するのである。

6　三祇と四依

問。三祇之間、各經二何位一。
答。三賢四善根、竝初僧祇、初地至二七地一、是第二僧祇、八九十地、是第三僧祇。過二三祇一已即證二佛果一。菩薩四十一位、束爲二四依一。地前是初依、供二養五恒沙佛一。初地至二六地一、是第二依、供二養六恒沙佛一。七八九地爲二第三依一、供二養七恒沙佛一。第十地、是第四依、供二養八恒沙佛一。三祇之間、合供二養二十六恒沙佛一。此三祇間、萬行竝修、六度圓足。地前修二相唯識一、地上顯二性唯識一。

問う、三祇《さんぎ》の間、各〻何の位を経るや。
答う、三賢四《さんげんし》善根《ぜんごん》は並びに初僧祇なり。初地より七地に至るまでは、是れ第二僧祇なり。八・九・十地は是れ第三僧祇なり。三祇を過ぎ已りて即ち佛果を証す。菩薩の四十一位は束《つか》ねて四依《しえ》と為す。地前は是れ初依なり。五恒沙《ごうじゃ》の佛を供養す。初地より六地に至るまでは、是れ第二依なり。六恒沙の佛を供養す。七・八・九地は第三依と為す。七恒沙の佛を供養す。第十地は是れ第四依なり。八恒沙の佛を供養す。三祇の間、合して二十六恒沙の佛を供養す。此の三祇の間、万行並びに修し、六度円足《えんそく》す。地前に相《そう》唯識を修し、地上に性《しょう》唯識を顕わす。

《三祇》　三阿僧祇劫の略。　《三賢》　菩薩の三賢は、十住・十行・十廻向の三十位。順解脱分である。ただし声聞の三賢は、五停心・別相念住・総相念住。この点は倶舎宗の項参照。《**四善根**》煖・頂・忍・世第一法の位。第十廻向の終りに位置し、四尋思観と四如実智観とを修する。順決択分という。決択とは見道のことであり、四善根は見道を実現する力となるからである。《**四依**》四依の菩薩。人の四依という。衆生の依止すべき四大士のこと。《**恒沙**》恒沙はガンジスの砂の数のことで、数の多いことの譬喩。《**六度**》六波羅蜜のこと。布施・持戒・忍辱・精進・禅定・智慧。波羅蜜とはパーラミターの音訳で、完成の意味であるが、菩薩は六度を行ずることによって成佛の行を完成する。《**相唯識**》認識の世界は、諸法の相の集合であるが、この認識界が唯識であることを示すのが相唯識。《**性唯識**》認識界は心の現わし出したものであるから、認識の世界の本性は心の本性と同じであり、この心性を真如という。したがって性唯識とは、真如が識の性であることをいう。

この一段は、菩薩の修行の時間を示したものである。

すなわち、菩薩は三阿僧祇劫の間に修行をして、次第に昇進していくが、その順序を示したものである。すなわち、凡夫の位である三賢《さんげん》（十住・十行・十廻向）と四善根《しぜんごん》（煖・頂・忍・世第一法、第十廻向に含まる）との修行に、菩薩は最初の一阿僧祇劫を費やすのである。次に初地に登って聖者になり、初地から七地までの修行に第二の阿僧祇劫を費やす。次に八・九・十地の修行に第三の阿僧祇劫を費やすのである。この三阿僧祇劫を過ぎて成佛するのである。

以上のごとく、菩薩は三阿僧祇劫に四十一位を経過する。この四十一位をまとめて四依《しえ》の菩薩とする。ただし最後の一位は佛位であるから、四依の菩薩には含まれない。四依の菩薩とは、衆生が指導を受ける四種類の菩薩をいうのであり、地前の十住・十行・十廻向の三十位は、初依の菩薩である。この間に菩薩は五《ご》恒沙《ごうじゃ》という多数の佛を供養し、善根を積むのである。次に初地から六地までは、第二依の菩薩である。この菩薩はこの間に六恒沙の佛を供養する。第七・八・九地の修行をする菩薩は、第三依の菩薩である。この間に菩薩は七恒沙の佛を供養する。第十地は第四依の菩薩であり、この間に八恒沙の佛を供養する。以上のごとく、三阿僧祇劫の間に菩薩は二十六恒沙の佛を供養し、善根を修する。

この三阿僧祇劫の間に菩薩は万行を修し、六波羅蜜を円満し、修行を完成する。地前の資糧位・加行位の期間には、自己の認識しているものは、心の現わし出したものにすぎないという「相唯識《そうゆいしき》」を修行し、初地に登り、見道において無分別智を生じ、この無分別智で真如を悟る。そして初地から十地までに、この真如の認識を次第に完全にするのであり、無分別智によって、智自身である心性の本性を悟ることが、真如の認識であり、性唯識《しょうゆいしき》の修習である。

第五節　五位百法

1　五位と八識

問。此宗立二幾法數一攝二於諸法一。
答。立二於百法一攝二諸法一盡。
問。其百法者何。
答。束爲二五位一。一心王有二八種一。眼耳鼻舌身意末那識阿賴耶識。是爲二八識一。

問う、此の宗は幾ばくの法数を立てて、諸法を摂するや。

答う、百法を立てて諸法を摂し尽す。

問う、其の百法とは何ぞや。

答う、束《つか》ねて五位と為す。一には心王《しんのう》に八種有り。眼と耳と鼻と舌と身と意と、末那識《まなしき》と阿頼耶識《あらやしき》となり。

是れを八識と為す。


この一段は、唯識の五位百法について述べる。

『倶舎論』では「五位七十五法」を立てるが、これは有自性の法を立てたものである。これに対して、唯識説では空思想に基礎を置いて法を考えるために、『倶舎論』以上に多くの法を立てることになった。たとえば『倶舎論』では、「心不相応行」は十四法であるが、唯識では、二十四法になっている。これは実法としては時間や方角などは立てられないから、『倶舎論』には含まれない。しかし時間や方角は、相対的には存在し、仮法としては立てられうるから、唯識の百法には含まれるのである。次に『倶舎論』では、心王《しんのう》の六識を一法として立てるが、唯識では心王を八識として、八法として数える。これも体を主として考えれば一法であるが、作用を主として考えれば八法となるのである。無為法も『倶舎論』では三法であるが、唯識では六法となっている。これも不動滅・想受滅など、『倶舎論』では無為法と認めないものを、唯識では無為法として立てているためである。無為の意味を拡大しているのである。このように、心法を八法とすることと、心所法を五法増加したことと、心

図10　唯識の五位百法

五位

- 一、心王
  - 眼識・耳識・鼻識・舌識・身識（以上、前五識）、意識（第六識）・末那識（第七識）・阿頼耶識（第八識）……八
- 二、心所
  - 遍行（五）作意・触・受・想・思
  - 別境（五）欲・勝解・念・定・慧
  - 善（十一）信・精進・慚・愧・無貪・無瞋・無癡・軽安・不放逸・行捨・不害
  - 煩悩（六）貪・瞋・癡・慢・疑・悪見（五見）
  - 随煩悩（二十）忿・恨・覆・悩・慳・嫉・誑・諂・害・憍・無慚・無愧・掉挙・惛沈・不信・懈怠・放逸・失念・散乱・不正知
  - 不定（四）悔・睡眠・尋・伺
  - ……五十一
- 三、色
  - 眼・耳・鼻・舌・身（五根）、色・声・香・味・触（五境）、
  - 法処所摂色（極略・極迴・受所引・定所引・遍計所起色）
  - ……十一
- 四、不相応行
  - 得・命根・衆同分・異生性・無想定・滅尽定・無想事・
  - 名身・句身・文身・生・老・住・無常・流転・定異・
  - 相応・勢速・次第・方・時・数・和合性・不和合性
  - ……二十四
- 五、無為
  - 虚空・択滅・非択滅・不動・想受滅・真如……六

百法

不相応行に十法を増加したこと、無為法に三法増加したことによって、二十五法増加し、百法となったのである。それを図に示すと、前頁の図10のごとくである。なお、この「百法」は、天親作といわれる『大乗百法明門論』（大正三一、八五五）に出るものであり、これは『瑜伽論』の「本地分」（巻一・三、その他、大正三〇、二八〇・二九三、その他）、あるいは『大乗阿毘達磨集論』の「本事分」（大正三一、六六三―六六六）などの法数を採集して整理したものと見られている。しかし『瑜伽論』や『阿毘達磨集論』には、百法を枚挙した箇所はない。『成唯識論』にも百法を枚挙した箇所はないが、『成唯識論』などに説いている法を集めれば、百法になりうるであろう。

　以上の百法に諸法を摂し尽すとあるように、唯識の相と性とがこれらの百法に尽されている。これらの諸法を五位に分類する点は『倶舎論』と同じであるが、唯識では、心王《しんのう》・心所を最初に出し、色法を第三に置く。『倶舎論』では、色法を最初に置くが、これは『倶舎論』が外界実在論に立っているからである。

　百法を束《つか》ねて五位とするが、その第一は心王八法である。これは眼識・耳識・鼻識・舌識・身識の前五識と、その所依である第六意識、意識の所依となっている末那識《まなしき》、これは第七識、以上の七識は転識と呼ばれ、現象心である。七転識の所依となっている阿頼耶識《あらやしき》は第八識である。阿頼耶識の種子が転変して、前七識となるのであるから、阿頼耶識は七識の因縁依であるという。阿頼耶識は種子の集合体であり、種子識ともいわれる。種子は潜勢態であり、これが力を発揮したのが「現行《げんぎょう》」である。すなわちこれが、前七識となる。故に、阿頼耶識は潜在心であり、前七識は現象心である。そして潜在心と現象心との間には、「種子生現行、現行熏種子、三法展転《ちんでん》、因果同時」の関係がある。すなわち阿頼耶識の種子が転変して現行となるが、この現行の心理的な力は、直ちにまた種子に形を変えて、阿頼耶識に植えつけられるのである。種子から現行に変わり、さらに現行から種子に変わるには、両者がつながっていなければ不可能であるので、種子と現行、さらにその現行と種子との三法は同時であるというのである。ただし前の種子と後の種子とは同じでない。これは縁起の道理によってそうなるのである。

現行という点では、阿頼耶識にも、種子の阿頼耶識の外に現行の阿頼耶識がある。そして種子は現行の阿頼耶識の相分に貯えられていると考えられている。現行の阿頼耶識とは、輪廻の主体のことである。前世の業によって、この世に人間として生まれることが決定すると、前世の阿頼耶識が死ぬと同時に、この世に人間の阿頼耶識ができて、母胎に託するのである。したがって、この現行の阿頼耶識は結生識《けっしょうしき》であるが、過去世の業を荷負している。それらの業が、種子の形で阿頼耶識に保存されているのである。そこに過去世から現在世への連続が認められる。そして種子の阿頼耶識と現行の阿頼耶識とは、どちらが先であるともいえない関係にある。すなわち種子から八識の現行が現われ、さらにこの八識の現行が種子に形を変えて、種子の阿頼耶識の一部分になるのである。

現行の阿頼耶識は、生命体としての自己の中心になっており、身体（有根身、すなわち、眼根・耳根・鼻根・舌根・身根を維持している身体）を内部から維持しているものである。すなわち生命の主体である。その点で阿頼耶識を阿陀那識《あだなしき》（アーダーナ識 ādāna-vijñāna）という。同時に、われわれの心や身体は、生まれながらの能力や素質を持っている。勝れた美的感覚や音楽的感覚、あるいは運動能力や身体の力など、人それぞれに生まれながらに具わっている能力がある。これらは、過去の業に報われた結果であるので異熟果《いじゅくか》であるという。これは、結生識である阿頼耶識そのものが、異熟果であることを示す。すなわち阿頼耶識は異熟識である。

異熟果である点を阿頼耶識の果相という。そして種子を所有している点を阿頼耶識の因相という。この種子が現行に転変して、自己の未来が作られていくからである。第三に、阿頼耶識の自相があり、これは自我として執著されることであるという。すなわち末那識が阿頼耶識を見て、自の内我であるとして執著する。すなわち末那識が自我を妄分別する場合、妄想された自我は末那識の相分であるが、その際、末那識が対象とするものが阿頼耶識であるという意味である。末那識は阿頼耶識を見て、誤ってこれを自己同一の自我であると妄分別するのである。実際には、阿頼耶識は刹那《せつな》滅《めつ》であり、相似相続して存続しているものである。この点を「暴流《ぼる》の如く転ずる」と表現される。暴流とは、滝のことである。滝は同一の存在のごとくであるが、内容は絶えず変っている。阿頼耶識もそのような存在であるという。さらに阿頼耶識は種子を持する点で能蔵といい、さらに現行によって種子を熏習《くんじゅう》される所熏所である点を所蔵といい、自我として執著せられる点を執蔵という。阿頼耶（アーラヤ ālaya）とは「蔵」という意味であり、阿頼耶識は蔵識と訳される。なお、阿頼耶識は異熟識である点で無《む》覆《ふく》無《む》記《き》であるといわれる。

以上のごとく阿頼耶識は、自己の生命的な主体であるが、同時に、認識論的には潜在識であり、現行としての七識を展開し、認識の世界を作り上げている。認識界の最も表面にあるものは感覚である。これは、眼識・耳識・鼻識・舌識・身識の五識の認識界である。その背後にあるのが第六識の意識である。識とは了別という意味で、判断するものをいう。特に意識は明瞭な判断をする作用で、五識と共同して活き、感覚の結果を認識する場合と、過去を想起したり、未来を予測したりする場合には、意識が独り活く。六識は五十一の心所と共に作用するため、善の心所と共に活けば善心となり、不善や煩悩の心所と共に活けば不善心になる。これらの心所と共に活かない場合は無記心（善でも悪でもない心）になる。この善・悪・無記に転ずる心を三性転という。さらに別境の心所の中に慧の心所があり、これと共に活くので、意識は理性的な活動をなし、さらに別境の心所に念の心所があるが、これと共に活くので記憶の活動をもなす。意識は五十一の心所と共に活く（ただし、同時に五十一の心所すべてと共に活くのではない）ので、意識は種々の認識活動をなす。前五識は常に意識と共に活くから、前五識も間接的に五十一の心所と共に活くことになる。

意識の背後にあるのが末那識である。末那とは、マナス（manas）の意味で「意」と訳す。故に、末那識と第六意識とは同じ意味になるが、第六の場合は意を所依とする識の意味である。眼識は、眼根を所依として起るから眼識と呼ばれる。これと同様に第六意識は、意を所依として起るから意識という。これに対して末那識は、意がそのまま了別の作用をなす場合をいう。すなわち意即識の意味の識である。故に、第六意識と末那識とは、原語は同じごとくであるが、意味は異なるのであり、別の存在である。意とは、思量（考える）という意味である。了別の故に識といい、思量の故に意といい、集起《じゅつき》の故に心といういわれ、心意識の三を、心を阿頼耶識、意を末那識、識を前六識に配当する。阿頼耶識は過去の経験の集積（種子識）であるので、集起の意味がふさわしい。これに対して、末那識は自我意識であり、常に自我を考えている識であるので、思量の意味がふさわしいのである。それに対して、前六識は外界を認識し、判断する性格が顕著であるので、了別を配当するのである。

末那識は自我の認識作用であるが、これは、我癡・我見・我慢・我愛の四煩悩と共に活動するという。我癡は自我意識と共に活く「無明」のことであり、すなわち、無明と見、慢と愛（貪）の四煩悩が末那識と共に活く。しかし末那識は了別する力が弱いので、これらの四煩悩も力が弱く、悪ではない。これを有覆無記《うふくむき》という。しかし末那識にはこの外に、遍行《へんぎょう》の心所が共に活いている。遍行の心所とは、八識のすべてと共に活き、三界どこにもあるので「遍行」という。これは、触《そく》・作意《さい》・受《じゅ》・想《そう》・思《し》の五心所である。識が了別の作用をするには、識のみで作用することはなく、必ず心所が共働するのであり、その最少の条件が、これらの遍行の五心所である。故に、阿頼耶識にも遍行の心所は共に活いているという。しかし阿頼耶識は末那識以上に了別の力が弱いので、その識としての活動は「不可知」であり、意識によっては把捉できないという。

上述のごとく、末那識は阿頼耶識を見て、これを自己の自我であると誤って判断するものであるので、末那識は阿頼耶識を所依とし、さらに阿頼耶識を所縁（認識の対象）とするといわれる。末那識は目覚めている時はもとより、睡っている時にも活動しているという。ただし阿羅漢になると自我の執著がなくなるので、末那識の活動は消失し、さらに滅尽定《めつじんじょう》にもなく、預流《よる》・一来《いちらい》・不還《ふげん》などの聖者の場合でも、悟りの智慧が現前している時には、我執は一時的になくなるので、末那識もなくなるという。なお、末那識の自我意識は、阿羅漢と滅尽定と、出世道（悟りの智慧）以外の時には常に活いているので、その作用は習慣性となっている。その意味では力が強い。第六意識は善心・悪心や喜怒哀楽などと共に活くので、第六意識の起す自我意識は活動が顕著である。その自我意識ははっきりと自覚される。これに対して、末那識の起す自我意識は無記であり、四煩悩と遍行の心所（および他の九心所）

と共働するから静かであり、微弱であるが、しかし自我の習慣性の力は強いのである。そのためにこの自我意識は断じ難い。なお、この自我意識は自然に起るので「倶生の我執《くしょうがしゅう》」という。これに対して、第六意識の起す我執には、倶生の我執と分別の我執との二種類があることはすでに示した。

なお、阿頼耶識の認識活動は末那識以上に微弱であるが、しかし阿頼耶識も「識」であるから、認識活動をしている。すなわち識が主観（見分）と客観（相分）とに分裂している。そしてその相分が認識の対象である。阿頼耶識の認識の対象は、種子と有根身と器世間《きせけん》とであるという。これが阿頼耶識の相分である。種子と有根身についてはすでに示したが、阿頼耶識がこれらを執受（維持）しているということは、自己の認識の対象としていることであるという意味である。阿頼耶識は、なおこの外に、器世間、すなわち外界を執受しているという。その意味は、前五識の感覚の認識や、第六意識の外界の認識を可能にする素材を、阿頼耶識が自己の認識の対象として持っているという意味である。すなわち、阿頼耶識は外界を、見えない形で認識しているのであり、第六意識はそれを足場として外界の認識をなすという意味である。

唯識佛教で「唯識」という意味は、認識の能力や素材はすべて阿頼耶識に用意されており、それが展開して表面心となり、認識界が成立するという意味である。たとえば、赤外線や紫外線が外界に存在するが、しかしわれわれの視覚能力にはそれを捉える力がないから、人間の色の世界は、赤色から紫色までの七色になるのである。その外の色はない。しかも色盲の人には赤色などもないことになる。あるいは音の世界なども同様である。ある人には聞える音が、他の人には聞えない。すなわち聴力の範囲内で音があるのである。人間には聞えない音も犬には聞える。犬よりもっと聴覚の鋭い動物もあるであろう。したがって「音がある」といっても、聴覚に離れて外界に独存するものではない。音は聴覚の作り出したものである。しかしその際、外界に音の原因となる「響き」がある、空気の波動があることは無視されてはならない。しかし響きや空気の波動が、そのまま音ではない。音は、外界の物理的な力を素材にして、耳が作り出すものである。耳がよければよい音が聞える、耳が悪ければ悪い音が聞えるであろうが、しかしわれわれは他人の音を聞くことはできないのである。自分の耳の出す音だけを聞くのである。これが唯識の意味である。

すなわち、眼で見る色、耳で聞く音、鼻で嗅ぐ匂い（香）、舌で知る味、身体（身根）で知る触覚の対象などは、外界にそのまま実存するのではなく、外界の刺戟と感覚能力との合作によってできたものである。たとえば、「砂糖は甘い」という。砂糖が甘さを持っていると思いがちであるが、しかし風邪を引いて熱がある時には、砂糖をなめてもにがいことがある。すなわち、甘さ・にがさなどは外界に存在するのではなく、外界の刺戟と感覚（根）との合作によって、判断（識）として成立したものである。

外界とは、要するに感覚の素材である。そして、色は眼で見られ、音は耳で聞かれるというように、外界の認識は感覚器官によって分断されている。このことも見落されがちであるが、眼で見た色や、耳で聞いた音、匂い、味などを総合して判断したものは、第六意識の作り出したものである。それがそのまま外界にあるのではない。われわれは、心で判断したものがそのまま外界にあると思いがちであるが、実際はそうではない。たとえば、ダイヤの指輪を買ったとする。燦然と輝く石をダイヤであると思って買ったわけであるが、実際はそれはイミテーションであるかもしれない。自分がダイヤであると思ったことが、そのまま外界の実在になるわけではない。あるいはまた、純金の壺であるとして先祖から伝えられてきたものが、実際は金メッキであったというようなことも、珍しいことではない。あるいは友人の部屋を訪ねたら、友人は寝床に睡っていた。しばらく待っていたが、いくら経っても起きないので、「起きろ」といって身体をゆさぶったら、身体は冷たかった。つまり友人は死人であった。この場合なども、睡っている人か、死んだ人かは、目で見ただけではわからない。

しかしわれわれは、目で見た色や形、耳で聞いた音などを素材にして、心で判断したことを、そのまま外界の実在であると思いがちである。実際はそれらは、心の構想したものである。われわれは五感で得たもの（五識）を素材にして、第六意識の構想したものを、そのまま外界の存在であるとしてしまうが、実際はそれらは、意識の構想したものであるというのが「唯識」の意味である。その場合、心の現わし出す認識世界を構想している素材は、すべて阿頼耶識から現われたものである。すなわち、阿頼耶識の種子が転変して、七識の世界を作っているのであるというのが、唯識説の主張である。

2　六位の心所

二心所有法、有㆓五十一㆒。合為㆓六位㆒。
一遍行五、作意觸受想思。
二別境五、欲勝解念定慧。
三善十一者、信精進慚愧無貪無瞋無癡輕安不放逸行捨不害。
四煩惱有㆑六。貪瞋癡慢疑惡見。惡見開㆑五。身見邊見邪見見取見戒禁取見。

五隨煩惱二十、忿恨覆惱慳嫉誑諂害憍無慚無愧掉擧惛沈不信懈怠放逸失念散亂不正知。

六不定有㆑四。悔睡眠尋伺。

六位合有㆓五十一㆒也。


二に心所有法に五十一有り。合して六位と為す。

一に遍行《へんぎょう》の五とは、作意《さい》と触《そく》と受と想と思となり。

二に別境の五とは、欲と勝解《しょうげ》と念と定と慧となり。

三に善の十一とは、信・精進・慚《ざん》・愧《ぎ》・無貪《むとん》・無瞋《むしん》・無癡《むち》・軽安《きょうあん》・不放逸・行捨・不害となり。

四に煩悩に六有り。貪・瞋・癡・慢・疑・悪見なり。悪見に五を開く。身見・辺見・邪見・見取見・戒禁取《かいごんしゅ》見となり。

五に随煩悩の二十とは、忿・恨・覆・悩・慳・嫉・誑《おう》・諂《てん》・害・憍・無慚・無愧・掉挙《じょうこ》・惛沈《こんじん》・不信・懈怠《けだい》・放逸・失念・散乱・不正知となり。

六に不定に四有り。悔《け》と睡眠・尋・伺となり。

六位合して五十一有るなり。


この一段は、心所法の説明である。

心所（チャイタシカ caitasika）は、心（チッタ citta）から派生した言葉で、「心的なもの」という意味である。心数などとも訳す。玄奘はこれを心所と訳した。その意味は「心所有法」で、心に所有せられる法と解釈したのである。人間の心理作用には、愛と憎しみ、善と悪、怠惰と勤勉など、たがいに矛盾する心理作用がある。たとえば、欲しいものがある場合、それを盗もうとする心理作用と、盗んではならないと押しとどめる心理作用とが、同時にありうる。そして心は、この盗もうとする心理作用と、盗んではならないとする心理作用との両方から引かれているのである。故に、心がそれらの心理作用を持っているにしても、それらの心理作用は何程か心から独立している点がある。そのためにこれらの心理作用を心から離して、独立の作用と見て、しかる後、心との協力、同一行動、すなわち「相応」を考える。そこに心所が心から独立の法として立てられた理由がある。そして心所に対して、心を「心王《しんのう》」と呼ぶことになった。しかしこれは漢訳だけでいうことであり、インド佛教には心王という用語はないようである。

心所法は、説一切有部では独立の体（自性）があるものと見るが、唯識佛教では空《くう》思想の基礎づけのもとに法の成立を考えるから、これらを「仮法」（作用としての存在）と考える。たとえば、貪《むさぼ》りや瞋《いか》りなどは、心から別の法であると考える方が理解に都合がよいから、別法として立てるが、しかし心の活きは渾然として一つになっているから、異った作用を示しながらも、別体であるとは見ないという意味である。ここに「唯識中道」の立場が示されている。しかしこのように『般若経』の空の立場に立ちながらも、しかし唯識佛教としては、諸法に仮実を区別している。すなわち阿頼耶識の中の、実の種子から生じた法は実法であり、その実法の上に仮立された法は仮法であるとなすのである。たとえば、「瞋」という煩悩は、独自の種子から生ずるから実法である。これは「無瞋」を妨げる力を持つ。しかし随煩悩の中の忿や恨・嫉・悩などは、瞋の異った現われ方であり、瞋の一分であるから、これらは仮法であるという。同様に、悪見は染汚の慧であるから、慧の一分であり、別の体があるのではないという。このようにして五十一の心所の中、十九法は仮法であるという。

同様に、色法の中にも、青・黄・赤・白は実の種子から生ずる実色であるが、影《よう》・光・明・闇などの九種の顕色は、四種の実色の混合の上に成立するから仮色であり、意識によって認識されるという(眼識の対象でないという意味)。同様に、形色《ぎょうしき》も仮色である。さらに二十四法の不相応行も、色心の諸法の分位に仮立せるものであるから、仮法であるとする。故に「唯識百法」といっても、その中には、仮法・実法が混在しているのである。

説明を心所に戻すと、唯識は五十一の心所を立てるから、倶舎の四十六法より多い。しかも倶舎とは心所の分類が異っている。唯識ではこれを「六位の心所」といって、六種に分ける。倶舎も六種に分けているが、分け方が異なる。まず、遍行の心所五、別境の心所五を立てるが、これは倶舎で「十大地法」として、一つにしているものを、二つに分けたのである。倶舎は六識を立てて、末那識や阿頼耶識を立てないから、大地法の十を一つにまとめて考えるが、しかし末那識や阿頼耶識は微細な心作用であるから、欲や勝解《しょうげ》・念・定・慧などの激しい心作用と共働しないのである。唯識ではこのことが早くから自覚されており、すでに『瑜伽論』で遍行と別境とを分けている。遍行はあらゆる心と共働する心所のことで、阿頼耶識とも共働していると見るのである。阿頼耶識も識であるから、了別を行っている。そのためには、認識の対象との接触がある。これを可能にする心所が触《そく》である。接触があれば、対象の感受がある。これが受である。さらにそれに基づいて想と思と作意《さい》とがある。

これらが共働しないと、識の了別は成立しないと考える。了別成立の最低の条件が、遍行の五心所であるとなすのである。

第七末那識も遍行の心所と相応し、さらにその上に、癡《ち》（我癡）・見（我見）・貪《とん》（我愛）・慢（我慢）の四煩悩と相応する。しかしその外にも、惛沈《こんじん》・掉挙《じょうご》・不信・懈怠《けだい》・放逸・忘念・散乱・不正知の八種の随煩悩とも相応し、さらに別境の心所の慧とも相応し、合せて十八法と倶起するとなすのが、法相宗の説である。この外に二十四法と倶起するという説もある。

ともかく、遍行の五心所は八識すべてと相応し、別境の五心所は意識と前五識、合せて六識と相応する（別境の心所は末那識とは相応しない）。しかし別境の心所は、直接には第六意識と相応し、感情や理性などの心理的世界を構成する。別境の心所は、欲・勝解・念・定・慧の五であるが、この中、慧だけは、上述のごとく末那識とも相応するとなすのである。ただし阿頼耶識や末那識も転識得智して、佛陀の心となれば、大円鏡智や平等性智として、あらゆる心所（ただし煩悩や随煩悩、追悔や睡眠などは佛の心には存在しない）と相応する。

なお、遍行の五心所や、別境の五心所のそれぞれの意味は、倶舎の十大地法で説明したのと同じである。ただし『成唯識論』では、たとえば、触の心所について、「心・心所を境に触れしむるを性と為し、受想思等の所依となるを業と為す」（大正三一、一一中）などと説明し、性（自性）と業（活き）の二方面から、それぞれの心所を説明している。『倶舎論』よりも説明が微細になっている。

別境の心所の次は、善の心所十一法である。『倶舎論』では善の心所は十法であるが、これは倶舎が無癡《むち》を善法に加えないのに、唯識が加えるからである。無貪《むとん》・無瞋《むしん》・無癡を三善根といって、あらゆる善の根底に活く心所と見るのである。すなわち無貪は単に貪りのないことではなく、積極的に貪りを追い払う心理的な力を指すのである。癡は無明の別名であるから、無癡は無明のないことである。これは慧と別ではないとして、『倶舎論』巻四（大正二九、一九中）では、善心所に加えない。『成唯識論』巻六の最初に、善心所について解説しているが、それによると唯識学派の中にも、無癡を慧の性と見る異説のあったことを紹介している。しかし唯識の正統説としては、『瑜伽論』巻一（大正三〇、二八〇中）、『阿毘達磨集論』巻一（大正三一、六六四上）、『成唯識論』巻六（大正三一、三〇上）など、すべて無貪・無瞋・無癡の三善根を併挙しており、『成唯識論』には、善心所を十一と明記している。これらの内容については、倶舎と唯識とでは説明の異なる点もあり、『成唯識論』の方が説明が詳しくなっている。しかしここにそれらの一一について説明することは略す。

第四に煩悩の心所に六ありとして、貪・瞋・癡・慢・疑・悪見の六大煩悩を出し、さらに悪見に、身見・辺見・邪見・見取見・戒禁取《かいごんしゅ》見の五を開くことを説く。悪見に五を開けば十随眠となる。ただし倶舎の五位七十五法では、大煩悩地法六、小煩悩地法十、大不善地法二に分けており、その大煩悩地法の六とは、無明（癡）・放逸・懈怠・不信・惛沈・掉挙の六であり、唯識の六大煩悩と合致するものは、無明（癡）のみである。他の五は、唯識では随煩悩に入れている。すなわち、唯識の随煩悩二十は、倶舎の大煩悩地法六の中から無明を除いた五と、小煩悩地法十と、大不善地法の無慚・無愧、以上の十七法に、失念・散乱・不正知の三法を加えたものである。これらの三法は『品類足論』巻二（大正二六、六九八下）や『界身足論』・『大毘婆沙論』などで「大煩悩地法十」を説く中に含まれているものである。しかし倶舎では、染汚の念が失念であり、染汚の定が心乱（散乱）であり、染汚の慧が不正知であるから、念・定・慧は大地法に含まれているので、ここには加えないとして、除いたのである（大正二九、一九下）。

それならば、倶舎の五位七十五法では、貪・瞋・慢・疑・見はどこに含まれるかというに、貪・瞋・慢・疑の四法は不定心所八法の中に含まれ、見は慧の一部分と見るのである。見と忍と智を合して慧となすのである。しかし貪・瞋・慢・疑・見は煩悩としては重要なものであり、貪・瞋・癡を三毒の煩悩ということは原始佛教以来のことである。それを無視して、これらを不定心所に加えるやり方は、決して勝れた分類とはいえない。もっとも『倶舎論』でも「随眠品」では、六大煩悩として、貪・瞋・癡・慢・疑・見を挙げ、さらに見を五見に開いて十随眠として、見道所断の煩悩八十八、見修所断の九十八随眠、並びに十纒《てん》を加えて百八煩悩としている。これらは『瑜伽論』以来の唯識派の煩悩論に基づいている。

この貪瞋癡などの六大煩悩は、『瑜伽論』に始まる唯識系の論書に説くもので、『発智論』や『婆沙論』、『品類足論』などをはじめとする阿毘達磨の論書には見られないものである。世親が『倶舎論』の述作に際して唯識の教理を知っていたことは、この点でも明らかであるが、これ以外にも指摘しうる。

第五は随煩悩二十である。これは忿・恨・覆・悩・慳・嫉・誑《おう》・諂《てん》・害・憍・無慚・無愧・掉挙・惛沈・不信・懈怠・放逸・失念・散乱・不正知である。この二十を随煩悩とすることも、『瑜伽論』にすでに現われている。ただし随煩悩の数が二十よりも多い。ただし『唯識三十頌』の梵本では、『成唯識論』が不定の心所に入れる「追悔《ついげ》・睡眠《すいめん》・尋・伺」を、上記の随煩悩に続けて説いており、後の四法を「不定心所」として別に立てていない。したがって追悔以下の四法を別に立てて、不定心所となし、「六位の心所」を説くのは、『成唯識論』の説であると見てよかろう。なお随煩悩は『倶舎論』にも説く（大正二九、一〇九中）が、しかしこのように随煩悩の名称を具体的に出してはいない。なお、「随煩悩」という名称は説一切有部系の『集異門足論』や『識身足論』などに現われるが、随煩悩に何が含まれるかは示していない。『発智論』や『品類足論』、『婆沙論』などには、随煩悩という名称も見あたらないようである。『集異門足論』の説が『瑜伽論』に受け継がれたのであろう。

不定の心所の四法についてはすでに述べた。『倶舎論』の不定の心所も、悪作・睡眠・尋・伺などとあり、ここに出す四法は、『成唯識論』の不定心所と合致する。そして「等」の中に、貪瞋慢疑の四法を等取するのは、世友や普光などである。この点は倶舎の心所を説く時に、すでに指摘した。不定の心所は、ある時は善心と相応し、ある時は不善心、ある時は無記心と相応するから「不定」というのである。この考え方はすでに『瑜伽論』に見られるのであり、次いで『顕揚聖教論』巻一に、不定の四法を立てている。説一切有部系の論書には、不定の心所を説かないから、『倶舎論』の不定心所の考え方も、唯識系統の論書から得たものと考えてよい。

以上が、『成唯識論』などで説く「六位の心所、五十一法」である。

3 色法

三色法有㆓十一㆒。眼耳鼻舌身色聲香味觸及法處所攝色。此有㆓五種㆒。極略極迥受所引定所生遍計所起色。此竝法處所攝色也。

三には色法に十一有り。眼・耳・鼻・舌・身・色・声・香・味・触と、及び法処所摂の色となり。此れに五種有り。極略《ごくりゃく》・極迥《ごくきょう》・受所引・定所生・遍計《へんげ》所起色となり。此れ並びに法処所摂の色なり。

この一段は、色法の説明である。

『倶舎論』の五位説では、色法を第一に置き、次に心・心所を置く。これは外界に色法が存在し、それを心・心所が認識すると見るからである。しかし唯識説では、われわれが物質と見ているものも、実際は心の現わし出したものであると見るから、心が中心であり、したがって、心・心所の次に色法を置くのである。すなわち、色法も心内の存在である。

色法は十一種である。十一種である点は『倶舎論』と同じであるが、ただ第十一「法処所摂色」は、『倶舎論』では「無表色」のみをいうが、唯識では「極略色《ごくりゃくしき》」などの五種を挙げている。これは幻影の色などは、『倶舎論』では色として立てられないが、唯識では存在として数えるからである。

十一種の色の中、最初の眼・耳・鼻・舌・身は五根である。特に身根は身体の全体を指すから、五根でもって身体を意味するわけである。五根は「有根身」であり、唯識説では、これは阿頼耶識の相分に摂せられていることは、すでに示した。五根は、阿頼耶識に執受されていることによって、生命のあるものとなっているのである。次の色・声・香・味・触は五境であるが、唯識説ではこれらは五識の相分である。すなわち色は眼識の相分、声は耳識の相分、香は鼻識の相分、味は舌識の相分、触は身識の相分である。これらは第八阿頼耶識の相分の変現する器世間を本質《ほんぜつ》として、五識が自身の相分として見るものが五境である。

しかし色境として眼識の見るものは、青・黄・赤・白の四種の「顕色《けんじき》」である。これを実色という。色境にはこの外に、影《よう》・光・明・闇・雲・烟・塵・空一顕色などの「仮色の顕色」と、長・短・方・円・麁・細・高・下・正・不正などの「形色《ぎょうしき》」とがある。この形色も仮色である。仮色は意識によって認識されるものであるが、色境の中に含められている。色《いろ》は眼によって認識されるが、形は意識によって認識されると考えるのである。両者を共に色境に含めるのは、『倶舎論』でこれらを色境としているのを踏襲したのであろう。ただし『倶舎論』では、形色も実色と見ている。

次の声境は、耳識の認識の対象である。これには、生物の出す声、無生物の出す声、両者が合して出す声、聞いて快い声、不快な声、両者の中間の声などを区別している。だいたい『倶舎論』と同じ分類である。

第三の香境は、鼻識の認識の対象である。これには、好香・悪香・平等香の三種を分け、さらに倶生・和合・変異の三種をも分けている。

第四の味境は、舌識の認識の対象である。これは苦味・醋味・甘味・辛味・醎味・淡味の六種に分ける。これも『倶舎論』と同じである。

第五の触境は、詳しくは「所触境」(触覚の対象)であり、身識の認識の対象である。触覚の対象には、実体のはっきりしないものがある。たとえば「熱さ」の対象としては「火」がある。しかし「冷さ」の対象としては「氷」などがある場合もあるが、何もないこともある。むしろ火の欠除態が冷さを起す。同様に、飢《うえ》や渇《かわき》などの場合も同様であり、腹中に食物のないこと、腹中に水分のないことが、飢や渇を起す。このような事情があるために、身識の認識の対象にも、実触と仮触とが区別される。すなわち、地・水・火・風は、堅・湿・煖《なん》・動として認識され、実触である。眼で見る地水火風（風は眼では見られないが）は、色と形であって、実際の四大種ではない。地水火風は、堅性・湿性・煖性・動性として、触覚によって認識される。次に所造の仮触として、滑《かつ》・渋《しゅう》・軽・重・軟・緩・急・冷・飢・渇・飽《ほう》・力・劣・悶・癢《よう》・黏《でん》・病・老・死・疲・息・勇を挙げている。ともかく、触覚の対象を考える時、外界といわれているものが、感覚の素材にすぎないことが明らかである。この点からも「唯識」ということが承認される。なお、触処の内容も、『倶舎論』よりは多くを挙げている。

以上で、色の中の五根と五境を示したが、第十一は「法処所摂の色」である。これに五種を挙げる。法処とは、第六意識の対象となるものである。眼識などの五感の対象となるものではない。『倶舎論』では「無表色」のみを、法処所摂色として挙げる。「無表」とは、形に現われないという意味で、したがって眼に見えない色の意味である。すなわち意識によって推論の結果、その存在が承認されるものである。この無表色は戒体をいうのであり、受戒の結果得られる「防非止悪の力」を指すのである。倶舎では、これを「無表色」というが、唯識では、受戒の時の思の心所によって得られる「善の種子」を戒体とする。しかし倶舎がこれを色処に入れていたために、唯識でもこれを「受所引色」と呼び、仮色で示すのである。「受所引」とは、「受戒によって得られた」という意味であり、戒体のことである。しかし戒体以外のものも含み、善の戒体、悪戒の戒体、及び受戒によらない善と悪の無表を挙げている。

以上は「受所引色」であるが、唯識には、この外に法処所摂の色として、極略色《ごくりゃく》・極迥色《ごくきょう》・定所引色・遍計《へんげ》所起色の四者を挙げ、合せて五種としている。第一の極略色とは、極微《ごくみ》のことであるが、特に実色の極微をいう。極微とは、物質を分析していけば、最後にはそれ以上分析できない微細な基体に突きあたると考える。この基体が極微であるが、特に五根や器世間などの実色の極微を「極略色」という。理論的には、このような極微があることは承認されるが、しかし微細であるから、目で見ることはできない。眼識の対象とはならない。観念的にその存在が承認されるにすぎないので、意識の対象である法処に含まれる。観念的存在であるから、本質《ほんぜつ》を持たない、「独影境《どくよう》」であるという。

唯識説では、認識の対象を、独影境、性《しょう》境、帯質《たいぜつ》境の三種に区別している。

第一の独影境とは、外界の実在（器世間）に基づかないで、六識が独自に構想した対象のことである。唯識的にいえば、実の種子から転変したものでないという意味である。能縁の見分の分別力をもって変現した対象である。故に、独影境としての色は実体がなく、見分と同じ種子から成立している。これに対して「性境」とは、実の種子から転変したもので、実の体があり、実の作用のあるものをいう。色でいえば、質礙の体があり、火であれば焼くなどの作用のある場合である。「性境不随心」といって、性境としての認識の対象は、心の思うままにならないものである。相分が、見分と別の独自の種子から成立しているからである。認識の対象には、もう一つ「帯質境」がある。これは相分が、実の種子から生じているから本質がある。しかし見分がその本質を正しく認識しない場合である。たとえば、眼病のために「二月」が見える場合のごときである。目は一つの月を見ているのであるが、それが二重に見える。このような対象を帯質境という。あるいは末那識が自我を認める場合のごときも帯質境であるという。末那識は阿頼耶識を見て、そこに実我の見を起すのであるから、阿頼耶識を見ている点で本質がある。しかし自己の相分の実我は虚妄である。故に、そこに独影境と性境とが合していると考えるのである。

唯識ではこのように、認識の対象を性境・帯質境・独影境の三種とする。そして極微は、眼でその存在を確かめることはできず、観念の所産であるので、独影境であるというのである。これが極略色である。

第二の極迥色は、先の影・光・明・闇などの仮色の顕色や、長・短・方・円などの仮色の形色の極微をいうのである。これらの仮色は見ることはできるが、しかし実体がない。このような実体のない物質の基体となる極微を、ここで極迥色と呼んでいる。迥とは「遠い」という意味である。空界の色を迥色というのである。そしてそれらの微細な基体、すなわち極微を極迥色という。この極微は、質礙ある実色の場合の極微とは異なるとして、別に立てられたのである。

第三は「受所引」であるが、これは戒体のことで、すでに述べた。

第四は「定所引色」である。これは聖者が禅定に入って、神通力によって土砂などを変じて、金銀《きんぎん》魚米《ぎょべい》などとなした色のことである。この金銀などを衆生に受用させる。それは実の金銀ではないが、それに似た活きをなすのである。そして八地以上の聖者の変為した色は、実用があるという。

第五「遍計所起色」とは、第六意識が前五識と無関係に、過去の事を回想したり、あるいは亀毛《きもう》・空華《くうげ》などの幻覚的な心像を起す場合をいう。これは意識の分別した独影境である。

以上の、五根・五境・法処所摂色の十一種が色法である。

4　心不相応行法

四心不相應行法、二十四種。得命根衆同分異生性無想定滅盡定無想事名身句身文身生老住無常流轉定異相應勢速次第方時數和合性不和合性也。

四には心不相応行法に二十四種あり。得・命根・衆同分・異生性・無想定・滅尽定・無想事・名身・句身・文身・生・老・住・無常・流転・定異・相応・勢速《せいそく》・次第・方・時・数・和合性・不和合性となり。

心不相応行とは、心と相応しない行（サンスカーラ）のことである。五蘊の第四行蘊の中には、心と相応する行と心と相応しない行とを含んでいる。心と相応する行とは、心所法のことである。心所の中、五蘊では受と想とは受蘊・想蘊として別出されているが、残りの心所は行蘊の中に含まれている。しかし行蘊には、心所の外にも生理的・身体的な力が含まれている。それらは心と相応・協調して動かないので、心不相応というのである。要するに心不相応とは、色と心・心所を除いた残りの有為法を指すのである。『倶舎論』では心不相応法に十四種を立てるが、唯識では二十四種を数えている。これは倶舎が「有自性」の法として考えるのに対し、唯識が、色心の作用の上に仮りに設けた「分位仮立」の法の立場で立てるからである。有自性の法とは、他によらないで、それ自身独力で存在しうるものをいう。たとえば、命根は、生命を持続させる生理的な力として、他に依存しないでその存在が承認されるとして、不相応行の一法として立てられる。このような立場で、倶舎では十四種の不相応行を立てる。これに対して唯識では、法を相関関係・縁起において成立したものと見るから、実法ではなしに、仮法と見る。仮法の立場で見れば、方角や時間なども法として立てられる。そのために不相応法の数が増えたのである。そしてまた阿頼耶識を立て、生命の持続は阿頼耶識の作用と見るから、命根の解釈も『倶舎論』とは異ってきた。その外にも不相応法の内容が、『倶舎論』とは解釈が異っているものがある。二十四法を示すと、次のごとくである。

得　これは有情の相続の身に、煩悩や業などを得《とく》していることをいう。これは阿頼耶識の種子についていうのと、現行《げんぎょう》についていうのとがある。現実には煩悩を起していなくとも、阿頼耶識にその種子を具えている点で、その煩悩を得しているという場合は、種子成就である。これには、煩悩や業の外に行儀作法や技術などの習慣性を得している場合も含まれる。現行成就は、煩悩や威儀などが現行している場合である。

命根《みょうこん》　これは有情の総報の果体である阿頼耶識が、業力に随って五十年・七十年の一期を相続する「功能《くのう》」を、仮りに命根といったものである。この功能は、阿頼耶識の名言種子に具わるのである。

衆同分　同分とは似ているという意味で、すべての人間が具える共通相が人《にん》同分である。人間を人間たらしめている力をいうのであり、それによって、犬や猿などと区別される。同様な意味で、犬同分・猿同分・猫同分などが立てられる。これは、衆生の具える種や類の性質を「衆同分」として立てたものと見てよい。これは有情についてのみいうが、松や竹などの植物や金や銀などの鉱物についてもいいうるわけである。ともかく人間が、生存の途中で、突然猿や犬に変らないのは、人同分を得しているためであると説明する。

異生性　異生とは凡夫のこと。初地以上の聖者は三界の見惑の種子を断じて、無漏の聖者性を具えている。しかし聖者でも世俗心を起している時は、現行としては凡夫と異ならない。しかし凡夫は見惑の種子を得している点で聖者と異なる。これが異生性であるから、異生性は輪廻を持続させる煩悩の種子に仮立したものである。

無想定　第三禅に無想天があるが、来世にここに生まれる力を持つ禅定《ぜんじょう》が無想定である。これは、前六識の現行を防止する功能のことで、厭心《えんしん》の種子の上に仮立されたものである。この定は外道も修するもので、善性の有漏定である。

滅尽定　滅尽定を修すると末那識までを滅する。そして来世に有頂天に生まれるという。滅尽定は末那識までの心・心所を滅尽する定力であり、聖者が修行する。凡夫や外道は、自我が滅することを怖れて、この定に入ることはない。この定は、滅受想定ともいい、想の外に受も滅する。この厭心の種子の上に仮立したものが滅尽定で、無漏定である。

無想定と滅尽定とは、心・心所を滅する定力であるので、心不相応となすのである。

無想事　無想天に生まれている間は、六識の心・心所は生起しないが、この無心の状態を無想事という。これは、無心の状態の前六識の種子の上に仮立した法である。

名身・句身・文身　名は単語、句は短文、文は母音・子音などの音節を指し、この場合の身は集合をいう。この三者によって文章が成立し、そこに教法ができる。故に教法の体を、名・句・文となすのである。しかし、名・句・文も音声の相続の屈曲差別の上に仮立された法である。

生・老・住・無常　これは倶舎のいう、生・住・異・滅の四相のことであるが、生・老・住・無常といったのは、有情について立てた名称であるという。有為の生滅変化の上に仮立したものであるという。

以上の十四法の中、異生性を除く十三法は、倶舎と名称が同じである。倶舎は異生性の代りに「非得」を入れている。ただし上述のごとく、唯識では法を仮法と見るから、意味が異っている。なお、以下の十法は唯識には挙げるが、倶舎にはない。これらは『成唯識論』には説かないが、『瑜伽論』『顕揚聖教論』『大乗阿毘達磨集論』『百法論』などに説かれているから、唯識では古くから認められていたものである。

流転　有為法が因果相続して断絶せざる功能に仮りに名づけたもの。

定異　決定《けつじょう》別異の意味で、善と悪の因果が決定して別異であり、決して雑乱しないその功能に仮立したもの。

相応　善因・悪因に、必ず応報のあるその力に仮立した法。

勢速《せいそく》　有為法が刹那刹那に生滅して少しもとどまらないその速疾なる力に仮立した法。

次第　有為法の生滅は、必ず因果次第して、前後に順序ある功能に仮立したもの。

方　東・西・南・北・四維・上・下の方処をいう。色法は空間的に場所を占拠するから、それらの相互関係に仮立した法。

時　時間のことであるが、時間の中に有為法が相続するとは考えないで、有為法が因果相続する上に、その前後関係の上に仮立されたものが時間であるとする。そこに過去・未来・現在の別ができる。現在が中心であるので、三世を示す時には、現在を最後に置く。

数　数量のことで、色心の諸法を計算する辺について仮立したもの。

和合性　色心の諸法が衆縁和合して、一事を成ずる辺に仮立せる法。衆人共同して、一事をなす場合のごときに和合がある。

不和合性　和合の反対で、諸法の離反・背拒する功能に仮りに名づけたもの。

以上の二十四法の中、命根・無想定・滅尽定・無想事・異生性の五は、心・心所の分位に仮立したもの。名身・句身・文身・方は、色の分位に仮立したもの。その他の十五法は、心・心所・色の分位に仮立せるものであるという。

5　無為法

五無爲法有レ六。虛空擇滅非擇滅不動想受滅眞如也。
是百法。一切諸法、略不レ過レ之。

五には無為法に六有り。虚空《こくう》・択滅《ちゃくめつ》・非択滅・不動・想受滅・真如《しんにょ》なり。
是れ百法なり。一切諸法、略すれば之に過ぎず。

第五に、無為法六種を挙げる。
百法中の九十四種は有為法である。有為法は「作られた法」という意味で、無常の世界で生滅流転するところに成立する法である。これに対して、無為法は「作られない法」の意味で、常住の存在で、ある。『倶舎論』では、有為法と無為法とは、無常と常住とで、両者は別個の存在、隔絶された存在と見るのであるが、唯識では、両者は一つのものの両面と見るのであり、有為法の実性が無為の真如《しんによ》であるとなすのである。真如（tathatā）は「如」という表現で『般若経』などでも説かれているが、これを無為法として、有為法の実性と解釈したのは、唯識佛教になってからである。しかし唯識では、有為の諸法と、その実性である真如とは、一紙の表裏のごとくに、一物の二面でありつつ、しかも互いに触れることのないものと理解されている。いわゆる「凝然真如・不作諸法」と理解したのであるが、その後に現われた『起信論』では、真如を諸法と交徹するものと理解し、真如に関する新しい解釈を提起している。『起信論』では、真如を如来蔵・自性清浄心と同一視するために、真如が迷いの世界に直接に働きかけると考えるのである。

真如の本来の在り方は、佛の法身であり、佛智である。この点は唯識でも『起信論』でも同じであるが、『起信論』はこの佛智を、因の状態で如来蔵と見て、その活きを重視する。そして迷いの世界の根拠である無明を「無体」と見ながらも、しかも真如に対立するものとなすから、両者の間に「真妄交徹」が説かれるのである。しかし唯識は、無明をも含めた迷いの世界の実性を真如となすから、無明と真如とを二元対立と見ることはできないのである。すなわち、有為の現象界、時間の世界が、無為・無時間から展開することはできないのであり、現象界は現象(阿頼耶識)から展開すると見るのが唯識である。すなわち差別相をもつ現象界の実性が、平等一味の真如であるとなすのである。しかし諸法(有為法)の実性である真如を、言葉で表現することはできない。たとえば、自己自身(自己は有為法の一分である)も真如の顕現であるが、自己が自己を示すことは不可能だからである。

ともかく諸法の実性が真如であり、一切は真如以外のものではないが、しかし有為の世界に真如が現われる場合、その現われ方に違いがあるので、無為法が六種に区別される。それがここに出す「六無為」である。六無為といっても、六種の無為があるのではなく、平等一味の真如の現われ方の相違である。なお、真如・無為といっても、ここでは凡夫の心に映じた真如をいうのであって、真如それ自体ではない。佛になって初めて真如を実現しうるのであり、凡夫である限り、真如をいかに深く理解したとしても、それは迷妄の識に現われた真如にすぎない。これを「識変の無為」という。これに対して、佛の法身を実現する真如は「法性の無為」と呼ばれる。これは我空・法空によって顕わされる真如である。

六種の無為の第一は虚空《こくう》無為である。これは煩悩障・所知障のもろもろの障礙《しょうげ》を離れたところに顕現する無為である。『倶舎論』では、虚空とは絶対空間のごときを意味するが、唯識では、心の次元で虚空無為を解釈するので、かくなるのである。

第二の択滅《ちゃくめつ》無為とは、悟りの智慧によって煩悩を断ずるところに現われる無為をいう。択とは簡択《けんちゃく》力《りき》のことで、悟りの智慧をいう。悟りの智慧で煩悩を断ずると、煩悩は永久に不生となる。この畢竟《ひっきょう》不生の点を無為という。これは択力所得の滅であるので択滅という。

第三は非択滅無為。これは択力によらない滅の意味であり、いわゆる「縁欠不生の法」である。生ずべき縁が欠けたために畢竟不生の法となった場合である。しかしこの場合には、その種子を断じていないので、他日縁到れば再び生ずる可能性がある。そこで唯識では、択力によらずして本性清浄なる場合を考える。すなわち、無為の自性は択力によらずしても、本来清浄であり、この点を非択滅無為という。これは縁欠に約さないで、自性について無為を解するのであり、この点に小乗の非択滅無為と異なる点がある。

以上の三種の無為は、倶舎の七十五法でも説くものである。

第四不動無為。色界第三禅までの惑を離れ、第四禅に入ると、苦楽《くらく》の受を滅して、捨受のみを受ける。これを不動といい、苦受・楽受の滅に現われる無為を、不動無為という。

第五想受滅無為。滅尽定を想受滅ともいう。想と受が滅すれば、六識と相応する心・心所はすべて滅する。この滅尽定に現われる無為が想受滅無為である。

第六真如無為。真如は諸法の実性であるが、真如を無為とする点で、佛陀の悟りの智慧も、そのままでは真如と認めないのである。悟りの智慧も有為法に属するからである。したがって、「円成実性」を真如と見る場合にも、無漏法（無漏智を含む）を真如と見る広い意味ではなく、無為の無漏だけを指すのである。真如は諸法の実性であるから、有漏法の実性も真如である。しかし真如には「真実」の意味があるから、有漏法の質料因《しつりょういん》が真如とされるのではない。有漏法の相は迷妄であるが、しかしその真実の性は真如であり、迷妄を離れたものであると見るのである。すなわち迷っている吾人の本性は、本来自性清浄なる真如であると見るのである。

以上の無為法をもって、唯識百法を終る。

6　三科と百法

問。蘊處界三科、攝二色心等法一。與二今百法一、其義如何。

答。百法之中、心王心所、及以色法、束爲㆓五蘊㆒。色蘊是色法、受想二蘊、卽是心所、識蘊是八識心王。自餘心所等、竝行蘊攝也。蘊不㆑攝㆓無爲㆒矣。其十二處、色廣心略。准㆑蘊可㆑知。其十八界、色心廣說、亦攝㆓無爲㆒。

問う、蘊処界《うんじょかい》の三科に色心等の法を摂す。今の百法と其の義如何ん。
答う、百法の中、心王と心所と、及以《および》色法を束《つか》ねて五蘊と為す。色蘊は是れ色法なり。受想の二蘊は即ち是れ心所なり。識蘊は是れ八識心王なり。自余の心所等は、並びに行蘊の摂なり。蘊は無為を摂せず。其の十二処は、色は広く、心は略なり。蘊に准じて知るべし。其の十八界は、色心を広説し、また無為を摂す。

五蘊・十二処・十八界を三科という。この三科に色心の諸法を摂するのであるが、今この三科と百法との相摂はどうであるかを問うのである。

その答えは、次のごとくである。五蘊は、色・受・想・行・識の五蘊であるが、これらと百法の関係は、次の図11のごとくである。

五蘊
- 色蘊……色法……十一
- 受蘊……受心所……一
- 想蘊……想心所……一
- 行蘊……（受・想を除いた余の心所……四十九 / 心不相応法……二十四）
- 識蘊……心王……八

九十四法

図11

上述のごとく、五蘊では、色蘊に十一法、受蘊と想蘊に各一法、行蘊に七十三法、識蘊に八法を含む。すなわち行蘊に多くの法を含み過ぎる。そして、心所である受と想を別に出している。この点に五蘊の分類にはアンバランスな点がある。しかし本来は、行蘊は心所の思を主としていたのであるが、アビダルマ時代になって、心所法に多数の心所が分析せられ、さらに不相応行も立てられるようになっても、それらを色・受・想・識の四蘊には含められないので、行蘊に含めることになったのである。ともかく五蘊は有為法のみで、無為法六種を含まない。そのために総計九十四法となる。

次に十二処と百法の相摂は、次の図12のごとくである。

図12

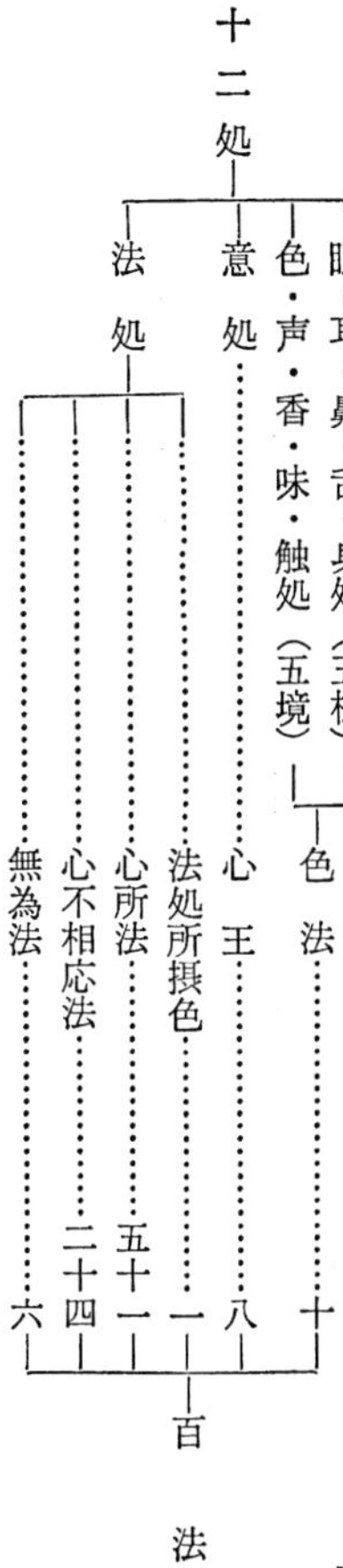

十二処の分類では、色法が細かく分けられ、他の諸法が意処と法処の二処に含まれている点に特色がある。すなわち、眼処・耳処・鼻処・舌処・身処の五根と、色処・声処・香処・味処・触処の五境の、合せて十処は色法であり、百法の分類でも十法として立てるものである。そのために残りの九十法が、意処と法処に含められるのである。意処は、『俱舎論』では「七心界」といって、意根と六識

を含むのであるが、この意根は、唯識では末那識となり、さらにアビダルマの説かない阿頼耶識をも加えて、八識心王、八法とする。そして法処に、法処所摂の色と、心所法・心不相応法・無為法との、合せて八十二法を含むのである。この場合には、法処に多数の法を含めすぎるきらいがある。そして色法が詳しすぎる。これも原始佛教の時代には、五根・五境などの色法の区別は知られていたが、心所法や不相応法などの細分は知られていなかったからである。

次に、十八界と百法の相摂は、次の図13のごとくである。

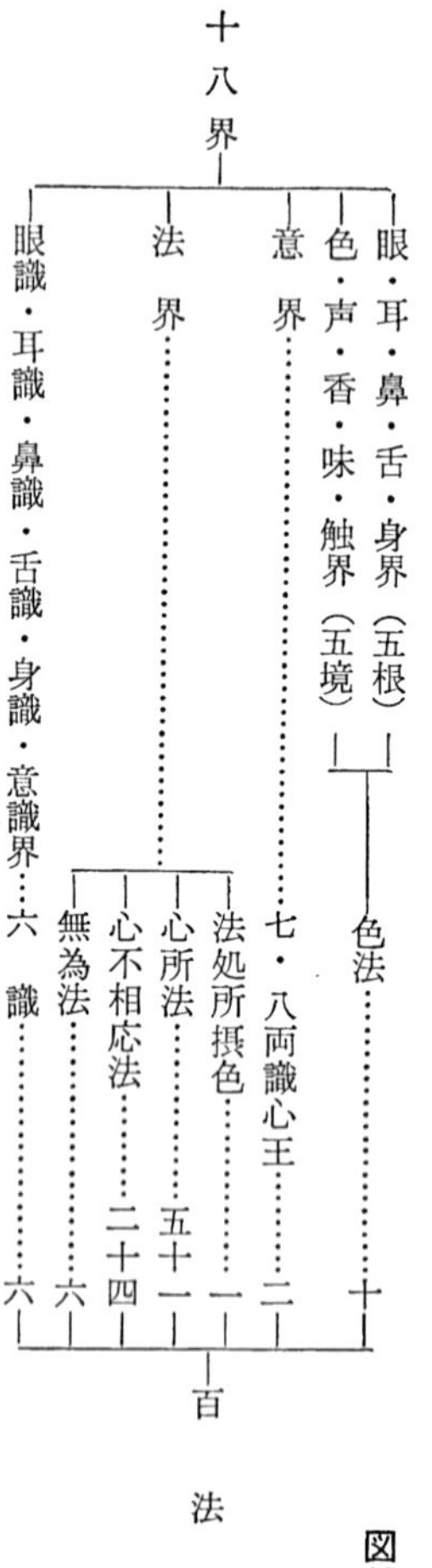

図13

十八界説でも色法の分類が細かい。眼界・耳界・鼻界・舌界・身界と、色界・声界・香界・味界・触界の十界は色法である。次の意界は末那識と阿頼耶識を含む。これと、眼識界・耳識界・鼻識界・舌識界・身識界・意識界の六識界を加えたものが、十二処の「意処」にあたるのである。そして法界に残りの法処所摂色・心所・不相応行・無為の諸法、合せて八十二法を含むのである。

以上のごとく、五蘊には無為を含まず、十二処・十八界説では、十処・十界に色法を含むので、色法は詳しく、心法は略になっている。しかし十八界説では、意界と六識界とで心王を示すから、十二処説よりも心法が詳しい。しかし阿含経時代には、心所法や心不相応行の教理は未発達であったために、五蘊・十二処・十八界のいずれの分類でも、これらを適切に示すことができない。そのためにアビダルマ時代に、色・心・心所・不相応行・無為の分類である「五位」の説が新しく立てられ、唯識佛教もこれを少しく訂正して、引き続き採用したのである。

第六節　唯識観

1　唯識の妙旨

此宗本意、只明㆓唯識㆒。一切諸法、皆是唯識、都無㆓一法而在㆓心外㆒。故慈恩大師云、有㆓心外法㆒輪㆓廻生死㆒。覚㆓知一心㆒生死永棄。已上。然諸法差別、皆唯識所變。離㆑識無㆓別法㆒。一切境界、皆帰㆓心識㆒。

此の宗の本意は只《ただ》唯識を明かす。一切の諸法は皆是れ唯識にして、都《すべ》て一法として心外に在ること無し。故に慈恩大師の云く、心外に法有らば生死に輪廻《りんね》す。一心を覚知すれば生死永く棄つと。已上。然れば諸法の差別は皆唯識の所変なり。識を離れては別法無し。一切の境界は皆心識に帰す。

この一段は、唯識の妙旨を示している。

前節に、世界が唯識百法に尽きることを示したので、それによって「万法唯識」を結論するのである。すなわち「一切の有情に、各〻八識と六位の心所・所変の相見・分位の差別、及び彼の空理に顕わさるる所の真如と有り。識の自相なるが故に、識と相応するが故に、二が所変なる故に、三が分位なる故に、四が実性なる故に。是の如く諸法は皆、識を離れず。総じて識という名を立つ」と『成唯識論』巻七（大正三一、三九下）に説いている。すなわち、八識は識の自相である。次に、五十一の心所は識と相応するものであり、心所は心に離れて別にあるものではない。次の「所変の相見」とは、相分と見分のことで、色法は五識の相分であり、識の変現したものである。故に色法も識に含まれる。次に、二十四の不相応行は、心・心所・色法の分位の差別であり、したがって実体があるものではない。第五の無為法は、前四者（識・心所・色・不相応行）の実性であり、識などの本性である。これは我空・法空の二空によって顕われる真如である。

以上のごとく、百法は識を離れないものであり、唯識とは「不離識」ということである。故に「一法として心外に在ること無し」というのである。故に、法相宗の祖慈恩大師窺基《きき》は、『成唯識論述記』巻一本（大正四三、二四三下）に、「心外に法があると執著するから、生死に輪廻することが起る。しかし心外の存在だと思っていた万法は、まったく一心の所現にすぎないことを覚知すれば、生死に輪廻することは永久に棄てられる」と述べている。すなわち、輪廻の生存に迷うことと、涅槃を悟ることとの分れは、唯識の理を悟るか否かにある。しかし不用意に現実を見れば、外界には物質界があり、これを心が認識すると考えられて、そこに色心の対立があり、万法唯識とはいわれぬようである。しかしこれらの現象界を仔細に見るならば、八識心王、五十一の心所、十一の色法、二十四の不相応行、六の無為法と、現象界も実在界もこれらに尽きるのであり、しかもこれらはすべて「不離識」である。識に離れて別法があるのではない。故に一切の客観の境界はみな、唯識に帰するのである。

2　五重唯識

総明二此義一、有二五重唯識一。一遣虚存實識、遣二遍計所執是虚一、存二依他圓成是實一故。二捨濫留純識、依他内境濫レ外故、捨レ此唯名レ識。三攝末歸本識、攝二見相二分末一歸二自體分本一故。四隱劣顯勝識、隱二劣心所一顯二勝心王一故。五遣相證性識、遣二依他事相一證二唯識理性一故。前四相唯識、第五爲二性唯識一。

総じて此の義を明かすに、五重唯識有り。一には遣虚存実識《けんこぞんじつしき》、遍計所執は此れ虚なりと遣《や》り、依他《えた》・円成《えんじょう》は是れ実なりと存するが故に。二には捨濫留純識《しゃらんるじゅんしき》、依他の内境は外に濫ずるが故に、此れを捨して唯だ識と名づく。三には摂末帰本識《しょうまつきほんしき》、見相二分の末を摂して、自体分の本に帰するが故に。四には隠劣顕勝識《おんれつけんしょうしき》、劣の心所を隠して勝の心王を顕わすが故に。五には遣相証性識《けんそうしょうしょうしき》、依他の事相を遣りて、唯識の理性を証するが故に。前の四は相唯識《そうゆいしき》にして、第五は性唯識《しょうゆいしき》と為す。

この五重唯識観は、慈恩大師の『大乗法苑義林章』巻一の「唯識義林」第三（大正四五、二五八中―二五九上）に出る。これは唯識を、能観の識と所観の境とに分けた場合に、先の唯識百法は所観の境を示したものであるのに対し、この五重唯識は能観の識の行相《ぎょうそう》（在り方）を明かしたものである。これは慈恩大師の独創的な説である。

第一の「遣虚存実識《けんこぞんじつしき》」というのは、虚妄《こもう》を遣《や》って真実を存する意味であるが、虚妄とは、遍計所執性をいう。遍計所執性とは、凡夫が外界に存在すると認めている認識の対象界のことである。たとえば、末那識は阿頼耶識を見て、それを実我であると執するが、この時、末那識に見られているものは阿頼耶識であるが、しかしそこに末那識が構想しているものは、実我である。この実我は虚妄のものであり、これが遍計所執性である。あるいは眼で縄を見たのに、それを誤って蛇と判断した場合、その蛇が遍計所執性である。眼には縄が映じているのであるが、しかしそこに蛇を思い浮べるのである。この蛇は実体のないものであるので、遍計所執性という。凡夫は、心内の無明・煩悩の力によって、存在しない実我・実法を実在すると執している。この実我・実法の認識界は遍計所執以外のものではない。今この遣虚存実識は、識の営みの中、虚無《こむ》（空）の遍計所執性を除去して、実有である依他起《えたき》性と円成実性《えんじょうじつ》とを保留する唯識観である。これは「空有相対」の唯識観である。

第二の「捨濫留純識《しゃらんるじゅんしき》」は、保留された依他起と円成実において、より純粋な識を求める唯識観である。特にここでは依他起性について考察する。捨濫留純とは、濫ずるもの、すなわち外界にまぎらわしいものを捨てて純粋なものを残すという意味で、ここでは依他起の相分を捨てて、依他起の見分・自証分・証自証分の三分をとどめることをいう。遍計所執性は迷妄の識の構想した対象であるから虚無であるが、しかしその場合でも、この迷妄の識の営みそのものは実有である。たとえば、夢を見ている時、その内容は虚妄であるが、夢を見ているということは事実であり、この識の営みを依他起性という。迷妄の識のその虚妄性は、心内に無明や煩悩があるために、起るべくして起ったのであり、すなわち縁起によって成立したものである。この縁起所生を、ここでは依他起といっているのである。この依他起の識の作用の中、識の体（自体分）の作用を自証分といい、この自体分より、見る作用の見分と見られる作用の相分とが分化する。そして相分とは、認識に映現している対象界である。これは見分によって見られることによって、それが存在することが確認される。しかし見分の作用も、自証分によって確認されることによって、その存在性を獲得するのである。しかしそのために自証分にも、証自証分が必要となる。しかし証自証分の作用は、自証分によって確認されるとして、識の作用をこの四分で説く。この四分の中、相分（内境）は外界の映像であるので、外界と混乱しやすい。そのために、依他起の識の四分の中、相分を捨てて、他の三分をとどめるのである。これは心境相対の唯識観という。

第三は「摂末帰本識《しょうまつきほんしき》」である。ここで末というのは見分のことであり、本というのは自証分のことである。自証分は識の自体分の作用であるから、本と見たのである。識の自体分が転変して、見相二分となるのであるから、見相二分を末と見たのである。この二分は識の自体に離れてあるのではないから、自証分の本体に、見相二分の用《ゆう》を摂するのである。これは体用相対において唯識を観ずるのである。なお、証自証分も識の自体の作用であるから、この場合は自証分の中に含めて考えられるのである。

第四の「隠劣顕勝識《おんれつけんしょうしき》」は、劣の心所の作用を隠して、勝れた心王の作用を顕わす唯識観である。見分・相分などの四分は、心王の八識のそれぞれにあるのみでなく、心所のそれぞれにもある（ただし五十一の心所の中、実の心所は三十一であり、残りの十九は仮の心所である。四分の作用を持つのは実の心所のみである)。すなわち、心王・心所のそれぞれに、先の「摂末帰本識」の唯識観が適用される。したがって次には、心・心所の自体分について、主導的に活く心王を立て、従属的に活く心所を背後に隠して観察する「隠劣顕勝識」の唯識観が説かれるのである。これは王所相対の唯識観である。

第五は「遣相証性識《けんそうしょうしょうしき》」である。前四重において観じた唯識観において最後に残った心王の自体分は、依他起の事相である。相とは現象界の存在性をいうのである。現象界は諸行無常であり、そこに成立する存在（法）は刹那滅の相続の上に成立する「仮有」の存在者である。しかしその根底には、この無常なる有為法が成立する基盤となる実在がある。これを先の「相」に対して「性」という。性とは質料因という意味ではない。性とは力としての実在であり、無限に豊富な内容を具えたものである。あたかも水が、特定の形（相）を持たないが故に、千差万別の形（波）に現われうるのみでなく、水は無限に豊富な力を具えており、いろいろな活きをする。この水と波との関係で、有為法とその実性である真如との関係を説明する。しかし水と波との関係では、波とは別に水が認識されうる。そこに波に離れて水の活きを認めることができる。しかし有為法と真如との関係は、水と波との関係と全同ではないから、真如は有為法の実性でありつつも、現象界には現われないと見る説も成立しうる。現象界には現われないが、しかし真如が力を持たなければ、現象界の無常変化は起りようがないと考えるのである。ともかく『大乗起信論』では、真如は現象界に働きかけると考えるが、唯識説はそれを認めない。しかし唯識説でも、円成実性は真如であると同時に、佛の智慧の世界であるから、真如の本性は智慧であるとしなければならない。この場合には、真如が現象界に力を現わさないということは困難であろう。何となれば法身は常住だからである。

ともかく真如と現象界との関係は微妙であるが、唯識説でいえば、一切は識であるから、依他の事相は識の相であり、真如は識の実性である。その立場で、似有仮有、無常なる事相を捨して、唯識の実性に帰するのである。これが「遣相証性識」である。この実性が、すなわち円成実性である。またこれを唯識の理性《りしょう》ともいう。相は事（現象）であり、性（真如）は理であるので、これを事理相対という。そして前四は「相唯識《そうゆいしき》」を明かし、第五は「性唯識《しょうゆいしき》」を明かすのである。性唯識とは、理智冥《めい》合《ごう》した円成実性のことであり、言葉で表現できない絶対の唯識である。

図14

五重唯識	第一重	遣虚存実識	空有相対	相唯識
	第二重	捨濫留純識	心境相対	相唯識
	第三重	摂末帰本識	体用相対	相唯識
	第四重	隠劣顕勝識	王所相対	相唯識
	第五重	遣相証性識	事理相対	性唯識

第七節　四　分　義

此心之用、總有㆓四分㆒。一相分、二見分、三自證分、四證自證分也。分量決云、心用分限、四種差別故、名㆓四分㆖已。然四師異說。一安慧菩薩、唯立㆓於一分㆒。是自證分也。二難陀菩薩、立㆓於二分㆒。是相見分也。三陳那菩薩、立㆓於三分㆒。相分見分、及自證分也。四護法菩薩、立二於四分一。卽前列。今則護法盡理之說。故立二四分一。
相貌差別、爲二心所緣一故、云二相分一。能緣二前境一故、云二見分一。能緣二見分一故、名二自證分一。能緣二自
體分一故、名二證自證分一也。此四之中、相分唯是所緣、無二緣慮義一。其後三分、通二能所緣一。是
則八識、心王心所、各有二四分一。八識雖二體各一一、論レ用卽有二四分一。是故八識、各有二四分一也。

此の心の用《ゆう》に総じて四分有り。一には相分、二には見分、三には自証分、四には証自証分なり。分量決に云く、心用の分限に四種の差別あるが故に、四分と名づくと。已上。然るに四師の異説あり。一に安慧《あんね》菩薩は唯だ一分を立つ。二に難陀《なんだ》菩薩は二分を立つ。是れ相・見分なり。三に陳那《じんな》菩薩は三分を立つ。是れ自証分なり。四に護法《ごほう》菩薩は四分を立つ。即ち前に列す。今は則ち護法の尽理《じんり》の説なり。故に四分を立つ。
相貌差別《そうみょうしゃべつ》して心の所縁と為るが故に、相分と云う。能く前境を縁ずるが故に、見分と云う。能く見分を縁ずるが故に、自証分と名づく。能く自体分を縁ずるが故に、証自証分と名づくるなり。此の四の中、相分は唯だ是れ所縁のみにして、縁慮《えんりょ》の義無し。其の後の三分は、能所縁に通ず。是れ則ち八識は心王・心所、各〻四分有り。八識は体各〻一なりと雖も用を論ずれば即ち四分有り。是の故に八識に各〻四分有るなり。

識の四分については、前節に少しく触れたが、ここにまとめて述べている。
本節の終りに、「心王・心所、各〻四分有り」とあるように、四分は、心・心所のすべてにあるが（ただし仮の心所にはない）、ここには便宜上、心王（八識）について述べている。これは、心王だけが見分・相分などに分れても、心所が分化しなければ、心・心所が全体として認識活動をすることはでき

ないであろう。故に、心・心所のすべてに四分があるとなすのである。

四分は、相分・見分・自証分・証自証分であるが、これは「心の用《ゆう》」とあるように、心の作用を四つに分けたものである。秋篠寺《あきしのでら》の善珠《ぜんじゅ》（七二三—七九七）もその著『分量決』に「心の作用の区別に、四種類の違いがある。故に四分と名づける」と示している。西洋哲学でも、認識において心が主観と客観の二部分に分化することは認めている。しかもその背後に自我があると述べている。しかし唯識説では、八識にそれぞれ四種類の作用があると説くのである。

第一の相分は、所縁（認識の対象）の意味であるが、心が外界を映じ、外界の影像を宿す部分である。たとえば、眼病にかかった人が、月を見て、そこに二つの月の影像を見た場合、その二月が相分である。眼病にかかっていない正常人ならば、そこに一月を見るが、その一月も、外界の月そのものではなく、心に映っている月である。この心に映っている外界の相が、心の相分である。相とは影像《ようぞう》のことである。相分は所縁（認識の対象）となるだけで、縁慮の作用はない。この相分には、影像相分と本質《ほんぜつ》相分とがある。影像相分とは能縁（見分）に親しい所縁の相をいう。たとえば、眼識の場合は、眼に映っている赤・青などの色や、四角・円などの形などをいう。すなわち眼識の相分とは、影像相分のことである。前七識の相分はこれである。しかし六識が外界を縁ずる（認識する）場合、外界を直接に縁ずるのではなく、本質を所縁として、それと同相の影像を自心の上に浮べて縁ずるのである。この本質が本質相分である。本質とは阿頼耶識の相分のことで、阿頼耶識が相分として執持している五根・器世間・種子などがそれである。特に阿頼耶識の相分にある器世間に杖託して、六識は外界の認識を起すのである。すなわち、六識が直接外界を認識するのではなく、中間に本質が媒介者となっている。たとえば、色盲の人には、阿頼耶識の本質の中に、赤や緑などが欠けているのである。そのために眼識の見分には赤や緑を感ずる能力があるとしても、眼識の相分に赤や緑が現われないのである。すなわち外界の認識において、各人の感覚や理解に差異があるのは、各人の本質相分に差異があるからである。もしこの本質の存在を認めないと、外界にあるものは、無制限に見分によって認識されることになってしまうであろう。

なお、七識の影像相分には本質《ほんぜつ》が欠けている場合がある。たとえば、過去や未来を想像する場合や、亀毛や兎の角など実在しないものを縁ずる場合である。これらの認識の場合には本質がない。これらは、能縁見分が分別力をもって変現した影像である。いわゆる三類境の中の独影境である。しかし独影境には、有本質のものと無本質のものとがあり、亀毛・兎角や、過去・未来などを縁ずる場合には無本質であるが、縄を見て蛇と思う場合のごときは有本質である。その場合の眼の相分には縄が映っているが、しかし見分が見ているものは蛇である。この蛇も相分であるが、これは見分の分別力で変現した影像である。ただしこれは縄に杖託している点で、有本質の独影境であるというのである。

ともかく、相分には本質相分と影像相分とがあり、七識の影像相分は、阿頼耶識の本質相分に杖託して起るのである。能縁の見分は影像相分を親《しん》所縁とし、本質相分を疎《そ》所縁として認識を起す。七識の場合は、所縁はこのように二重構造になっているから、見分が外界を直接に認識するのではない。見分・相分は心の中だけの営みであるから、故に「唯識」ということが成立する。ただし第八阿頼耶識の場合には、外界を直接縁じて相分を持たざるをえない。阿頼耶識の相分が本質であるから、これを支持するもう一つの本質はないからである。それ故、阿頼耶識の場合は、外界を直接に疎所縁として本質相分を持ち、あるいは過去から伝来した種子を相分とするのである。種子の場合は、心内の存在であるが、器世間の場合は、外界によらざるをえないから、阿頼耶識の場合は、厳密にいえば唯識とはいえないわけである。しかし阿頼耶識の識活動は微細であり、その認識は不可知である。したがって明了な認識である七識の識活動についていえば、「唯識」ということが十分に主張されうる。特に末那識の執する実我は独影境であるし、前六識は阿頼耶識を認識できないのであるから、われわれの認識の世界（七識）が唯識であることは疑いないところである。以上のごとく、唯識は「人々唯識」であり、自己の外に外界があることはもちろん認めている。

　第二の見分の見は「見照」の意味で、照らす意味である。これが能縁である。心・心所の自体が阿頼耶識から生じた時、所縁の相（相分）が現われると共に、能縁の見照の作用が起る。これが見分である。これを「識体分れて見相二分に似る」という。見分の作用を「照らす作用」というのは、見分の見照によって、相分の姿が明了になるという意味である。所縁（認識の対象）を心外にある物質界と見る時には、それを認識する見分に相が具っているとしなければならない。たとえば、外界に赤色があったとしても、見分に赤を認識する力がなければ、見分に赤は現われないからである。しかし唯識では、見分・相分共に心内の作用と見るから、諸法の相は相分にあるとなし、見分は見照の作用のみをなすと見るのである。

　見分・相分は、西洋哲学の主観と客観にあてはめてもよいようであるが、しかし唯識では、八識、並びに心所にそれぞれ四分の作用を認め、しかも唯識は無我を立場とする。さらに認識の真偽によって、見分・相分の在り方も異ってくるので、これを簡単に、主観・客観にあてはめることはできない。

次に、第三の自証分の「自」とは、自己の作用のことで、見分をいう。自体の上の見分の作用を証知するのが自証分である。すなわち相分は相分のみでは、その様相を示すことはできないのであり、見分によって見照されて、相分の相分たることがわかるのである。同様に、見分の見照の作用も、見分自身ではわからないのであり、自証分に証知されて知られるのである。見分の作用が自証分によって確認されないと、その作用が作用として後に残らないという。すなわち記憶に残らない。この自証分の作用を量果という。「見た」という作用は、自証分に証知されて、その実在性を得るのである。

第四の証自証分も、以上の考えから導き出されたものである。すなわち、自証分の作用を証知するもう一つの自証分が要請される。しかしこのように考えると、この証自証分を証知するもう一つの証自証分が必要になるのではないかと考えられる。しかしそのように考えると、無限遡及になってしまい、収拾がつかなくなる。しかも心の作用にそのような無限遡及は認められないから、証自証分と自証分との間には、相互証知の作用があるに相違ないと考える。すなわち、証自証分の作用を証知するのは、先の自証分であるとなすのである。そのために心用の分限は四種であるとされるのである。

一般に、自己は自己によっては証明されず、必ず他者によって証明される。そのために相分の作用は見分によって証知され、見分の作用は自証分によって証知されるとなすのである。そして認識される相分を「所量」といい、認識する見分を「能量」という。そして自証分を「量果」という。量果を得て、認識という仕事が実りを持つのである。相分・見分だけであると、「見た」という仕事が完結せず、自覚されず、記憶にも残らないのである。次にこの見分の作用は自証分によって証知されるから、この場合は、見分が所量、自証分が能量、証自証分が量果になる。

	第一重	第二重	第三重	第四重
所量	相分	見分	自証分	証自証分
能量	見分 →	自証分 →	証自証分 →	自証分 →
量果	自証分 →	証自証分 →	自証分 →	証自証分 →

図15

以上の四分説は護法《ごほう》の説であるが、この外に、自証分の一分のみを認める安慧《あんね》の説、見分・相分の二分を認める難陀《なんだ》の説、見分・相分・自証分の三分を認める陳那《じんな》の説などがある。これを「安難陳護、一二三四」という。

安慧の一分説とは、識の自体分のみを依他起性の存在と見て、見分・相分は遍計所執性であり、無体であると見る説である。凡夫は見分・相分の認識において我執を起すが、我執に基づく認識は事実を正しく認識しないから、虚妄分別であり、遍計所執性であると見るのである。すなわち、見分・相分を認めないわけではないが、これは我執に基づく虚妄分別の認識であるから、実在性がないとするのである。すなわち、これらを遍計の無体と見るから、実際に存在するのは依他起の自証分のみであるという。しかしこの場合には、自証分というより、自体分というのが妥当である。なお安慧によれば、凡夫の迷妄の識には、見・相二分が遍計としてあるが、佛位に至れば虚妄分別はなくなる。したがって見・相二分はなくなるという。すなわち佛陀においては、心は大円鏡に譬えられ、浄鏡に万象が映ずるがごとく、如実知見の無分別の認識となっているから、見・相二分はないとするのである。彼は、見・相二分があれば、分別があると見るわけである。『華厳経』に「三界唯心」というのは、心に本来見・相二分のないことを示すのであると考える。

次に難陀は二分説であり、見分・相分を依他起の実有と考える。すなわち、自体分が見分・相分に分裂してしまうから、見・相二分と別に自体分はないと見るのである。認識の成立には、必ず能縁・所縁があるから、佛陀の認識においても、識（無垢識）作用がある限り、見分・相分は存在すると見るのが難陀の考えである。しかし佛陀の認識には我執がない。凡夫はここに我執を起すので、認識が遍計所執性となると考える。難陀は西紀五百年前後の人と見られるが、陳那・無性・護法の系統と、徳慧・安慧の系統とは別の第三の系統に属していたらしい。難陀の系統に勝軍があった。

第三の陳那（四八〇―五四〇頃）の三分説は、見分・相分・自証分の三分を立てる。そして依他起の自体分から変出した見分・相分も、共に依他起であると見る。すなわち、見分・相分が出現した後にも、自証分の作用があると見る。この説は見分・相分を依他起と見る点で、四分を立てる護法の説と基本的には異ならない。この依他起の見分・相分の認識の上に、我法を執する遍計所執性が成立すると見るのである。すなわち、見分・相分の認識と、その上に成立する迷妄性との二重構造を考えるのである。

護法の四分説は、陳那の立てた三分説に、さらに証自証分を加えたものである。

なお、本文の中に「相分は唯だ是れ所縁のみにして、縁慮《えんりょ》の義無し。其の後の三分は、能所縁に通ず」とあるのは、相分は所量のみであり、後の三分は能量の意味もあることを指すのである。なお、量（プラマーナ）についていえば、『成唯識論』では陳那の説に従って、現量と比量の二量を認めている。そして八識の相分は、縁慮の意味がないから、現量・比量共にない。現量は直接知覚の意味であり、洞察のことであるから、六識の見分と、第八識の見分と、諸八識の自証分・証自証分にある。そして比量は第六識の見分のみにある。比量は推論であって、これをなすのは第六意識のみである。

なお、現量・比量は正しい認識の意味であるから、第七末那識の見分のなす実我の認識は、虚妄であり量には入らない。これを非量という。第六意識の見分も誤った認識をなしうるから、その場合の認識は非量に入る。前五識は感覚であるが、これは現量のみで、現量には虚妄分別はないと見るのである。

第八節　三性と三無性

1　三性

此宗明二眞妄義一總立二三性一。一遍計所執性、是當情現相。此亦分レ三。能遍計所遍計遍計所執。前二依他攝。遍計所執、是當情現相。於レ無謂レ有。虚妄執著。二依他起性、四縁所生諸法、因縁和合有故。三圓成實性、諸法理性、具二於圓滿成就眞實三義一故也。

此三性中、所執是妄有、依他卽假有、圓成是眞有。遍計所執、既是妄執、依他、圓成、卽妙眞。三性互別、不二相亂通一。然依他事法、與二圓成理性一、非レ一非レ異。相不レ離レ體、體不レ離レ相。三十頌説二三性一偈云。由二彼彼遍計一遍二計種種物一。此遍計所執自性、無二所有一。依他起自性分別、縁所レ生。圓成實於レ彼常遠二離前一性。故此與二依他一、非レ異非二不異一。如二無常等性一。非二不レ見レ此彼一上已。

此の宗は真妄の義を明かすに、総じて三性を立つ。一には遍計所執性。是れ当情現《とうじょうげん》の相なり。此れにまた三を分つ。能遍計と所遍計と遍計所執となり。前の二は依他《えた》に摂す。遍計所執は是れ当情現の相なり。無に於て有と謂う虚妄《こもう》の執著なり。二には依他起性。四縁所生の諸法は因縁和合して有《う》なるが故に。三には円成実性。諸法の理性は円満・成就・真実の三義を具するが故なり。此の三性の中、所執は是れ妄有、依他は即ち仮有、円成は是れ真有なり。遍計所執は既に是れ妄執、依他と円成とは即ち妙真なり。三性互いに別れて相乱通せず。然るに依他の事法は、円成の理性と一にも非ず異にも非ず。相は体を離れず、体も相を離れず。三十頌の三性を説く偈に云く、彼彼の遍計に由りて、種種の物を遍計す。此の遍計所執の自性は所有無し。依他起の自性の分別は縁に生ぜ所《ら》る。円成実は彼に於て、常に前を遠離《おんり》する性なり。故に此れと依他とは、異に非ず、不異に非ず。無常等の性の如し。此れを見ずして彼をみるものには非ず。已上。

この一節は、「三性・三無性」を明かすが、まず三性を述べる。

三性説は「三性門の唯識」といって、唯識説では重要な教理の一つである。すなわち唯識説には、縁起《えんぎ》門の唯識、影像《ようぞう》門の唯識、三性《さんしょう》門の唯識を分けるのである。この中、三性門の唯識は、唯識説における「認識の真偽」を取扱ったものである。すなわち、ここに「此の宗は真妄の義を明かすに、総じて三性を立つ」と述べているのは、それをいうのである。一切は唯識であり、凡夫の認識も唯識であり、佛陀の認識も唯識であるとするならば、認識の真偽はどうして決めるのかという問題が起る。それに答えるものが、この三性の説である。

三性とは、遍計所執性・依他起性・円成実性である（これは三相ともいい、遍計所執相・依他起相・円成実相という）。この三性は、断片的には上来関説してきたが、ここにまとめて述べる。この三性の中、迷妄の認識が遍計所執性である。すなわち佛陀の心の世界は円成実性であり、実我・実法と執する凡夫の認識界が遍計所執性である。有為の世界は諸行無常であり、すべての存在者は流動的である。この流動的存在の相互交渉の上に存在（法）が成立するのであるから、有為法はすべて仮有であり、固定的実在でなく、力としての存在である。自我といえども流動的存在者であるから、仮我である（仮我であるとは、力がないという意味ではない。仮我であるからこそ、自我は行動によって絶えず変化し、向上進歩することができるのである。自我が不変の実体であったなら、向上も発展もできない）。しかし凡夫は煩悩を持ち、また無明によって叡智が障《さ》えられているから、煩悩の執著の力によって、流動的存在をあるがままに認識することができず、存在を静止的に捉え、実我・実法があると見る。この実我・実法の認識界が遍計所執性である。

この遍計所執性から円成実性へ転換する基体となるものが、依他起性（心）である。依他起とは「他に依って起る」という意味で、縁起をいう。縁起的に生じている八識の自体分が依他起性である。すなわち、能識が依他起性であり、凡夫の場合は所識が遍計所執性である。迷妄の識を染分の依他というが、この染分の依他が展開する認識内容が遍計所執性である。そして八識の迷妄性がまったく除去され、識がまったく清浄となったのを浄分の依他起性という。この浄分の依他の展開する認識界が円成実性である。

この三性の意味を考えるに、最初の遍計所執性は「是れ当情現《とうじょうげん》の相なり」とあるが、当情現とは、凡夫の虚妄《こもう》の執著から現われ、したがって真実性を欠いた迷妄の認識界をいう。そしてこれを、能遍計と所遍計・遍計所執の三つに分って説明する。この中、能遍計と所遍計とは、識の活動であるから依他起性に含まれる。いわゆる「染分の依他」である。そして第三の遍計所執を遍計所執性として立てるのである。これは護法の解釈であるが、この能遍計と所遍計・遍計所執に関して、諸家の間に解釈の相違がある。

まず八識についていいえば、安慧は八識のすべてに能遍計の意味があるという。すなわち、八識すべてが迷妄の認識をなすと見るが、しかし護法は第六・第七の二識のみに能遍計の意味があるという。これを「六七能遍計、五八無執」という。すなわち、凡夫の六・七二識の見分が、我執・法執をなすので、能遍計という。所遍計は相分となる。そして護法は、見分・相分は共にそれぞれの種子から現われて、実有であるとなすから、見分・相分共に依他起性と見られる。そしてこの依他起の相分の上に、能遍計の妄情が妄分別して、我法のごとくに現じた心外の実境に似たものが「当情現相」であり、これを遍計所執性とするのである。遍計所執性が、実我・実法の相状をしているものであることは、安慧においても同じであるが、しかし安慧は識の自体分は依他起であるとするが、見・相二分は遍計所執性であり、無体であると見るのであり、その遍計所執の上に実我・実法が現われると見るのである。ともかく依他起性である識の自体分が、迷妄に色づけられて活動すれば、そこに遍計所執性の認識界が起ると見れば安慧の説になり、この識の自体分から見・相二分が変現するまでは依他起性と見て、この見・相二分の上に現われる迷妄の認識が遍計所執性であると見れば、護法の解釈となる。ここには護法の説によるから、見分の能遍計と相分の所遍計とは依他に摂せられ、遍計所執は当情現の相であり、これが遍計所執性であるとなす。この当情現の相は、自我が実体であると執著され、また物がそれぞれ実体であると執著されて現われているから、「無に於て有と謂う虚妄の執著」であるという。一切は刹那滅であり、無常であるから、個定的な実我・実法は存在しないのである。それを実有となすから遍計所執性となるのである。

第二の依他起性は「四縁所生の諸法である」と述べている。四縁とは、因縁・等無間縁・所縁縁・増上縁の四である。因縁とは、親しく自己の果を生ずるもののことで、種子と現行とをいう。阿頼耶識の種子から現行（七識の認識界）が生じ、この現行が再び種子に転化する。このように自果を生ずるものを因縁という。第二の等無間縁とは、八識の現行と相応の心所が、前念が滅することが後念の生ずる条件となっている点をいう。第三の所縁縁とは、認識の対象のことである。対象がなければ認識の起りようがない。所縁には二種類があり、諸識の相分は親所縁縁であり、本質相分は疎所縁縁である。なお、見分にとっては相分が所縁縁であるが、自証分にとっては見分と証自証分が所縁縁であり、証自証分にとっては自証分が所縁縁である。さらに佛陀の根本智にとっては、根本智の本性である真如が所縁縁である。第四の増上縁とは、有為法が生ずるに際し、力を与えるもの、あるいは障害しないものをいう。これに有力増上縁と無力増上縁とを分ける。

依他起性とは、衆縁に依託して生起するものの意味で、識の活動のことである。衆縁とは以上の四縁をいう。縁起によって成立する諸法が依他起性であるが、ここでは縁起を四縁に分析したのである。これらの諸法は識としての存在であるが、その中でも色心を分ければ、心法は四縁によって生じ、色法は因縁と増上縁の二縁によって生ずる。不相応行は色心の上に分位仮立された存在であるから、同じく依他起に摂する。しかし識の実性である真如は生滅しないから、依他起には含まれない。染分の依他から、有漏の縁生法である心・心所・色・不相応の九十四法が成立する。浄分の依他には、無漏の有為法を摂する。しかし悟りの智慧は無漏であるが、円成実性でもあるので、依他といえば、主として染分の依他をいう。依他起の諸法の特色は「仮有」であるという点にある。

第三の円成実性は、諸法の理性《りしょう》であり、円満・成就・真実の三義を具えるという。理性とは真如のことをいう。我空・法空に達した無分別智によって証知された真如の世界である。無分別智は全体の認識であるが、無分別智が全体を対象として認識することはできない。無分別智も全体の中に含める。したがって無分別智と全体とは一つであり、全体者の自己智が無分別智である。これが理性であり、真如である。故に、真如と無分別智とは不離であるが、しかし真如は理であり、無分別智は智である。唯識においては、一切は唯心であるから、心の本性が真如である。故に真如は本来、真智の性格を具えるものである。しかしこの点を強調すると如来蔵説になるので、深くは触れない。ともかくこれを「二空所顕の真如」という。我の空と法の空が実現したところに展開する絶対の世界である。

真如は絶対の世界であり、無分別智によって自覚される全体者であるから、言葉によって表現することはできない。言葉によって表現すると相対的になり、有限となるからである。しかしこれをあえて言葉で表現して、円満・成就・真実といい、これをまとめて「円成実性」と表現したのである。真如は認識界の全体者であり、体に周遍するから円満の意味があり、生滅を離れて常住なる点を成就といい、真如には虚謬のない点を真実というのである。ともかく円成実性は真如であるが、同時に、佛の法身である。法身は真理を体得した智慧である。故に、円成実性は理智不二である。すなわち円成実性は、常無常門から見れば「真如」（理）であり、漏無漏門から見れば「真智」となるから、円成実性を無為とのみはいえない。もしそういうと、佛陀が無常となってしまうからである。故に、円成実性では有為と無為とが不一不異の関係にあると見るのである。

この三性の中、「所執は是れ妄有、依他は即ち仮有、円成は是れ真有」と説明される。遍計所執性は実我・実法であり、これらは迷った人々にとってのみ実有とされるから、「妄有」とされる。依他は縁起所生の諸法（有為法）であるから仮有である。心の世界には、色心の諸法があるが、これらの諸法が仮有であるという意味である。これに対して、円成実性は真如であり、真有である。このように三性は識の在り方であるが、その間にははっきりした区別があり、混乱はない。しかし浄分の依他と円成実性との関係についていえば、浄分の依他は無漏の有為法であるが、これは佛智となるために、円成実性と不一不異の関係になり、はっきり区別されているとはいいがたい。これは依他起性が存在を「相」の面から見るのに対し、円成実性が存在を「性」の面から見るためである。依他起性は雑多（相）の世界、円成実性は全体（性）の世界を示すが、性と相とは不離の関係にあるからである。

世親の『唯識三十頌』の第二十偈から二十二偈までの三偈に、三性の関係を、次のように説いている。すなわち、初偈の「彼彼の遍計に由りて、種種の物を遍計す」とは、煩悩に色づけられた能遍計の心によって、実我・実法などの種々の物を遍計することをいうのであり、能遍計の心は依他起性の心である。そこで遍計された実我・実法は、虚妄非実の物であるので、「此の遍計所執の自性は所有なし」という。これらの実我・実法は、妄情から見れば実有であるが、真智から見れば虚妄であるので「情有理無」という。これが遍計所執性である。第二偈の前半「依他起の自性の分別は縁に生ぜ所《ら》る」は、依他起性の自性である識（心・心所法）が遍計所執性として活動する時には、「分別」（虚妄分別）になるのであるが、その心・心所法の生起はすべて四縁によって起るのであり、縁起によって起るものであるから依他起性というのである。四縁によって生ずる諸法は仮有である。これは特に「染分の依他」を述べたものであり、依他起の諸法は有ではあるが、刹那滅であり、幻のごとき存在であるので「如幻仮有」という。第二偈後半の「円成実は彼に於て、常に前を遠離する性なり」とは、「彼に於て」とは、依他起の心・心所をいうのであり、「前を遠離する性」とは、遍計所執性を遠離する意味である。すなわち、心に煩悩がなくなり、実我・実法の執著がなくなり、二空所顕の実性が顕現する意味である。これは依他起の心・心所がまったく清浄になることであるから、「浄分の依他」を説くものであり、この浄分の依他と円成実性とは、不即不離の関係にある。第三偈の「故に此れと依他とは、異に非ず、不異に非ず」とは、浄分の依他と円成実性との不一不異を示すのである。第三偈後半の「無常等の性の如し。此れを見ずして彼をみるものには非ず」は、「無常等の性の如し」は依他と円成の不一不異の関係を、譬えを挙げて示したのである。有為法は無常であるが、無常という理は無常ではない。しかしこの理は、無常の法（存在）を別にしてあるのではない。依他と円成実の関係はこのごとくであるというのである。最後の「此れを見ずして彼をみるものには非ず」とは、円成実性の真如を洞察しなくては、依他起性の縁生を知ることはできないという意味である。すなわち、円成実性に体達するのは「根本無分別智」であるが、その後に「後得智」が起り、この後得智によって、縁起によって生滅する諸法の世界を正しく見るのである。根本智で真如を証し、後得智で縁起を知るのである。

2　三　無　性

對ニ此三性一明ニ三無性一。即翻ニ遍計依他圓成一、如レ次顯ニ相生勝義三無性一矣。故三十頌云、即依ニ此三性一、立ニ彼三無性一。故佛密意説ニ一切法無性一。初即相無性、次無自然性、後由三遠二離前所執我法一性 已上。如ニ上三性一、亦不レ離レ識。彼三無性、依ニ三性一立故。唯識論云、應レ知三性、亦不レ離レ識 已上。又云、即依ニ此前所レ説三性一、立ニ彼後説三種無性一 已上。

此の三性に対して三無性を明かす。即ち遍計と依他と円成とに翻じて、次の如く相・生・勝義の三無性を顕わす。故に三十頌に云う、即ち此の三性に依りて、彼の三無性を立つ。故に佛は密意《みっち》をもって、一切法は無性なりと説く。初は即ち相無性、次には無自然《じねん》性、後には前の所執の我法を遠離するに由るの性なりと已上。上の三性の如く、また識を離れず。彼の三無性は三性に依りて立つるが故に。唯識論に云う、応に知るべし、三性もまた識を離れずと已上。又云う、即ち此の前に説く所の三性に依りて、彼の後に説く三種の無性を立つと已上。

上述の三性に対して、これを否定、すなわち空の立場から説明して、三無性として示す。すなわち遍計所執性は妄情が「有」であると認めるにすぎないものであるから、体性都無《とむ》であるとして「相無性」という。すなわち、遍計の妄情が執している存在の「相」が無であるという意味である。次の依他起性は諸法が衆縁和合して生ずることをいうから、これは諸法の如幻仮有をいう意味であるから、凡夫が「物が生ずる」と思うその「生」には実体がないことを意味する。この生が実体としてある

(生というものがある)と見るのを「自然生《じねんしょう》」と称し、この自然の生のないことを生無性と称した。すなわち「因縁生」は実有の生の否定であり、肯定的にいえば因縁生であるが、その同じことを否定的にいえば「生無性」となる。次の円成実性は真如の絶対の世界である。生や滅は相対の世界において初めていいうることである。相対の世界の本性が絶対の真如であるが、この真如においては生滅を絶しているる点を「勝義無性」という。真如は、我と法を空じた空性の世界であり、空性真如ともいう。この諸法の本性である空性を勝義無性というのである。

故に『唯識三十頌』にも、その第二十三・二十四偈に「即ち此の三性に依りて、彼の三無性を立つ。故に佛は密意《みっち》をもって、一切法は無性なりと説く。初は即ち相無性、次には無自然性、後には前の所執の我法を遠離するに由るの性なり」と述べている。ここに「佛は密意をもって」といっているのは、三無性は諸法を「否定の面」からのみ見て説いたものであり、肯定の面を裏に隠しているから、すべてを公開して説く「顕露の説」でないという意味である。『般若経』が一切皆空を説くのは、諸法に有の面と空の面とがあるのに、その空の面からのみ見て、一切法は空であり、無性であると説くのであるから、これは唯識説からみれば「密意説」であるというのである。

この三無性も、上述の三性と同様に識を離れない。唯識の世界を示したものである。それは、三無性は三性を裏面から示したにすぎない説であるからである。故に『成唯識論』巻八(大正三一、四五下)には「応に知るべし、三性もまた識を離れず」と説き、三性が不離識であることを示し、同じくその巻九(大正三一、四八上)に「即ち此の前に説く所の三性に依りて、彼の後に説く三種の無性を立つ」と述べ、三無性は三性によって立てられていることをいっている。故に、三無性も唯識の理を示すものである。

第九節　菩提と涅槃

1　転識得智と四種涅槃

諸位修行皆觀二唯識一、佛果所證、但證二唯識一。故萬行自二唯識一而起、萬德依二唯識一而感。此宗轉二於八識一而成二四智一。其四智者、一者大圓鏡智、二者平等性智、三者妙觀察智、四者成所作智也。入二初地一時、轉二六七二識一、而得二妙觀平等二智一。至二佛果一時、轉二五八識一、而得二圓鏡成事二智一。此時四智圓滿、二轉妙果朗然。

其所證理、有二四涅槃一。一本來自性清淨涅槃、二有餘涅槃、三無餘涅槃、四無住處涅槃也。初一凡夫亦具。中二聲聞緣覺並得。唯佛果如來具二此四種一。

諸位の修行は皆、唯識を観じ、佛果の所証は但だ唯識を証す。故に万行は唯識自《よ》り起り、万徳は唯識に依りて感ず。此の宗は八識を転じて、四智を成ず。其の四智とは、一には大円鏡智、二には平等性智、三には妙観察智、四には成所作智なり。初地に入る時、六・七の二識を転じて、妙観・平等の二智を得。佛果に至る時、五・八の識を転じて、円鏡・成事《じょうじ》の二智を得。此の時、四智円満し、二転の妙果朗然《みょうかろうねん》たり。

其の所証の理に四涅槃有り。一には本来自性清浄涅槃、二には有余涅槃、三には無余涅槃、四には無住処涅槃なり。初の一は凡夫もまた具す。中の二は声聞・縁覚並びに得す。唯だ佛果如来のみ、此の四種を具せり。

これまで述べてきた唯識の説明は、唯識観を達成するための「因位の修行」であった。その修行は唯識観に基づく。それをここに「諸位の修行は皆、唯識を観じ」と述べたのである。これから述べる「四智・四種涅槃」などは「佛果の性徳」である。それらは、因位の唯識観の修行によって証《さと》られた果徳である。しかしその果徳も唯識観以外のものではない。大円鏡智などの四智も、無住処涅槃などの四種涅槃も、唯識観に悟入するところに実現するのであり、四智・四種涅槃は唯識観と別のものではない。故に「佛果の所証は但だ唯識を証す」と述べているのである。故に「万行は唯識自《よ》り起り、万徳は唯識に依りて感ず」と説かれる。万行とは因位（菩薩）の修行のことであり、万徳は成佛した佛の具える功徳をいう。

以下に「佛果の所証」として四智と四種涅槃を示す。四智とは、大円鏡智・平等性智・妙観察智・成所作智をいう。これを大菩提（偉大なる悟り）という。大円鏡智とは、凡夫の阿頼耶識が成佛した時に、質的転換をとげて大円鏡智となったものである。佛の悟りの智慧の根底は、清浄なる大円鏡にも比すべきもので、悟った佛の清浄な心には純粋清浄な世界が映現している。阿頼耶識は有漏種子を任持し、有漏の世界の現行の依持となっているが、大円鏡智は無漏種子を任持し、佛身・浄土などの清浄な現行の依持となっている。これはあたかも、大円鏡が清浄な色像を映現しているごとくであるので、大円鏡智と名づける。しかし心王を識と名づける点からいえば、佛陀の心の中心は無垢《むく》識であるというべきであるが、しかし佛陀の悟った心においては、智（慧の心所）が優勢であるので、大円鏡智という。しかし佛位においては、心王と慧の心所だけがあるのではない。阿頼耶識には五遍行の心所だけが相応するが、佛果に至れば、さらにその上に五別境の心所（慧はこの中に含まれる）と善の心所十一法、合せて二十一の心所と相応する。成佛の心は常に善であるから、善の心所も相応するのである。そのために詳しくいえば、大円鏡智は「大円鏡智相応心品」というのである。心・心所は協同して活動するからである。このことは、他の三智の場合も同様である。

次の平等性智は、第七の末那識が質的転換をなして成立した智である。末那識は阿頼耶識を見て、実我の見を起す。しかし末那識が無漏になると、我愛・我見・我慢・我癡の四煩悩は消失し、平等の理性（真如）を悟るから、自他を平等に知る平等性智に転ずるのである。平等性の性は「理性」の意味である。そして大円鏡智の場合と同様、二十一の心所と相応するから「平等性智相応心品」という（二十一の心所と相応することは、他の智の場合も同じである）。この智は自他を平等に知るから、十地の諸菩薩の願いに応じて、他受用の佛身と佛土を現出して、彼らに法楽《ほうらく》を受用させるのである。この平等性智は、十地の最初である初地に入った時、得るのである。縁起を悟ることによって、無我に達するからである。

第三の妙観察智は、第六意識が無漏に転換した智である。この智はよく諸法の自相共相を観察するに無礙自在であるので、妙観察智と名づけるという。さらに大衆会の中にあって、自在に法輪を転じ、諸人の疑惑を断除せしめるので、説法断疑の智ともいう。これは悟った佛陀の衆生教化の智慧をいうのである。この智も平等性智と同様、初地において得する。

第四の成所作智は、有漏の前五識を転じて得る智で、佛の本願力に応じて作すべき事を成ずるので、成所作智と名づける。この智は成佛の時得するのであり、地前の菩薩（凡夫の菩薩）や二乗（声聞・縁覚）・凡夫などの衆生を救済せんとして、それに応ずる佛身（応身・あるいは化身）や佛土を現じて、種々の活動を示す。この智は事相の境（五感に対する対象界）を対象として、教化の事業を起すから権《ごん》智《ち》である。

以上の四智の中、六・七の二識は初地に入る時に転じ、妙観・平等の二智を得る（これを妙観平等初地分得という）。佛果に至る時、五・八の二識を転じて、円鏡・成事《じようじ》の二智を得る（これを円鏡成事唯佛果起という）。この時、四智が円満し、二転の妙果が実現する。二転とは、所知障を断じて大菩提を得、煩悩障を断じて大涅槃を得ることをいうのであり、この「大菩提」が大円鏡智などの四智である。それ故、大円鏡智などの四智と大涅槃とを「二転依の妙果」という。

次の大涅槃とは、四種の涅槃のことで、これは煩悩を断ずるところに証せられる理をいうのである。法相宗では涅槃を四種に説く。第一に本来自性清浄涅槃、第二に有余涅槃、第三無余涅槃、第四無住処涅槃である。第一の本来自性清浄涅槃とは、真如の理をいうのである。これは一切諸法の本性であるから、すべてのものは、本来この涅槃に住しているのである。涅槃の性のない者は、いかに修行しても涅槃を証《さと》ることはできないから、すべての人にこの涅槃があると考える。ただそれが自覚されていないのである。故に「初の一は凡夫もまた具す」というのである。

第二の有余涅槃は有余依涅槃ともいい、佛陀が菩提樹の下で、煩悩障を断じ、悟りを開いたことをいう。この時、佛陀は涅槃を証得したのであるが、まだ身体が残っている。身体があれば、空腹・寒暑・老病死などの苦を避けることはできない。「依」とはこの身体をいうのであり、この不完全性が残っているので、有余依涅槃という。

第三の無余依涅槃は、佛陀が死において身体を捨て去って、まったく束縛を離れた涅槃をいう。「依」がなくなっているので、無余依という。無余依涅槃界に入ってしまえば、形を捨てて、まったく無形の存在になる。この有余依・無余依の二涅槃は、煩悩障を断ずるところに得られるから、声聞や縁覚も得るのである。

第四の無住処涅槃とは、生死にも住せず、涅槃にも住しない涅槃である。菩薩は衆生を救済する大慈悲があるから、修行が完成しても無余依涅槃界に入らない。無余依涅槃界に入ってしまえば、輪廻の世界から隔絶されて、衆生救済は不可能になるからである。しかし菩薩の修行が完成すれば、輪廻の苦の生存からは離脱している。すなわち、その菩薩は生死の世界に住していないのである。文殊《もんじゅ》菩薩や普賢《ふげん》菩薩はすでに永遠の過去に佛道を成じた大菩薩である。釈迦《しゃか》もかつて小児であった時、文殊菩薩に導かれて佛道に入ったといわれる。それほどに文殊は古い菩薩である。そしてある時には菩提樹下に成佛の威儀を示し、ある時には入涅槃の威儀を示して、衆生に舎利《しゃり》を供養させて功徳を積ましめ、いく度もこの土に往来して、衆生救済をして倦まないのである。このように菩薩の修行を完成しても、涅槃に入らないで衆生救済に努める大菩薩の立場が、無住処涅槃といわれる。

以上の四種涅槃の中で、第一の本来自性清浄涅槃は凡夫もこれを具え、第二と第三の涅槃は声聞・縁覚もこれを具える。しかし四種の涅槃をすべて具えるのは、「佛果如来のみ」であると、ここには説いている。その理由は、文殊や普賢などの大菩薩は、佛の姿をもってこの世に現われることもあり、佛と異ならないからである。

2　五法と三身

此四、總‐束名二清淨法界一。加二前四智一、以爲二五法一。五法三身相攝、唯識論有二二師解一。其初師意、清淨法界、大圓鏡智、以爲二法身一、平等妙觀、以爲二報身一、成所作智、以爲二化身一。第二師意、清淨法界、是自性身、四智上相、是自受用。平等性智、所レ現之身、他受用。成所作智、所現之身、是變化身。妙觀察智、是説法斷疑智也。此宗正義、是第二師指南。

此の四を総束して清浄法界と名づけ、前の四智を加えて、以て五法と為す。五法と三身との相摂は、唯識論に二師の解有り。其の初師の意は、清浄法界と大円鏡智とは、以て法身と為し、平等と妙観とは、以て報身と為し、成所作智を以て化身と為す。第二師の意は、清浄法界は是れ自性身、四智の上の相は是れ自受用なり。平等性智の現わす所の身は他受用なり。成所作智の現わす所の身は是れ変化身なり。妙観察智は是れ説法断疑の智なり。此の宗の正義は是れ第二師を指南となす。

以上の四種の涅槃をまとめて「清浄法界」という。涅槃は、小乗佛教が見るように、虚無《こむ》ではなくして、自性清浄なる真如の理体の顕現したものであると見る。真如は心の本性であり、無限に豊富な性功徳を具えているので、それが顕現した時、佛身となるのである。しかしそのためには煩悩の闇が除かれることが必要である。ともかく真如は自性清浄であり、これが涅槃の本性であるから、四種の涅槃を清浄法界というのである。ここで「界」とは所依の意味であるという。それは、一切の清浄なる性功徳の拠り所であるからである。

この清浄法界に先の四智を加えたものを「五法」という。そしてこの五法でもって、佛の三身を示すのである。五法と三身との関係について、『成唯識論』巻十（大正三一、五七下―五八中）に、二師の異説を出している。佛の三身とは、法身・報身・化身（応身）をいい、また自性身・受用身・変化身とも呼ぶ。この三身の中、第一の法身を「理智不二」と見るか、あるいは「理身」と見るかによって、三身の解釈が異ってくるのである。

初師の説によると、清浄法界と大円鏡智とをもって法身となし、平等性智と妙観察智とをもって報身となし、成所作智をもって化身となすのである。この三身説は、理智不二をもって法身となし、初地以上の菩薩に法を説く佛をもって報身（他受用身）となし、地前の菩薩・二乗・凡夫などを教化する佛を化身と見る説である。化身は応身ともいい、変化身ともいう。衆生の機に応じて姿を現わすので、随類の化身ともいう。第二師は、清浄法界のみをもって自性身（法身）となし、次に受用身を自受用身と他受用身とに分け、四智の上の相を自受用身となし、平等性智を他受用身となし、成所作智の所現を変化身となしている。そして妙観察智は、説法断疑の智となすから、説法をなすのは他受用身と変化身とである。したがってこの智はこの二身に分属されることになる。ここには大円鏡智が示されていないが、これは自受用身に含まれるのである。

この二師の解釈の相違を考えるに、化身（変化身）については、両者の間に解釈の相違はない。前師は妙観察智を報身に加えるのに、後師は妙観察智を報身と化身に分属させる点に違いがあるが、しかし基本的には両者共に、成所作智をもって化身と見ているから、そこに相違はないのである。成所作智は五感に基づく智であるから、聞者の感官に訴えて教化の活動をなす。有限な佛身を示現《じげん》するが、その身体は化身であるから実体がない。神通で現わされた身体である。しかし衆生の能力に応じて「八相成道」(兜率天より降下・入胎・住胎・出胎・出家・成道・転法輪・入滅)を示して、成佛や説法の威儀を示し、あるいはその他種々の姿をとって、衆生教化の活動をなすのである。

以上は化身についての解釈であり、これを応身と呼ぶこともある。

法身と報身については、二師の解釈が異なるのであるが、法身を「理智不二」と見る初師の解釈の方が成立が古い。如来蔵思想の系統でもこの解釈を採るのであり、唯識説でも『摂大乗論』などにこの解釈が見られる。佛身は人格であるから、智慧を主体としていると考えねばならない。したがって佛智が真如と合一した理智不二を法身と見るのである。清浄法界は真如であり、涅槃であるから「理」である。これと大円鏡智とを合せて、法身と見るのであるから、これは理智不二を法身と見る見方である。これは悟った佛陀の智慧が、真理と合体したところを法身と見るわけである。理と合一した智慧には形がないから、この法身は無限大である。有限の佛陀ではない。理は時間を超えているから、この佛陀は永遠である。なお第二師は、清浄法界のみを自性身とするから、これは「理」のみを法身と見る立場である。理身の立場でも、法身は無色・無形である。しかし理には事《じ》が必然的に附随していると考えるならば、法身は無色とはいえないわけである。智慧の光明を体とする佛陀になるであろうが、しかし有限の佛陀ではない。この法身の住する佛土を「法性土」という。法性土も真如そのものである。

ともかく法身を、理智不二と見るか、理のみの清浄法界と見るかに、二師の解釈の相違がある。法身の解釈が異なるために、次の報身の解釈が異ってくる。前師は平等性智と妙観察智とをもって報身とする。報身とは「報われた身」という意味で、因位（菩薩の位）の時の三阿僧祇劫の修行に報われた身であるので、福徳円満の相好を具えている。報身の具える功徳を「相好」によって示すのである。この佛は相好をもっているから「色身」である。しかし有限ではなく、常住・遍満の色身である。そして未来際《みらいさい》を尽して、みずから広大な法楽《ほうらく》を受用し、地上の菩薩のために、大神通を現わし、正法輪を転じ、微妙《みみょう》の清浄なる色身を示現するという。

報身は修行の完成を示す功徳を具えている点に特色があり、さらにこれは智身である。みずから法楽を受用する点は自受用智身であり、地上の菩薩に法を説く点は他受用智身である。しかし平等性智は地上の菩薩に説法する佛である。さらに妙観察智も他に対する智であるから、この二智を体とする報身は、他受用身を主とすると見るべきであろう。そしてこの場合は、自受用智は、大円鏡智として法身に含まれると解すべきであろう。

これに対して、第二師の解釈は、受用身に自受用身と他受用身を開き、四智の上の相を自受用となし、平等性智の現ずる佛身を他受用身としている。「四智の上の相を自受用身」とするのは、『成唯識論』の「四智品中の真実功徳と、鏡智所起の常遍色身とは、自受用に摂す」という文によったものである。四智品中の真実功徳とは、如来が三阿僧祇劫中に修した真実功徳をいうのであり、この真実功徳は、大円鏡智を体とする常住遍満の色身が具えているのである。故に、これは解脱の法楽を受用する自受用身を、大円鏡智の現ずる佛身となし（これは報身の名にあたる）、次に地上の菩薩に法を説く佛を他受用身として、平等性智の所現の佛と見たのである。しかし両者は共に「智身」であるので、これを一つに見て「受用身」となしたのである。したがってこれは、自性身を理のみの佛と見、智身を

図16　転識得智

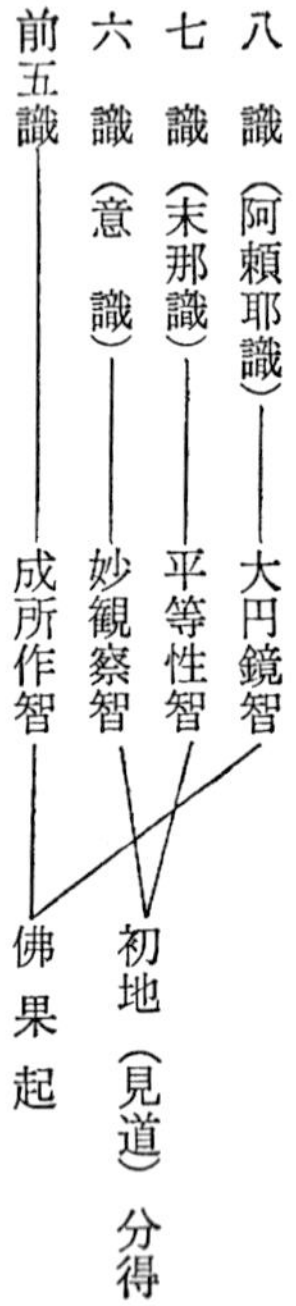
八識（阿頼耶識）
大円鏡智
七識（末那識）
平等性智
六識（意識）
妙観察智
前五識
成所作智
初地（見道）分得
佛果起

図17

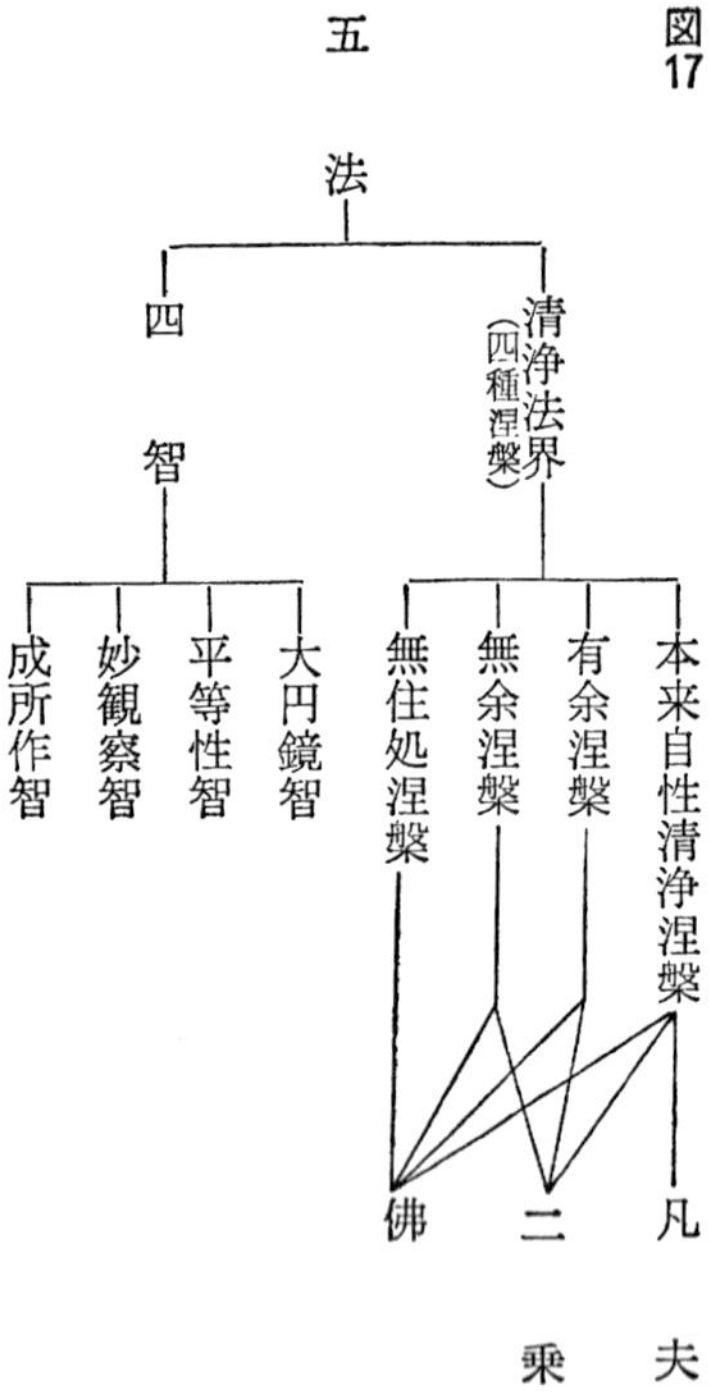
五法
清浄法界（四種涅槃）
本来自性清浄涅槃
有余涅槃
無余涅槃
無住処涅槃
四智
大円鏡智
平等性智
妙観察智
成所作智
凡夫
二乗
佛

図18　第一師説

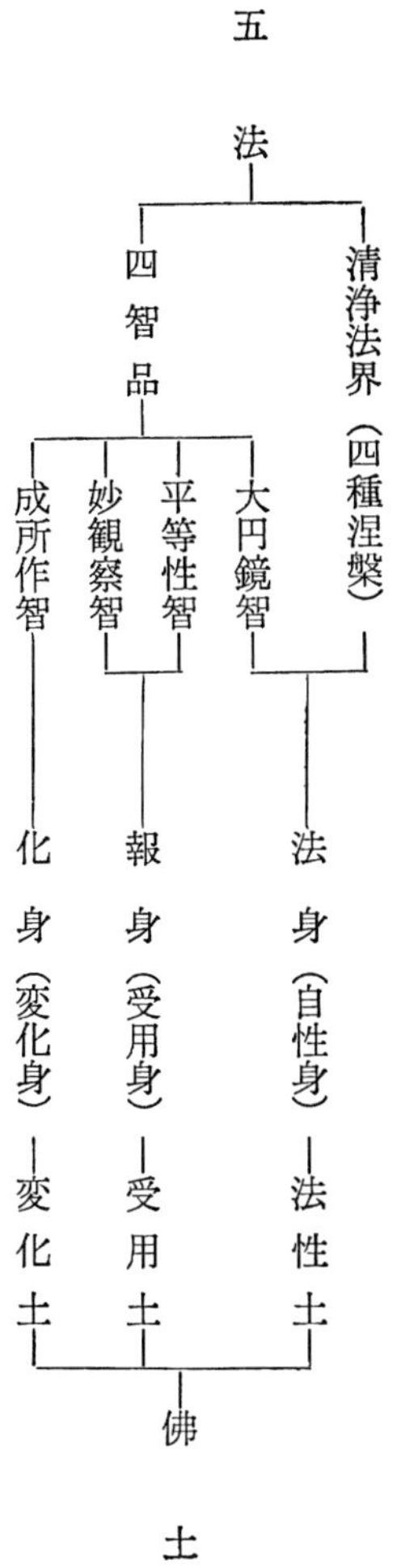

図19　第二師説（正義）

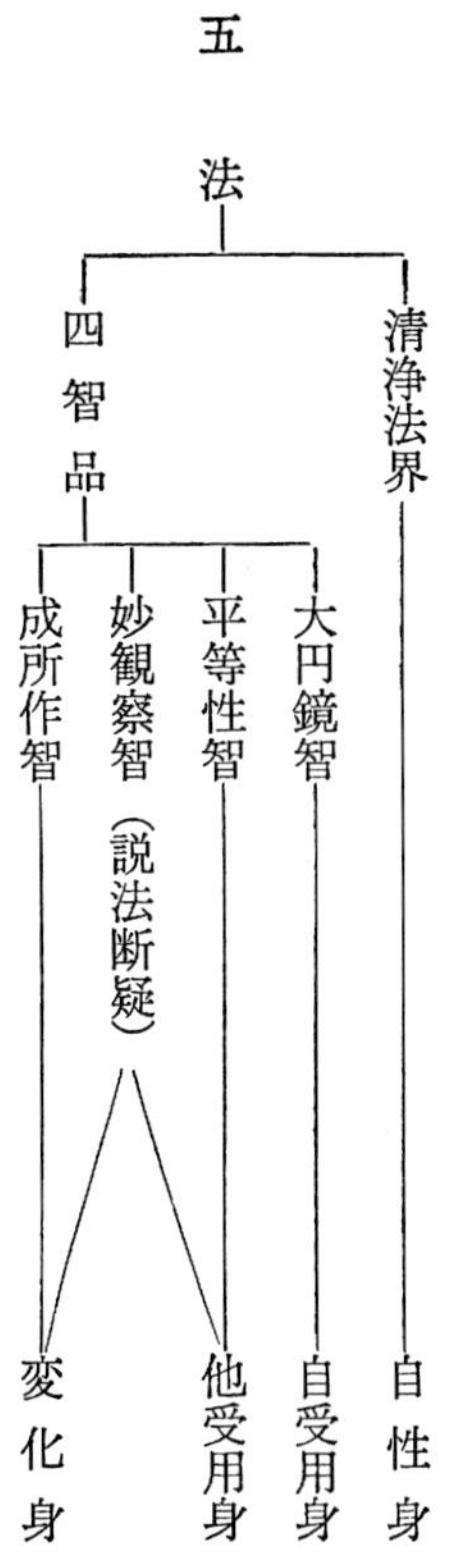

二つに分って自受用身・他受用身としたのである。

受用身の住する佛土は「受用土」であるが、これは過去の修行に報われた報身の住する佛土であるので「報土」「実報土」という。あるいは自受用身の住する報土（自受用土）と、他受用身が地上の菩薩と共に住する他受用土（浄土）とに分ける。これに対して、化身の住する土は「変化土」であり、これは浄土、あるいは穢土《えど》である。これは衆生教化のための方便土である。

以上の二師の中で、法相宗としては後師の説を正義とするのである。法身を理のみとする説は、世親になってから説かれたと見てよい。

第十節　総結

當レ知。五位修行、運運窮盡、二障使習、蕩蕩斷滅。三祇廣劫、萬善成滿、攝二在一念一佛果速疾。有漏八識、轉得二四智一、二轉妙果、三身圓滿、寂寂而澄、照照而朗。加レ之五乘普攝化、三乘各至極。一乘方便、三乘眞實。正體智前、眞理寂然、後得智中、衆生普化。依詮談旨、三性三無懸レ鏡矣。廢詮談旨、四句百非息レ慮矣。性相決判、無レ如二此宗一。義理極成、何敎及レ此。自證三身月圓、化他五乘光朗。自證化他、甚深廣大。上乘所レ旨、義理圓足。法相宗旨。大概如レ此。

当に知るべし。五位の修行は運運《うんうん》に窮尽《ぐうじん》し、二障の使習《しじゅう》は蕩蕩《とうとう》として断滅す。三祇の広劫に万善成満して、一念に摂在し、佛果速疾なり。有漏の八識、転じて四智を得。二転の妙果、三身に円満す。寂寂として澄み、照照として朗《ほが》らかなり。加之《しかのみならず》、五乗普《あまね》く摂化《せっけ》し、三乗各々至極《しごく》す。一乗は方便にして、三乗は真実なり。正体智の前には真理寂然とし、後得智の中には衆生普く化す。依詮談旨《えせんだんし》には、三性三無、鏡を懸け、廃詮談旨《はいせんだんし》には、四句百非、慮《りょ》を息《や》む。性相の決判は此の宗に如《し》くは無し。義理の極成《ごくじょう》、何《いず》れの教か此れに及ばん。自証三身の月円《つきまど》かに、化他五乗の光り朗かなり。自証・化他、甚深《じんじん》広大なり。上乗の旨とする所、義理円足す。法相の宗旨、大概此の如し。

本節は、上来述べてきた法相宗の教理の要点を挙げて、これを讃嘆し、法相宗の解説を終らんとするのである。故に、ここに挙げられている教理はすでに解説してあるから、再び繰返すことはしない。本宗には「加行位」に始まる五位の修行を説き、この修行をどこまでも進んで、唯識の修行を窮《きわ》め尽し、煩悩障と所知障の正使（現行）と習気（種子を含む）とを蕩尽し、断滅し、三阿僧祇劫の広大な時間において、万善を成満するが、しかしこの三祇の長遠の修行が、唯識の理を悟れば、実には一念一刹那の中に収まっていることがわかるのであり、実に佛果を得ることは速やかであり、疾《はや》い。そして佛果を得れば、有漏の八識を転じて、四智を得、大菩提と大涅槃の「二転の妙果」が現成し、佛の三身が円満する。涅槃の境地は寂静であって、澄みわたっており、四智の菩提は照々として明朗である。しかも本宗は五乗の教えを説くから、いかなる機類の衆生も、この五乗の教えのいずれかで救われるのである。なかんずく三乗の行者をして、おのおの自乗の至極の妙果を得しめる。故に一乗教は方便の教えであり、三乗教こそが真実である。

佛智を本宗では、正体智（根本無分別智）と後得智（差別智）との二種の智で示すが、正体智は真如と冥合《めいごう》した真理寂然の世界であり、その後に生ずる差別後得智によって、衆生界を照らし、衆生をあまねく教化し、自利利他を得しめるのである。故に、本宗の悟道の方法は完全である。本宗の悟りの境地を言葉によって説明すれば、三性・三無性の義理明瞭な説となり、明鏡に照らすがごとく明らかである。さらに根本智の境界は言葉によっては説明できず、廃詮談旨《はいせんだんし》であるが、この真如の世界は、四句・百非によっても顕わしえず、言亡慮絶《ごんもうりょぜつ》の世界である。されば、よく性相を決判することは、この宗に勝るものはない。まことに本宗の教理は義理が極成《ごくじょう》しており、完全である。この勝れた教理に及ぶものはない。この教理によって、自身に佛の三身の月を円《まど》かに証得し、他を教化する五乗の教法の光りは朗々として曇りがない。このように、自証の三身と、化他の五乗の教えと、自利利他の二利の功徳とは甚深《じんじん》広大である。このように、この宗には、大乗無上の深義と教理とが完全に具っている。法相宗の教理を解説すると、概要はだいたい以上のごとくである。

附　法相宗の研究法と参考書

唯識の研究には、二つの方法が考えられる。一つは、中国・日本に発達した伝統的な法相宗の研究方法であり、これは『成唯識論』を中心にした研究である。もう一つは、近代のサンスクリット語やチベット語などを駆使し、サンスクリットの文献やチベットの文献を主として、唯識説を研究する方法である。

唯識説の学的研究としては、最近はもっぱら後者の文献学的研究方法が重要視されている。確かに唯識思想の歴史的発展や、文献の正しい理解には、サンスクリットやチベットの資料を利用しなければ厳密な研究はできない。しかし唯識の教理を理解するためには、『成唯識論』に勝る文献のないことも認識さるべきである。しかも『成唯識論』は漢訳のみであり（偈文には梵文がある）、これには慈恩の『成唯識論述記』という詳しい註釈がある。さらにそれを補うために、慈恩の『唯識枢要』、恵沼の『唯識論了義灯』、智周の『唯識論演秘』などがある。さらにその後に、日本の平安・鎌倉時代に法相宗の学者によって研究された詳細な研究成果がある。これらの研究の蓄積を無視しては、『成唯識論』の深い理解は望めない。唯識説の研究としては、『成唯識論』を中心とする古来の法相宗の宗学を無視することはできない。唯識の教理の理解には、『成唯識論』を中心としなければならない。最近では『摂大乗論』の研究を志す学者が多いが、しかし『摂大乗論』だけでは、『摂大乗論』そのものの教理が十分に理解できないようである。その点からも唯識佛教の研究において、『成唯識論』の価値の重要であることが知られる。

しかし『成唯識論』を中心とする法相宗の宗学だけで、唯識を研究するのは、文献学的には十分でない。唯識思想の歴史的発展を正しく理解するためには、近代佛教学の開拓した文献学的方法を採用することは不可欠である。ことに『成唯識論』の研究においても、サンスクリットの文献やチベットの文献を援用することによって、伝統的な法相宗の解釈を訂正しうる点は少なくないのである。したがって唯識思想の研究には、伝統的な法相宗の宗学的方法と、近代の佛教学の開拓した文献学的方法とを併せ用いる必要がある。しかし、ともかく伝統的な法相宗の学的蓄積を放棄すべきではないのであり、むしろこの点の重要性を再認識すべきであると考える。

唯識のサンスクリット語やチベット訳の文献について解説することは、ここには不似合であるので、『成唯識論』の研究を中心とする研究方法について簡単に見ることにしたい。

昔から「唯識三年、倶舎八年」といって、倶舎・唯識は一緒に研究することになっている。その理由は、『倶舎論』・『唯識論』は共に玄奘の訳出であるためか、『倶舎論』で詳しく説明している法相は、『唯識論』ではその説明があるべきところにもその説明がない。そのために『倶舎論』を学ばないで、初めから『唯識論』を学ぶと十分な理解は得られないのである。したがって唯識の研究には、まず倶舎の研究が必要である。「倶舎八年」という中には、『倶舎論』の説を破した『順正理論』や、『倶舎論』の所依とした「六足・発智」さらに『大毘婆沙論』の研究なども含まれるであろうが、唯識の研究の補助学としてならば、そこまでやらなくともよいであろう。しかし、ともかく『倶舎論』の法相をマスターすることは、唯識の研究には不可欠である。

さらに『唯識論』には、諸部派の教理、特に経量部や大衆部の教理などを引用して、評破しているところが多い。したがって小乗の部派の分派や教理を述べている『異部宗輪論』(さらに『異部宗輪論述記』)や『成業論』『五蘊論』などを研究しておく必要がある。これらの倶舎関係の文献については、「倶舎宗の研究方法」の所で述べたので、その説明を参照されたい。

次に、唯識の研究には「因明《いんみょう》」の研究が必要である。因明といえば、佛教論理学のことであるが、特に「因明」といえば、その漢訳文献の説をいうのである。その理由は、『成唯識論』には、因明の「論証式」の作法に則《のっと》って書かれた文章が多い。故に因明の論証式に通じていないと、『成唯識論』の文章は正確に理解できないところが多い。特に漢訳の因明には、特殊な訳語が用いられているから、それらの術語についての理解がないと、法相宗の文献は読めないのである。

しかし因明の論証式に通じておれば、『成唯識論』だけでなく、安慧や清弁など論証式を活用して著作を書いている論師の漢訳論書の研究にも大きな助けになる。たとえば、安慧の『大乗中観釈論』なども、論証式を知らないと、読過してしまう文章が多いのである。因明といえば、古来慈恩の『因明大疏』が基本とされたのであり、日本でも昔から本書がよく研究された。すでに奈良時代の善珠（七二四―七九七）に『因明論疏明灯抄』十二巻の名著がある。このような研究が、日本佛教の初期に出たのは、因明の研究が唯識の研究に不可欠であることを示すものである。最近には因明の研究は、サンスクリット語やチベット訳に多数の資料があることが明らかになったために、それらの研究を中心とする「佛教論理学」として独立した学問になった。その方面に輝かしい業績が多く出ているために、因明が唯識学の補助学であるという点は、ともすれば見失われてしまうのであるが、しかし『成唯識論』の研究には、その必要な範囲内で因明の研究をなすべきである。

慈恩の『因明大疏』三巻（あるいは六巻）は、詳しくは天主の『因明入正理論』一巻を註釈した『因明入正理論疏』三巻である。玄奘は因明の論書として、陳那の『因明正理門論』と、天主の『因明入正理論』とを訳出し、玄奘門下によって、それぞれ研究がなされ、註釈も多く作られた。しかしそれらの註釈の多くは散佚し、ただ慈恩の『因明入正理論疏』だけが、後世重視され、研究されたのである。『因明大疏』のテキストとしては、

雲英晃耀編輯　冠註因明入正理論疏　六巻

がよく用いられている。なお『因明大疏』は、中村元博士によって国訳され、国訳一切経和漢撰述部四三「論疏部二三」として、詳しい解題と、脚註を附して出版されている。『因明大疏』には、論理学的に不適当な点があるが、それらの点も、中村博士の国訳では注意されている。『因明入正理論』にはサンスクリット原典も発見されている（宇井伯寿『佛教論理学』巻末に、原文と日本訳を入れる）から、これらを参照し、なお因明の用語については、宇井博士の『佛教論理学』その他によって、理解しておく必要がある。

なお、善珠の『因明論疏明灯抄』も、渡辺照宏博士によって国訳されている（国訳一切経和漢撰述部四一・四二、論疏部二一・二二）。善珠以後にも、日本佛教には因明の著作は多数に著わされている。それらの詳細については、前記中村博士の『因明大疏』国訳の「解題」を参照されたい。なお、元暁の著わした『判比量論』は散佚したが、その古写本の断簡が神田喜一郎博士によって保存されており、それについての詳しい研究、

富貴原章信　判比量論の研究　昭和四十二年

が発表されている。

なお、佛教論理学の研究としては、以上の漢訳文献の研究だけでは不十分であり、サンスクリットやチベットの文献を主とすべきことはいうまでもない。

次に、主題である『成唯識論』の研究について見ると、テキストとしては、

佐伯旭雅《きょくが》　冠導増補成唯識論　十巻　明治二十一年

が珍重せられている。『成唯識論』の原本は、平安初期の明詮《みょうせん》（七八九―八六八）が『成唯識論導注』

というテキストを作った。これに、真興（九三四—一〇〇四）が返り点を附け、訓読の仕方を示した。旭雅本はこれに従ったものであり、それに冠註や傍註などを増補したものである。最近は、この「冠導本」も入手が困難になったが、これに代る良本が法隆寺から出版されている。

新導成唯識論　一巻　佐伯定胤校訂　昭和十五年

本書も「真興本」に従っているが、『大正新脩大蔵経』によって、異本の校訂を行っており、さらに引用文や註記などの典拠をすべて、大正蔵本の巻数と頁数を入れているので、参照に非常に便利である。ただし冠註や傍註などは、「旭雅本」より少しく簡略である。『成唯識論』の研究には、最近ではもっぱら本書が用いられる。なお、『成唯識論』のテキストには、『述記』と「三箇の疏」を会本《えほん》にした、

佛教大系本　会本成唯識論　四冊

がある。これは本文と、『述記』・「三箇の疏」などが会本になっているので、本文と註釈とを同時に見ることができて便利である。最近は、『述記』や『枢要』『了義灯』『演秘』などの木版本は入手困難になっているので、本書の利用価値は大きい（特に『演秘』の大正大蔵経本は不備であるので『刊本』を利用する必要がある）。なお『成唯識論』、『述記』、「三箇の疏」などには国訳がある。『成唯識論』は、国訳一切経印度撰述部、瑜伽部七に加藤精神師の国訳がある。次に『述記』、「三箇の疏」などの国訳は、同じく国訳一切経和漢撰述部、論疏部一三—二〇などに収められている。しかし『述記』や「三箇の疏」などは、『成唯識論』本文にもまして難解な所が多いが、国訳には註記が少ないのが惜しまれる。ただし『国訳大蔵経』論部第十巻に、島地大等師の『国訳成唯識論』があり、簡にして要を得

た脚註があり、『成唯識論』の解読には有益である。

なお『成唯識論』には『瑜伽論』をはじめ、唯識関係の経論が縦横に引用されているから、それらの経論に関する研究も必要である。しかしそれらには漢訳のみでなくチベットやサンスクリット原典のあるものも多いから、もちろんそれらを利用して研究すべきである。しかしそれらの文献については、本宗の「所依の経論」の解説の際、若干挙げておいたので、ここには省略する。『成唯識論』そのものについても、『唯識三十頌』には、安慧の釈を伴ったサンスクリット語テキストが出版されているから、当然これを参照すべきである。梵文『唯識三十頌』の国訳については、

宇井伯寿　安慧護法　唯識三十頌釈論　昭和二十七年

山口益・野沢静証　世親唯識の原典解明　昭和二十八年

などを参照することができる。サンスクリット文は安慧の釈を附している点で重要であるが、しかし註釈は簡略であり、詳しい理解を得ることは望めない。阿頼耶識の三相などに関する説明も簡単であるし、種子の六義や能熏の四義・所熏の四義などの説明もない。その他、全体にわたって、唯識の教理の理解には『成唯識論』の説明をまたねばならない。

なお、法相宗の教理の理解には、慈恩の『大乗法苑義林章』七巻の研究が重要である。本書は、佛教のあらゆる問題を扱っており、佛教概論の態をなしているが、内容は必ずしも理解容易ではない。国訳があり、註釈もあるが、適当な参考書はないようである。ただし巻三の「表無表章」は、戒律の戒体を述べているので、日本佛教でもよく研究せられ、註釈が多く著わされている。

法相宗は興福寺を中心として長く栄え、さらに『唯識論』そのものが興味のある研究課題であった

ので、日本でも多くの著作が作られた。中でも、良遍の『観心覚夢鈔』や、聞証の『略述法相義』などは名著の誉れが高い。『略述法相義』は、法相宗の宗義の骨子を一三九の項目にまとめて解説したものであり、法相教義の入門書としても適切である。国訳一切経和漢撰述部に国訳もあり、さらに佛教大系に「依釈」と「冠註」を会本にして、テキストが収録されている。その他の法相宗の学者や著作については、

富貴原章信　日本唯識思想史　昭和十九年

富貴原章信　日本中世唯識佛教史　昭和五十年

などに詳説されている。

なお、現代学者の唯識関係の研究書は非常に多い。それらの一班は、拙著『インド佛教史』下巻の一一二一一一八頁、一六八一一六九頁などに挙げておいたから参照されたい。ここには『成唯識論』の解説書を、一・二示すにとどめる。『成唯識論』の入門書としては、

花田凌雲　唯識論講義　大蔵経講座十一

深浦正文　唯識学研究　二巻　昭和二十九年

特に後者の下巻は、『成唯識論』の教理を詳しく述べており、法相宗の教理を説明したものとしては、現在これを超えるものはない。

著者略歴

平川　彰　ひらかわ　あきら

大正4年1月21日　愛知県豊橋市に生まれる。

昭和16年12月　東京大学文学部印度哲学梵文学科卒業。

東京大学名誉教授（佛教学）。

平成14年3月　没。

〔著　書〕　『律蔵の研究』（山喜房），『原始佛教の研究』（春秋社），『初期大乗佛教の研究』（春秋社），『生活の中の佛教』（春秋社），『現代人のための佛教』（講談社），『俱舍論索引全三巻』（大蔵出版），『大乗起信論』（大蔵出版），『インド佛教史』上下（春秋社）他

一九八〇年一一月十五日　初版発行
二〇〇四年一一月三〇日　新装初版

《仏典講座39上》
八宗綱要　上

検印廃止

著者　平川　彰
発行者　石原大道
印刷所　富士リプロ株式会社
〒150-0022　東京都渋谷区恵比寿南二-十六-六　サンレミナス二〇二
発行所　大蔵出版株式会社
TEL〇三(六四一九)七〇七三
FAX〇三(五七二四)三五〇三
http://www.daizoshuppan.jp/

ISBN 978-4-8043-5452-1 C3315